RAÍZES

… Folclore nacional II

Folclore nacional II
Danças, recreação e música

Alceu Maynard Araújo

Fotografias do autor
Desenhos de Oswaldo Storni, Osny Azevedo,
do autor e de outras fontes

Martins Fontes
São Paulo 2004

Copyright © 2004, Livraria Martins Fontes Editora Ltda.,
São Paulo, para a presente edição.

1ª edição
1964 (Ed. Melhoramentos)
3ª edição
outubro de 2004

Transcrição das partituras
Vitor Steiner Ferreira
Acompanhamento editorial
Helena Guimarães Bittencourt
Preparação do original
Solange Martins
Revisões gráficas
Alessandra Miranda de Sá
Margaret Presser
Dinarte Zorzanelli da Silva
Produção gráfica
Geraldo Alves
Paginação
Moacir Katsumi Matsusaki

Dados Internacionais de Catalogação na Publicação (CIP)
(Câmara Brasileira do Livro, SP, Brasil)

Araújo, Alceu Maynard, 1913-1974.
  Folclore nacional II : danças, recreação e música / Alceu Maynard Araújo ; fotografias do autor ; desenhos de Oswaldo Storni, Osny Azevedo, do autor e de outras fontes. – 3ª ed. – São Paulo : Martins Fontes, 2004. – (Coleção raízes)

ISBN 85-336-2055-1

1. Danças folclóricas – Brasil 2. Folclore – Brasil 3. Música folclórica – Brasil 4. Recreação – Folclore – Brasil I. Storni, Oswaldo. II. Azevedo, Osny. III. Título. IV. Série.

04-6312   CDD-398.0981

Índices para catálogo sistemático:
1. Brasil : Folclore   398.0981

Todos os direitos desta edição para a língua portuguesa reservados à
Livraria Martins Fontes Editora Ltda.
Rua Conselheiro Ramalho, 330 01325-000 São Paulo SP Brasil
Tel. (11) 3241.3677 Fax (11) 3105.6867
e-mail: info@martinsfontes.com.br http://www.martinsfontes.com.br

ÍNDICE

APRESENTAÇÃO XI

FOLCLORE NACIONAL II
DANÇAS, RECREAÇÃO E MÚSICA

CAPÍTULO I | Danças

Introdução 5

Dança-da-santa-cruz 7
História e geografia | Etnia e tradição | Reza da Santa Cruz | Dança Sarabacué 18
Saudação | Roda | Despedida

Dança-de-são-gonçalo 21
Histórico | Localização geográfica | A dança-de-são-gonçalo de Taubaté | A dança-de-são-gonçalo de Ubatuba | A dança-de-são-gonçalo de Cunha | A dança-de-são-gonçalo de Tatuí | A dança-de-são-gonçalo de São Luís do Paraitinga | Versário de São Gonçalo | Função social

Cururu rural 83
Localização | Um cururu rural num pouso do Divino | Participantes | Coreografia | Indumentária | Instrumentos musicais | Assistência | Canto | Música | Áreas de difusão

Cururu urbano 123
O canto | Assistência | Cururueiros | O julgamento | Melodia | Afinações da viola | Explicações dos termos usados | Conclusão

Cateretê 133
   História e geografia | Participantes | Dança | Modas

Fandango 143
   Histórico | Localização geográfica | Classificação | O fandango de Cananéia | Um fandango em Ubatuba | Sebastião das Dores, o imperador do fandango | O fandango de Taubaté | Ciclos do fandango

Quadrilha e lundu 222
   Quadrilha | Lundu

Jongo 230
   Origem e função social | Localização geográfica | Bambelô | Jongo de Taubaté | Jongo de Cunha | Jongo de São Luís do Paraitinga

Batuque 267
   Dança | Modista e carreirista

Coco 275
   Coco-gavião

Baianá 281
   Cantos de baianá

Mais danças 286
   Sairé | Calango | Carimbó | Coquinhos | Corta-jaca | Dança-dos-velhos | Espontão | Frevo | Guaribeira | Jacundá | Maculelê | Maxixe | Mazurca | Maneiro-pau | Milindô | Mineiro-pau | Miudinho | Pau-de-fita | Samba | Saracura | Schottishe, ou melhor, xotes | Siriri | Sorongo | Tapuia | Torém | Travessão | Xiba

Capítulo II | Recreação

Introdução 305

Folguedos tradicionais e populares

Cavalhadas 309
   Histórico | Localização geográfica | Tipos distintos da cavalhada brasileira | Mobilidade folclórica | Cavalhada de antanho | Cavalhadas sérias e burlescas | A cavalhada de São Luís do Paraitinga

Carreira de cavalos 328
   Histórico | Uma carreira de cavalos em Itapetininga | Fatores do desaparecimento

Rodeio 336
Tourada 342
Histórico | O "trabalho"

Vaquejada 346
Histórico | Localização geográfica | O espetáculo

Carreira de bois 350

Maracatu 352
Histórico | Função | Localização geográfica | Procissão ou cortejo real

Aruenda 359

Afoxé ou afuxé 360
Histórico

Briga de galo 365
Histórico | A disputa

Briga de canários 369
Função social | Artesanato da gaiola | Preparação | A briga

Capoeira 375
Histórico | O estereótipo do capoeira | A "brincadeira"

Pernada carioca 380

Cambapé 381

Dança do bate-coxa 382

Entrevero de facão 386
Histórico | A disputa

Vivório 388
Um "vivório da cidade"

Mamulengo 392
Histórico | Localização geográfica | Função educativa

Pau-de-sebo 395

Jogos tradicionais e populares

Brinquedos e brincos 399
Alguns brincos infantis | Brinquedos | Brinquedos de minha infância

Divertimentos

Circo de bolantins 439
Banda de música 442

A farmácia, areópago provinciano do Brasil 444

Capítulo III | Música

Introdução 449
Música folclórica 451
Rondas infantis de Cananéia 454
   A canoa virou | Eu sou pobre | Baleia | A mão direita | Margarida está no castelo | Agulha | Léo, olé do caranguejo | Pula machadinha | Bela pastora | Lá vem vindo um anjo | Pai Francisco | Senhora bela condessa | Que lindo boneco | Bandor | Be-lim-be-que-lim | Cirandinha | Siriri-sirirá
Acalanto 479
Roda-pagode 483
Cantigas de trabalho 486
Aboio de roça 489
Moda 492
Serenata 495
Coreto 496
Cantigas de rixa 498
Bendito 499
Cantigas de cego 502
Cantos de velório 509
   Incelências | Reza | Despedida
Cântico para as almas 515
Terno de zabumba 517
Instrumentos musicais 519
   Adjá | Adufe | Agogô | Angóia | Arco-e-flecha | Bastão-de-moçambique | Biritador ou guzunga | Buzina | Caixa | Surdo | Tarol (caixinha) | Candongueiro | Cavaquinho | Chocalho (canzá ou ganzá) | Cocho | Maracá | Marimba | Marimbau | Matraca | Paiá | Pandeiro | Pistão | Puíta | Quinjengue ou mulemba | Rabeca | Reco-reco | Sanfona | Tamborim | Tambu | Triângulo | Urucungo | Viola | Viola paulista | Zabumba

Índice de fotos 565
Índice onomástico e de assuntos 567

APRESENTAÇÃO

O encontro de Alceu Maynard Araújo – meu tio, pelo lado paterno – com o folclore brasileiro se deu por intermédio das narrativas maravilhosas, lendas e cantigas ouvidas na infância, nas cidades paulistas de Piracicaba e Botucatu, de seus avós maternos, o tropeiro Virgílio Maynard (depois aportuguesado para Maynardes), natural de Castro, no Paraná, e a professora botucatuense Olympia de Souza Nogueira.

Tropeiro que percorria os caminhos entre o Rio Grande do Sul – onde comprava os animais – e a cidade do Rio de Janeiro – onde os vendia –, com passagem obrigatória pela feira de Sorocaba (SP), o mais importante ponto de compra, venda e troca de cavalos e burros na época, Virgílio Maynard também trazia na bagagem as histórias e músicas dos folclores gaúcho, catarinense, paranaense e carioca.

Alceu costumava reproduzir para os sobrinhos, nos anos 1940, muitas das histórias contadas pelos avós Olympia e Virgílio, como as sinistras aventuras do *Mão de Cabelo*, cuja presença impalpável enchia de pavor e estremecimento a escuridão inquieta das noites das crianças no Brasil rural da época. O *Mão de Cabelo* constituía uma "assombração" que, à noite, passava as mãos sedosamente macabras sobre o rosto de garotos e garotas que não conseguiam pegar no sono... Graças à vividez suculenta da descrição do tio Alceu, o expediente funcionava com rara eficiência para garantir o sono da garotada e o sossego dos adultos.

Alceu, no entanto, não foi o primeiro na família a ter o interesse despertado pelas manifestações do folclore brasileiro. Diva, irmã mais velha de Alceu, quando jovem estudante da Escola Normal de Botucatu (que formava os professores do então ensino primário), em meados da década de 1920, mantinha

XI

um preciso e extenso registro de lendas e cantigas em circulação em seu meio familiar e social. Mais tarde professora e diretora do Colégio Piracicabano, excepcional pianista e organista, ativa participante da Igreja Presbiteriana local, Diva cantava ao piano as cantigas e canções recolhidas em sua juventude para as novas gerações da família. Não por outra razão, os filhos de Diva e Lázaro de Lemos – Virgílio, radicado no Rio de Janeiro, e Alceu, piracicabano que não abandona a terra natal –, ambos médicos psiquiatras, são também notáveis pianistas clássicos – e também jazzístico, no caso de Alceu – e continuam a cultivar a música folclórica, parte da herança cultural que receberam. Alceu é autor de uma bela peça musical clássica para piano inspirada no folclore piracicabano, *Variações em torno das lendas do rio Piracicaba*. Virgílio é autor da monografia *Édipo nos pampas: o folclore gaúcho e o divã do doutor Freud*.

O pai de Alceu Maynard Araújo, o itapetiningano transformado em tatuiano convicto Mário Washington Álvares Lobo de Araújo (mais tarde reduzido para Mário Araújo), dentista de profissão, ao lado de seus deveres profissionais exercia um ofício e possuía uma diversão típicos do folclore paulista, hoje considerados politicamente incorretos (ofício e diversão abordados neste *Folclore nacional*): "gaioleiro" e apreciador de brigas de galos. Como "gaioleiro", Mário Araújo construía as mais afamadas gaiolas para pássaros da região de Tatuí; como freqüentador das rinhas da cidade, era capaz de reconhecer, logo nos "treinos", as virtudes e as potencialidades de um galo lutador, bom de briga, ou seu inapelável fracasso na arena quando "galo corredor", com vocação mais para "franga" do que para gladiador de penas... Hoje, em Tatuí e cidades vizinhas, ainda existem gaiolas feitas pelo velho Mário Araújo, naturalmente abrigando periquitos e outros pássaros exóticos, de faunas estrangeiras, e não mais canários-da-terra, coleirinhas (papa-capim), sanhaços (azulões), cardeais, sabiás, pintassilgos, pintarroxos, curiós (avinhados), caboclinhos, bicudos, entre outros pássaros canoros ou de grande beleza, muitos atualmente em processo de extinção. E parte da culpa pelo desaparecimento de várias espécies de pássaros cabe aos ingênuos "gaioleiros" de antigamente, inconscientes do mal que estavam inflingindo à fauna nativa.

Com esse histórico familiar, Alceu Maynard Araújo desenvolveu intensa, consistente e inovadora carreira de pesquisa e interpretação do folclore brasileiro, que culminou com a publicação, no ano aziago de 1964, dos três volumes do *Folclore nacional*. Há muito fora do alcance do público leigo e de estudantes e especialistas, *Folclore nacional* é relançado graças ao descortino intelectual dos dirigentes da Editora Martins Fontes, que decidiram investir em um título fundamental para a compreensão da nossa cultura popular.

Folclore nacional representa, em sua essência, uma absoluta e arrebatada atenção ao que era concreto – o que funcionava, no espírito do povo mais simples de um país ainda rural e dominantemente preso a estruturas agrárias oligárquicas, como um verdadeiro desdobramento do sensível. Isto faz da obra menos um compêndio admiravelmente organizado e catalogado e mais um depoimento apaixonado, que flutua entre uma declaração de amor e uma espécie quase micheletiana de narrativa sobre a formação, os hábitos, a imaginação e – por que não? – as próprias perversões de certos estratos sociais no Brasil, no que podiam possuir, ainda, de mais puro e intocado. Ou, pelo menos, de mais impermeável a tudo que podia soar exógeno ou excêntrico (no sentido etimológico mais original e glorioso do termo, de tudo que se encontra fora de seu eixo e de suas virtualidades).

A releitura de *Folclore nacional* revela, nos três volumes desta trilogia ou tríptico, uma forte atmosfera cuja temperatura, textura e sabor soam sintomaticamente próximos do mesmo ar que se respira em clássicos, certamente de outro registro, mas nem por isso menos arrebatados, como *Casa-grande e senzala* e *Visão do paraíso*. Em sua modulação, Alceu Maynard Araújo parece descobrir como a mesma civilização brasileira de que falava Gilberto Freyre ou Sérgio Buarque de Holanda continua vicejando, humilde e cheia de lendas, casos e modinhas, em receitas populares, letras de música, simpatias domésticas – o mesmo vento que batia no Piauí acabava se refletindo na região Central até perder-se em ecos distantes mas aparentados, que se filtravam pelos traços de uma mesma arquitetura, as fantasias de sonhos idênticos e obsessões de um mesmo caráter.

Ler, hoje, os três volumes de *Folclore nacional* e *Medicina rústica* (também relançada pela Editora Martins Fontes) significa, por isso, redescobrir, em sua riqueza ao mesmo tempo desconcertante e perturbadora, um Brasil não mais formado de padrões de sociologia ou das grandiosas descrições da antropologia – um Brasil infenso ao marxismo, ao estruturalismo e a virtualmente toda moda que só conseguiria vislumbrar no folclore ou uma coleção aritmética de combinações ou um catálogo de argumentos para justificar mais uma vez a luta de classes.

O Brasil de Alceu Maynard Araújo, indiferente a qualquer estratégia ideológica ou acadêmica, era um Brasil que visava, antes de tudo, ao sabor, à história, e às histórias cuja moral não se esquece com facilidade pelo sólido motivo de que parecem impregnar nossa vida cotidiana. O retrato em branco-e-preto desse Brasil ainda um enigma em busca de decifradores foi o inestimável legado de Alceu Maynard Araújo para as futuras gerações.

LUTHERO MAYNARD

Folclore nacional II
Danças, recreação e música

CAPÍTULO I
Danças

INTRODUÇÃO

Dança é a arte que se despe de implementos para se exprimir. É unicamente o corpo que se dá ao movimento rítmico. Então, neste elemento somático se imprime a pujança da mente e a vitalidade da alma, quando então o ritmo dinâmico sobrepuja, não raro, o ritmo corpóreo e o musical. Sim, porque o ritmo dinâmico é próprio da dança e não o musical, como muitos julgam, isso porque pode haver dança sem música, como pode também haver dança sem saltos e passos, aquelas em que só se fazem movimentos com os braços, sem sair do lugar, como nas danças segmentárias. Em algumas danças do fandango, por exemplo, muitas vezes, a dama realiza dança segmentária, movimenta somente braços e tronco.

Desde as priscas eras da humanidade a dança esteve presente. Há entre os povos pré-letrados uma série de danças como as de caça, de máscaras, guerreiras e secretas, as nupciais, as de fecundidade ou eróticas ou genéticas, as de nascimento, de iniciação ou circuncisionais, as fúnebres, as medicinais, as de colheita, as lunares, as pleiadares, as festivas ou puramente recreativas, as mágicas, religiosas ou sagradas ou propiciatórias, as imitatórias, as lúdicas etc.

O acervo que apresentamos não é de danças primitivas, e sim folclóricas. Como classificá-las?

Em qualquer ciência ou arte a definição é uma das tarefas difíceis, envolve muita meticulosidade e não raro é perigosa. O mesmo se pode dizer da classificação.

Poderíamos apegarmo-nos à classificação que o folclorista argentino Carlos Vega propõe ou aceitar pura e simplesmente a do clássico Curt Sachs ou a de Carl Engel, que enfeixa todas em três grupos: danças *religiosas, guerreiras* e *profanas*.

Essa é a mais simples que temos encontrado. É claro que toda e qualquer classificação pode oferecer dificuldades, por exemplo, onde classificaremos o cateretê, dança semi-religiosa ou semiprofana, e que não é guerreira? Nesta classificação não incluiremos as que deixamos, em capítulo anterior, as *dramáticas*, que nós denominamos *bailados*. O leitor será indulgente com este esforço e tentativa de classificação das danças folclóricas brasileiras.

Danças *religiosas*: dança-da-santa-cruz, sarabacué, dança-de-são-gonçalo, cururu.

Danças *profanas*: fandango, quadrilha, lundu, jongo, batuque, coco, baianá.

Danças *guerreiras*: maculelê (nos bailados estão o moçambique, congada, caiapó).

Em nossos estudos sobre as danças folclóricas brasileiras, contamos com o valioso auxílio do cinema. Nesta última década, ao captarmos as imagens em nossa câmera cinematográfica para o programa que mantemos na televisão pioneira da América Latina intitulado *Veja o Brasil*, pudemos amealhar um conhecimento melhor sobre as danças brasileiras que pelos cantos cardeais do país temos registrado. Sendo a dança movimento, nada melhor do que a cinegrafia como instrumento de trabalho para a sua recolta. Para nós a coreologia é um ramo da antropologia, daí nosso interesse pelas danças folclóricas.

Para ajudar o estudo das danças folclóricas, lançamos os diagramas de planta-baixa que ilustrarão algumas das danças aqui estudadas. Neles estão os simbolismos que aprendemos na antropologia: para o homem o triângulo, para a mulher o círculo. Outro elemento que introduzimos é da orientação: para o sentido *solar* adotamos "no sentido dos ponteiros do relógio", para o *lunar*, "no sentido inverso ao dos ponteiros do relógio", isto quando se trata de *danças de roda*. Sendo o folclore um ramo da antropologia, deve adotar símbolos e terminologia já consagrados pelo consenso geral dos estudiosos das ciências humanas, para não cair numa daquelas moléstias que ataca o folclorista, segundo escreve Ralph Steele Boggs, que é a de desconhecer o que há nas outras ciências, na própria antropologia, e ficar então "criando" classificações etc.

Ao estudarmos as danças folclóricas brasileiras, queremos, à guisa de frontispício deste capítulo, colocar a frase de uma autoridade de renome internacional em danças, o crítico de arte e coreólogo Nicanor Miranda: "No princípio era o movimento."

DANÇA-DA-SANTA-CRUZ

História e geografia

Quando João Ramalho e os jesuítas fundaram São Paulo, em torno da promissora Piratininga, como bastiões da conquista do planalto, outras povoações coevas apareceram. Formavam sem dúvida um cinturão jesuítico defensivo e de penetração, mui além das roças de Jeribatiba, as povoações de Itaquaquecetuba, Carapicuíba, Itapecerica, M'Boi. Era amplo esse cinturião jesuítico, pois Nóbrega, solicitado pelos nativos, penetrou 40 léguas de Piratininga e formou uma pequena redução ao redor de uma capela na aldeia dos carijó, na Japiúba ou Maniçoba. Ingente foi o esforço dos jesuítas fixando os indígenas nas aldeias: o trabalho mais árduo foi sem dúvida tirá-los do nomadismo.

A história nos conta que Itaquaquecetuba é proveniente de um aldeamento de índios guaianá oriundos dos então nascentes vilarejos de Carapicuíba e Guarapiranga, e que de lá saíram, espontaneamente ou brigados, ali pelo primeiro quartel do século XVII. Afirma Teodoro Sampaio que os guaianá são guarani, e citando o dicionário de Montoya diz que "guaianá" significa manso, pacato, bonacheirão. Num aldeamento havia elementos de diversas tribos, portanto heterogêneos eram os costumes, mas havia um traço de união, aplainando – o cristianismo, que trazia em seu bojo o folclore católico romano –, dirimidor de atritos. É óbvio que a índole pacata do catequizando muito auxiliou... e sabe-se lá se os dóceis e religiosos dançadores de hoje não são descendentes de Tibiriçá, Caiubi?

Itaquaquecetuba nestes quatro séculos de existência quase não alterou em nada sua tradição; seu folclore inventado pelo missionário, artificial subsistiu. De fato, o isolamento geográfico, a falta de estradas, a inexistência de contatos culturais são fatores dos mais vigorosos para preservar a tradição. Foi, sem dúvida, graças ao isolamento que a dança-da-santa-cruz permaneceu inalterada em Itaquaquecetuba. Traços fortes da etnia ficaram ligados aos cultos, às danças dos seus habitantes. A música mística, que o jesuíta ensinou, não só catequizou, como amansou o indígena, porque tinha o dom de encantar. O canto, elemento litúrgico por excelência, fundiu-se com as danças de roda indígenas dando-nos o que hoje temos – a dança-da-santa-cruz.

Etnia e tradição

Outro fator que muito contribuiu para custodiar essa tradição de origem luso-jesuíta foi a ausência quase completa de elementos alienígenas. Mesmo o negro é raríssimo nessa vila. Na noite de 2 para 3 de maio de 1949, pudemos assinalar poucos negros, e os demais participantes da reza e dança são portadores de traços característicos que traem sua origem ameríndia.

É indubitável a origem ameríndia dos atuais dançantes. Sim, dos dançantes, porque os novos moradores (que a recente estrada e a luz elétrica lá fizeram aportar) – só espiam, não entram na dança, e, antes da meia-noite, desaparecem. A partir dessa hora é que se pode apreciar dança e dançantes dos melhores.

Segurando a viola na posição religiosa.

Homens e mulheres tomam parte. Geralmente são pessoas idosas de mais de 40 anos de idade. Estes é que amanhecem na dança, porque os mais moços, que engrossaram a roda de dançantes, satisfeito seu natural desejo de exibicionismo, retiram-se. Aqueles que não residem mais em Itaquaquecetuba, nesse dia voltam para assistir à festa, mas raros são os que vão dançar. Acompanham de perto os dançantes até ao dealbar do dia. É uma forma de desobriga para eles; porque marginais se tornaram pelo fato de não mais morar ali, envergonham-se de participar, mas sentem uma quase-culpa de não dançar, e para satisfazerem-se a si próprios ficam acompanhando. Uma vez interpelados pelo pesquisador participante, dão a desculpa taxativa: – "nós, filhos daqui, não podemos deixar de vir neste dia para a festa, para rever o lugar onde deixamos enterrado o umbigo". Para esses marginais, a tradição é qualquer coisa de embalsamado, mas para aqueles que ainda vivem ali, gente da vila e das circunjacências, humildes camponeses, para estes a "dança-da-santa-cruz" é o mais sagrado e concorrido festejo religioso da terra. Bem traduz a frase registrada: "quem se preza num há de fartá na festa de Santa Cruz".

Nessa festa encontramos dois elementos religiosos: a *reza* e a *dança*. Dois são também os tipos de reza anotados. O primeiro é a reza da liturgia católico-romana, realizada no interior do templo centenário, dirigida pelo vigário dom Tomás; o segundo tipo de reza, que foge um pouco da liturgia romana, um sincretismo brasílico-católico-romano, é a realizada ao pé da Santa Cruz, situada no centro do largo que defronta a Igreja. Essa reza é dirigida por um capelão-caipira. Nesse dia dirigiu-a Joaquim Araújo Marques. O capelão tem sempre um ajudante; o desse foi Benedito Alves Camargo. Mas capelão e ajudante contam com mais dois rezadores que ajudam a "repartir" a reza, e são chamados "repartidores". Nessa, os repartidores foram Roque Rodrigues e "ajudante de repartidor" Felício José Leano. Todos são roceiros, gente de situação econômica precária.

Na manhã do dia 2, há missa solene. Antes que os sinos batam o Angelus, o "festeiro", isto é, o encarregado da realização da festa, que é geralmente uma pessoa de posses, de destaque político e social da vila, levanta com o devido acompanhamento musical da banda – "a furiosa" – sob o espocar de rojões, o mastro com a bandeira de Santa Cruz. Esse mastro fica na praça, na metade do intervalo entre a igreja e o cruzeiro ou Santa Cruz.

Durante o dia, na "Casa da Festa", há café com farinha ou biscoitos para os que vêm de mais longe. (O folclore brasileiro é por excelência alimentar.) Ao anoitecer, os moradores da vila comparecem à reza na Igreja. Findo o ato religioso, o povo vai se aglomerando em torno da Santa Cruz. Nesse local, primeiramente existia apenas um cruzeiro de madeira, sopesado por toscas lajes de pedras, onde as lágrimas de espermacete das velas escorriam. Depois, a faina modernizadora, ou ostentadora, mandou fazer uma espécie de obelisco, tendo, ao redor, sete degraus de cimento. Foi o cumprimento de uma promessa dos pais de um expedicionário. Fizeram o monumento, colocaram um retrato do malogrado soldado da democracia. Mas o povo achou que aquilo era uma profanação; queria o velho símbolo de fé – a cruz, a tão querida Santa Cruz. Às escondidas, ajudados pelas trevas da noite, andaram depredando o obelisco. À vista disso, o atual festeiro, Narciso Cunha Lobo, concordou em retirar o retrato de seu filho que estava "no lugar sagrado". Embora não tenham ainda reposto o cruzeiro, deixaram os degraus. No mais alto deles, acendem uma vintena de velas e no imediatamente abaixo, lançam as ofertas... em níqueis de cruzeiros e centavos. No primeiro degrau, contritos e respeitosos, ajoelham-se capelão e seu ajudante, que se coloca à sua direita. Atrás destes, ajoelhados em terra, ficam os "repartidores" e mais uns poucos devotos. Uma centena, ou pouco mais de pessoas em pé rodeiam o cruzeiro. Vai ter início a reza da Santa Cruz.

Reza da Santa Cruz

Genuflexo e cabisbaixo, o capelão faz o sinal-da-cruz, sendo sincronicamente acompanhado pelos demais presentes. (Esse capelão-caipira contou-nos que foi sacristão. Quem sabe se é por isso que recita suas orações numa linguagem incompreensível, uma mistura de latim com resmungos?!) Diversas são as orações recitadas: Padre-Nosso, Ave-Maria, Gloria Pátria etc. ... Faz uma pequena pausa, pigarreia e começa a cantar a quadra que serve de estribilho. O capelão canta outras estrofes, mas os "repartidores" sempre repetem:

> Groriosa Santa Cruiz
> nossa mãi i padroera,
> cum sua devina graça,
> consolai o mundu interu. } Estribilho

O capelão improvisa novas estrofes:

> Santa Cruiz desceu du céu
> junto coa Virge Maria
> aceite esta devoção,
> esta nossa romaria.

Santa Cruiz desceu du céu
cum seus braço abertu
para perdoá nosso pecadu
que trazemo incoberto.

Santa Cruiz desceu du céu
cum seu rosário na mão,
abençoai a nossa planta,
tamém a nossa criação.

Santa Cruiz desceu du céu
está cum seu humirde povo,
nos lançai sua santa bença
não nos falte cum seu socorro.

Santa Cruiz desceu du céu
nu meiu de cravu i rosa,
Santa Cruiz nos ajude
e a Virge Nossa Sinhora.

Santa Cruiz desceu du céu
no meiu di cravu i fror,
tenha dó dos inocentes
socorrei os pecadô.

Santa Cruiz desceu du céu
Jesuis Cristu im Belém,
aceitai esta devoção,
os anju que diga Amém.

Ao findar este canto, de ritual protetivo, "puxado" pelo capelão e estribilhado pelos "repartidores", que também cantam a duas vozes, podia-se apreciar que, no estribilho, os presentes formavam um coro singular, no qual se percebia um emaranhado de vozes masculinas e femininas, estas, é claro, em sopraníssimo. Novo intervalo. Somente capelão e repartidores, numa lamentação, cantam: "Adoro meu Jesuis desde a hora que nasceu, pela hóstia consagrada, lá na cruiz onde morreu, ai suveranu reis da glória, ai que nois pedi socorru Senhô Deus di Misericorde". O capelão faz o sinal-da-cruz. Todos os presentes imitam-no. Ele se levanta, beija a Santa Cruz, sendo imitado pelos seus acólitos, postando-se com eles ao lado direito do cruzeiro, onde cantam o convite ao beijamento da Santa Cruz. O povo vem fazê-lo. O fiel devoto faz uma mesura e beija. Uns lançam seus parcos óbulos, outros acendem as velas de promessa. Só anotamos mulheres acendendo velas. Nenhum homem. Dentre as mulheres, algumas idosas, porém a maioria era de jovens. Seriam vestais? Seria o culto do fogo sagrado revivido ali inconscientemente pelas mocinhas católicas romanas de Itaquaquecetuba? Por que a promessa que fazem de segurar a vela acesa o tempo todo da reza e da dança?

Não havendo mais ninguém para beijar a Santa Cruz, eles deixam de repetir o canto de convite ao beijamento:

> Chegai pecadoris contritu
> vinde beijá a Santa Cruiz,
> pedinu misericórdi
> pra meu Sinhô Bão Jesuis.

A reza caipira durou uma hora e quinze minutos. Uma vez finda, capelão, ajudante, "repartidores" e muita gente mais se dirigiram para a "Casa da Festa", onde o jantar estava à espera de quem quisesse "encostar o estômago", pois o relógio marcava 23 horas. Havia feijão, boa farinha de milho, bem torradinha, arroz, carne e um "bão cafezinho". A distribuição gratuita de alimentos por ocasião das festas tradicionais é um fator de perpetuação das mesmas, ao passo que a escassez ou ausência redunda no progressivo desaparecimento. Podemos mesmo assegurar: desaparecendo a "Casa da Festa", portanto, a comezaina, desaparecem outros elementos. Assim tem acontecido com a festa do Divino Espírito Santo, segundo afirmamos no primeiro volume desta série.

Na "Casa da Festa", os violeiros já tinham reconfortado o estômago, estavam agora temperando suas violas, esperando para dar início à dança-da-santa-cruz, parte final do ato religioso. As violas estavam afinadas no "tempero da santa-cruiz", isto é, afinação oitavada "la-ré-sol-si-mi". Eram violas de cinco cordas duplas, tipo paulista, de fabricação de Lourenço Marques, da vizinha cidade de Santa Isabel. Ótimos "pinhos" bem manufaturados e de longo uso. O tocador de adufe achegou-se ao fogão para esquentar o couro, que ficou tinindo.

O festeiro é quem comanda. Tendo observado que todos já haviam comido, as violas estavam "temperadas", acendeu sua tocha e convidou a todos: "Vamo, minha gente, cumpri o resto de nossa devoção, vamo começá a nossa dança que é de respeito e é de religião". Os dois tocheiros, como ceroferários, vão à frente, atrás violeiros e, na retaguarda destes, a plebe, os devotos da Santa Cruz. Dirigem-se para a frente da Igreja, dali para a Santa Cruz, e a dança é repetida até que a última casa que ostenta uma cruz seja reverenciada pelos dançantes.

É óbvio que, depois de terem dançado defronte ao cruzeiro, a primeira casa onde os dançantes irão é a do festeiro.

DANÇA

Ao redor da praça e nalgumas ruas da vila, as casas ostentam na sua face externa entre a janela e porta, a uma altura de mais ou menos dois metros, uma cruz. São vários os tipos das cruzes, desde a tosca de madeira, das casas mais pobres, tendo a iluminá-las duas velas acesas na calçada, bem juntinhas à parede, até as elétricas, umas de cinco lâmpadas coloridas, outras imitando gás néon. Predomina, porém, este tipo: num fundo de papel vermelho, se destaca uma cruz de madeira revestida de papel verde. Essa cruz, que mede mais ou menos trinta centímetros, está fixada numa trave também revestida de papel verde, que tem nas extremidades lâmpadas elétricas. Na inserção da cruz com a trave, colocam algumas flores naturais, dentre as quais predominam as rosas encarnadas.

É defronte das cruzes que passam a noite dançando... e às vezes vão até o meio-dia. "Isso acontecia no passado", assim nos afirmou Roque Rodrigues, "quando o povo era mais religioso"; todas as casas tinham cruz, e o festeiro mandava acender uma grande fogueira no meio da praça. Mas depois veio a luz elétrica e não acenderam mais a fogueira...

Para a dança não há traje especial. É uma dança de roda, que gira no sentido lunar, isto é, contrário ao dos ponteiros do relógio. Os dançantes vão batendo os pés compassadamente sob o ritmo da viola. Pateiam duas vezes com o pé esquerdo e uma com o direito, obrigando o corpo a um bamboleio repicado.

Seus passos são facílimos porque é uma atividade espontânea dos músculos sob a influência do canto religioso e do ritmo ditado pelas violas.

À frente dos dançantes, vão dois violeiros, e atrás de um deles, um tocador de adufe. Os violeiros são "mestre" e "contramestre". Imediatamente atrás, vêm o "tiple" e o "contralto". O "tiple" era também tocador de adufe. O "mestre" faz a primeira voz; o "contramestre", a segunda. O "tiple" é uma voz atenorada, ou melhor, em falsete, e o contralto é o que faz a voz mais grave de todas. Nas primeiras casas onde dançam há uma completa desorganização porque há muita gente dançando. Mais tarde, pela madrugada afora, atrás dos cantadores, colocam-se os dançantes em coluna por dois.

Os dois ceroferários são os primeiros a chegar; reverentes com suas tochas bruxuleantes, postam-se sob a cruz de uma casa. Seus donos aparecem nas janelas ou porta. Atrás dos violeiros, chegam os dançadores. Os violeiros defrontam a cruz e começam o canto:

Este é o premero verso;
que pra Santa Cruiz eu cantu.

Os violeiros apóiam o mento na viola, dedilhando-a na posição "religiosa". Batem os pés, e os demais dançantes também o fazem. Cada dístico improvisado pelo "mestre" é entremeado de pateios. Cantam três dísticos e ao finalizar uma série deles dão três voltas, todos batendo os pés, com exceção apenas dos violeiros. Depois de rodar três vezes, param novamente, ficando os violeiros a defrontar a cruz, enquanto os demais dançantes formam um semicírculo; outras vezes, alinham-se em duas longas filas, que têm à testa os violeiros. O número de rodadas varia, sendo que nas primeiras casas que dançam, dão cinco ou sete voltas. Também o grande número de cruzes os impele a diminuir o número de voltas, a fim de que não fiquem até o meio-dia dançando.

Quando vão cantar para a última rodada, para finalizar, os violeiros aproximam-se da cruz, fazem uma mesura, inclinando a cabeça, dão depois passos à retaguarda; novamente avançam, repetindo três vezes esse gesto que

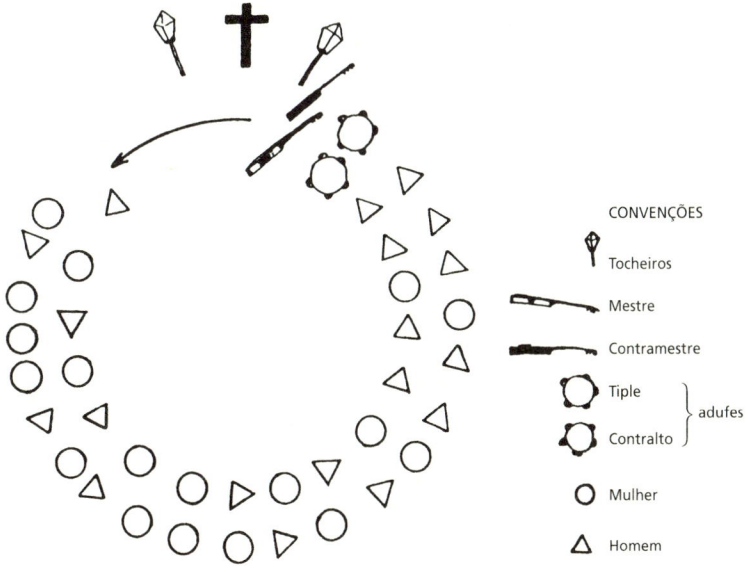

chamam de "beijamento". Ao finalizar o terceiro beijamento a sua cantoria também termina numa oitava acima, com um "oh!" agudíssimo, em falsete. É uma fermata prolongadíssima, que nos faz lembrar um grito indígena. Terminou a dança. Quando vão se retirando dão um estentórico "Viva a Santa Cruiz!", e um rojão espoca no ar. Os violeiros vão se revezando durante a noite. Dizem que não bebem porque a dança é de religião. Há também mui generalizada a crença de que "quem entrar na dança deve dançar até o amanhecer". Muitos dançam para cumprir promessa: sararam, tudo correu bem no ano agrícola, bem-sucedido nos negócios.

Há dançantes que ali estão com o fito de curar-se de um encarangamento, de um reumatismo. É a função medicinal da dança. Há muitas senhoras que dançam com seus filhos nos braços. Há muitos que dançam segurando uma vela acesa. Estão cumprindo promessa. Algumas senhoras já idosas, quando cansadas, sentam-se nas sarjetas para descansar e depois recomeçam. Quando os dançantes se deslocam de uma cruz para outra, não conversam nem dançam, alguns homens atrasam-se propositadamente para dar umas fumadinhas nos cigarrinhos de palha, que ficarão, depois de apagados, guardados na orelha direita. Observamos que dançam o tempo todo sem chapéu. Há profundo respeito.

Anotamos outros versos que os violeiros dizem improvisar, mas bem sabemos que são memorizados. Nunca repetem de maneira idêntica, há sempre pequenas variações.

> Groriosa Santa Cruiz
> nossa mãi é padruera.

> Tenho fé no coração,
> que Santa Cruiz le dá perdão.

> Adeus, adeus, Nossa Mãi,
> ela é mãi do povo intero.

> Deus vois sarve casa santa,
> onde Deus feiz sua morada.

> Onde mora o cálix bento
> i a hóstia consagrada.

> Ai, groriosa Santa Cruiz,
> aí está com o céu aberto.

Antes de finalizar uma rodada, infalivelmente, cantam este dístico, às vezes com pequenas variantes:

Mais que santa tão bunita,
Santa Cruz no seu artá.

Ao iniciar o beijamento cantam:

Lançai sua santa bença
nas horas de nóis beijá.

Dançando a noite toda prestam seu culto à Santa Cruz os moradores de Itaquaquecetuba. É uma valiosa tradição, e os moradores mais idosos, inquiridos, são unânimes em afirmar que foram os índios que lhes legaram essa tradição. O étimo do vocábulo *Itaquaquecetuba* significa "abundância de taquara cortante". Bem sabemos o papel importante que a taquara desempenhou na cultura material dos primeiros habitantes do Brasil. É bem possível que na atualidade, dentre todos os moradores da região da paulistania, só a maioria dos habitantes de Itaquaquecetuba poderá dizer: "Paulistas somos há quatrocentos anos."

A dança-da-santa-cruz é uma parcela ínfima porém indiscutível e inconfundível da cultura espiritual tradicional das gentes brasílicas, acondicionada e acomodada no calendário cristão pelos missionários e que chegou até nossos dias graças ao frouxo controle que a própria religião catequizadora exerceu sobre ela.

SARABACUÉ

Sarabacué, sarabagué ou sarabaqué são variações dum vocábulo de origem indígena para designar a dança-da-santa-cruz na aldeia de Carapicuíba, nos arredores da capital bandeirante. Duas são as hipóteses a respeito do sarabacué. Uma de que seja um antigo bailado que representava o ataque dos índios, com a dança das zagaias, culminando com a vitória do jesuíta e catequese dos mesmos em torno da Santa Cruz. Outra é de que seja o *sarambeque*, antiga dança aristocrática portuguesa que apareceu no Brasil nos fins do século XVII; aqui, depois do Paço, popularizou-se e hoje encontramo-la com as denominações de sarambé, sorongo, na Bahia, Minas Gerais, Goiás, e, em São Paulo, com o nome deturpado para sarabacué ou sarambaqué das danças-da-santa-cruz de Carapicuíba, onde, aliás, parece ser o único local em que persiste.

A *antiga aldeia* de Carapicuíba, com seu quadrado simétrico de casas de taipa "olhando" para o templo secular dedicado a Santa Catarina (a santa de cabelos loiros, como a cantam em versos da marujada de Iguape), onde os índios aldeados aprenderam o abecê da religião com o lendário padre Belchior de Pontes, é a guardadora da tradição centenária que a catequese incitou – a dança-da-santa-cruz.

Ali os silvícolas que Afonso Sardinha trouxe do sertão se iniciaram na vida sedentária, na agricultura. Aprenderam a trabalhar a terra, a plantar marmelos (os paulistas já exportaram marmelada), pêssegos, uvas, figos, cevada e trigo. Comia-se o pão feito com trigo crioulo e fazia-se vinho para as missas de padre Belchior de Pontes com as uvas da terra.

Os índios libertos deixados por Afonso Sardinha, sob a direção de jesuítas, aprenderam também as danças as quais praticavam com "grande decência" no desenrolar de suas quatro partes: reza, saudação, roda e despedida. Atualmente a dança compreende *saudação, roda e despedida*.

SAUDAÇÃO

A *saudação* inicial é à Santa Cruz. À frente do cortejo estão os instrumentistas: violeiros, tocadores de adufe, puíta e reco-reco. Na saudação percebe-se que se reduziu a reza inicial à cantoria de versos laudatórios com sentido profundamente religioso como "Ave Santa Cruz" ou o tradicional "Deus te salve casa santa / onde Deus fez sua morada etc. ou o "bendito, louvado seja / Deus da Divina Luz / nós aqui na Terra / louvamos a Santa Cruz". Canto que finaliza com aquele prolongado "oi" em falsete, assinalado já em Itaquaquecetuba, traço da cultura indígena presente nesse sincretismo religioso que é a dança-da-santa-cruz, comum nesses dois núcleos urbanóides circunvizinhos da Paulicéia.

Antecede ao sarabacué a novena preparatória iniciada em abril, bem como o levantamento do mastro com a bandeira da Santa Cruz. A dança começa propriamente na noite de 2 de maio de todos os anos.

RODA

A segunda parte é a *dança de roda*: mulheres ao centro e por fora os homens, rodando no sentido solar, cantando e fazendo vênia. É bem profana, já pelos versos cantados, nos quais até amor entra; mais se parecendo com a cana-verde, os cavalheiros lançam gracejos às damas, que fazem "luxo", isto é, aceitam o requesto, o galanteio.

> Canivetinho de oro
> no meu peito tá guardado,
> pra cortá o pandeló
> no dia do seu noivado!

A *roda* dá oportunidade para que se estabeleça, como entremeio, uma espécie de jogo de prenda – a "acuação", forçadora de uma retribuição da parte do acuado que deverá arcar com as despesas dos comes e bebes (mais bebes do que comes) dos instrumentistas. Estes imitam o latir de cães, acuam levando uma pessoa escolhida até a uma venda ou barraca próximas. Tocando, acuando, ganindo – forma jocosa de obrigar ao pagamento de prenda –, intervalam a dança da roda. Há também chimarrete, cana-verde e cirandinha nesses dias festivos.

Despedida

A *despedida* é a parte que ponto-finaliza os festejos em Carapicuíba, quando formam a grande roda para a *dança da zagaia*, já no dealbar do dia.

Zagaia, uma espécie de lança, era a arma que o jesuíta colocou nas mãos do índio para representação teatral, pois ela é originariamente africana. Seu nome é de origem moura; foi, portanto, usada num bailado em cujo entrecho havia o ataque de zagaias, argumento quem sabe baseado nos fatos da luta que mantiveram quando pretenderam transferir os antigos moradores de Carapicuíba para Itapecerica. Mas acontece que na aldeia de Carapicuíba, graças a Afonso Sardinha, os índios tinham seus direitos resguardados. Desse bailado, pois este era teatro catequético, ficou apenas o nome da grande roda de zagaia.

Sarabacué – tradição que tem séculos e chegou até nós graças aos fatores do isolamento em que essa "aldeia" viveu até recentemente e pode-se ajuntar o zelo insone e respeito pelas tradições que seus moradores revelam. Conta o velho "Cabrito", apelido do quase centenário Martiniano Antônio de Carvalho, que, antigamente, qualquer desrespeito à dança recebia forte sanção dos moradores, e, algumas vezes, os "abusão" amanheceram amarrados naquelas palmeiras que enfeitam o antigo "quadro" da aldeia de Carapicuíba, onde se abre uma janela para o passado e se contemplam quatro séculos da história paulista, na moldura de um sarabacué.

DANÇA-DE-SÃO-GONÇALO

Histórico

Ao estudarmos[1] as usanças relativas à reza e à dança-de-são-gonçalo, baseando-nos na observação participante e recoltas direta e indireta, não poderíamos deixar de fazer algumas indagações históricas acerca da vida desse taumaturgo português, exemplo de piedade e zelo cristãos. Fomos às

---

1 Cabe a Herbert Baldus a primeira tentativa de estudo científico da dança-de-são-gonçalo, dando um questionário para seus alunos, em 1938, o qual reproduzimos na íntegra. Na mesma escola, vinte anos mais tarde, ao ministrarmos um Curso de Folclore Brasileiro, distribuímos aos alunos outro questionário.

ESCOLA LIVRE DE SOCIOLOGIA E POLÍTICA DE SÃO PAULO
CADEIRA DE ETNOLOGIA BRASILEIRA (Prof. Dr. Herbert Baldus)
QUESTIONÁRIO PARA A PESQUISA SOBRE O CULTO DE SÃO GONÇALO
1) Quem foi São Gonçalo? (Lendas) 2) É casamenteiro? 3) Causa da festa: a) cumprimento de promessa; b) salvação de alma penada (com ou sem culpa; por exemplo, sem culpa: ter falecido antes de poder cumprir promessa). 4) Causa da promessa. 5) Quantas voltas. 6) De que depende o número das voltas. 7) Quantas figuras. 8) De que depende o número de figuras. 9) Toda ordem da festa (rezas e danças). 10) Onde e de quem dependem. 11) Descrição do altar. 12) Descrição da figura do santo. 13) Enumeração dos santos citados na reza. 14) É caruru ou cururu? 15) De quem São Gonçalo é padroeiro? 16) Faz-se a festa antes ou depois de ser concedida a graça pedida? 17) Há mutirão para ajudar o festeiro? 18) Para quem são as esmolas que se põem no pires? 19) Quem é folgazão? 20) Que significa tipê? 21) Quais são os violeiros mais conhecidos e onde moram? 22) Enquanto se bate pé, não se bate palma, e vice-versa? 23) Há figuras em que tiple e contralto se dão as mãos (como em Guarulhos)? 24) Quando e quantas vezes se reza o Credo, o Padre-Nosso e a Ave-Maria? 25) Pode ser que a função não seja aceita por qualquer pequena falha e erro nela cometido? 26) O bom e o mau São Gonçalo? (Com e sem chapéu.) 27) "Métodos" (= maneiras de se dirigir ao santo para pedir ou agradecer alguma graça, por exemplo, oração, comunhão, missa etc.). 28) "Métodos de judiação" (amarrar, enterrar, cozinhar, surrar, mergulhar n'água a imagem, rezar um Padre-Nosso só até a metade). 29) Há um método específico para obter determinada graça, ou depende a escolha do método só do arbítrio do interessado? 30) Quais são os objetivos pedidos (a respeito de Santo Antônio: 1. encontro de objetos perdidos, não roubados; 2. arranjo de casamento; 3. proteção de animais).

fontes históricas. Estas são minguadas aqui em nossa terra[2]. Teríamos que procurar em Portugal. Graças à permanente boa vontade de um saudoso amigo nosso e do Brasil – Gastão de Bettencourt –, conseguimos mais alguns dados preciosos.

Há algum tempo, por uma dessas grandes coincidências, caíram em nossas mãos preciosas páginas de um jornal editado em Amarante – *Flor do Tâmega*. Nesse jornal respigamos algo interessante. Essa foi a pista que demos ao escritor mencionado para ajudar-nos em nossa pesquisa.

Uma das perguntas que logo de princípio fizemos era saber se, em Portugal, São Gonçalo do Amarante era conhecido como santo violeiro ou padroeiro dos tocadores de instrumento de corda, lá seria a guitarra ou viola de arame. Nossa pergunta tinha o seguinte fundamento: em versos de lá e cá,

---

ESCOLA DE SOCIOLOGIA E POLÍTICA DE SÃO PAULO
CURSO DE EXTENSÃO DE FOLCLORE BRASILEIRO
Professor visitante: Alceu Maynard Araújo – 1957
QUESTIONÁRIO PARA PESQUISA SOBRE A DANÇA-DE-SÃO-GONÇALO
1) Origem? 2) Cura o quê? 3) Lendas. 4) Quando executam e por que executam a dança? (Após mutirão?) 5) O que oferecem ao santo? 6) Quem arruma o altar? Descrição do altar. Oratório? Pires para esmola? 7) Velas. 8) Descrição do salão. 9) Descrever o santo: tamanho, material de que é feito, vestes e cores destas, chapéu, sem chapéu, com viola, sem viola. 10) Capelão, quando há, ou mestre: quem puxa a reza? Quando reparte a reza, quem o faz? 11) Reza. 12) Beijamento (do povo ou somente dos dançantes). 13) Beijamento do povo, antes de começar a dança ou depois? O altar continua na sala da dança ou não? Por quê? 14) Há mais de um auxiliar na dança, atrás dos violeiros? 15) Versos cantados. 16) Descrição das danças e dos passos da mesma. 17) O violeiro, que posição toma ao cantar e tocar viola? 18) Canta com olhos fechados ou abertos? 19) Cor e idade aproximada dos participantes.

2 Amarante – distrito do Porto, Portugal. Situada na margem direita do rio Tâmega. Ponte de pedra que dizem ter sido construída por São Gonçalo. A terra é fértil, produz uma flor abundante nessa região marginal do Tâmega. Amarante foi fundada pelos turdetanos da Lusitânia, 360 a. C., ignorando-se seu nome primitivo. O capitão romano Amaranto, que foi governador da localidade, ampliou-a, reedificou-a, dando-lhe o seu nome, que foi conservado durante o domínio romano. Amaranto jaz sepultado em Braga, e alguns historiadores pretendem que ele não era romano, mas normando, não faltando também quem afirme que Amarante é derivado da serra do Marão, que lhe fica próxima.

Em 1250 da nossa era, São Gonçalo, chamado de Amarante, fundou e reedificou ali uma capela sob a invocação de Nossa Senhora, num rochedo sombranceiro ao Tâmega, que ainda existe, e é na capela-mor da igreja matriz da vila, que é a Igreja do Convento Dominicano de São Gonçalo, e nela está sepultado o santo num túmulo de pedra que tem a sua estátua. Enterrado o santo na própria capela que edificara, a grande concorrência de romeiros à sua sepultura deu origem a nova povoação. (*Dicionário internacional de obras célebres.*)

Há dúvidas quanto à origem do nome da cidade, que o tem ligado ao do Santo Gonçalo. É bem possível que ele provenha da palavra *amarantus*, que designa uma flor abundante nessa região marginal do Tâmega. Através dos séculos ela tem sido admirada, não só pela sua beleza cetinosa, mas também pelo fato de ser o símbolo clássico da imortalidade. Os gregos davam como prêmio, nas competições poéticas, um amaranto de ouro e prata. Certamente foi a flor que deu nome a Amarante, e não a versão de escritores imaginosos do passado, que disseram que ficava perto da serra do Marão, *ad marantum*, ou o nome do general romano Amarantus Seneciones, sepultado no Hospital São Marcos, em Braga. Essa é em resumo a douta opinião, fundamentada em documentos históricos, do sr. J. Preto Guerra, em "Bazar", suplemento literário de *A Voz* – Lisboa, 20 de janeiro de 1951, que temos em nossa hemeroteca particular.

São Gonçalo, padre e camponês.

encontramos sempre algo sobre sua função de "casamenteiro", porém, só nos daqui é que há referências como sendo padroeiro dos violeiros. Outro motivo: nas imagens brasileiras que nós conhecemos no sul do país, todas elas se apresentam com uma viola na mão. Quer o São Gonçalo padre, com batina, quer o São Gonçalo com trajes de camponês luso, bota braguesa, sempre está empunhando uma viola. Conhecemos um único exemplar de um São Gonçalo com um pandeiro na mão, segundo a foto colorida, publicada na *Revista do Arquivo Municipal de São Paulo*, volume XXXIII, ano 193, "Dança-de-sãogonçalo", de Marciano dos Santos.

Em nossa iconoteca temos uma imagem de São Gonçalo do Amarante que uma pessoa amiga nos trouxe de Portugal. É de barro. O santo está com seu hábito de dominicano e traz na mão direita um livro e na esquerda um cajado. Mostramos essa imagem a muitos sangonçalistas, em vários municípios paulistas onde temos feito a recolta dessa dança. É completamente desconhecida. Quando os que sabem ler soletram seu nome na peanha, ficam confusos: "uai, gente, num pode sê São Gonçalo, pois num tem viola", acrescentam espantados os sangonçalistas patrícios. "Se o senhor nos mostrá um São Sebastião sem as frecha, não sabemo quem seje, se mostrá um velho de barba,

Procissão de São Gonçalo no Nordeste.

sem chave na mão, não sabemos que é São Pedro, assim tamém se nos mostrá um santo sem viola, não sabemo que é São Gonçalo."[3] No Ceará, na cidade de São Gonçalo do Amarante, o padroeiro da matriz local é uma imagem de mais ou menos um metro de altura, sem viola. Em Canindé adquirimos para nossa iconoteca, em maio de 1962, uma escultura de gesso e um quadro. Na escultura São Gonçalo do Amarante está com um livro na mão, e no quadro, uma estampa colorida, há uma guitarra sobre o altar defronte do qual ele está.

---

3 Há realmente dois tipos de imagens: uma em que o santo está com roupa de camponês luso, botas, paletó, chapéu e capa; outra, está com batina, capa e chapéu. Ambas com a viola no peito, à moda de quem está tocando.
 Todas são o mesmo santo, assim afirmam os sangonçalistas. E a justificativa é a seguinte: "quando ele estava fazendo a construção da ponte, usava botas para atravessar o brejo e dirigir os trabalhos. A roupa era de roceiro, ele só não largava é de sua capa azul, pois já era velho e tinha frio. As vezes ficava até tarde no trabalho e como precisava ir tocar viola para a conversão dos pecadores, ele nem tinha tempo de vestir a batina. Ia assim mesmo, do jeitinho da imagem que fulano tem: bota, lenço no pescoço, calça presa nas perneiras, paletó e capa da cor do céu. Aos sábados, quando ele tinha mais tempo para preparar-se, punha batina e calçava seus sapatos com pregos, espetando seus pés, para penitência. Era preciso que ele estivesse de batina, pois a dança dele vara a noite, e então, saía dali, tirava as botinas, calçava outra, deixava a viola num lado do altar e ia dizer a missa de domingo. Era uma missa a que muito se assistia; todos aqueles que encontraram o bom caminho dançando a sua dança lá estavam em jejum, assistindo ao sacrifício, penitenciando-se da vida errada que levavam, procurando se corrigir. É dessa imagem de São Gonçalo padre que tenho em meu oratório", afirmou Vicente Lamosa, do bairro da Cachoeirinha, em São Luís do Paraitinga.

Em Portugal, São Gonçalo do Amarante não traz consigo a viola. Só no Brasil[4]. O São Gonçalo com a viola na mão é coisa nossa, muito brasileira. É uma contribuição nossa à religião, é uma consagração da viola! Quem sabe foi por imitação que nosso caipira colocou uma viola na mão do santo. Santa Cecília, a padroeira da música, não está à frente de um órgão? Ela é uma santa muito conhecida no meio urbano. São Gonçalo, santo dos que habitam nas roças, meio rural, tendo em suas mãos uma viola, quando alçado nos altares, traz a santificação desse instrumento musical. A imagem venerada é a que possui viola. Faz parte da religião, e todos afirmam: "São Gonçalo é dança de religião." Acertadamente assevera o sociólogo Roger Bastide, em *Sociologia do folclore brasileiro*, referindo-se à dança-de-são-gonçalo: "O folclore rural torna-se assim a missa da gente humilde."

Por que condenar e mesmo ridicularizar essa atitude simples de nossa gente roceira? Os gregos, os imortais helenos, não tinham em sua mitologia um Orfeu com sua lira? Não existindo no nascedouro[5] do cultuado a viola,

---

4 Os sangonçalistas entrevistados, quando se admiravam de não ver a viola na mão do santo, eram indagados se conheciam algum São Gonçalo simples, sem estar com o instrumento. Eram unânimes em afirmar que ele está no céu com a viola, por isso todas as imagens dele têm que ter a viola. Aproveitamos o ensejo para perguntar se, nesse caso, São Jorge estava no céu com o seu cavalo. Responderam que não. "No céu não entra cavalo, por isso, se olhássemos bem a Lua veríamos São Jorge montado em seu cavalo branco, dominando o dragão, vigiando a Terra. Animal não entra no céu, madeira, sim. A viola entrou no céu porque ela é feita de madeira, e no céu já estava a cruz de Cristo", foi um dos argumentos invocados. Uma pessoa intrometida, que ouvia nossa conversa com o caipira, atrapalhando nossa recolta, dirigiu-se ao entrevistado nos seguintes termos: "como pode a cruz estar inteirinha no céu, pois o sr. disse que ela subiu ao céu, se há poucos dias os jornais noticiaram que havia uma caravana religiosa, visitando os países, carregando um pedaço do Santo Lenho?" Como pode ser isso, se eu sei de pessoas que se gabam de ter pedaços, lasquinhas do Santo Lenho? A resposta do caipira não se fez esperar: "Eu não fico entupigaitado com sua pergunta, pois se um dia me oferecerem uma lasquinha 'legite' (legítima) da viola de São Gonçalo, eu dou o dinheiro que tiver por ela, pois tenho devoção pelo santo e sei que será uma lasquinha milagrosa, tão milagrosa que nem aquelas lasquinhas de pedra que a gente traz para botar no pote d'água, aquelas lascas que a gente pega em Pirapora, onde foi retirado o São Bom Jesus."

5 Gonçalo – Nasceu esse santo em Risconha, termo de Guimarães, ou em Arriconha, freguesia de Tagilde, descendendo da nobilíssima família dos Pereiras; seu pai mandou-o educar no convento de Pombeiro, da ordem beneditina, confiando-o mais tarde ao arcebispo de Braga; este encarregou-se de paroquiar a Igreja de São Paio de Riba Vizela. Alguns cronistas afirmam que professou na ordem de São Bento, ao passo que outros asseveram que entrara na ordem dominicana, havendo quem o mencione como cônego da colegiada de Guimarães. O que parece mais provável é que São Gonçalo, no regresso de uma viagem a Roma e a Jerusalém, se recolheu a uma vida contemplativa, refugiando-se nas margens do Tâmega, num ermo, do qual apenas saía para pregar a lei de Deus. São Gonçalo não é apenas conhecido pela santidade de sua vida e pelas lendas que a imaginação popular foi entretecendo através dos tempos, convertendo-o em casamenteiro das velhas; o crítico Rackzinsky, aceitando a versão que atribui a São Gonçalo a construção da ponte de Amarante, incluiu-o na lista dos arquitetos portugueses. O que parece ser exato é que São Gonçalo edificou ou reedificou uma capela, consagrada a Nossa Senhora (1250), num rochedo do Tâmega, capela que ainda existe. Segundo uns, São Gonçalo morreu em 1259, e segundo outros, em 1260 ou 1262. Foi beatificado a pedido de el-rei D. Sebastião pelo papa Pio IV. (*Dicionário internacional de obras célebres*.)

asseguramos que é uma criação brasileira. Elaborada pela nossa gente nestes duzentos e poucos anos de seu culto em nossas plagas.

Em Portugal, São Gonçalo não é conhecido como violeiro, segundo nos informa a troca de cartas[6] entre nosso amigo Gastão de Bettencourt e o diretor do jornal *Flor do Tâmega*, P. Carneiro. Nesse mesmo jornal foi publicado em 6-6-1937 um artigo intitulado "São Gonçalo d'Amarante, seu nascimento, vida, morte e milagres"[7].

---

6 "21/7/1950 – Ex.mo Senhor Bettencourt:
    Cumprimentos. Só hoje é possível responder à carta de V. Ex.ª. São Gonçalo de Amarante era natural de São Paio de Vizela e, nas suas peregrinações, abordou a Amarante. Como o povo daqui era bom e pacífico, o Santo edificou uma ermidinha, da invocação de Nossa Senhora, e por Amarante deu a sua vida, tendo aqui a sua sepultura. Consta que construiu (mandou construir) uma ponte sobre o rio Tâmega, que foi destruída pelas cheias. Contam-se vários milagres do frade da Ordem de São Domingos. O *Flor do Tâmega* publicou algumas notas sobre a vida e milagres do orago de Amarante, isto há muito tempo, pois esta folha já tem 65 anos de publicidade. O que se escreveu não tem relação alguma com "São Gonçalo violeiro", pois essa qualidade não é conhecida. Há um poema lírico em hendecassílabos, editado em Braga, há muitos anos, mas só trata da vida, morte e milagres do taumaturgo.
    Falei hoje com o padre da freguesia, que desconhece essa história, que não é conhecida. Diz ele que o sócio da Sociedade Martins Sarmento, de Guimarães, sr. Alberto Vieira Braga, terá alguns elementos que aproveitem a V. Ex.as. A Biblioteca Nacional de Lisboa tem os números deste jornal, nos quais V. Ex.ª poderá encontrar apontamentos, embora fracos, para o que deseja. O que respeita a São Gonçalo foi publicado em junho de qualquer ano.

P. Carneiro"

7 SÃO GONÇALO D'AMARANTE
    SEU NASCIMENTO, VIDA, MORTE E MILAGRES

    Nasceu este glorioso discípulo de São Domingos de Gusmão na freguesia de Tágilde, próximo das famosas Caldas de Vizela.
    Quando recebeu o Santo Batismo, fixou os olhos numa imagem de Jesus Crucificado e levantou os bracinhos como para a abraçar, o que causou – como era natural – a admiração de todos. Este fato assombroso repetia-se todas as vezes que a ama que o criava ia com ele à Igreja.
    De seus pais, que eram de esclarecida linhagem, recebeu Gonçalo uma educação esmeradamente cristã e exemplos de muitas virtudes. Logo que chegou ao uso da razão começou os estudos sob a direção dum sábio sacerdote. Notando o Arcebispo de Braga, D. Estêvão Soares, a singular modéstia e cordura do jovem Gonçalo, admitiu-o como seu familiar tratando-o sempre com especial predileção. O mesmo Prelado, sob cujos auspícios o nosso grande santo cursou as disciplinas eclesiásticas, o ordenou sacerdote, confiando-lhe em seguida, malgrado a humilde resistência de Gonçalo, a cura da abadia de São Paio de Riba-Vizela.
    No desempenho do ministério paroquial, diz um seu biógrafo, começou de resplandecer mais brilhantemente em virtudes com especialidade no zelo apostólico, na castidade e na misericórdia para com os pobres, com os quais dispendia a maior parte dos rendimentos da sua Igreja e a quem prodigalizava tesouros de amor e consolação.
    Decorridos alguns anos de incessantes esforços pelo bem espiritual e temporal do seu rebanho, ardendo em desejos de visitar os sagrados túmulos dos bem-aventurados apóstolos São Pedro e São Paulo, e os Lugares Santos, deixou a sua querida grei a cargo dum sacerdote seu sobrinho, e tomando o bordão de peregrino foi primeiro a Roma, e dali passou a Jerusalém, onde se demorou por espaço de 14 anos.
    O remorso de tão longo abandono de suas amadas ovelhas, as saudades cada vez mais vivas de seus filhos em Jesus Cristo e certo pressentimento dos males que eles sofriam na sua tão dilatada ausência, decidiram-no a regressar a Portugal, através de inumeráveis incômodos e perigos.

Continuando nossas buscas no além-mar sobre o taumaturgo, recebemos mais notícias da "Festa de São Gonçalo em Mafamude" e copiosa documentação fotográfica dessa festa. Numa foto, se vê a imagem do santo (sem viola na mão), segura por um mareante. No jornal *Diário da Noite*, de 10-1-1951, em um artigo em que se vê um mareante segurando a mesma imagem, estes dizeres, como cabeçalho da notícia: "Montada num jerico, a 'TI' Rita conduzia há trezentos anos a imagem de São Gonçalo."

Chegado ao reino, dirigiu-se para a sua freguesia, onde ninguém o conheceu, tão despedaçadas trazia as vestes de peregrino e tão macerado o rosto pelos trabalhos e privações da extensa e áspera viagem.

Maior tribulação, porém, o esperava naquele antigo teatro da sua caridade, porque estranhas e tristíssimas mudanças tinham ocorrido ali depois da sua partida para a Palestina.

O sobrinho, que deixara como seu vigário, esquecera-se da sua grave missão e tornara-se homem faristoso, dissoluto e duro de coração, dispendendo em festas e passatempos mundanos, em escandalosas folganças e opíparos banquetes, as rendas da abadia, que nas santas mãos de seu tio haviam sido patrimônio dos pobres.

Ainda isto não era tudo: o infiel delegado fizera-se também usurpador dos alheios direitos, forjando cartas e documentos com que certificara a morte de Gonçalo, obtendo, por este meio, do arcebispo D. Silvestre Godinho, a propriedade do benefício.

Estava o intruso abade no meio dum dos seus profusos jantares, quando sucedeu ir Gonçalo bater à porta da sua antiga residência, pedindo qual miserável mendigo uma esmola por amor de Deus. Responderam-lhe primeiro os latidos duma feroz matilha de cães de caça, de cujos dentes mal pôde defender-se com o bordão; veio depois um criado, que da parte do dissoluto sobrinho o despediu com duas palavras.

Justamente indignado ficou o peregrino, que, dando-se a conhecer, e em voz que chegava até onde estava aquele que em vez de pastor vigilante era lobo devorador, repreendeu os escândalos, excessos e abusos que ali presenciava. Ergueu-se da mesa furioso o sobrinho e, saindo fora, arrancou das mãos do velho o bordão, com ele principou a espancá-lo brutalmente, não atendendo às razões em que lhe era recordado o amor e cristão desvelo com que sempre o tratara, e as promessas e juramentos que dele recebera, acabando o desnaturado sobrinho por açular-lhe os cães, que a dentadas o expulsaram para longe.

Resignado, sofreu o santo ancião tão cruel tratamento e foi-se pregando o Evangelho por aquelas terras até a margem do Tâmega, parando num sítio, naquele tempo inculto despovoado, e onde hoje é a vila de Amarante. Parecendo-lhe o lugar adaptado para a vida contemplativa, ali construiu uma ermidazinha, onde se recolheu e que dedicou à Santíssima Virgem, de quem era mui devoto. Dali saía em certos dias a pregar aos povos dos arredores, passando solitário o resto do tempo na oração e na penitência.

Desejando cada vez mais ardentemente alcançar a glória eterna, com muita confiança e fervor pediu à Santíssima Virgem que lhe mostrasse o mais seguro caminho: e para que esta súplica fosse deferida, passou a pão e água somente a quaresma inteira. Apareceu-lhe Nossa Senhora, que lhe disse que tomasse o hábito do glorioso São Domingos, o que assim fez em Guimarães, com grande júbilo da sua alma. Findo o noviciado e feita a profissão solene, pediu licença ao seu prior Fr. Gonçalves Telmo (também varão notável em santidade) e com um companheiro de religião voltou para o seu eremitério de Amarante, onde prosseguiu a sua vida evangélica e caritativa.

No local da ermida, em grande distância, não havia ponte sobre o Tâmega, que os viandantes tinham de atravessar numa barca; e como aquele rio corresse durante grande parte do ano caudal, arrebatado, em demasia intumescido pelas cheias do inverno, tornava-se a passagem impossível ou em extremo perigosa, de sorte que, se a frágil barquinha se aventurava a afrontar a corrente, não poucas vezes se virava, ou era arrojada de encontro às rochas da margem com perda de muitas vidas e fazendas.

Não era para o benfazejo coração de Gonçalo o angustioso espetáculo que amiúde se repetia; e com a alma cruelmente pungida pensou em remediar aquelas desgraças, construindo ali uma ponte

Pelo exposto, já se pode aquilatar que em Portugal São Gonçalo não é violeiro e a função do milagroso santo não se exerce mais no sentido de fazer casamentos. Ele é o santo dos mareantes do rio Douro, é a alegria do bom povo da zona ribeirinha de Gaia, especialmente de Santa Marinha e Mafamude.

---

de pedra. Concebido o seu humanitário projeto, tratou o santo varão de o realizar, invocando primeiro que tudo o auxílio celeste, por meio da oração e da penitência, e depois, começados os trabalhos, o terrestre, esmolando pelas terras circunvizinhas com que pagar aos operários. Um anjo lhe veio indicar o sítio onde havia de ser construída a ponte.

Obrou o Senhor pelo seu fiel servo muitos milagres, e com especialidade desde o começo até a conclusão da obra, dos quais o aludido biógrafo menciona os seguintes:

Deram a São Gonçalo, para o trabalho da ponte, uns touros bravos e ferozes, e ele com uma só palavra os amansou, de maneira que se submeteram logo ao serviço, como se tivessem muitos anos de ensino.

– Chegava à margem do rio e chamava os peixes, que corriam em cardumes saltando aos pés do santo. – Sendo necessário água para mais fácil serviço das obras da ponte, tocou São Gonçalo com o bordão numa pedra, e correu logo uma fonte; e porque fosse também preciso vinho para alegrar e fortalecer os trabalhadores, tocou do mesmo modo noutra pedra, donde rebentou outra fonte daquele licor. – Trabalhavam muitos braços e instrumentos para moverem um grande penedo, mas debalde; porém, com o impulso duma só mão do santo e como que andando por si mesma, se foi colocar onde convinha.

Dirigiu-se um dia o pobre ermitão a um homem muito rico, mas duro e astuto, pedindo-lhe algum socorro para a sua obra: escusou-se ele por estar fora de casa e lhe disse que sua mulher o socorreria, dando-lhe para ela um escrito.

Recebeu a mulher o nosso Santo e rindo-se que aquele crédito nada valia, porque o que nele dizia seu marido era que lhe desse de esmola o que pesava o papel. Replicou, todavia, São Gonçalo que se pesasse o papel e ele se contentaria com a esmola. Põe-se o papel em um prato da balança, e quando parecia que bastavam alguns grãos de trigo para o equilibrar, vieram sacos e mais sacos, e poderia vir tudo o celeiro sem igualar o peso de menos duma folha.

Concluída a ponte, São Gonçalo, depois de ter vivido muitos anos em vida santíssima e de grande exemplo, cheio de virtudes e merecimentos, felizmente, morreu no Senhor aos 10 de janeiro de 1260, sendo-lhe revelado pela Santíssima Virgem o dia do seu passamento, para o qual se preparou com os sacramentos da Igreja.

Celestes prenúncios da glória que ia gozar o santo ancião, foram os seguintes: Na manhã daquele dia, ouviu-se nos lugares próximos ao oratório uma voz que dizia: "Levantai-vos e ide depressa à sepultura do Santo." Concorreu povo, e encontraram na ermida o sagrado corpo jacente sobre palhas, perfumado e resplandecente, tendo o semblante cercado por extraordinário fulgor. Depois dos respectivos ofícios, deu-se, no mesmo oratório, sepultura ao venerado corpo.

Depois da sua morte tem o Senhor obrado inúmeros prodígios, por intercessão do nosso Santo, sendo um deles ter este aparecido à vista de todos por ocasião em que a ponte ameaçava iminente ruína, de que a preservou.

A ermida primitiva, fundada por São Gonçalo, foi mais tarde ampliada em Igreja, e sobre esta mandou D. João III, em 1540, levantar o suntuoso templo e convento que ainda hoje existem.

O corpo do nosso grande Santo repousa na capela-mor, da parte do Evangelho.

Havendo precedido três processos, feitos em diversos tempos, foi o último efetuado por D. Rodrigo Pinheiro, bispo do Porto, por comissão ao Papa Pio IV, e a instâncias d'el-rei D. Sebastião, do arcebispo de Braga, da Ordem de São Domingos e do povo de Amarante; e a sentença de beatificação foi dada a 16 de setembro de 1561, pelo Núncio apostólico João Campeu, e pelo cardeal D. Henrique.

Clemente X estendeu a toda a Ordem de São Domingos a concessão, que primitivamente fizeram Júlio III e Pio IV, de honrarem num dia especial ao glorioso São Gonçalo. A sua festa celebra-se a 10 de janeiro.

Não só na vila de Amarante, mas também em muitas outras terras de Portugal, é singularmente festejado o nosso grande Santo. (Publicado no jornal Flor do Tâmega, Amarante, Portugal, em 6 de junho de 1937.)

Os santos podem mudar de função, isto é, seus milagres não serão mais dirigidos num determinado sentido, como fazia anteriormente e pelo qual ficou conhecido como intercessor. Por exemplo, São Bento é invocado para curar picadas de cobra e bicho peçonhento; São Roque, contra as pestes dos animais e aves. São Gonçalo era casamenteiro, em Portugal, no início de sua jornada milagreira; agora está servindo aos mareantes, já com outras funções, substituindo quem sabe a São Pedro, que, além de chaveiro do céu, é o padroeiro dos pescadores e de todos os que lidam com águas ou sobre as águas. É facilmente compreendida essa mudança de função: o casamento naquela época ruralista e colonizadora de Portugal era muitíssimo desejado, uma necessidade. E, pelo fato de o Brasil ser um país eminentemente rural, há razões para que São Gonçalo continue a fazer tais milagres de casamento, nesse meio rural onde até hoje recebe homenagens, rezas e danças em seu louvor. A perda de função também leva o santo ao ostracismo. É o que está acontecendo com São Gonçalo no meio urbano. Nas cidades como São Paulo, onde há uma média de dois desquites por dia, tem que ser mesmo postergado. Seus cultuadores estão quase tão-somente no meio rural.

Há santos que perdem sua função precípua e são relegados ao esquecimento. É o caso de São Bento. Depois de Vital Brasil e do Instituto Butantã, depois que o soro antiofídico substituiu com vantagens as rezas e benzeduras, foi relegado ao esquecimento. Em vários lugares onde temos pesquisado, os curandeiros, benzedores e "curadores de cobra" já não exercem "seus poderes" na cura de mordeduras de cobras, já não invocam mais a São Bento. Daquela reza repetida enquanto o paciente pula sobre uma imitação de cobra feita por metro e meio de fumo em corda, saltando e repetindo: "São Bento, São Bento, São Bento, nos livre de cobra e de bicho peçonhento", só um ou outro curandeiro muito antigo e "aposentado" é que se lembra. Lembra-se apenas, porém não a pratica mais.

São Gonçalo do Amarante, em Portugal, pouco exerce das funções de casamenteiro[8]. Com saudosismo desses tempos, Aquilino Ribeiro refere-se, num

---

8 Rodney Gallop, *Portugal – "a book of folk-ways"*. Inglaterra, Cambridge University Press, 1936. Fizemos a tradução da página referente a São Gonçalo.

"Santo Antônio, nascido em Lisboa, tende a sobrepujar a São João, especialmente no Sul, na crença popular de 'Santo Casamenteiro'. No Norte, entretanto, São Gonçalo do Amarante é mais votado que ambos. Na realidade, São Gonçalo do Amarante é o 'Santo Casamenteiro' original, como fica provado pela canção ouvida em suas romarias:

São Gonçalo d'Amarante
casamenteiro das velhas
por que não casas as novas?
que mal te fizeram elas?

conto magistral, a fatos da vida de São Gonçalo: "Foi no dia de Nossa Senhora, ano de 1207 da lei nova, que Gonçalo cantou missa." Noutro parágrafo: "As virgens loucas do lugar, jogadas ao repúdio; as solteironas de cabelos brancos, que começavam a descrer, enganchando-se-lhe à garnacha na igreja, na rua, no presbitério, clamavam: São Gonçalinho, casai-me; / casai-me, que bem podes..."

No conto de Aquilino Ribeiro, pode-se perceber como aproveitou os elementos da tradição a respeito de São Gonçalo que foi visitar os lugares santos, deixando seu sobrinho para substituí-lo em São Pelaio. Demorou 14 anos nessa peregrinação. Quando voltou, era nova Sodoma: o sobrinho sacripanta tinha amiga e filhos, dançavam ali as chulas dengosas... Gonçalo se enfureceu e o povo fê-lo correr a pedradas. O sobrinho ficara definitivamente com seu lugar, Gonçalo vai para o ermo. Faz uma choça ao lado de um regato. Uma aldeia se forma de lado a lado do regatozinho. Os fiéis começaram a se alimentar de frutas. Com o inverno o regato se tornava em torrente e muitos morriam afogados ao atravessar a vau. Gonçalo constrói uma ponte. Os touros bravios do Marão (serra) puxavam as pedras. Os peixes saltavam para alimento dos obreiros (lenda igual à de São José). Quando Ele morreu, secaram-se as flores e seu túmulo floriu. Foram os anjos que fizeram? Entre os hinos místicos, cantaram: "Meu São Gonçalo da azenha, / casais-me ou não me casais? / Quem puder que se contenha, / Cá por mim não posso mais."

Aos fiapos dessa tradição que nos veio de Portugal, somam-se os fios das estórias do lendário sangonçalista que recolhemos em nossas andanças pelo Brasil, para esta urdidura.

No Brasil o início do culto a São Gonçalo do Amarante data, mais ou menos, da época do descobrimento. Certamente veio com os colonizadores portugueses para as nossas plagas. Nessa ocasião os lusitanos estavam voltados para os milagres desse santo dominicano, sendo o rei d. João III um fer-

---

Quando, porém, uma mulher sem esperanças de realizar um casamento pelos meios comuns se serve de 'fazedores de casamentos' taumaturgos, não pode ser ela chamada de 'velha'?

De qualquer forma, sabe-se que as romarias de São Gonçalo em janeiro e junho são acompanhadas, em sua maioria, de mulheres que compram doces em formatos curiosos e que são chamados 'testículos de São Gonçalo'.

A imagem do santo é curiosamente vestida com um garbo exótico; todos os que tiverem o que os franceses chamam de *lamal de marier*, puxam a parte solta de seu cinto, enquanto os que temem a esterilidade esfregam o corpo de encontro à tumba do santo, onde se acha o seu corpo incorrupto e impregnado de virtudes.

Se os santos são considerados seres humanos é lógico que eles sejam tratados como tal. São lisonjeados, e a sua intervenção é obtida através de rezas e penitências, por consagrações e ofertas votivas. Porém, se o santo falha em atender ao pedido feito, ele é exposto a ameaças e, em casos extremos, a punições. Fui informado de que não é raro, mesmo nas boas famílias, um santo recalcitrante ser colocado com o rosto voltado para a parede, da mesma forma como muitas crianças malcomportadas."

voroso devoto de São Gonçalo e um dos primeiros a tomar a iniciativa de negociar em Roma a beatificação do seu padroeiro votivo. Em 1540 esse rei iniciou a edificação do mosteiro dominicano em Awarante, distrito do Porto, onde faleceu São Gonçalo, e ofereceu um sino de 60 arrobas, dando ordens para que esmolassem angariando mais dinheiro para as construções. Em 1552 encarregou d. Afonso de Lencastre, comendador-mor da Ordem de Cristo e embaixador português em Roma, para, juntamente com frei Julião, emissário do mosteiro de São Domingos de Lisboa, tratar da missão especial relativa à beatificação de São Gonçalo. No hagiológio português, dois santos parecem ser os mais insignes e rutilantes: Santo Antônio de Lisboa e São Gonçalo do Amarante. Foram coevos. São Gonçalo faleceu, avançado em anos, no seu eremitério em Amarante, em 1262. Somente foi canonizado após reiteradas instâncias dos soberanos portugueses, em 1561. Foi por ocasião do reinado da rainha-regente d. Catarina que o papa Pio IV proclamou a beatificação de São Gonçalo. Uma vez com o beneplácito papal, que data de 16 de setembro de 1561, São Gonçalo passou para os altares com seus atributos inerentes, com horas canônicas, missa e ofício privativos. Em Portugal a sua festa é realizada em Amarante no dia 7 de junho e dedicam-lhe uma semana de festejos, com procissões, bandas de música, folguedos populares etc.

Grande popularidade teve o santo dominicano no Brasil com a chegada do bispo d. Antônio de Guadalupe que, em agosto de 1725, funda em louvor a Gonçalo de Amarante, na Igreja de São Pedro, no Rio de Janeiro, uma irmandade. Sendo São Gonçalo do Amarante um santo casamenteiro, a irmandade cresceu desmesuradamente, conta-nos Vieira Fazenda.

No Brasil, atualmente, não há dia determinado para sua festa. Aliás, aqui não fazem festa para o santo; somente oferecem-lhe uma dança, cerimônia que ocorre sempre que alguém lhe tenha feito promessa. Geralmente a dança é feita aos sábados à noite, porque é muito demorada. Não raro, em alguns lugares, dançam a seguir o fandango, xiba, cateretê etc., danças que se desenrolam até o amanhecer; os dançadores terão o domingo para descansar. Não há, portanto, dia especial.

Uma pessoa tendo feito promessa para São Gonçalo convida seus amigos e vizinhos e os violeiros para a realização da dança. Esta é sempre realizada dentro de uma casa e, em alguns lugares, dentro de uma capela. Há a necessidade, nas casas, de se armar um altar para o santo. Essa dança somente é dançada na frente do santo; fora dessa circunstância, não a dançam. Sendo uma dança de caráter religioso, há muito respeito. O dono da casa onde se realiza o cumprimento da promessa, antes do início, apela para os presentes solicitando-lhes o respeito devido, recomenda para não haver risadas, namoros e não fumarem no recinto.

LOCALIZAÇÃO GEOGRÁFICA

No Rio de Janeiro, em 1626, Vivaldo Coaracy, em *O Rio de Janeiro do século XVII* (p. 64), assinala uma Capela de São Gonçalo. Já nos referimos ao bispo Guadalupe[9] fundando irmandade em seu louvor. Na atualidade, persiste em alguns municípios litorâneos, como Parati.

La Condamine assinala-a no Recife em 1817 e Pereira da Costa evoca-a em seu *Folclore pernambucano*. Hoje aí não mais existe. Entretanto, Assis Silva de Port'Alegre, no Rio Grande do Norte, registra seus versos em 1938, referindo-se também ter sido dançada até 1910 em Apodi. Ainda é dançada no Ceará, na faixa litorânea.

No Piauí e Maranhão, Raimundo Rocha faz criterioso estudo, assinalando sua presença nos dias que correm. No Mato Grosso e Goiás é largamente praticada.

Na Bahia, no interior, num povoado estudado pela socióloga paulista Maria Isaura Pereira de Queirós, assinala sua presença. Na região do Médio São Francisco, há procissões de São Gonçalo. Em São Paulo, "nosso feudo folclórico", assinalamos sua presença em mais de 218 municípios. Não resta dúvida de que o elemento africano custou a chegar ao estado bandeirante, por isso a dança-de-são-gonçalo pôde se enraizar. No Paraná, apenas registramo-lo na região da ubá. Certamente o contato promovido pelas romarias ao santuário de Bom Jesus de Iguape tem contribuído para a difusão dessa dança religiosa praticada largamente em Cananéia, passagem desses romeiros paranaenses.

---

9 José Vieira Fazenda, "Antiqualhas e memórias do Rio de Janeiro", *Rev. do I. H. G. Brasileiro*, vol. I, p. 270: "Antônio Guadalupe nascera na vila de Amarante em 27 de setembro de 1672. Tinha, pois, 53 anos. Filho do desembargador Jerônimo Sã Cunha e de D. Maria Cerqueira, pessoas nobres, estudou D. Antônio, com brilhantismo, humanidades. Pela Universidade de Coimbra recebeu o grau de bacharel e seguiu a carreira da magistratura, ocupando o cargo de 'juiz-de-fora' de Trancoso. Em 23 de março de 1701 vemo-lo tomar o hábito franciscano no Convento dos Capuchos.

Aborreceu-se o letrado das intrigas e vilanias e procurou a solidão do claustro. Dele o foi tirar D. João V, dando-lhe a mitra de São Sebastião do Rio de Janeiro.

Chegou no dia 2 de agosto de 1725 e no dia 4 tomava posse da cátedra prelatícia. Faleceu em Lisboa no dia 31 de agosto de 1740.

O bispo fundara em honra a São Gonçalo do Amarante na Igreja de São Pedro uma irmandade. Tornou-se em breve a confraria uma das mais numerosas da cidade. Dela queriam fazer parte moços, velhos e até muitas velhas. Como todos sabem, este santo é o casamenteiro das senhoras que entram na compulsória."

Em Minas Gerais é praticada em vários municípios. De sua prática temos minucioso estudo feito por Saul Martins.

Na Amazônia não temos notícia de sua prática e até mesmo de que por lá seja conhecida.

A DANÇA-DE-SÃO-GONÇALO DE TAUBATÉ

Do oratório de caviúna, de mais de 100 anos de uso, foram retirados todos os santos de devoção; deixaram apenas a imagem de São Gonçalo. A pequena mesa, à guisa de altar, estava enfeitada com uma toalha de crivos. Ao redor, folhas de palmeira. Duas velas acesas. A imagem mede 15 centímetros de altura. Sua batina é pardo-escura, capa azul-celeste, chapéu preto, viola na mão, segurada à altura do peito. Está sobre um pedestal vermelho. É uma linda escultura popular feita de barro. As pessoas que tomaram parte na dança são pessoas vindas da roça, velhos conhecidos do festeiro, residem quase todos em sítios e fazendas nas circunjacências de Taubaté. Havia somente um rapaz de cor negra, os demais eram brancos. Trajavam roupas comuns. Pessoas sem cultura, que parecem não ter feito viagens a não ser nas redondezas de Taubaté, umas promessas em Aparecida do Norte, porém acostumados a dançar o são-gonçalo em suas roças.

Foram convidados dois violeiros-cantadores. O principal é chamado por eles de "mestre" e geralmente canta a primeira voz, e o que faz a segunda voz ou "tiple" é, na designação popular, conhecido por "contramestre". Estes dirigem a coreografia. Nessa dança, o "mestre" foi Joaquim Barbosa dos Santos, branco, roceiro, de 70 anos de idade, analfabeto, natural do bairro do Rio Comprido (Taubaté); o "contramestre" foi Juvenal Moreira Vítor, branco, de 46 anos de idade, alfabetizado, roceiro, da mesma procedência. Tomaram parte nessa dança cinco pares de dançantes, que pela simplicidade de seus trajes denunciavam a sua procedência da roça. Os dançantes não cantam, somente dançam. Postam-se em coluna por dois, tendo à testa das colunas os dois violeiros, que ficam próximos do altar, a uma distância mais ou menos de 80 cm. Homens ficam à esquerda e mulheres, à direita, havendo entre eles um intervalo de mais ou menos 1 m, e uma distância de 50 cm. Todos voltam a frente para o altar, um atrás do outro, bem alinhados, em atitude respeitosa. A partir desse instante não voltam mais as costas para o santo, o que é considerado uma falta de respeito. O "mestre" fica na frente da coluna dos homens e o "contramestre", na das mulheres.

Costumam, em Taubaté, dividir a dança em cinco partes. Em cada parte cantam de cinco a seis "versos", isto é, quadras. Ao canto de uma quadra ou "verso", ao deslocamento que fazem, sapateado e beijamento, a esse conjunto de canto e coregrafia dão o nome de "volta", e uma "volta" é sempre demorada. A demora depende do número de pares de dançantes. Não raro uma "parte" demora 45 minutos, isso quando apenas cinco ou seis pares participam de uma dança. Entre as "voltas" não há intervalo, porém, entre uma "parte" e outra, há um pequeno, e neste eles não deixam os seus lugares, porque sair é falta de respeito. Esperam até que se realize a quinta parte, que é justamente aquela em que fazem os agradecimentos. E nesse enleio de sincretismo religioso católico-romano e diversão, passam de quatro a cinco horas.

"Mestre" e "contramestre" são os dirigentes da coregrafia, ambos tocam viola. A posição de segurá-la é a que denominaremos religiosa. Levantam a viola até a altura do colo, onde encostam o seu fundo, apóiam o mento sobre a "cintura" desta. A "cintura" é a expressão popular que se refere àquela curvatura que fica ao lado da viola. Seguram com a mão esquerda no braço da viola, e com a mão direita tangem as cordas, estando este braço e antebraço no nível do ombro. A primeira "parte" da dança compõe-se de trovas que se referem à necessidade de benzimento, pedem livramentos de quebrantos e pedem licença para a realização da dança.

Violeiros defronte ao altar de São Gonçalo.

A dança assim se inicia: os violeiros cantam uma quadra; ao finalizá-la, saem, por fora das colunas, dando uma volta. Em chegando à extremidade oposta em que estavam, entram pelo centro, entre as colunas, voltando ao lugar primitivo. São seguidos nessa evolução pelos demais sangonçalistas de suas colunas. Essa volta é feita sem canto e também as violas não estão sendo tocadas. Uma vez finalizada a evolução que desenha mais ou menos uma elipse, os violeiros tangem as violas, sem cantar, dando o ritmo, e o par de dançantes que está na extremidade oposta aos violeiros inicia o bate-pé, por dentro das colunas, aproximando-se do altar. Ali cruzam duas vezes, isto é, trocam de lugar, pateando. Ao chegar bem próximo do altar, param de bater os pés. Fazem o beijamento do altar ou das fitas que, às vezes, amarram no santo. Flexionam ligeiramente o tronco, meneiam reverentemente a cabeça para a frente. Esse par finaliza assim o seu bate-pé com o beijamento do altar; afasta-se, ficando na frente do violeiro. Todos os pares se deslocam um pouco para trás. Em seguida vem outro par que está no fim das colunas, e assim vão fazendo os demais pares de dançantes, até que cheguem os violeiros no fim das mesmas. Entram pela parte interna das duas colunas, tangendo a viola e pateando. Beijam o altar. Cruzam. Beijam o altar. Cruzam. Beijam o altar pela terceira vez e cruzam; conseqüentemente, ficam à testa de colunas diferentes das quais estavam no início da "volta". O "mestre", que estava à frente da coluna dos homens, passou a ficar na das mulheres, e o "contramestre", na dos homens. A seguir, cantam outra quadra, fazem a evolução, os pares iniciam o bate-pé, cruzam e beijam o altar. A coreografia é a mesma, e nela continuam até que, terminados os "versos" de uma "parte", fazem um pequeno intervalo. Nas demais "partes", a coreografia é idêntica. Somente que, ao finalizar a quarta "volta", após o canto da quarta quadra, "verso", da quinta parte, que diz: "vem terminá nossa dança com uma Salve-Rainha", as violas param de ser tangidas. Continuam seguradas à moda religiosa, há absoluto silêncio, e todos, quase imóveis, pigarreiam e iniciam a reza.

O "mestre" – disse ser a melodia de sua lavra – dá início ao canto. A reza é cantada "repartida". "Repartir uma reza" é o "mestre" cantar em solo um trecho, e o "contramestre" e demais dançantes cantarem outro trecho. Vão alternando, até que o último trecho e o Amém são cantados juntos.

Na dança-de-são-gonçalo, não há propriamente o sapateado, o qual compreende o bater das pontas do pé. Há o *pateado*. Patear é bater calcanhar, planta, meia-planta e ponta do pé em cheio no solo. Não há o taconeio, que o próprio nome diz, bater, com o calcanhar, o tacão do sapato no solo. O taconeio é comum nas danças de fandango do interior paranaense, Litoral Sul paulista e em algumas danças gaúchas.

Quando o par de dançantes entra por dentro das colunas, aproximando-se do altar, vêm pateando. Iniciam o pateado com qualquer pé, não há regra nem obrigatoriedade para tal. Pateiam duas vezes com o pé que está na frente do corpo. A seguir, deslocam o peso do corpo sobre esse pé, avançam o que está atrás, colocando-o à frente, pateando duas vezes, e assim sucessivamente. Para a grafia dos textos recolhidos procurou-se adotar a representação fonética. Ei-los:

1.ª "PARTE"

♩=50

Na ho - rá di Deus cu - me - çu Pa - dri Fi - liu Spri - tu San - tu, es - ti é o pri - me - ru ver - su qui pra São Gon çal' eu can - tu. Na ho -

Na horá di Deus cumeçu
Padri, Filiu, Spritu Santu,
esti é o primeru versu
qui pra São Gonçal'eu cantu.

Na horá di Deus cumeçu
Padri, Filiu, Spritu Santu,
vamu se benzê primeru
livrai-nos di quebrantu.

Na horá di Deus cumeçu
um Padri-Nosso i Ave-Maria
vamu se benzê primeru
pra se livrá di zombaria.

Meu groriosu São Gonçalu,
um favô queru pedi,

queru qui nos dê licência
pra seus devotu deverti.

Para todos seus devotu prova
todos vós eu falu
percisamu dançá sériu
a dança-di-são-gonçalu.

A dança-di-são-gonçalu
não si podi caçuá,
São Gonçalu é vingativu,
eli pódi castigá.

2ª "PARTE"

Meu groriosu São Gonçalu
preparadu nu artá
queru qui nus dê licência
pra sigunda vorta dançá.

Meu groriosu São Gonçalu
pra toda vida eterna
quem dançá pra São Gonçalu
nunca sófri dô di perna.

A dança-di-são-gonçalu
é uma dança arrespeitada,
que dança moça sortera
e tamém muié casada.

Meu groriosu São Gonçalu
eu vos digo nessa hora
sarvemos meu São Gonçalu
e tamém Nossa Sinhora.

Meu groriosu São Gonçalu
aperparadu nu artá,
queru qui nus dê licência
nóis queremu discansá.

3ª. "PARTE"

Meu groriosu São Gonçalu,
vós nos queira perdoá,
quero qui nos dê licência
pra tercera vorta dançá.

Virge Nossa Sinhora
Seja nossa interseição,
sarvemu meu São Gonçalu
cum sua viola na mão.

Aí está o meu São Gonçalu
e tamém sua viola,
nos perdoai nossus pecadu,
i nos leve a eterna gróia.

Meu groriosu São Gonçalu
na terra di marinheru
mataru meo São Gonçalu
pra roubá o seu dinheru.

A dança-di-são-gonçalu,
é uma dança verdadera,
que dança muié casada
e tamém moça sortera.

4ª. "PARTE"

Pra todo seus devotu
pra todo vós eu falu
com esta são quatro vorta
i todas pra São Gonçalu.

Ó Virge Nossa Sinhora
Conceição, Aparecida,
perdoai nossos pecadu
i ajudai na nossa vida.

Ali está meu São Gonçalu
entre as frores i botão
pra nos remi i sarvá
nossu Pai da Sarvação.

Meu groriosu São Gonçalu
antes das fror afrorescê,
vamu dançá essa vorta,
pra outra oferecê.

5ª "PARTE"

Meu groriosu São Gonçalu,
nu lugá qui êli istá
está é a derradera vorta
qui agora vamu dançá.

Meu groriosu São Gonçalu
u seu mantu é cor du céu
quem dançá pra São Gonçalu
todos ganham jubiléu.

Meu grorioso São Gonçalu
aperparadu nu artá.
êli é nossu padroeru
pra nóis todo adorá.

São Gonçalu desceu du céu
pra nossu pai tão bão
si resta argum agravu
cantanu peçu perdão.

São Gonçalu desceu du céu
ninguém sabia qui êli vinha,
vem terminá nossa dança
cum uma Salve-Rainha.

Na opinião do "mestre", a "toada", isto é, a música, e a dança-de-são-gonçalo "vêm desde o princípio do mundo". Comum também é a afirmação que fazem dizendo-se autores das músicas que cantam. O "mestre" se diz autor das melodias da Salve-Rainha e da Ave-Maria que foram cantadas nessa dança. A Salve-Rainha, devido a algumas alterações, foi recolhida:
"Salvi Rainha, mãi di misericorde, vida, doçura, mãi desperância nossa.
Salve ó vós, Salve a vós bradamus os degradados, degradados filhos de Eva, por vós suispiramos, gemeno e chorano neste vali, nesti vali de lágrimas, seja após adevogada nossa desses vosso óleos misiricordioso, e nos vorve e nos

vorve adepois, desti desterro do desterro nóis amostre a Jesus, bendito é o fruto do vosso ventre ō quelemente, ó piadoso, piadoso é o doce sempre virge, para sempre Virge Maria, rogai por nós Santíssima Mãe de Cristo para sempre. Amém. Jesus."

♩=72

Calmo e cantante

Sal - vi Ra - i - nha, Mãi di mi - se - ri - cor - de.

O solo alterna com o coro a mesma melodia, aplicando as palavras da Oração Salve-Rainha. A última nota da frase melódica é o 7º grau tonal, a sensível – coisa esta muito curiosa. Pelo acompanhamento vê-se que faz parte do acorde suspensivo sobre a dominante. A sensível, parece, é a nota que melhor exprime a suspensão, a espera por alguma coisa (a conclusão na tônica) e, portanto, significa a petição, a súplica. Esse sentido, aliás, é idêntico ao significado das palavras.

Também "repartiram" a Ave-Maria. As duas orações sacras foram cantadas sem o acompanhamento da música da viola. Numa dança-de-são-gonçalo, somente cantam a Salve-Rainha e a Ave-Maria quando há promessa para cantar, e nessa o festeiro avisou o "mestre" sangonçalista. Foi recolhida esta Ave-Maria cantada: "Ave-Maria cheia de graça o Senhor é convosco, bendita sois entre as mulheres, bendito é o fruto de vosso ventre nasceu Jesus… Santa Maria mãi de Deus, rogai por nós pecadores e agora e na hora de nossa morte. Amém. Jesus." Note-se a boa forma da linguagem, quase sem erros de pronúncia em ambas as orações. Cantando nenhuma vez trocaram o "Salve-Rainha" por "Sarvi Rainha".

♩=80

A - ve - Ma - ri - a chei - a de gra - ça o Se - nhor - é con -

vos - co, ben - di - ta sois en - tre as mu - lhe - res, ben - di - to é o

fru - to de vos - so ven - tre nas - ceu Je - sus. San - ta Ma -

```
ri - a  mãi  de   Deus, ro - gai  por   nós      pe - ca - do - res  e a -
go - ra  e   na   ho - ra de nos - sa   mor - te A - mém.   Je  -  sus.
```

Note-se que a palavra "vosco" é partida por uma rápida respiração. É interessante, também, a interpolação da palavra "nasceu" e do acréscimo do último "Jesus" (isso para que não ficasse rompida a cadência melódica).

Ao santo não é ofertado dinheiro em cumprimento de promessa feita, nem mesmo oferecem donativo em espécie, as promessas são pagas oferecendo-lhes dança, arrumação do altar, acendimento de vela ao lado do santo, dançar com um círio aceso seguro na mão direita.

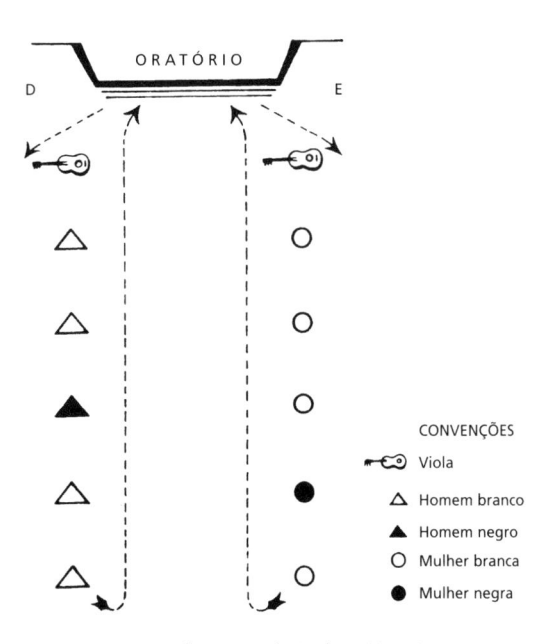

ORATÓRIO
D   E

CONVENÇÕES
— Viola
△ Homem branco
▲ Homem negro
○ Mulher branca
● Mulher negra

Dança-de-são-gonçalo, Taubaté, 11-4-47.

A dança-de-são-gonçalo de Ubatuba

No bairro do Perequê-Açu, em casa de Verônica Paulo, negra, com cerca de 56 anos de idade, recolhemos os dados sobre a dança-de-são-gonçalo, conforme é realizada nas cercanias de Ubatuba, Litoral Norte do estado de São Paulo.

A casa é de telha vã, mais ou menos confortável. A sala da frente mede 6 m por 4 m de largura, e o piso é de terra batida. Na sala, lado oposto à porta de entrada, fica o oratório, que está sobre uma mesa. Em frente ao oratório, armou-se o altar, que é um pequeno caixão coberto com uma toalha alvíssima e engomada. Em cima é colocada a imagem de São Gonçalo, tendo duas velas acesas, uma de cada lado. À direita do oratório, sentados, ficam dois violeiros. No centro da sala ficam duas colunas de dançantes, com a frente voltada para o altar. Os homens dão o lado direito para as mulheres, e há um intervalo entre os pares de metro e meio, e uma distância entre os dançantes de 30 cm mais ou menos. Entre o primeiro par e o altar há uma distância de mais ou menos 2 m. Ficam na seguinte ordem: homem atrás de homem, mulher atrás de mulher. Jamais dão as costas para o altar. O número de pares não importa, tantos quantos possam ficar na sala. O primeiro par, que fica à testa das colunas, é composto pelo mestre e mestra. São eles os primeiros a dançar. Geralmente os mestres são pessoas que sabem dançar muito bem o são-gonçalo, e que também ensinam a dança.

Os violeiros dão início, dando uns acordes na viola, cantam um verso para São Gonçalo. Param de cantar, ficam tocando a viola, dando o ritmo do sapateado; avançam o mestre e a mestra. Entreolham-se, vão em passo de simples caminhar até ficarem rentes ao altar. Ao dar início ao pateado, rufando os pés, acompanhando o toque das violas, flexionam os braços. Os pés são batidos de cheio no solo. Tanto homem como mulher pateiam. As violas param de tocar, os dançantes param de patear. Fazem a "mesura". Rufam novamente os pés. Param e fazem nova mesura. Enquanto estão fazendo a mesura as violas estão paradas; há absoluto silêncio no recinto. Rufam novamente os pés ao som da viola e executam a terceira mesura. É hábito fazer apenas três mesuras, porém, quando há promessa, fazem cinco.

A mesura é uma genuflexão acompanhada de uma respeitosa inclinação do tronco e cabeça. Quando nessa atitude reverente, ao finalizar a terceira, beijam o altar ou as fitas que estão amarradas no santo, fazem o sinal-da-cruz, rezam um Padre-Nosso e oferecem-no a São Gonçalo. Logo que acabam as três mesuras e a oração do Padre-Nosso, o par volta para o lugar em que estava, sem dar as costas para o altar. Ali permanecem todo o tempo até que o último par tenha vindo fazer a sua mesura em frente do altar.

O segundo par, que está imediatamente atrás do mestre e da mestra, sai lateralmente, por fora das colunas, repetindo o mesmo passo de andar; aproxima-se do altar, repete idêntico pateado, faz as três mesuras, persigna-se, reza e volta para o seu lugar. Assim vão fazendo até chegar a vez do último par. Também moça que quer se casar amarra uma fita no santo nessa hora, fazendo uma promessa. As fitas brancas que estão amarradas no santo são de noivas.

Ao voltar o último par, todos os dançantes fazem uma roda, homens e mulheres ajoelham-se, rezam um Padre-Nosso, fazem o sinal-da-cruz e levantam-se. Está terminada a dança.

É uma dança de todo respeito, assim todos se referem a ela. Ninguém fuma enquanto a dança se processa. No lugar onde estão dançando o são-gonçalo é falta de respeito entrar baforadas de cigarro, e nem mesmo os assistentes, os não-praticantes da dança, fumam.

Dada a demora da dança, muitas pessoas não gostam de dançá-la, porque ficam muito tempo paradas, mais de duas horas, às vezes, sem conversar, olhando para o altar.

Como a dança é de todo o respeito, dançam-na com os pés descalços. Dona Verônica informou-nos que, quando mocinha, "havia tanto respeito pela dança, que na casa onde se dançava pra São Gonçalo não se dançava o fandango a seguir, e sim este era dançado numa casa vizinha. São Gonçalo é muito poderoso, fazemos promessa para nos livrar de doenças; quando há algum nosso parente vagando pelo mar; quando há chuva de trovoada e temporal de vento; ele é casamenteiro: promessa feita na hora que estão fazendo a mesura, não falha. E é também na hora da mesura que as moças solteiras aproveitam para amarrar a fita no santo, pois assim também amarram o moço com quem querem se casar. As velhas também se apegam com ele; quando dá trovão, ajoelham-se e acendem uma vela que tudo se acalma; vem chuva, mas não com tempestade. Os velhos reumáticos dançando ficam sãos do reumatismo. Muitos dão risada quando enxergam um encarangado ir à dança, mas ficam admirados quando ele acaba de dançar e está são".

Os violeiros, que durante todo o tempo vão cantando até a vez de chegar o último par, e isso às vezes não sucede antes de duas horas seguidas de dança (tanto que os violeiros revezam-se), vão inventando uma porção de versos, sempre com a mesma música. Não sabemos se seria justo dizer *inventar*, ou melhor seria dizer *repetir* os versos que sabem de cor sobre São Gonçalo. Eis alguns deles:

São Gonçalo já foi gente,
Hoje em dia é marinhero,
Embarcou-se num navio
E foi pro Rio de Janero.

O meu São Gonçalo
Ele é tão bonitinho,
Ele come este pão,
Ele bebe este vinho.

Já louvei a São Gonçalo,
Este santo me valeu
Contra todos os perigo
Ele já me protegeu.

São Gonçalo ajudai-me
De joelhos eu imploro,
Ajudai-me pra qu'eu case
Com o moço que eu adoro.

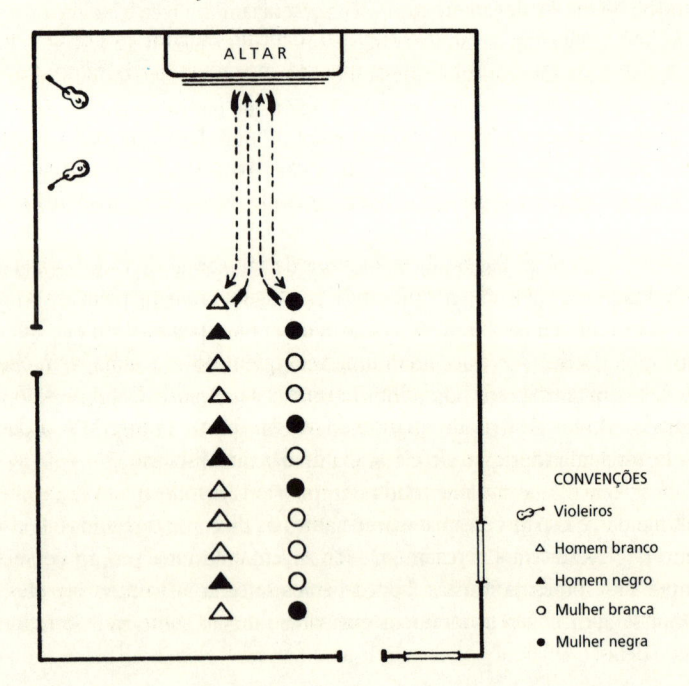

CONVENÇÕES
- Violeiros
- △ Homem branco
- ▲ Homem negro
- o Mulher branca
- ● Mulher negra

São Gonçalo eu lhe juro
Si esse moço me querê,
De joelho pelo chão
Eu hei de lhe agardecê.

São Gonçalo foi pro céu
Mas deixô bem decrarado,
Quem dançá a dança dele
Há de sê abençoado.

São Gonçalo iê abençoe,
Abençoe esta nossa função
E pros que tivé oiando
Nóis implora sua benção.

A DANÇA-DE-SÃO-GONÇALO DE CUNHA

Em Cunha, na Fazenda da Palmeira, de propriedade de Lescar Ferreira Mendes, no dia 12 de janeiro de 1945, presenciamos a reza e a dança-de-são-gonçalo, que tiveram início às 20h20 e finalizaram às 21h10.

A dança-de-são-gonçalo é precedida de uma reza, e nesta descrição nos ocuparemos primeiramente da reza, e a seguir da dança.

O altar foi armado dentro de um paiol de milho, assoalhado, coberto de telhas francesas, medindo 6 m por 8 m. O altar, um caixão de madeira, grande, e sobre este um caixão menor, de querosene, coberto com toalhas brancas, muito limpas e engomadas.

A senhora que possui a imagem de São Gonçalo retira-a de dentro de uma caixa de sabonete. Ela tem a altura de 10 cm. Estava deitada sobre um travesseiro, isto é, um pampolim de fios de lã, e sobre fitas de diversas cores. O santo é de louça pintada. As vestes do santo são uma capa de cor azul-celeste, camiseta de cor vermelha com bordas douradas, calções amarelos, chapéu marrom-escuro, meias cor-de-rosa, sapatos pretos e viola na mão. Disse-nos essa senhora, que é negra, já bastante idosa (não sabe bem quantos anos tem, calcula uns 60 anos), que esse santo foi trocado em Aparecida do Norte, por um mil-réis, e é benzido pelo padre. A informante ajuntou: "santo que não é benzido não tem valor. Este meu foi benzido em Aparecida quando fui cumprir promessa, por isso ele é poderoso. O São Gonçalo é santo folião, mas quer o respeito de todos nós. Ele é folião porque tem uma viola na mão. Gostava de folgar uma moda de viola. Qualquer pessoa pode arrumar o seu altar, homem ou mulher".

O santo está com algumas fitas amarradas na sua base, fitas que medem mais ou menos 50 cm, e de uma polegada de largura: são três brancas, duas vermelhas e duas azuis. As fitas foram amarradas por promessa. "As fitas brancas são de noiva, foi pessoa que fez promessa e ele arranjou marido para ela, por isso deixou a fita aí. As vermelhas e azuis deram de promessa, alguma mulher casada que recebeu graça."

Enquanto arrumava o altar, vimos alguns homens de chapéu na cabeça ajudando-a. Perguntamos-lhe se não havia importância, respondeu-nos: "Enquanto o santo está só não faz mal ficar de chapéu, mas na hora da reza precisa tirar. Eu tenho muita fé neste santo, e tendo fé ele faz todos os milagres, as moças pedem para eu rezar e fazer promessa para elas se casarem, se for bom marido ele deixa, se não for, ele desmancha. As pessoas dão fita, dinheiro para fazer reza e me convidam para trazer o santo. A reza de São Gonçalo geralmente se faz de sábado para domingo." Colocou a seguir uma vela à direita e outra à esquerda do santo, acendeu-as. Estava pronto o altar. Bem na frente deste, estendeu no chão uma esteira de tábua do brejo, que serviu para ajoelharem. Essa esteira foi retirada quando teve início a dança.

Chegam as pessoas que participarão da reza. Entram com ar respeitoso. Compenetrados e reverentes, fazem uma genuflexão em frente ao santo, beijando a fita branca do altar.

Reza

Para dirigir a reza foi convidado pelo dono da fazenda José Benedito, o Zé Criolo, capelão daquele bairro. O capelão é convidado para dirigir os velórios e também as rezas dos dias de festa de Santa Cruz, Santo Antônio, São José, São Benedito, São Pedro, Nossa Senhora do Rosário. Quem vai realizar a festa ou reza convida primeiramente o capelão, e este se incumbe de convidar os rezadores, pois tem autorização do dono da casa.

Zé Crioulo sabe ler mais ou menos, conhece de cor todas as rezas do livrinho de orações que traz em sua mão. Chegou respeitosamente, colocou o chapéu num canto e seu rosário tosco sobre o altar, do lado esquerdo do santo. Chamou a atenção dos presentes, apanhou novamente o rosário. Outra pessoa apanha o livrinho de reza. No recinto havia 21 mulheres: oito negras e treze caboclas. As negras estavam muito mais bem vestidas do que as caboclas. Havia 23 homens, sendo sete negros e os restantes, caboclos. Havia também meninos e meninas, cerca de dezesseis. Os homens descobrem-se. As mulheres formam duas alas, ficando os homens no centro. As crianças estão

Ao pé do cruzeiro. Tatuí. À direita: A dança-da-santa-cruz é dirigida pelos violeiros. Itaquaquecetuba.

Na ramada há comes e bebes.

Embaixo: A reza na Santa Cruz dirigida pelo capelão-caipira e seu acólito, o "segunda".

*Violeiros defronte ao altar de São Gonçalo do Amarante. Taubaté.
À direita: imagem de São Gonçalo do Amarante. Ubatuba.*

Antes da dança, a reza para São Gonçalo do Amarante. São Luís do Paraitinga.

mais afastadas. Cinco homens ajoelham-se, são três brancos e dois negros, estão um atrás do outro. Das mulheres ajoelhou-se somente a dona do santo, que está bem rente ao altar, como que acolitando o capelão. Todos fazem pelo sinal-da-cruz, quase sincronicamente. Zé Crioulo dá início à reza cantando "Kyrie Eleison". Ouvem-se distintamente os homens cantando a duas vozes, e as mulheres cantam a uma só voz, o soprano. Alguns dos presentes fecham os olhos e colocam a mão no rosto. Outros ficam com a cabeça abaixada, reverentemente compenetrados do que estão fazendo. Prosseguindo cantam: "Glória Pátria", todos ao finalizá-la fazem pelo sinal-da-cruz. Recitam um Padre-Nosso. Recitam sete Ave-Marias. Um Glória Pátria. Persignam-se fazendo pelo sinal-da-cruz. Recitam um Padre-Nosso. A seguir, sete Ave-Marias. Glória Pátria. Pelo sinal-da-cruz, que é agora cantado. Rezam um Padre-Nosso, sete Ave-Marias, Glória Pátria, pelo sinal-da-cruz, Padre-Nosso, sete Ave-Marias, Glória Pátria, Padre-Nosso, sete Ave-Marias, Glória Pátria, Padre-Nosso, sete Ave-Marias. Zé Crioulo coloca de novo o rosário sobre o altar, agora do lado direito. Faz uma pequena pausa. Salve-Rainha, Padre-Nosso, Ave-Maria. Zé Crioulo diz: "oferecemos este terço a São Gonçalo. Padre-Nosso e Ave-Maria. Oferecemos este terço a Nossa Senhora da Aparecida. Ave-Maria, oferecemos a São Benedito nosso advogado. (Zé Crioulo; negro) Ave-Maria, oferecemos a São Sebastião e a São Roque que nos livra da peste e fome. Oferecemos três Ave-Marias pelas dores da Santíssima". Recitam três Ave-Marias. Agora todos cantando: "Louvando Maria, a voz repetida de São Gabriel etc." Esse canto foi iniciado pelo capelão e mais por alguém que está com o livrinho de reza. Continuam cantando.

As negras estão mais compenetradas do que as caboclas. Os homens caboclos ficam mais retirados, porém respeitosos. As caboclas mais claras encostam-se umas nas outras para cantar, parece que envergonhadas, dada a nossa presença. As negras cantam com o rosto abaixado, olhos no chão, mão no rosto pouco abaixo da boca, mais ao lado que à frente.

Cantam agora "Misericórdia...", fazem pelo sinal-da-cruz, "Adoremus" e depois ficam em pé e continuam cantando o "Adoremus". Padre, Filho, Espírito Santo, e pelo sinal-da-cruz só fazem os cinco homens que estavam ajoelhados com o capelão. Levantam-se e fazem uma genuflexão rápida; primeiramente os homens beijam as fitas, indistintamente a azul, a vermelha ou a branca. Os homens fazem apenas menção de beijar, não chegam os lábios, porém as mulheres aproximam-se, encostam os lábios na fita, a bem saber, elas somente beijam a fita branca.

Assim finaliza a reza de São Gonçalo. "As pessoas que foram convidadas para a reza, não vindo por preguiça, não recebem graça."
Os que vão dançar permanecem perto do altar. Os demais afastam-se, ficam silenciosos e reverentes para assistir à dança-de-são-gonçalo.

A dança

Em frente ao altar ficam apenas seis homens e seis mulheres. São seis pares de dançadores. "Quando a dança é realizada para cumprimento de promessa só pode ser dançada com doze dançantes, porque doze era o número dos apóstolos de Nosso Senhor Jesus, e quando não há promessa, não há número certo para dançar." Certamente não fariam objeção nesse caso de que uma pessoa estranha dançasse, mas naquela dança somente poderiam tomar parte os que tinham feito promessa.

Dois violeiros colocam-se bem na frente da fila, entre o altar e os primeiros dançantes. Como os dançantes são doze, cantam as doze "incelência". (*Excelência* é a palavra que usam para se referir aos membros do colégio apostólico.) Além dos seis pares de dançantes, há ainda mais dois violeiros que participam da dança.

É falta de respeito virar o corpo, dando as costas para o lado do altar. Os dançantes pateiam mas permanecem em seus lugares primitivos, não se deslocam. Batem o pé todo no solo. Os únicos que se deslocam são os violeiros. Notamos que estes seguram a viola de uma maneira que chamaremos de *religiosa*. Quando executam música para dança profana, como xiba, cana-verde, canoa e mesmo no mutirão com música, empunham a viola encostando-a na cintura. Chamamos a essa posição de *profana*, porém, quando executam música religiosa, dança-de-são-gonçalo, folia do Divino ou folia de Reis de Caixa, a maneira de empunhá-la é diferente; colocam-na encostada ao colo e repousam o queixo na mesma, ficam com a cabeça levemente inclinada sobre o bojo da viola. Ficam em atitude circunspecta, quase imóveis com o corpo; essa, diremos, é a posição *religiosa*, ao passo que na execução de danças profanas requebram-se ao ritmo da música.

Na dança-de-são-gonçalo tomam parte homens e mulheres indistintamente. As duas colunas ficam em frente ao altar, e à testa de cada uma delas postase um violeiro. A coluna que está à direita é a dos homens, e a coluna da esquerda é a das mulheres. Entre os dançantes há um intervalo de metro e meio, a uma distância de 80 cm, e é justamente nesse espaço, isto é, o que vai das costas de um dançante à frente do corpo do que está imediatamente atrás, que se vai postar o violeiro no desenvolver da dança. Na coluna das mulheres havia três negras e três brancas, e o violeiro era caboclo bem escuro; na dos homens dois eram negros e quatro brancos, e o violeiro era branco. Os homens davam o seu lado direito para as mulheres. Assim, o primeiro par era um negro e uma negra; o segundo par, um branco e uma negra; o terceiro par, um negro e uma branca; o quarto par, um branco e uma negra; o quinto par, um branco e uma branca; e o sexto par, um branco e uma branca.

Estando todos em seus devidos lugares, os violeiros dão uns acordes de introdução, ao mesmo tempo dão o tom com que vão começar, fazem uma pausa e em uníssono cantam:

    Glorioso São Gonçalo
    A iô um favô vô le pedi
    Aqui estamo nesta hora
    Pra esta dança consegui.

Acabam de cantar, enquanto os violeiros harpejam as violas e batem os pés; todos fazem o mesmo, batem o pé todo no solo, o corpo quase imóvel, somente percebe-se o pateado, os pés são batidos com a planta toda no solo. O canto é anasalado. Todas as vezes que batem os pés, o fazem sob o ritmo da música da viola, pois os violeiros, acabando o canto, fazem uma pequena pausa e tocam um pateado. Enquanto os violeiros cantam ninguém pateia. Depois de terem cantado a primeira estrofe, pateiam, pequena pausa e cantam a segunda:

    São Gonçalo subiu pro céu
    Visitá a Cruz da cristandade,
    Deixou bastante saúde,
    Bastante filicidade.

Pequena pausa. Pateiam, batendo os pés: 1-2. Os violeiros iniciam um toque bem ritmado do pateado: todos pateiam sem sair do lugar.

Algumas mulheres cantam com a mão sobre o peito, na altura do coração, outras com os braços abaixados; os homens com uma das mãos no rosto, outro braço abaixado, ou com os braços abaixados ao lado do corpo. As violas param, há uma pequena pausa e a seguir cantam:

    O glorioso São Gonçalo
    Com a sua viola na mão
    Esta dança aqui é séria
    Não é xiba e nem função.

Há uma pequena pausa. Batem os pés. Começam, agora, parece que com maior reverência:

> Uma incelência
> Do Almirante São Gonçalo
> Que nóis pede, nóis espera
> E nóis pede, ele nos vale.

Batem os pés, e enquanto fazem isso os dois violeiros, que estavam bem na frente, movimentam-se descrevendo um semicírculo, ficando atrás do primeiro dançante e na frente do segundo. Após pequena pausa, iniciam:

> Duas incelência
> Do Almirante São Gonçalo
> Que nóis pede, nóis espera
> E nóis pede, ele nos vale.

Pequena pausa. Os violeiros tocam, todos batem os pés, enquanto isso os violeiros, batendo os pés no mesmo ritmo, mudam sem voltar as costas para o altar, passam atrás do segundo dançante e na frente do terceiro. Assim vão fazendo e cantando as três, quatro, cinco "incelência" até a décima primeira. Os violeiros vão mudando de lugar até chegar à frente do primeiro dançante, vão cantando a "sete, oito, nove, dez, onze, doze, incelência", e sempre mudando. Na coluna dos homens o violeiro saiu da frente do primeiro dançante, "uma incelência" e, pateando, vinha postar-se atrás deste descrevendo um semicírculo, da esquerda para a direita; ao chegar ao "seis incelência", o semicírculo é descrito da direita para a esquerda, fazendo portanto trajeto inverso. O violeiro da coluna dos homens faz da esquerda para a direita, e depois da direita para a esquerda ao voltar, e o violeiro da coluna das mulheres faz da direita para a esquerda e, ao voltar, da esquerda para a direita.

Ao cantar a duodécima excelência, os violeiros que estavam atrás do primeiro par de dançantes pateiam e passam na frente deste. Param as violas. Levantam o rosto que está repousando sobre ela, olham para o altar. Ajoelham-se e todos os demais dançantes fazem o mesmo: ajoelham-se curvando as frontes. Os espectadores ficam imóveis, alguns fazem apenas menção de ajoelhar, isto é, fazem uma genuflexão rápida. A seguir os dançantes e violeiros rezam um "Glória Pátria", Padre-Nosso e Ave-Maria. Fazem uma pequena pausa e em uníssono dizem compassadamente e com voz bem clara:

Oferecemos a São Gonçalo
Que é da obrigação
Com um Padre-Nosso e Ave-Maria
A São Gonçalo que está feito nossa obrigação.

Com essas palavras finalizam a dança. Retiram-se, dão as costas para o altar, e os homens colocam os chapéus. Desmancham o altar, o santo é guardado novamente na caixa. Ainda algumas pessoas procuram beijar as fitas. Dentro em pouco vai ter início o xiba. Nele somente tomam parte os homens. Insistimos a fim de que repetissem o passo da dança-de-são-gonçalo, como fizeram, até que aprendêssemos bem o passo do xiba. Queríamos aprendê-lo melhor, mas não repetem estando fora da dança, pois aquilo é coisa séria. Executamos o passo da dança para que corrigissem, nem sequer olharam para os nossos pés, mas a resposta foi esta: "é mió que mecê arrepare mió noutra veis que nóis fizé, isso é coisa que num se fais sem tá em frente do santo, dança-de-são-gonçalo (tirou o chapéu ao proferir o nome do santo) é dança séria, quem se ri dela deve esperá uma desgraça". Zé Crioulo ensinou-nos passos de xiba, moçambique, canoa, jongo, porém recusou-se terminantemente a ensinar o passo da dança-de-são-gonçalo.

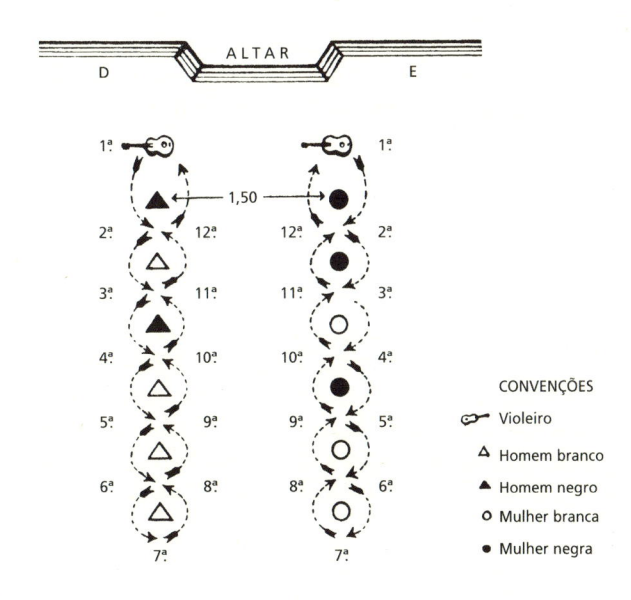

A DANÇA-DE-SÃO-GONÇALO DE TATUÍ

No bairro do rio da Várzea, entre Tatuí e Pereiras, em casa de Deolindo Oliveira, branco, roceiro, de 50 anos de idade, no dia 28 de dezembro de 1946, colhemos os seguintes dados sobre a dança-de-são-gonçalo, consoante é dançada nessa região.

Geralmente realizada aos sábados à noite, sendo que nesse mesmo dia há "função" – a dança do fandango, na qual amanhecem. Habitualmente realizam-na aos sábados a fim de que no domingo possam descansar. Em outros lugares que tivemos oportunidade de assistir à dança-de-são-gonçalo, ela é apenas realizada uma vez, antes do fandango; porém, aqui e nestas circunvizinhanças é dançada três vezes, as quais costumam chamar de "sessão". A primeira sessão é realizada antes de iniciar a "função", a segunda à meia-noite, e ao finalizar o fandango é realizada a terceira.

O salão mede mais ou menos quatro metros por seis. Em uma das extremidades está armado o altar, que é uma mesa coberta com uma toalha branca com bordados e crivos. Nos cantos da mesa, sobre quatro pires de louça, velas acesas, ficando o santo bem no centro, sem outra imagem. Em todos os lugares que visitamos nos nichos e altares ou nos oratórios toscos e bem enfeitados, encontramos santos com fisionomias tristes, rostos onde está estampado o sofrimento e a miséria. Mas que contraste confortador! Todos os São Gonçalos que vimos têm expressões faciais alegres, joviais, quase picarescas.

Qualquer pessoa pode armar o altar, homem ou mulher. Há muitas pessoas que fazem promessa para arrumá-lo, embora não sejam da casa. Concede-se-lhes esta oportunidade. As promessas que são feitas a São Gonçalo não são cumpridas com pagamento em espécie, mas sob a forma de dança e canto. "Nunca ouvi falar que ofereceram galinhas ou animais ou mantimento ao santo, como é costume fazer com o Divino, mas somente fazem a dança, e as promessas são pagas com cantoria, os violeiros oferecem-nas quando estão cantando. As moças solteiras que se pegam a ele logo saem casadas, para isso fazem promessa e pedem para o violeiro agradecer na cantoria." As louvações são feitas unicamente pelos violeiros; aos dançantes compete apenas dançar, "traspassar" e beijar o altar, que permanece no salão durante todo o tempo em que se realiza o fandango, aqui dançado apenas por homens. Achamo-lo muito semelhante ao xiba a que assistimos em Cunha.

O festeiro promotor da dança costuma tratar muito bem aos violeiros e convidados. Há um bom jantar, "arroz com galinha gorda não falta". Dão café e "mata-bicho" a noite toda. Cada festeiro procura tratar da melhor maneira possível seus convidados, para "que fique bem falada a sua função".

Antes do início da dança deixam as duas violas sobre o altar, uma à esquerda e outra à direita. Após a "janta", é iniciada a dança, mais ou menos pelas 21 horas. São dançadas três sessões. Ao iniciar, a primeira é a única na qual há reza. Reúnem-se todos os convidados em frente ao altar, estando os dois violeiros e família dos festeiros à frente, fazem o sinal-da-cruz, o mestre-violeiro "puxa a reza". Rezam um terço para São Gonçalo; respeitosamente todos os presentes fazem o sinal-da-cruz e uma genuflexão ao finalizar.

Os violeiros tomam de suas violas que estão sobre o altar, e, enquanto afinam os instrumentos em "cebolinha ou oitavado", os dançantes vão formando duas colunas, em cujas cabeças ficam os violeiros: uma fila de mulheres à direita e uma de homens à esquerda.

Depois que foi rezado o terço ninguém mais dá as costas ao santo. Não há limite para o número de pares, quantos o salão comportar; não há distinção de cores: brancos, negros e caboclos. Todos os homens dançam sem chapéu, a maioria deles descalços, e é de tanto respeito que o homem não pode esbarrar na mulher nem na fila nem na hora do "traspasse". Vêm muitas pessoas que estão "encarangadas" com reumatismo para dançar. Dançando "desencarangam, saram, foi promessa feita: – dançar para sarar!". Quando estão doentes, costumam esfregar o santo no lugar enfermo: "ajuda a sarar mais depressa". "As moças que querem casar fazem promessa, é casamento na certa."

Estando todos em ordem, arrumados, os violeiros destacam-se da cabeça das duas colunas, uns três passos; chegando bem próximo ao altar cantam:

São Gonçalo está no altar
com sua viola na mão,
quem beijá o meu São Gonçalo
com certeza ganha sarvação.

Acabando de cantar esse verso, cruzam três vezes em frente ao altar; fazendo o beijamento, cantam:

ara viva São Gonçalo.

Ao cruzar, fazem uma genuflexão, beijam o altar, sem deixar de tocar viola. Quando os demais dançantes fazem o cruzamento em frente ao altar, ao que chamam de "traspasse", e a seguir o beijamento, não cantam. Cantar é apenas função dos violeiros.

Após os três cruzamentos, "traspasse", em frente ao altar, os violeiros saem, vão postar-se no último lugar de sua coluna. A dança continua. Destaca-se então o primeiro par, vai andando em passo natural, faz o "traspasse", sem batimento dos pés, apenas balançando o corpo, cruzam, fazem uma genuflexão e beijamento do altar, ao mesmo tempo, homem e mulher. "O par que dança a primeira sessão tem que dançar as três, senão contraria a dança e acontece alguma desgraça." Cruzam três vezes e, ao finalizar, vão andando à ré sem dar as costas para o santo, postam-se atrás do violeiro. Vão dançando até que o violeiro chegue novamente a ocupar o lugar da testa da coluna, seu lugar primitivo. Uma vez os violeiros bem em frente do altar, podem encerrar a primeira sessão, ou continuar a dança, mas geralmente encerram, cantando este verso:

São Gonçalo do Amarante
Nossa Senhora Aparecida
Aceitai meu São Gonçalo
sua promessa está cumprida.

Terminada a primeira "sessão", passam para dançar o fandango; este vai animado até mais ou menos 23h50. Parando, dão início à segunda sessão. Agora não há reza. A dança se processa como na primeira sessão, porém o verso para terminar já é outro; ei-lo:

São Gonçalo do Amarante
Senhora do Bom Sucesso
aceitai meu São Gonçalo
está cumprida sua promessa.

Há distribuição de biscoitos, bolinhos e café nesse intervalo. Costumam dizer "café a duas mãos"; isso porque uma fica segurando a xícara ou canequinha, e a outra, segurando o bolinho. Após os "comes e bebes" reiniciam o batepé. Quando o sol já despontou, e está claro o dia, é realizada a terceira sessão; depois desta, está acabada a "função", despedem-se e retiram-se para suas casas. Ao finalizar os violeiros cantam versos, que são o fecho:

São Gonçalo do Amarante
foi um fino violeiro
aceitai meu São Gonçalo
promessa de juiz Festeiro.

Durante o transcorrer das sessões recolhemos os seguintes versos, que são repetidos várias vezes:

São Gonçalo do Amarante
com sua viola no peito

vem beijá meu São Gonçalo
essa dança é de respeito.

São Gonçalo do Amarante
casamentero das velhas
por que não faz casá as moça,
que mar le fizero elas?

São Gonçalo é milagroso
mora na beira de um rio,
pra mostrá o seu milagre
estava tremeno de friu.

São Gonçalo do Amarante
com as image de aligria,
aceitai meu São Gonçalo
com sua rica romaria.

São Gonçalo está no altá
com as image de alegria
pra beijá o São Gonçalo
os anjo do céu descia.

São Gonçalo do Amarante
foi nosso Deus verdadero
salvai o dono da casa
com sua geração inteiro.

São Gonçalo do Amarante
com a sua viola na mão
salvai o dono da casa
com toda sua geração.

São Gonçalo está no altá
com sua linda formosura
quem beijá o São Gonçalo
tem a sarvação segura.

São Gonçalo está no altá
muito bem aperparado
na dança-de-são-gonçalo
dança sorteiro e casado.

Que encontro tão bonito
nóis tivemo nesta hora
encontrô meu São Gonçalo
com a Virge Nossa Senhora.

São Gonçalo está no altá
vestidinho de azu
venha beijá o meu São Gonçalo
ô grorioso Bom Jesus.

São Gonçalo está no altá
tocano o seu pinhero
venham beijá o São Gonçalo
as moça que são sorteiro.

São Gonçalo do Amarante
protetô dos violero
venha beijá São Gonçalo
que é santo casamentero.

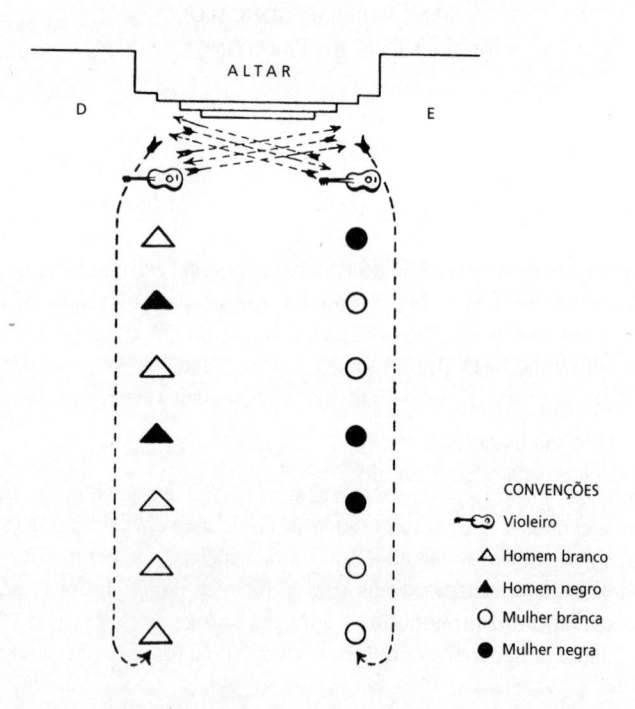

CONVENÇÕES
- Violeiro
△ Homem branco
▲ Homem negro
○ Mulher branca
● Mulher negra

Contou-nos Deolindo que, certa vez, um sujeito abusão cantou os seguintes versos:

São Gonçalo do Amarante
era um fino violeiro,
sai daqui sua porca magra,
fucinho de cavadera.

A pessoa que assim procedeu fora expulsa daquela festa, apanhara muito do pessoal presente, devido à afronta que fez ao santo. "Foi um escândalo, um desrespeito!" O tal sujeito nunca mais apareceu por aquelas bandas. Na festa passada, em Pirapora, o informante disse ter visto o "sacripanta". "Em Pirapora, os padres não querem saber da dança-de-são-gonçalo, porque é santo casamenteiro e muito folião, foi santo muito divertido quando ele andou aqui pela Terra, lá há outras danças, mas esta não", assim concluiu Deolindo, violeiro e dançador de são-gonçalo, que nos acolheu em sua casa para dançarmos para São Gonçalo.

A DANÇA-DE-SÃO-GONÇALO
DE SÃO LUÍS DO PARAITINGA

Na capela

A dança-de-são-gonçalo, em São Luís do Paraitinga, tem um cunho bem marcante de religiosidade, sendo realizada dentro de uma capela de roça, ao anoitecer, antes de principiarem os demais festejos, leilões e bailes. É sabido que numa capela de roça do vale do Paraíba do Sul não existem bancos, apenas o altar e nele os santos da devoção do proprietário da fazenda ou sítio. Geralmente são encontrados nessas capelas os santos mais antigos, isto é, São Jorge, São Benedito, São Brás, São João Evangelista, São Miguel Arcanjo, Santo Onofre, celículas que não foram ainda aposentados e substituídos pelos que são cultuados hoje nas cidades e capitais, por exemplo: Santa Teresinha, São Judas Tadeu etc.

Na hora da dança, colocam sobre o altar a imagem de São Gonçalo, ladeada por duas candeias, lamparinas ou duas velas de sebo em castiçais de bronze. Os dançantes ficam esperando, à porta da capela, o momento em que o mestre violeiro determine a entrada para o início da dança. Entra o mestre, tendo ao seu lado o contramestre. Ficam mais ou menos afastados do altar, cerca de 2 m ou pouco menos, conforme o tamanho da capela, que geralmente não mede mais de 6 m de comprimento por 4 de largura. Atrás do mestre entram, em coluna, os homens e, atrás do contramestre, a coluna de mulheres. Participam geralmente da dança de oito a dez pares, porque a capela não comporta maior número de pessoas.

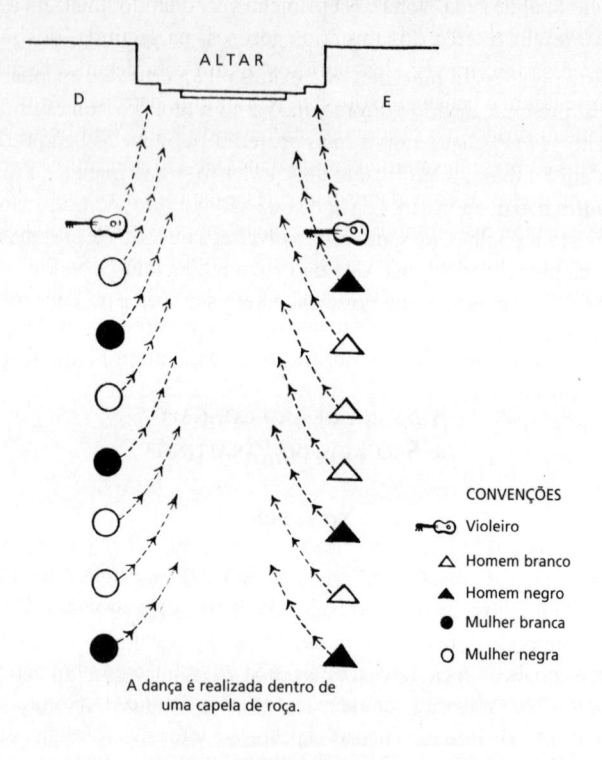

A dança é realizada dentro de uma capela de roça.

CONVENÇÕES
- Violeiro
- △ Homem branco
- ▲ Homem negro
- ● Mulher branca
- ○ Mulher negra

As "voltas"

Uma vez dentro da capela os dançadores começam a bater os pés, isto é, patear, alternando com batidas de palmas; sob o ritmo das violas vão se aproximando do altar. Deslocam-se a primeira vez, enquanto os violeiros executam certo número de arpejos na viola. No momento em que o violeiro pára de tocar, todos param de patear. Há um pequeno intervalo de alguns segundos apenas, depois os violeiros recomeçam a arpejar suas violas, e eles, novamente pateando e batendo palmas, aproximam-se mais um pouco do altar;

nova parada. Os violeiros agora estão mui próximos do altar e toda a coluna se deslocou, guardando seus respectivos intervalos e distâncias. Há uma pausa. Ajoelham-se, fazem o sinal-da-cruz, rezando um terço, um Padre-Nosso e uma Salve-Rainha. Depois dessas recitações, voltam novamente para seus lugares primitivos e repetem mais duas vezes as evoluções descritas acima, rezando no final de cada "volta". Na primeira vez, quando finalizam a primeira "volta", rezam o terço dos mistérios gozosos, na segunda, dos mistérios dolorosos, e na terceira vez, dos gloriosos. Assim completam o rosário, persignando-se fazem o beijamento do altar, retirando-se da capela. Aquele grupo que já dançou dirige-se à casa onde está havendo festa. Vem outro grupo e, assim, todos os presentes participam da dança-de-são-gonçalo.

Em geral, todos os convidados para a festa dançam o são-gonçalo, e cada "volta" leva dez ou mais minutos para ser feita e é por isso que muitas vezes a festa está terminando e ainda há gente, para cumprir promessa, dançando...

A dança-de-são-gonçalo não é dança de roda. "Volta" quer dizer uma sessão, justamente o início até ao beijamento do altar ou do santo ou das fitas que estão amarradas no santo. Cada "obrigação", isto é, cumprimento de promessa, se faz dançando três "voltas". Cumprir "obrigação" é dançar três "voltas".

Sem canto

Digno de nota é ser a dança-de-são-gonçalo, em São Luís do Paraitinga (pelo menos nos bairros que não recebem a influência de Ubatuba, naqueles mais próximos de Taubaté), realizada sem canto. O mestre violeiro, Benedito Francisco dos Santos, caipira de 42 anos de idade, sendo interpelado por que não cantavam enquanto realizavam a dança-de-são-gonçalo, respondeu que, "pelo fato da dança ser de religião, não podiam cantar e sim, apenas, tocar a viola, porque São Gonçalo é padroeiro de todos os violeiros. A dança é de respeito e só pode ser realizada dentro da capela e não, como faz alguma gente profana da vizinhança de São Luís, em qualquer casa de família. Primeiramente a dança era feita na igreja, mas como ultimamente não deram mais licença, ela passou a ser realizada dentro da capela. Muita coisa antiga que era pra nós de religião está deixando de ser, porque os padres estrangeiros não permitem e até proibiram dançar são-gonçalo na capela; mas os que são verdadeiros devotos de São Gonçalo não se importam com essa proibição e continuam dançando".

Dança em casa

Noutro bairro de São Luís do Paraitinga, na Cachoeirinha, participamos de uma dança-de-são-gonçalo realizada na casa de Amaro de Oliveira Monteiro, bem diferente coreograficamente da acima descrita. Acontece que Cachoeirinha recebeu grande influência de Ubatuba, o que talvez seja o motivo de tal diferença. Sabemos que muitos moços, por ocasião da "vagante" agrícola, descem a serra diariamente: para trabalhar em Ubatuba.

Nos vários bairros do município de São Luís do Paraitinga (Santa Cruz do Rio Abaixo, Passarinhos, Alto do Chapéu, Oriente, Ponte Preta, Caetanos, Alvarengas, Rio Claro, Capim d'Angola, Fábrica, Cotias, esses são mais distantes de Ubatuba, e nos mais próximos: Cachoeirinha, Catuçaba (freguesia), Bairro Frio, Brié, Hortelã, Rio Vermelho, Paiá, Bairrinho, Campo Grande) é costume fazer-se promessa a São Gonçalo para encontrar objetos perdidos oferecendo velas ao santo. Caso seja encontrado o que se perdeu, acendem uma ou mais velas conforme a promessa feita. Em tal transação a vela só é acesa quando o santo "ajudou"...

O mestre violeiro sangonçalista Benedito Francisco dos Santos disse conhecer alguns versos do São Gonçalo mas não os canta durante a dança. "Agora, como há muita gente de fora morando aqui, já estão cantando nas danças, porém isso só se dá quando dançam numa casa e não no interior de uma capela", fez questão de frisar o informante.

São Gonçalu veio dançá
aqui nesti dia
pra cumpri cum seo devê,
pididu da Virge Maria.

São Gonçalu é santo bão,
faiz milagri e faiz favô,
êli goza lá na grória
juntu cum Nossu Sinhô.

Lá nu céu tem São Gonçalu
e tamém tem São Jusé,
a podê di religião,
êli sarva quem quisé.

Referimo-nos à dança do bairro da Cachoeirinha em São Luís do Paraitinga: ali a coreografia é diferente, havendo canto durante a dança.

VERSÁRIO DE SÃO GONÇALO

Coletânea de quadrinhas cantadas na dança-de-são-gonçalo, registradas nas mais diversas localidades por onde dançamos, em observação participante. Estes são de

SANTA ISABEL

Em nome de Deus começu,
Padri, Fio, Esprito Santo,
este é o primeru verso
qui neste oratório canto.

Deus te salve oratório
oratório de oração,
adonde chega os pecadô,
pra Deus pidi perdão.

Deus te sarve São Gonçalo
dentro de seu oratório,
acompanhado dos anjo
de Deus e Nossa Sinhora.

Me diz meu São Gonçalo
adonde vai cum seu perparo,
vai levá cópia de missa
pela virge do Rosário.

Grorioso São Gonçalo
a virge do Bom Sucesso,
aceitai meu São Gonçalo
nóis cumpri esta promessa.

O dono desta promessa,
êli quase enfaleceu,
nóis cumprino esta promessa,
nóis ganhamo no jubileu.

Grorioso São Gonçalo,
a image que ali está,
nos lançai a sua bença
na hora de nóis i bejá.

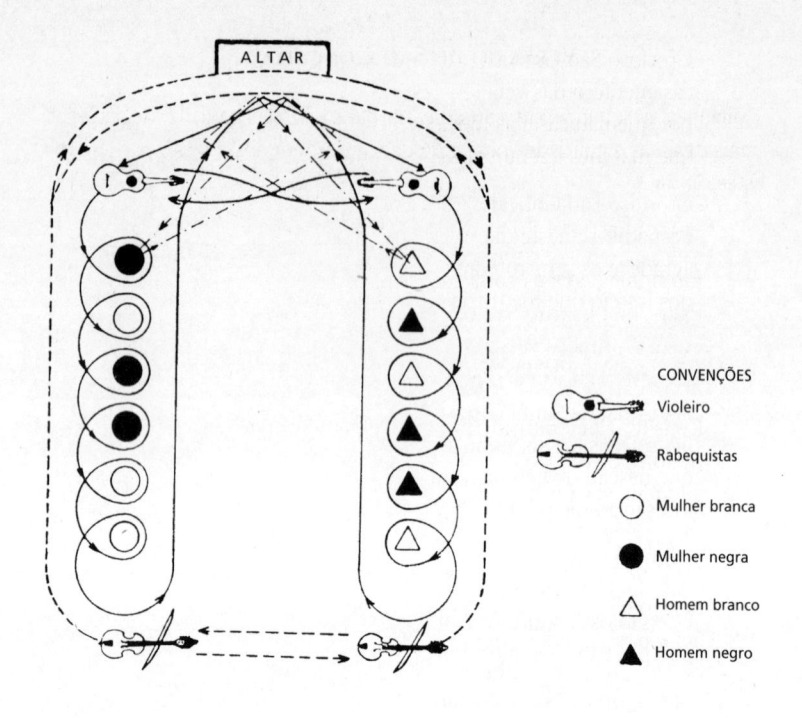

CONVENÇÕES
- 🎸 Violeiro
- 🎻 Rabequistas
- ○ Mulher branca
- ● Mulher negra
- △ Homem branco
- ▲ Homem negro

DE XIRIRICA, HOJE
ELDORADO PAULISTA

Que image é aquela
que istá dentro da redoma,
é o grorioso São Gonçalo
que está chegando di Roma.

São Gonçalo do Amarante
colocado no artar
recebendo seus devoto
que lhe venham festejá.

A imagem de São Gonçalo
é com tanta perfeição,
com seus romeros na frente,
está pondo suas benção.

Grorioso São Gonçalo
casamentero das véia,
por que não casai as moça
que mal lhes fizeram elas?

Grorioso São Gonçalo
despediu-se neste dia,
agradece os seus romero
dos festejo que lhe trazia.

DE NAZARÉ PAULISTA

Pelo sinal da Santa Cruz
livrai Deus nosso Sinhô
que desceu do céu na terra,
pra salvá nóis pecadô.

Nome do Padri e do Fio
e do Espírito Santo,
este são os segundo verso,
que pra São Gonçalo canto.

Meu grorioso São Gonçalo
espeio de Portugar,
eu peço pra São Gonçalo
pra São Gonçalo nos abençoá.

Meu sinhô, meu São Gonçalo,
é um santo de boa fé,
vamo tudo festejá
a Sinhora de Nazaré.

São Gonçalo do Amarante
que nunca foi de brincadera,
santo das moça chibante
e das véia casadera.

Ai meu São Gonçalo,
meu São Gonçalo di alegria,
que bunita a madrugada,
quano vem clareano o dia.

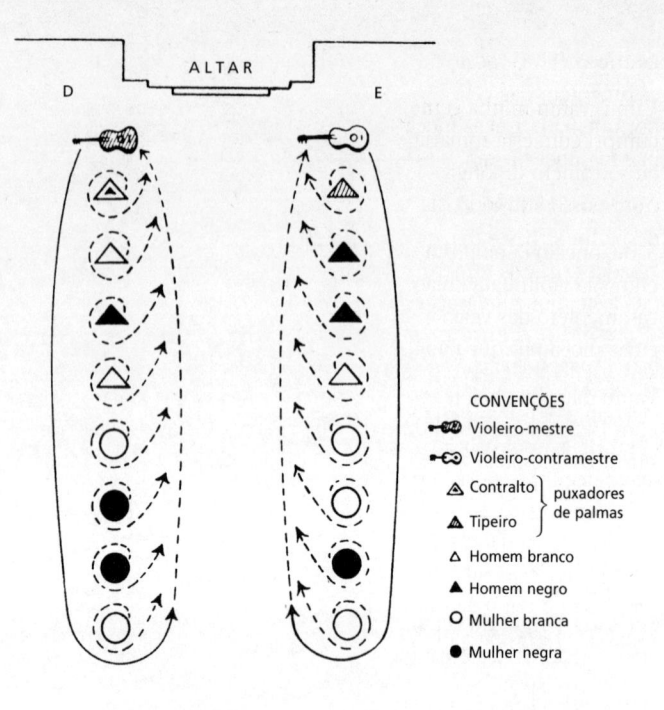

CONVENÇÕES
- Violeiro-mestre
- Violeiro-contramestre
- △ Contralto ⎫ puxadores
- ▲ Tipeiro   ⎭ de palmas
- △ Homem branco
- ▲ Homem negro
- ○ Mulher branca
- ● Mulher negra

Meu sinhor qui istão dançano,
arrepare no que faiz,
São Gonçalo no céu,
ai que ele é o nosso pai.

O artá de São Gonçalo
apreparado de paper,
aonde está meu São Gonçalo
Sinhora de Nazaré.

Meu São Gonçalo de alegria,
é fio da Virge Maria,
guardai nóis por esta noite,
e aminhã por todo dia.

O artá de São Gonçalo
veja qui buniteza,
São Gonçalo foi no céu,
pra convidá Santa Teresa.

DE ITAPEVA

Vamu, vamu minha gente,
cumpri cum esta romaria,
eu sô romero di lôngi,
num posso vim todu dia.

São Gonçalo tá na porta
cum sua violinha na mão,
casamentero das véia,
e das moça por que não?

Vamu dançá na boa fé,
cum Deus e Nossa Sinhora,
que o Divino nos espera
lá no reino da grória.

Nós estamo já dançano,
cum Deus e São Sarvadô
pa nóis i po reino da grória
cum Deus e nosso Sinhô.

O Divino Esprito Santo
que nos venha ajudá,
pra cumpri coa devoção
para a promessa pagá.

Ora viva, ora viva
meu sinhô, meu São Gonçalu,
casamentero das véia
e das moças donzela,
que as véia já são mãi,
que as véia tivero ela.

Ora viva, ora viva
o sinhô meu São Gonçalo
pra fazê esta devoção,
é de noite e não é de dia,
acompanhado de Deus Nosso Sinhô
para sempre Virge Maria.

Dancem, dancem minha gente,
preste bem atenção,
cumpri esta promessa
fazer boa devoção,
para nóis i no reino da gróría,
pra nóis tê a sarvação,
junto cum São Gonçalo,
pra nóis tê a sarvação,
dos pecado que nóis tivé,
São Gonçalo oferece o perdão.
Ora viva, ora viva
meu Sinhô, meu São Gonçalo.

Um erro num é erro,
um erro não é nada,
dançando na boa fé,
será tudo perdoado.

DA CACHOEIRINHA DE SÃO LUÍS
DO PARAITINGA (7-9-1949)

Meus senhores e sinhora
eu quero a sua licência
para começá a dança
debaixo de uma ciência.

Meu sinhô São Gonçalinho
casamentero que todos diz,
vô sarvá Dona Joaquina
e meu amigo Amadô.

São Gonçalo é milagroso
faiz milagre a toda genti,
vô sarvá dona Itervina
meu amigo sinhô Vicenti.

Meus sinhores e a sinhora
sinhoritas e criança,
este é o primero verso
pra começá a dança.

Viola e mochinho. À direita: cururu urbano: canturião, segunda e violeiro. Piracicaba.

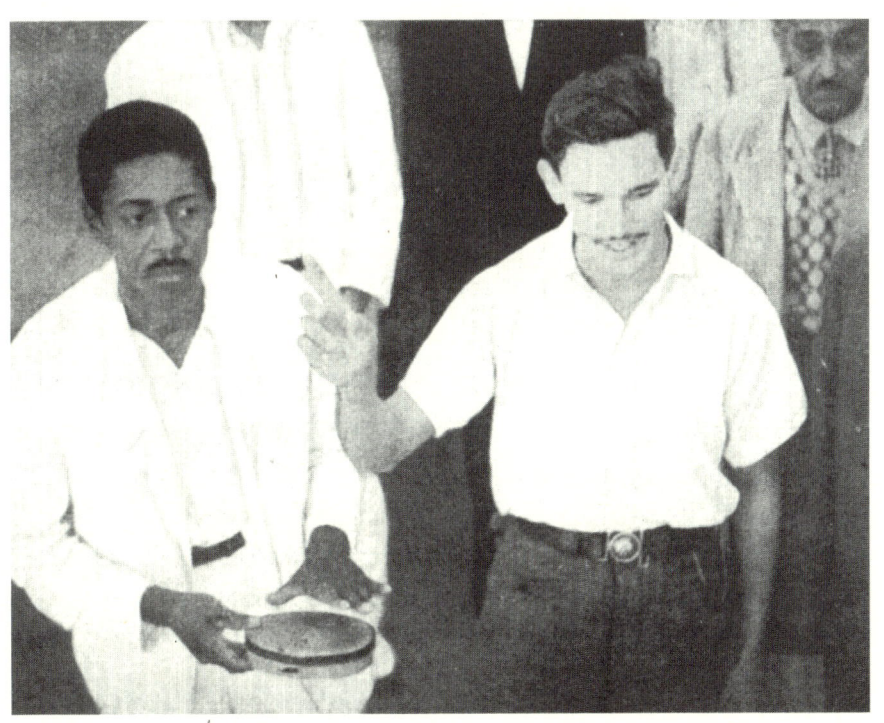

O canturião e o tocador de adufe. Piracicaba.

Gesto típico do canturião de cururu. Piracicaba. À direita: violeiro em seu mochinho. Piracicaba.

Violeiros no cateretê. Taubaté. À direita: esporas usadas pelos catireiros. Barretos.

Tamancos usados no fandango. Eldorado Paulista (Xiririca). À direita: cateretê no palco do Centro de Folclore de Piracicaba.

São Gonçalo já foi padre
lá no Istado di Mina
vô sarvá seu Amadô,
sinhora dona Joaquina.

Esta dança é religiosa
pois é uma dança fina
vô sarvá Vicente Gome
sinhora Dona Itervina.

São Gonçalo é milagroso
faiz milagre todo dia,
vô sarvá a Dona Parmira
meu sinhô José Maria.

São Gonçalo é milagroso,
argum diz que é mintira,
vô sarvá o José Maria
sinhora Dona Parmira.

Meu sinhô São Gonçalinho
casamentero que todos diz,
vô sarvá Dona Maria
e o meu amigo Luís.

Oi qui dança tão bunita,
oi qui bunita cumpanhia,
vô sarvá o amigo Luís
sinhora dona Maria.

São Gonçalo é bunitinho
todo infeitado di fita
vô sarvá o amigo Antônio
e a senhorita Binidita.

Bendito lovado seje
Jesuis, Maria, José,
vô sarvá a Binidita
meu amigo Antônio José.

São Gonçalo já foi dançadô,
dançava de boa fé
vô sarvá a Dona Maria,
meu amigo seu José.

Vô sarvá o São Gonçalo
dançadera e dançadô,
vô sarvá o fotográfico,
os assistente e tocadô.

(Ainda na Cachoeirinha, dança feita pela manhã, a nosso pedido para que pudéssemos filmar à luz do dia.)

A dança-de-são-gonçalo
na bela hora principiô,
o santo está numa mesa
todo enfeitado de frô.

A dança é de cantoria
hoje aqui não cantô,
por causo de ser de dia
o violero só tocô.

O sinhô José Maria
dançadô de bastante fé,
dotô tirô retrato dele
desda cabeça até no pé.

Às deiz e meia certinho
que a dança terminô,
ficô cheio de satisfação
nosso bondoso Dotô.

O sinhô mestre de dança
e o seu Amadô Lamosa,
pediu pra todos assistente
que não qué nenhuma prosa.

A mestre dona Joaquina,
mestre seu Amadô Lamosa
foi quem primero bejaro
a image tão milagrosa.

Quem feiz a segunda mesura
dona Itervina e o Vicente,
feiz tudo dereitinho,
o que home entiligente.

Função social

O culto a São Gonçalo veio com os portugueses no âmago de suas almas nostalgiadas, no bojo de suas guitarras.

Por volta de 1604, em Portugal, as Ordenações Filipinas proibiam os "vodos de comer e beber na Igreja" porque sempre degeneravam em orgia. Foram abolidos todos, ficando apenas os vodos dedicados ao Divino Espírito Santo. Essa proibição está exarada no Livro V, título V, 1º.. Somente eram permitidos os vodos que se processam por ocasião do Pentecostes, com acompanhamento de músicas, tal qual ainda se observam hoje em algumas partes do Brasil. Embora tal proibição tenha recaído também sobre as danças-de-são-gonçalo, estas apenas deixaram de ser realizadas dentro da Igreja, para ser realizadas nas casas defronte de altares. É atualmente uma das tradições mais vivas que temos. Raríssimos são os lugares do estado de São Paulo, e mesmo do Brasil, onde podemos, ainda hoje, apreciar a folia do Divino, folia de Reis de Música ou de Caixa, pastorinhas, dança de moçambique, congada, jongo, batuque, fandango, cateretê, xiba, catira, cururu, caiapó, mas a dança-de-são-gonçalo é ainda muito praticada no interior. Tivemos a oportunidade de recolher maneiras diferentes de se dançar o são-gonçalo, mais de duas centenas de municípios paulistas, onde vários elementos contribuíram para essas variações. Encontramos, é fato, diferenças quanto à maneira de dançar, músicas diferentes, ora a reza é antes da dança, ora depois, dançam dentro de capela, outros nas casas, porém, em todos os lugares pesquisados, o respeito pelo santo é absolutamente idêntico; também cada par, após a dança, faz o "beijamento do altar", do santo ou das fitas, ou apenas a "mesura". O respeito é tão grande que, ao dançar, não dão as costas para o santo e não dão risada.

> O grorioso São Gonçalo
> com sua viola na mão,
> esta dança aqui é séria,
> não é xiba e nem função.   (Cunha)
>
> A dança-de-são-gonçalo
> não se pode caçuá
> São Gonçalo é vingativo,
> ele pode castigá.   (Taubaté)
>
> São Gonçalo do Amarante
> com sua viola no peito,
> vem beijá meu São Gonçalo,
> essa dança é de respeito.   (Tatuí)

> A dança-de-são-gonçalo
> é dança de religião,
> quem dançá pra São Gonçalo
> tem no céu a sarvação. (Cachoeirinha)

> São Gonçalo do Amarante
> que nunca foi de brincadera.
> santo das moça chibante
> e das véia casadera. (Nazaré Paulista)

A dança ensina a delicadeza aos homens quando têm que fazer a "mesura" ao santo ou "fazer vênia" à dama, sua parceira. Educa, socializa, dá-lhes modos de cavalheiro.

Há muitas lendas a respeito de São Gonçalo; dizem os caipiras, com a sua característica imprecisão de situar o passado, que a sua dança vem desde o começo do mundo; em Portugal, ele é padroeiro de Amarante, e dizem que foi um pândego que, para pagar as suas faltas, dançava a noite toda com pregos nos sapatos; fora muito alegre e folgazão, gostava de folgar uma viola e, por meio de versos, ensinava a religião; é, por isso, o padroeiro dos violeiros; dizem que morreu e subiu para o céu, e noutras lendas ele teve morte trágica.

> Meu glorioso São Gonçalo
> na terra de marinheiro
> mataro meu São Gonçalo,
> pra roubá o seu dinheiro. (Taubaté)

> São Gonçalo e São José
> são dois santo cumpanhero
> São José é carapina,
> São Gonçalo é violero. (Areias)

Se fizermos uma análise vertical da dança-de-são-gonçalo, utilizando-nos das lendas a seu respeito, dos versos cantados, dos textos das promessas feitas, verificaremos motivos de *fertilidade*, positivos e negativos, e que é uma dança de *medicina* e *magia* ao mesmo tempo.

Na Ilha Comprida, porto da Pedrinha, proximidades de Cananéia, nos elementos folclóricos recolhidos, encontramos dois motivos de *fertilidade*, um *negativo* e outro *positivo*. O positivo será o de "gerar filhos": "quando num fandango, uma mulher solteira, que já passou da idade de se casar, está dançando com um rapaz que ela gosta, se quiser mesmo casar com ele, deve dar uma fugidinha, durante a função, e, às escondidas, esfregar o santo no sexo, mesmo por cima da roupa; é casamento na certa". O motivo negativo seria o que visa ao afastamento da chuva: "quando vão fazer um mutirão e ameaça chuva, eles fazem promessa para São Gonçalo, assim: – olha, São Gonçalo, se não chover, a primeira que dançarmos será sua". Se bem que este motivo, que nos parece à primeira vista negativo, quando bem analisado, mostra que o afastamento de chuva é um reforço para o verdadeiro motivo de fertilidade, que é o de "gerar filhos".

> São Gonçalo ajudai-me
> de joelhos eu imploro,
> ajudai-me pra queu case
> com o moço que adoro.   (Ubatuba)

> São Gonçalo desceu do céu
> numa foia de maracujá
> pr'atendê pobre moça
> que feiz promessa de casá.   (São José do Barreiro)

> São Gonçalo do Amarante
> casamentero das velhas
> por que não faz casar as moças
> que mar les fizero elas?   (Tatuí)

Dança de *medicina*, pois encerra conteúdo curativo; tanto no litoral (em Ubatuba) como na serra-acima (em Tatuí) encontramos esta afirmação: "os velhos reumáticos ficam sãos do reumatismo, se dançarem a dança com fé e respeito". Em Goiás e Mato Grosso encontramos: "devotos buscando na dança a cura dos 'encarangamentos' das pernas".

> Meu glorioso São Gonçalo,
> para toda vida eterna,
> quem dançá pra São Gonçalo,
> nunca sofre dor de perna.   (Taubaté)

> São Gonçalo foi pro céu,
> mas deixô bem decrarado,
> quem dançá a dança dele,
> há de ficá curado.   (Ubatuba)

> Dor di perna, dor di braço,
> São Gonçalo faiz sará,
> e viva meu São Gonçalo
> São Gonçalo do Amará.   (Cachoeirinha)

É uma dança de *magia*; afasta os perigos, afugenta os perigos de naufrágios, (Ubatuba); quando há alguém em perigo na pesca fazem promessa ao santo (Cananéia).

Já louvei a São Gonçalo,
esse santo me valeu,
contra todos os perigo,
ele já me protegeu. (Ubatuba)

Na hora di Deus começu,
Padri, Filio, Spritu Santo,
Vamo se benzê primero,
livrai-nos de quebranto. (Taubaté)

São Gonçalo é milagroso
mora na bera de um riu,
pra mostrá o seu milagre
estava tremeno de friu. (Tatuí)

São Gonçalo é santo bão,
faiz milagre e faiz favô,
êli goza lá na gró18ria
juntu cum Nossu Sinhô. (São Luís do Paraitinga)

São Gonçalo é milagroso,
faiz milagre, não se move,
eu num posso arresorvê
São Gonçalo é que arresorve. (Cachoeirinha)

Além dessas funções, assinalamos, na região paulista da ubá, São Gonçalo como protetor das viúvas, invocado para acudir a fome, livrar seus devotos do raio, peste, tentações demoníacas e diversos flagelos, dentre eles o naufrágio.

Nos lugares visitados onde assistimos à dança-de-são-gonçalo a imagem do santo, às vezes, é comprada, isto é "trocada"; outras são feitas por "curiosos" que a entalham na madeira, a canivete, ou fazem-na de barro. Quando ela é comprada, geralmente é de metal ou gesso, e são pequenas, nunca medem mais do que 15 cm de altura. Quando de madeira, feita por "algum curioso", então é bem maior. Em nossa iconoteca temos 18 estatuetas de São Gonçalo, sendo uma de madeira, feita em Cachoeirinha, caminho de Ubatuba, medindo 50 cm de altura, e uma de barro, feita por um escultor popular, Lourenço Cecciliato, residente em Tatuí. Essa imagem mede 90 cm de altura. Outras são menores, variam de 10 a 25 cm de altura. Em algumas imagens o santo traja calção à moda portuguesa, preso pouco abaixo do joelho por uma meia preta, comprida, calçado de borzeguim, chapéu na cabeça, uma capa azul nas costas, viola na mão; noutras usa batina e segura a viola sob o crucifixo pendente do pescoço. Chamam-no São Gonçalo Padre quando está com a batina e São Gonçalo do Amarante quando está de calção. O Amarante já deu na linguagem do caipira "Amará", isto é, Amaral. Adquirimos no Ceará duas imagens de São Gonçalo do Amarante sem a clássica viola pela qual o devoto sulista o distingue entre as demais imagens.

Vejamos a distinção que fazem, através das quadrinhas cantadas pelo sangonçalista Benedito Pereira de Aguiar, do Bairro da Cachoeirinha, entre São Luís do Paraitinga e Ubatuba:

> São Gonçalo é milagroso
> na igreja foi rezá,
> sarve o São Gonçalo Padre
> e o São Gonçalo do Amará.

> Aqui está dois São Gonçalo
> que devia se encontrá,
> no vestuário são diferente
> mas no podê são inguá.

> Aqui está São Gonçalo
> com sua viola na mão,
> um anda de batina
> otro anda de carção.

Há no folclore português e nosso também a lenda, já em versos populares, de que se João Batista acordasse no seu dia, ele descendo para assistir às festas em seu louvor, pegaria fogo na terra. Ele e sua festa são a catolicização do mito do fogo. São Gonçalo não é assim perigoso, ele desce do céu para assistir às danças em seu louvor:

> São Gonçalo desceu do céu
> nesta hora de aligria,
> pra assisti à sua dança
> que hôji chegô o dia.   (Cachoeirinha)

Outros sangonçalistas dizem que ele veio de Roma, outros, de Portugal para o Brasil.

> Que image é aquela
> que está drento da redoma
> é o grorioso São Gonçalo
> que está chegano di Roma. (Xiririca, hoje Eldorado Paulista)

Em todos os lugares visitados temos encontrado nos nichos e altares, ou nos oratórios toscos e bem enfeitados, santos com fisionomias tristes, rostos onde estão estampados o sofrimento e a miséria ou dor, porém, que contraste confortador, todos os São Gonçalos que temos visto, suas expressões faciais são alegres, joviais, quase picarescas. Dimanará daí o fato de nossos caipiras dizerem "que São Gonçalo é um santo folião (ou folgazão)"?

Boa descrição do santo temos nas quadras recolhidas:

> São Gonçalo está no artá,
> com sua linda formusura,
> quem beijá o São Gonçalo
> tem a sarvação segura. (Tatuí)

> Meu grorioso São Gonçalo,
> o seu manto é cor do céu,
> quem dançá pra São Gonçalo,
> todos ganha jubiléu. (Taubaté)

> São Gonçalo do Amarante
> com a sua viola na mão
> salvai o dono da casa,
> com toda sua geração. (Tatuí)

> São Gonçalo está no artá
> vestidinho de azul,
> venha beijá o meu São Gonçalo
> o grorioso Bom Jesus. (Tatuí)

> A image de São Gonçalo
> é com tanta perfeição,
> com seus romero na frente,
> está pondo suas benção. (Xiririca, hoje Eldorado Paulista)

> Meu grorioso São Gonçalo
> espeio di Portugá,
> eu peço pra São Gonçalo
> pra São Gonçalo nos abençoá. (Nazaré Paulista)

Me diz meu São Gonçalo,
adonde vai cum seu perparo,
vai levá cópia de missa
pela Virge do Rosário.   (Santa Isabel)

A dança é realizada em frente ao altar. Dois violeiros ficam entre duas filas dos dançarinos, uma de homens, outra de mulheres, lado a lado. A maneira de dançar é diferente nos diversos lugares visitados. Quanto à disposição dos violeiros, também. Mas sempre há o sapateado. Quando cada par finaliza o sapateado, faz o beijamento. Vão os dançantes beijar o altar, o santo ou as fitas que estão nele amarradas. Nesse momento muitas moças aproveitam para amarrar uma fita pedindo para que faça seu casamento com aquele de quem ela gosta. A fita dessa promessa é sempre branca. Quando as mulheres casadas querem fazer um agradecimento ao santo, dão fitas de outras cores, menos branca. É santo casamenteiro.

São Gonçalo do Amarante
protetô dos violero
venha beijá São Gonçalo
que é santo casamentero.   (Tatuí)

O meu padre São Gonçalo,
casamentero das véia,
por que não fazei casá as moça,
oi que mal fizero elas?   (Cachoeirinha)

A dança é feita em "cumprimento de promessa" pelas graças recebidas. É uma dança demoradíssima, leva às vezes horas e horas, mas, no seu desenrolar, há sempre o máximo respeito. No lugar onde está sendo realizada não fumam e descobrem-se ao entrar no salão. Ao São Gonçalo não oferecem dinheiro, nem mantimento nem animais, pagam suas promessas somente com dança, enfeitando o altar ou amarrando fitas no santo.

Em alguns lugares há um respeito enorme pela dança, a ponto de não se dançar o fandango na casa onde houve a dança-de-são-gonçalo, e sim numa próxima. E ai daquele que zombar da dança! Em Tatuí, Deolindo Oliveira, nosso entrevistado, contou-nos que, certa vez, um sujeito abusão cantou os seguintes versos:

São Gonçalo do Amarante
era um fino violero,
sai daqui sua porca magra,
fucinho de cavadera.

> São Gonçalo desceu do céu
> montado num pau d'espinho,
> tem tanta força no cangote
> que nem porco no focinho.

A pessoa que assim procedeu fora expulsa daquela festa, apanhara muito do pessoal presente pela afronta que fez ao santo.
Nos versos dos violeiros do interior, encontramos sempre a afirmação de que ele era um "fino violeiro":

> São Gonçalo do Amarante
> foi um fino violero,
> aceitai meu São Gonçalo
> promessa de juiz violero.   (Tatuí)

> O meu padre São Gonçalo
> já me feiz o que pedi
> me ensinô tocá viola
> agora eu quero cumpri.   (Cachoeirinha)

> São Gonçalo foi na igreja
> fazê a sua oração,
> foi rezano pelo caminho
> cum sua violinha na mão.   (Cachoeirinha)

À beira-mar contam que ele foi marinheiro:

> São Gonçalo já foi santo
> ele já foi marinhero
> ele andou embarcado
> até ao Rio de Janero.   (Cananéia)

> São Gonçalo já foi gente
> hoje em dia é marinhero,
> embarcou-se num navio
> e foi pro Rio de Janero.   (Ubatuba)

Cunha, durante muitos anos, esteve culturalmente voltada para Parati (estado do Rio), ligada a esse porto marítimo através da Estrada Real – infelizmente hoje em completo abandono. Também considera São Gonçalo como marinheiro, e quem sabe se pelo fato de ter subido a serra do Mar também aí subiu de posto, é almirante. Justifica-se ser somente em Cunha, cidade do interior e não litorânea, a única onde São Gonçalo é marinheiro, pois esteve isolada muito tempo de Guaratinguetá. Quem sabe se é por esse motivo que até as próprias danças de origem africana em Cunha se parecem mais com as do litoral. Por exemplo, o jongo dançado em Cunha é parecido com o dançado em Parati.

Encontramos a promoção do "marinheiro São Gonçalo" nestes versos:

> Uma incelência
> do Armirante São Gonçalo,
> que nóis pede, nóis espera,
> e nóis pede, ele nos vale. (Cunha)

Várias são as denominações dadas ao culto de São Gonçalo pelo Brasil afora, santo a quem dedicam, como pagamento das bênçãos e graças recebidas, exclusivamente danças: *romaria* de São Gonçalo, *voltas* a São Gonçalo, *terço* de São Gonçalo, cumprir promessa com *reza* e *dança-de-são-gonçalo, festa* de São Gonçalo, *trocado* para São Gonçalo e *roda* de São Gonçalo.

> Viola de São Gonçalo,
> viola de sete corda,
> pinicada sete veiz,
> sete verso em cada roda. (Peruíbe)

Se tentarmos colocar em termos de comparação o quanto São Gonçalo é querido pelos rurícolas brasileiros, poderemos ombreá-lo somente com São Benedito, o queridíssimo santo dos negros e dos brancos das classes destituídas. E que coincidência, a dança de moçambique – magnífico espetáculo coreográfico – é também chamada pelos negros de dança-de-são-benedito.

Estes versos foram colhidos, em Cunha, sobre a dança-de-são-benedito ou moçambique:

> Esta dança é de santo
> ninguém sabe, pra santo é,
> nóis dança para São Benedito,
> pro grorioso São José.

> Esta dança é moçambique,
> gente diz que é congada,
> com licença de São Benedito,
> serená a sua escada.

São Benedito subiu pro céu
no mundo dexô escrito,
quem falá de nossa dança
fala de São Benedito.

Do céu é que é as bença,
do céu é que cai as frô,
benção do São Benedito
que pedimo vosso dançadô.

Nas danças africanas entram os instrumentos de percussão; porém, na de São Gonçalo, somente a viola, e na zona litorânea, a rabeca. Afirmam os sangonçalistas: "onde misturam com a viola, o pandeiro, é porque não há muito respeito".

CURURU RURAL*

Há um processo evolutivo, dinâmico, transformando as manifestações coletivas do lazer popular. As danças tradicionais estão desaparecendo; de algumas, como as taieras, só nos resta o nome, e de outras, temos um fenômeno interessante de semântica: o nome da dança ficou como designativo do instrumental, como o afuxé, o tambu, o cucumbi. Uma das mais belas manifestações folclóricas por nós conhecida, o cururu, está dentro dessa lei de evolução. Nele já podemos apontar modificações, seguindo, portanto, a evolução das estruturas sociais.

O cururu é uma dança de fundo religioso, geralmente realizada à noite, na qual são cantados desafios dentro de um certo cânone, que se chama "carreira" ou "linha" e que é determinado pelo "pedreste". Embora dentro de um cânone, o canto é inteiramente improvisado, tendo o improvisador de acompanhar a viola, instrumento fundamental do cururu.

---

* Roger Bastide, nosso professor de Sociologia do Folclore, no curso ministrado na Faculdade de Filosofia, Ciências e Letras da Universidade São Paulo, em 1950, após ter lido o presente trabalho quando foi apresentado como tese, comentando-o em artigo publicado no *O Estado de S. Paulo*, de 5 de julho de 1951, intitulado "O cururu, expressão da alma paulista", fez várias afirmações, entre as quais, transcrevemos algumas:
  "O cururu exprime a própria alma de São Paulo, remonta às origens da cidade e acompanha todas as transformações de sua história.
  É mais do que um folguedo, é um título de glória semeado pelas bandeiras nas suas tarefas sobre-humanas."
  "O cururu tornou-se, principalmente, a expressão do gênio de conquista de São Paulo e do poder de expansão de sua democracia racial ou étnica."
  "Em certa medida, a criação de um protestantismo pode implantar-se desde o início nas zonas rurais, é que já existia uma preparação mística, uma cultura bíblica desenvolvida, e o cururu foi precisamente o instrumento dessa cultura bíblica, distinta do culto dos santos."
  "Os cururueiros são a expressão capital da poesia de nossa Pátria, a qual é uma poesia de conquista."

Qual a definição de cururu? Cornélio Pires, o maior folclorista paulista, silencia. A ele se deve a introdução do cururu rural nos palcos, há cinqüenta anos passados. Contou-nos pessoalmente que não sabia a origem da palavra. Otoniel Mota confessa não saber de onde vinha a palavra, talvez de outra com étimo diferente mas não registrada pelos nossos lexicógrafos conhecidos; citando Batista Caetano diz que "cururu em língua indígena quer dizer 'rouco'. Basílio de Magalhães, grande conhecedor de nosso folclore, diz que cururu em abanheenga quer dizer sapo: "sapo-cururu é pleonasmo".

Aceitamos a origem luso-brasílica do cururu. Não achamos que seja uma dança de origem africana; a própria existência da viola exclui tal hipótese. Nesse caso, em vez de a viola ser o instrumento fundamental, seriam os instrumentos membranofônios, de percussão. Cururu rural não é dança de terreiro, o que acontece com quase todas as danças afro-brasileiras conhecidas, realizadas ao ar livre. Cururu é, em última análise, um sincretismo luso-brasílico, inteligente forma lúdica de que o jesuíta lançou mão, para ensinar História Sagrada aos catecúmenos. Definiríamos então: cristianismo à moda jesuítica, mais dança de roda, tão do sabor dos povos primitivos, é igual a cururu.

Não é somente no cururu que encontramos o desafio, forma, aliás, muito conhecida no Norte e Nordeste do Brasil. No próprio calango, por nós registrado no vale do Paraíba do Sul, encontramos o desafio, porém sem caráter religioso. No cururu podemos levantar a hipótese psicológica do desafio. Pode ser o desafio religioso, uma polêmica religiosa com a dos ilustrados: filosófica, histórica, exegética etc., ou, ainda, o prazer de vencer, o antigo "floreio de palavras", "idéias esgrimindo com idéias", que os cururueiros herdaram; é a parte lúdica com fundo psicológico. É da época das polêmicas religiosas, e daí a hipótese de terem sido os jesuítas os seus implantadores ou apenas os que difundiram ou, ainda, aproveitadores pela alquimia religiosa no sincretismo católico. A grande atração do cururu é a polêmica que nasce espontânea, improvisada. Polêmica sem coprolalia, sem pornéia.

A dança coeva do cururu é a de São Gonçalo do Amarante; naquela, em geral, há algumas "louvações" a São João Batista, e, nesta, ao santo dominicano canonizado mais ou menos pouco depois do descobrimento do Brasil. Das danças-de-são-gonçalo a que assistimos no estado de São Paulo, somente em Itaquaquecetuba[10] encontramo-la ao lado do cururu. Aliás, em Tietê, os mais

---

10 Em Itaquaquecetuba tivemos oportunidade de estudar algumas de suas manifestações folclóricas, entre elas a *dança-da-santa-cruz* e a *dança-de-são-gonçalo*. A pesquisa de campo nos deu maior convicção sobre a hipótese da origem luso-ameríndia do cururu.

antigos cururueiros entrevistados afirmaram que, antigamente, antes de um cururu rural fazia-se uma reza e dança para São Gonçalo. Embora São Gonçalo de Amarante desempenhe, além de padroeiro das solteironas, o papel de padroeiro e "protetor" dos violeiros, não lhe é dedicada uma carreira sequer no cururu.

Disse Mário de Andrade[11]: "a meu ver, o cururu é o exemplo mais puro e íntegro do que foi a adaptação artística dos jesuítas do primeiro século". Dança-de-são-gonçalo e cururu são coevas. Uma luso-paulista: a cururu; e outra luso-carioca: a dança-de-são-gonçalo. Esta os portugueses trouxeram na época da colonização. Ao santo dominicano foi prestado culto, porque D. João III (1540) era seu devoto e D. Catarina, quando rainha-regente, conseguiu sua beatificação, proclamando-o santo, a 16 de setembro de 1561, o então papa Pio IV[12]. Em 1625 é erigida a primeira capela brasileira dedicada a São Gonçalo de Amarante, por Gonçalo Correia de Sá, em Pirapitingui, nas sesmarias do Jacarepaguá[13], e o bispo de São Sebastião do Rio de Janeiro, D. Antônio de Guadalupe, que no Brasil chegou aos 2 de agosto de 1725, logo "funda em honra a São Gonçalo do Amarante, na Igreja de São Pedro, uma irmandade. Tornou-se em breve a confraria uma das mais numerosas da cidade. Dela queriam fazer parte moços, velhos e até muitas velhas. Como todos sabem, este santo é o casamenteiro das senhoras, que entram na compulsória"[14].

Embora tenham aparecido quase na mesma época, os pesquisadores de campo jamais poderão confundi-las[15]. De comum, elas têm o instrumento fundamental que é a viola e o caráter religioso, mas do ponto de vista coreográfico, são inconfundíveis, e, em se tratando da música, o mesmo acontece. Cururu

---

Naquela vila, a dança-de-são-gonçalo compõe-se de quatro "voltas". Nas três primeiras "voltas" os participantes ficam em duas filas em frente aos testas estão os violeiros, e participam somente homens. Logo que percebem os primeiros albores da manhã, finalizam a terceira "volta" da dança-de-são-gonçalo e começam a "quarta volta", que é o cururu, onde toma parte *mulheres e homens*. Mudam o "tempero" da viola, a posição dos dançantes é diferente, também é a coreografia. Formam duas rodas no centro do salão. A roda interna é das mulheres e a externa, dos homens. As duas rodas giram no sentido lunar ou negativo.

Os versos e canto do cururu de Itaquaquecetuba não têm a beleza nem a poesia repentista dos que ouvimos em Tietê, Tatuí, Anhembi, Piramboia, Piracicaba etc.

11 Mário de Andrade, *As danças dramáticas do Brasil*, p. 75, rodapé nº 23.
12 Alceu Maynard Araújo e Manuel Antônio Franceschini, *Danças e ritos populares de Taubaté*. Publicação nº 33 do Instituto de Administração, Universidade de S. Paulo, 1948, p. 9.
13 Vivaldo Coaracy, *O Rio de Janeiro no século XII*. Rio de Janeiro, José Olympio, 1944, p. 64.
14 José Vieira Fazenda, "Antiqualhas e memórias do Rio de Janeiro", *Revista do Instituto Histórico e Geográfico Brasileiro*, Biblioteca Municipal, 1924, p. 271, v. 149, t. 95.
15 João Chiarini, "Cururu". Separata da *Revista do Arquivo Municipal de São Paulo*, nº CXV, Depto. Municipal de Cultura, São Paulo, 1947. Esse trabalho só veio à luz em 1949; verdadeiramente explica e documenta o cururu urbano de Piracicaba – a capital da zona cururueira.

rural é dança de roda; a de São Gonçalo não é. Já participamos de danças em diferentes municípios do estado de São Paulo e as danças-de-são-gonçalo são em duas colunas de dançadores, tendo à testa das fileiras os violeiros. Essas colunas ora ladeiam, ora se defrontam, fazem movimentos etc. Diferente também é a disposição dos dançadores e "instrumentistas" no cururu rural: o violeiro, quando é o "segunda", defronta o canturião; atrás do violeiro fica ora o tocador de adufe, ora o de reco-reco. Raramente, depois do recorrequista, vem um adufeiro (o tocador de "cocho" fica entre o tocador de adufe e reco-reco. Vimos o "cocho", não nesse cururu rural que estamos descrevendo, mas no que assistimos no município de Tietê, no dia 26 de outubro de 1947).

Dados os elementos colhidos em nossas pesquisas de campo, tentamos uma dicotomia para o cururu, pela qual propomos chamá-lo de *cururu rural* e *cururu urbano*.

Sem dúvida, o cururu é a mais antiga e brasileira de todas as danças populares; é paulista, piratiningana.

No tempo das entradas e bandeiras, os bandeirantes que partiam de Piratininga, descendo o Anhembi, nos pousos e ranchos, dançavam o cururu, e, dessa forma, a dança, inicialmente aprendida com os jesuítas, foi sendo disseminada por toda a paulistânia – região onde penetrou o bandeirismo, no dizer de Joaquim Ribeiro[16]: "o que está provado (e ninguém pode contestar) é que as modas foram divulgadas na zona das bandeiras". O autor se refere à moda de viola. Mais adiante afirma: "outro elemento que não pode ser esquecido é o que diz respeito à conexão entre a linguagem e a vida nos seus aspectos diversos; doméstico, econômico, lúdico etc.". Nesse lúdico incluiríamos o cururu, porque, embora se revista de caráter religioso, não deixa de ser uma diversão que preenche as horas de lazer dos participantes e assistentes.

Ao lançarmos no mapa de São Paulo os municípios[17] onde encontramos o cururu, nos seus bairros mais afastados, distritos de paz, arraiais, fazendas e capelas de sítios, a assinalação deu o ensejo de aventarmos a hipótese de que ele se difundiu justamente seguindo a rota do rio Tietê e seus afluentes navegáveis na fase das monções, e que foi na época do bandeirismo que teve início tal difusão.

---

16 Joaquim Ribeiro, *Folklore dos bandeirantes*, José Olympio, 1946, pp. 185 e 122.
17 Os municípios da zona cururueira são: Americana, Angatuba, Araçoiaba da Serra, Avaré, Barra Bonita, Bofete, Boituva, Botucatu, Cabreúva, Capivari, Conchas, Cotia, Dois Córregos, Guareí, Itapecerica da Serra, Itatinga, Itapetininga, Itapuí, Itu, Jaú, Laranjal Paulista, Limeira, Macatuba, Mineiros do Tietê, Pederneiras, Pereiras, Piracicaba, Pirambéia, Porto Feliz, Rio das Pedras, Salto de Itu, Santana de Parnaíba, Santa Bárbara d'Oeste, São Manuel, São Paulo (Itaquaquecetuba), São Pedro, Sorocaba, Tatuí, Tietê, Torrinha, Sarapuí.

Devemos nos lembrar de que algumas cidades da zona cururueira estão nas margens do rio Tietê. Urbes com população estável, fixa, grandes fazendeiros, enormes latifúndios, famílias tradicionais e onde impera a religião, que é misoneísta e misófoba, elementos que provavelmente ajudaram a continuidade de tal prática lúdico-religiosa.

Faltam-nos documentos escritos para nossa tese, mas a própria existência do cururu em Mato Grosso é um argumento, a nosso favor, de que ele foi levado daqui para lá.

Nas descrições feitas por Max Schmidt, podemos constatar, embora a dificuldade de má anotação da língua portuguesa se nos antolhe (e isso já foi verberado e criticado por João Ribeiro), que há elementos identificadores do nosso cururu rural paulista com aquele descrito pelo etnólogo alemão, no qual verificamos elementos característicos dessa dança: a "carreira"[18], que dura horas e horas, versos na "linha" de São João (rimados em "ão"), o instrumental idêntico, pois o "caracachá" deles é o nosso reco-reco, os versos são improvisados, a dança é de roda e dura a noite toda, e o espírito de porfia é tão violento lá em Bracinho, Mato Grosso (dia 31 de dezembro de 1900), quanto em Tatuí, onde (há cerca de 17 ou 18 anos) finalizaram um cururu à ponta de faca...

O registro dos versos dessa dança em Goiás, feito por A. Americano do Brasil[19], e nossa recolta de dados na antiga capital goiana em dezembro de 1948 aduzem mais argumentos a favor da hipótese de que o cururu seguiu a rota líquida do Anhembi e foi nas pegadas dos bandeirantes Brasil adentro. Nos núcleos de reabastecimento dos "espichadores territoriais" do Brasil, certamente o cururu era o divertimento predileto. É sabido o intercâmbio intenso que existiu entre as capitais dos dois estados centrais na época da mineração. Vamos encontrar o cururu mesmo no Amazonas. Acontece que por lá também andaram os paulistas. O cururu seguiu com o monçoeiro.

Já afirmamos que o cururu rural é sem dúvida o que está mais próximo do cururu original, embora não tenhamos dados históricos para afirmar como ele nasceu. Folclore não é intuição, mas aqui a intuição nos dá a mão.

---

18 Por gentileza do professor Egon Schaden, obtivemos a tradução, mais ou menos ao pé da letra, da página 144 do original de Max Schmidt, cuja frase é: "A boa disposição e a boa amizade aumentaram ainda muito mais no momento em que nós dois tocadores entramos com os nossos instrumentos na roda dos cantadores, a fim de tomar parte na corrida circular, que prosseguia incansavelmente, horas a fio." Naturalmente o autor se refere à *carreira*.

19 A. Americano do Brasil, *Cancioneiro de trovas do Brasil central*, São Paulo, Cia. Gráfica Editora Monteiro Lobato, 1925.

Certamente os jesuítas se inspiram na Bíblia[20] e aproveitaram alguma coreografia existente entre os pagãos da terra. Naquela época, o clero não repudiava, como hoje, tais manifestações. Os vodos de comer e beber na igreja, verdadeiras orgias, há pouco tinham sido proibidos nas Ordenações Filipinas[21]. Mas isso lá em Portugal. As ordens do reino chegavam bem atrasadas às plagas cabralinas. Aqui no Brasil, até hoje ainda se dança, nas capelas de roça, o moçambique. Nas zonas congueiras e moçambiqueiras, as companhias de dançantes dançam o tempo todo na frente das procissões. Danças religiosas, é claro, como o moçambique e a congada. Dança foi também o que Davi fez defronte da Arca (II Samuel, 6-16). O caipira distingue *dança* de *baile*. Dança é religiosa. Baile é profano. E é por isso que num "pouso" não há baile. Constatamos idêntico respeito nas zonas sangonçalistas. Numa casa onde se dança para São Gonçalo não há baile, este é realizado numa casa vizinha. O baile é também chamado pelos caipiras por: pagode, arrasta-pé, função, fandango, divertimentos onde o namoro está sempre presente.

Nas danças em que entram instrumentos de corda difícil é encontrá-las no terreiro. Parece que o caipira ressente a necessidade de local fechado para acústica de sua viola. E mesmo também porque o cururu há pouco é que saiu do interior das capelas de roça. É secularização ir se retirando do adro das capelas, como constatamos em Bofete, Remédios, Anhembi, passando para o rancho ao seu lado, para a sala de uma residência, barracas nas festas religiosas, e agora até nos palcos de teatro, como acontece com o cururu urbano.

Notamos que no cururu rural não há contribuição monetária aos "canturiões" porque o "cururueiro canta por religião", e o festeiro tem apenas despesas com a alimentação. Quando estudamos o cururu urbano, anotamos a secularização dessa dança outrora religiosa, na qual já existe o *chachet*, portanto, a comercialização. Poderíamos juntar outras observações que revelam a diferença entre o rural e o urbano; coreografia é quase ou mesmo inexistente no urbano; neste, de instrumentos musicais, só permaneceu a viola, quase há ausência de "louvação" aos santos, portanto, profanização, número reduzido de participantes, no máximo quatro porfiadores, profissionalização dos

---

20 Bíblia Sagrada, trad. João Ferreira d'Almeida – Dança como sinal de regozijo: Êxodo – 15:20, Êxodo – 32:19, Juízes – 11:34, I Samuel – 21:11, II Samuel – 6:14, Eclesiaste – 3:4, São Mateus – 14:6, São Marcos – 6:22. Em algumas passagens *saltar* vem em lugar de *dança*: II Samuel – 6:14 e Eclesiaste – 3:4.
21 *Livro das Ordenações Filipinas*, Livro V, Título V, p. 1152. 1. "Permite fazer vodo ao Espírito Santo. Era hábito fazer vigílias nas igrejas, mas a comezaina sempre terminava em orgia. Foram abolidos os vodos de comer e beber na igreja, e somente foram permitidos ao Espírito Santo, que se processava por ocasião de Pentecostes" (Biblioteca da Faculdade de Direito da Universidade de S. Paulo).

cantadores[22]. No cururu rural há coreografia; embora elementar, há profundo sentido religioso, porque é dançado em frente de um altar, com maior número de participantes e, além da viola, entram adufes, reco-reco e cocho[23]; o "pedreste" procura resumir os desafios quando vai fechar uma "carreira" e "trazer" outra, e finaliza com uma dança de roda, muito movimentada, chamada "cavaquinho de pau".

Nesta descrição de elementos que caracterizam os dois tipos de cururu – rural e urbano – não se deve olvidar o sentido religioso que os caipiras emprestam ao primeiro. Sim, porque no cururu urbano, o "canturião" já se inclina mais para os problemas sociais e mesmo políticos. Há mesmo uma progressiva substituição do assunto religioso pelo patriótico, social, político, satírico etc. Nos "viveiros" políticos, antes da eleição há cururu... foi o que registramos em Tietê.

Num "pouso do Divino", a única dança permitida é o cururu, que é dança religiosa. No regulamento dos "irmãos da canoa", dos pirangueiros que remam no dia do "Encontro das Bandeiras" na festa do Divino Espírito Santo, o terceiro item se refere a essa dança.

Para mostrar a importância do cururu rural, transcrevemos (sic) o Regulamento dos Irmãos do Divino (Irmãos da Canoa), desses religiosos remeiros que participam do "Encontro":

"1) Bebida alcoólica não pode beber fora da quantia, será expulso na hora e não tem relação para voltar mais para a Irmandade.

---

22 João Chiarini, "Cururu", op. cit., registra de Agostinho Aguiar, experimentado cururueiro urbano, os seguintes versos (p. 124):
Que até eu mesmo também canto
e sou bastante inclinado,
mais para cantar sem ganhar
já não sou mais interessado.
23 *Cocho* – instrumento musical feito de madeira. A caixa de ressonância é escavada na madeira. Caixa e braço constituem uma só peça. Há uma pequena abertura na frente anterior, feita a canivete. Na parte anterior da caixa de ressonância é pregada uma tampa de madeira. Na haste que é o braço não há divisões de metal, chamadas "trastos". Ela é lisa como na rabeca e no violino. Na ponta da haste há uma só cravelha que serve para estirar a única corda. Nesse cocho havia uma corda "si" de violão. A corda é presa na borda posterior e estendida sobre a parte anterior até a haste, na rachadura que há na cravelha. Próximo da pequena abertura colocam um rastilho de taquara. Conforme a toada, é afinada a corda, e depois o tocador, com o polegar da mão direita, fá-la-á vibrar, e com a mão esquerda ele "acha" a nota que deve ser dada. Antigamente, acompanhavam o cururu tocando esse instrumento. Quando tocado, tivemos a impressão da semelhança do som do cocho com o do uurucungo (berimbau de barriga).
Conhecemos outro tipo de "cocho", feito como o anterior, mas usa quatro cordas. As cordas são de tripa de mico. Pedro Chiquito, cururueiro, contou-nos que viu perto de Pereiras, na casa de um caboclo, velho "canturião", um cocho com cordas de tripa de mico, e que afina "à moda de cavaquinho, ré-sol-si-ré".

2) Dançá baile não pode.
3) Não namorar. Enquanto tiver a divisa não pode namorar, *o divertimento único é o cururu*". (O grifo é nosso.)

O cururu rural é, pois, uma dança de cunho religioso. Em geral realizada à noite, numa sala das casas de sítios ou fazendas, e também nas choupanas de sapé. Foi justamente numa choupana de sapé que tivemos a felicidade de ouvir um cururu acompanhado por um cocho, instrumento musical que hoje é uma raridade.

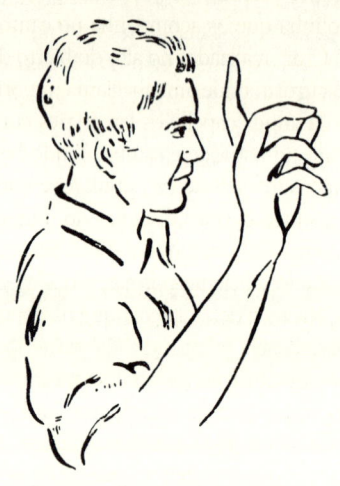

Gesto típico do cururueiro já canturião.

LOCALIZAÇÃO

O cururu é um "divertimento" dos moradores dos bairros, arrabaldes, sitiecos fora do perímetro urbano, das vilas, dos arraiais e capelas. Não raro os participantes fazem longas caminhadas para assistir a ele. O cururu vive hoje afastado da cidade. Para a realização do cururu urbano, que é levado a efeito num teatro de uma urbe da zona cururueira, faz-se necessário pagamento de licença especial, alvarás e de uma série de impostos. O rural, "como todo caipira teme o pagamento de impostos e foge de soldado como o diabo da cruz", não vem para a cidade, a fim de que possa ser realizado sem os embaraços burocráticos.

Em Tatuí, houve um delegado de polícia que proibiu terminantemente a realização do cururu. E, diga-se de passagem, são os delegados de polícia, alguns menos esclarecidos, os sufocadores de muitas de nossas tradições. Proibição draconiana, que nos levou a pesquisar nesse município os locais onde são realizadas as danças. Com a anotação das distâncias que percorremos para assistir às "canturias", tentaríamos traçar uma rota dentro da qual o cururu se realiza. Nessa região existem grandes tratos de terra pouco povoados, cerradões de solo arenosos, uns faxinais, mataréus de árvores secas e fininhas, alguns morros em tabuleiro, campos ravinosos, muitas cobras e de vez em quando alguns riachos, numa baixada. Aqui, acolá, de quando em vez uma casa de sapé e "de vez em sempre", dentro dela, pendurada uma viola... Viola para matar as mágoas... violinha que os acompanha no canto do cururu...

Nas festas de Santa Cruz, realizadas no alto do bairro do Bate-Pau, em Tatuí, há anos era realizado o cururu, onde amanheciam em porfia, num rancho adrede preparado, ao lado da antiga capela, os famanazes cururueiros da zona. No terreiro os pretos ferviam no batuque e samba. Tendo havido severa repressão policial, desapareceram tais manifestações populares e tradicionais. Refugiaram-se algumas delas lá pelos lugares mais distantes do município, como o cururu, e desapareceram por completo o batuque e o samba... samba com urucungo tocando... Essa repressão foi eficiente porque, todas as vezes que procuramos assistir a esses cururus, tivemos de esclarecer que não éramos da polícia.

Encontra-se (e louvada seja tal atitude) da parte dos fazendeiros a maior boa vontade para com os cururueiros, sendo mesmo uma forma utilizada para segurar o empregado o fato de concederem aos seus meeiros, peões e camaradas licença permanente para realizar o cururu aos sábados à noite e especial noutra ocasião, o que é difícil suceder. Há mesmo fazendeiros que procuram incrementar o cururu, contribuindo com "comes e bebes" e até condução para os bons canturiões... que sempre dizem rejeitar a pinga pura... mas o quentão não é "enjeitado"... Não há mutirão que não tenha como remate um cururu... Para qualquer festinha de arraial o cururu é chamariz... Percebe-se uma ligação entre cururu e trabalho rural, o que vem confirmar a lei universal do trabalho e lazer.

UM CURURU RURAL NUM POUSO DO DIVINO

Nas proximidades da cidade de Tietê, na fazenda da Baronesa, no dia 27 de dezembro de 1946, tivemos a oportunidade de assistir ao cururu rural que passamos a descrever.

Foi realizado na casa da fazenda onde se dava o último "pouso do Divino". Os fazendeiros são italianos, residentes há anos nessa tradicional cidade[24]. A bandeira do Divino Espírito Santo, que é levada pela folia do Divino, sobe rio acima, 33 dias antes do "Encontro" da Irmandade do Rio Acima com a Irmandade do Rio Abaixo. As folias vão angariando óbulos para a festa do Divino. Nos locais onde a folia atinge o anoitecer, oferecem pouso aos seus componentes: alferes da bandeira, dois violeiros, tocador de adufe e tocador de triângulo. O "pouso da bandeira do Divino Espírito Santo" é motivo de alegria. É uma deferência e uma bênção àquele que recebe a bandeira para o pernoite. Às manifestações religiosas e jubilosas ajuntam o cururu, que é um divertimento de religião. Nomes afamados, como os de João Davi, Juvenal Pais, Sebastião Roque, Joaquim Saúva, são proferidos para assegurar o êxito cururueiro do último pouso. Dessa tarefa se incumbe o dono da casa, a fim de que fique afamada a "canturia" realizada no "último poso".

A fazenda fica à margem esquerda do rio Tietê. Sua sede é uma boa casa de tijolos, a cavaleiro de um cômoro. Na sala, que mede 10 m por 8 m, assoalhada, num dos cantos está armado o altar: uma mesa coberta com toalha branca. Sobre esta, um caixote que serve de pedestal às imagens e está recoberto por uma toalha de crivos. A parede atrás do altar é forrada com pano vermelho e, nesse fundo de cor simbólica do Divino, se destaca, pendente, um crucifixo alabastrino. Há, enfeitando, muitas flores naturais, e as artificiais são de papel vermelho. Sobre dois castiçais, longos círios que permanecem acesos noite adentro. Um copo lavrado, cheio de azeite, é colocado no centro do altar; uma lamparina acesa, que sobrenada no recipiente, fica alumiando até a hora da despedida da folia do Divino, quando termina o cururu.

Ao entardecer dá-se a recepção da "bandeira do Divino" e foliões. O morador recebe-a no portal da casa e fá-la visitar os quartos e cômodos, a fim de benzê-los. Só depois dessa cerimônia é que a "Bandeira" é colocada no lado direito do altar. Ali permanece até a hora da saída no dia imediato, indo para a casa do "festeiro", na cidade. No "poso", ao lado direito do altar é colocada uma cadeira e nela fica sentada, a noite toda, a pessoa que "dá guarda

---

24 O próprio fato do "poso do Divino" ser realizado na casa de italianos, de seus filhos tomarem parte no cururu, mostra o valor assimilador e nacionalizador do folclore. Se no tempo dos jesuítas o cururu ensinava religião ao índio pagão ou mameluco displicente, hoje ele assimila o estrangeiro e abrasileira o filho do imigrante, integrando-o, como no recente caso de Antônio Vilanova, que presenciamos em Piracicaba numa reunião do Centro de Folclore de Piracicaba. Desse filho de espanhóis, bardo de recursos improvisatórios indescritíveis, poderíamos dizer: um Castro Alves sem cabeleira, semi-analfabeto, calceteiro, mas de versos e inspiração de um condoreiro. Poderíamos também nos reportar ao caso do cururueiro italiano, de Tietê, Tranquilo de Lazzari, que, em 1928, cantou cururu no antigo Teatro Santa Helena. A primeira apresentação de violeiros e cururueiros em palco se deve ao folclorista paulista Cornélio Pires, em 1910. (Ver *Correio Paulistano* de 23-8-1949, artigo de A. M. A., "Cornélio Pires, bandeirante do folclore paulista".)

ao Divino". Permanece reverente, não fuma e não conversa, tendo na mão direita a haste da bandeira. A todos que chegam e vêm beijar a bandeira, as fitas ou a pombinha dourada que fica no topo do mastrinho, o guardador, cortesmente, abaixa-a para as reverências.

O cururu teve início às 23 horas, mais ou menos, logo após a reza, dirigida por um "puxador de reza", que nesse caso é o mestre da folia do Divino. Cerca de cinqüenta pessoas participaram da cerimônia religiosa, na qual se viam mais negros do que brancos. O mesmo se deu com o cururu, no qual um terço dos cantadores era de negros. Quem sabe se porque Tietê é conhecida como a cidade onde há mais negros, proporcionalmente à população branca, do que em qualquer outra cidade paulista.

PARTICIPANTES

Tomaram parte doze cantadores e o "pedreste". O canto é duetado, portanto, seis desafiantes. Os cururueiros chamam às vezes o cururu de "canturia" e o cantador[25] de "canturião", "canturino" e "cantadô". Todo cantador desafiante tem um "segunda". O cantador improvisa e o "segunda" dueta. Geralmente o dueto é em terça. Às vezes não; quando o "segunda" é negro, dueta em falsete. O dueto do "segunda" é quase o eco das palavras cantadas. Não raro o eco é um resmungo incompreensível. O bom "segunda" parece adivinhar as palavras que o improvisador vai proferir. Se há muito tempo cantam juntos, tão grande é a adaptação que mal se percebe o eco, ainda mais que ambos sabem as "trovações da carreira". Cantador e "segunda" às vezes são acompanhados por um violeiro, ao qual chamam de "instrumentista". Acontece que, às vezes, não havendo "instrumentista", o próprio "segunda" toca a viola. Digno de nota é constatar num cururu rural o manejo da viola por qualquer participante. Logo que um acaba de cantar, passa a única viola ao "canturião" imediato. É mais comum o "segunda" tocar a viola e fazer a segunda voz. Como não gesticulam (o que se dá muito com o cururueiro desafiante no cururu urbano), o cantador, quando não está tocando viola, enfia as duas mãos nas algibeiras das calças. Aliás, quando dançam, todos tomam a mesma atitude, e alguns, quando cantam, fecham os olhos para "ajudar a imaginação".

---

25 No cururu urbano notamos que os cururueiros fazem diferença entre o "canturião" e "canturino". Canturião é o cantador experimentado que tem cururuado muito. "Canturino" é o cururueiro principiante, "frango", novato. E até usam como pejorativo: "canturino" é mau cantador, "frango novo", como dizem os "galos". No cururu rural não fazem tal distinção. "Canturino" é boa rima na "carreira do Divino", assim como "canturião" é para a carreira de São João.

Acontece, às vezes, desafiante e segunda não tocarem viola; então um violeiro "instrumentista" fica por dentro da roda, perto dos cantadores, acompanhando-os.

O "pedreste" é um cantador que não toma parte nos desafios. É um general-reformado do cururu, um cururueiro, aposentado e honorário. É pessoa de respeito, em geral um afamado "canturião" convidado pelo dono da casa, o que assegura o bom desenrolar das porfias. Ele é um mantenedor da ordem. Sua função é organizar o cururu defronte do altar, designando os respectivos lugares dos porfiadores. Faz uma roda, ficando no centro dela, coloca os cantadores na ordem. Cada porfiador defronta-se com seu "segunda". O porfiador imediato fica dando as costas para o "segunda" do seu adversário. Ao "pedreste" compete mudar de "carreira" quando ela "vai ficando antiga ou cansada". Faz um pequeno resumo das porfias, citando os melhores cantos e o nome dos cantadores que estão porfiando. Incita-os a que continuem a cantar. Cada carreira durou mais ou menos uma hora, porque havia seis "canturiões" contendendo.

Quando o "pedreste" fez o sorteio para a colocação dos cururueiros, a fim de saber com quem deviam porfiar, foi obrigado a fazê-lo de novo. Um dos "canturiões" não quis cantar contra seu compadre, no que foi prontamente atendido. Já observáramos na dança do batuque, nessa mesma cidade, que compadre não dança com comadre, filho com mãe, pai com filha, irmão com irmã, senhora de idade com moço... Interpelados disseram-nos que era pecado. Pensamos que fosse um "incesto coreográfico". Para evitar tal "pecado" fazem o "canereno". No cururu o compadrio também é uma proibição à polêmica. Dois compadres não porfiam. Compadrio para cururueiro ainda é um parentesco pelo coração, uma amizade que deve ser respeitada. Muitas vezes, o calor das trovas satíricas, das tiradas repentistas poderá magoar ou perturbar as boas relações de compadresco.

Coreografia

A coreografia do cururu rural é bem pobre. É uma dança de roda. Gira às vezes no sentido solar, isto é, na direção dos ponteiros do relógio, e outras vezes no sentido lunar. Nada podemos constatar sobre tais movimentos; se no sentido solar, envolvia magia positiva, ou no lunar, negativa, ou desejo de expulsão de males. Parece-nos que o movimento no sentido lunar, inverso ao movimento dos ponteiros do relógio, sempre se dá na dança dos negros. No cururu, dança por excelência caipira, de rurícolas, sempre vimos seguir a direção solar; no entanto, neste que estamos descrevendo, a roda movimentou-se no sentido lunar. Quem sabe porque o primeiro porfiador era negro... Mesmo no município de Tietê e noutros cururus assistidos, com "pedrestes" e cururueiros, brancos ou caboclos, a roda girou no sentido solar.

O "pedreste" fica no centro da roda e logo ao início, em geral depois da primeira louvação, sai e senta-se num banco ou cadeira, bem perto, ouvindo o desenrolar dos desafios. Volta ao centro da roda quando vem mudar de "carreira". Embora ele não seja o juiz, o julgador orienta, no entanto, a atenção dos assistentes, apontando, no seu resumo, os melhores cantadores. Muitas vezes da emulação que ele traz aos porfiadores é que nascem os melhores desafios, pois os participantes procuram esmerar-se mais.

Na distribuição dos canturiões, o "pedreste" colocou-os de tal forma que um porfiador e seu "segunda" se defrontassem, e a seguir, o porfiador e seu "segunda", que deverá "rebater", respondendo à provocação.

A dança constitui-se de movimentos lentos, de mudança de passos para a frente e para trás. O passo dado à frente é sempre maior, quase o dobro do que é dado para trás, isso no caso do "canturião", porque o "segunda", que fica defrontando o improvisador, executa inversamente tais deslocamentos. Há perfeita sincronização nesse movimento, pois quando o canturião avança um passo para a frente, o "segunda" recua um passo, quando o "canturião" vem à ré um passinho, o "segunda" adianta-se um passinho. Os demais componentes da roda seguem, andando sob o ritmo do canto do "canturião" e "segunda". Os "segundas", quando não estão cantando, não se defrontam com seu parceiro. Com exceção do violeiro, todos dançam com as mãos nas algibeiras; só ao finalizar o canto, quando todos dão um giro de corpo, é que as retiram, para ter maior liberdade de movimentos. Quando o "canturião" finaliza o seu canto numa carreira, ele e seu "segunda" dão um giro em torno de si mesmo, movimento elegante, no qual os pretos são ímpares para executar um trejeito harmonioso e destro. Ao finalizar tal giro, aquele que não está tocando viola bate umas palmas. As batidas de palmas às vezes também aparecem no começo da dança, para "afirmar" o ritmo da mudança dos pés. Uma vez firme, deixam de "bater as palmas de marcação".

INDUMENTÁRIA

Os cururueiros trajam roupa comum, alguns calçados e todos sem chapéu, porque estão defronte do altar. Deixam também as armas que porventura tenham trazido com um amigo ou com o dono da casa. É pecado dançar com as armas na cintura. "Na igreja não se entra armado, por isso também no cururu não se dança armado." Muitos estão com lenço no pescoço e, de quando em vez, passam-no pelo rosto, enxugando o suor. Alguns fumaram enquanto seus adversários de porfia cantavam. O "pedreste" deu-lhes uma "descascada em regra", observou-os acerbamente quando veio encerrar uma das carreiras, dizendo-lhes que, se quisessem fumar, saíssem um pouco, mas que não fumassem em frente do altar, que aquela dança era de respeito, de religião.

Instrumentos musicais

João Davi, afamado cururueiro, contou-nos que "não há cururu sem viola". A viola é, portanto, o instrumento fundamental. A música é sempre em tom maior, porque na viola, dizem os violeiros, "não se toca em tom menor".

A viola é um instrumento de madeira, geralmente de pinho, compondo-se de uma caixa sonora e uma haste, chamada de braço da viola, onde estão os "trastos", divisões de metal, e as cravelhas em número de 10, que servem para afinar. Há violas de 14, 12, 10, 8 e 4 cordas. A mais usual entre os caboclos do interior paulista é a de 5 cordas duplas, à qual os violeiros chamam de "minha viola de 10 cordas". Os cururueiros preferem as violas de 90 cordas", e um dos tipos prediletos é o "mochinho", viola pequena, "manera".

A viola é tocada da seguinte maneira: segura-se com a mão esquerda o braço da viola, e os dedos dessa mão apertam as cordas nos trastos, para dar os diferentes sons, e tangem-se com a mão direita as cordas, sobre o orifício da caixa sonora, que denominam a "boca da viola". Alguns violeiros "pinicam" a viola, isto é, arpejam-na ou dedilham-na, outros parecem riscar as cordas com os dedos, principalmente com o indicador e o polegar. As cordas são de aço: a branca é de número 10; a amarela é de número 9. O canotilho, a tuera e turina são cordas cobertas, um fio envolvido por outro finíssimo. Estando a viola na mão do tocador, podemos dizer que as cordas se acham na seguinte ordem, de cima para baixo: canotilho, tuera, turina, requinta e prima; cada uma dessas cordas é acompanhada por outra; o canotilho é primeira, a mais grossa das cordas; ao lado deste, acima, vem uma corda amarela, que é a contracanotilho; a tuera é a segunda corda precedida de uma corda branca, que é a contratuera; segue-se a turina, terceira corda, sucedida de uma corda amarela denominada contraturina; a seguir a requinta, que é chamada contra-requinta; depois duas cordas brancas – a prima e a contraprima.

É hábito colocar dentro da viola um guizo de cobra cascavel, para dar-lhe melhor som. Como aproveitaram a viola "foliões do Divino" para a realização do cururu, ela estava com algumas fitas de promessas, brancas, vermelhas, rosa e azuis, amarradas na palheta do braço do instrumento musical.

A viola estava afinada na "cebolinha", mas havia um dos "instrumentistas" que todas as vezes que ia acompanhar um dos desafiantes mudava a afinação de "cebolinha" para "cebolão". Essas duas afinações são as mais usadas no cururu rural.

O adufe é um instrumento membranofônio, de percussão. Os golpes são dados diretamente na membrana que fica estirada sobre um arco (ou quadrado) de madeira. O couro preferido para o adufe é o de quati; na falta deste, o de cabrito. O adufe é o irmão mais velho do pandeiro. Neste já existem, escavados no aro de madeira, pequenas frestas nas quais são colocadas algumas chapinhas de metal ou lâminas de jacarandá, que, ao receberem o golpe do tocador na membrana, vibram e imitam o som de castanholas.

O reco-reco é um instrumento idiofônio. Geralmente feito de taquara. De um gomo de bambu, que mede mais ou menos 40 cm de comprimento e de 6 a 8 cm de diâmetro, aproveitam apenas um nó. Racham o bambu para o "som ficar mais declarado". Na face externa, superior, fazem pequenas escavações, não profundas, denteando apenas a parte mais dura da taquara. O tocador coloca a parte do reco-reco onde está o nó, apoiando na junção do braço com o antebraço. Com a mão esquerda segura noutra extremidade do instrumento. Na mão direita o reco-requista segura um pedaço de pau, do tamanho de um lápis, e esfrega sobre a parte dentada. A viola dita o ritmo.

Assistência

Os assistentes permanecem horas e horas ao redor da roda de cantadores. Alguns dão palpites, incitando, e às vezes irritando, os porfiadores. Dão vivas e falam: – "eh! machão, trovadô inguá num hai...", "é dos nosso"... As pessoas mais idosas sentam-se nos poucos bancos e, quando um cantador começa a receber muitos aplausos, levantam-se e aproximam-se para melhor escutar e acompanhar o que estão cantando. Não vimos bater palmas como sinal de aprovação: bater palmas é uma forma urbanizada de aplaudir...

Durante a noite, de hora em hora, ouvíamos o estrondar de uma ronqueira. Estranhamos, porque no cururu não há fogueiras nem foguetório. Não há fogueira porque ele é dança de recinto fechado. Os estrondos da ronqueira eram em homenagem ao Divino, que estava "pousando" naquela casa. Um dos moradores do "último pouso", quando o ponteiro grande do relógio chegava no número 12, saía para colocar fogo nos morteiros adrede colocados no pátio da casa-grande. Desde que a bandeira chegou, até sair foram dadas 12 salvas. Quando a folia saiu com a "bandeira do Divino", então espocaram muitos rojões e morteiros. O rojão, o morteiro, o estrondo não têm mais a função medieval, aceita pela Igreja Católica romana, de espantar o demônio; agora o barulho ensurdecedor das bombas que espocam tem a função de "salvar", saudar.

Os assistentes do cururu, quando ouviam o estrondo do tonitroante morteiro, diziam à meia-voz: "Viva o Divino! Saúde a todos nós!"

CANTO

Logo que o "pedreste" dispõe todos os cantadores e que os acompanhadores com seus instrumentos se colocam próximos do primeiro porfiador, tem início o canto. O "pedreste" vocaliza o "baixão" ou "arribada" e a seguir começa a cantar os versos improvisados, com a rima em "ino". Como esse cururu é cantado num "pouso do Divino", é justo que a primeira carreira seja dedicada ao Divino. Quando não é nessa ocasião especial, infalivelmente, tanto no cururu rural como no urbano, a primeira carreira é a de São João Batista, o querido santo dos cururueiros... quem sabe por causa da rima pobre e fácil...

A "carreira" ou "linha" é a maneira pela qual devem cantar. Toma o nome de "carreira" a sílaba final das palavras nas quais se vai fazer a rima. E geralmente, como uma sílaba nada significa, tomam um vocábulo e este tem sempre um sentido religioso.

Há também o caso de designar o nome da carreira com uma letra do alfabeto, por exemplo: do "A", do "I", do "S". Assim, a sílaba final de cantá (cantar), falá (falar) dará a "Carreira do A"; "pedi" (pedir), "subi" (subir) dará a "Carreira do I"; amanhece, comece, acontece dará a "Carreira do S"; as duas sílabas finais de menino, divino, "pedino" (pedindo), "cumprino" (cumprindo) e tudo que rimar em "ino" está dentro da "Carreira do Divino". Nos verbos da terceira conjugação é facílimo arranjar muitas rimas, porque no linguajar popular o "d" que entra no particípio presente desaparece sempre.

São muitas as "carreiras". Aquelas cuja rima é rica é considerada por eles como "carrera que percisa munta maginação". As "carreiras" mais comuns são: do "A", "Divino", "Senhor Amado" ou "Sagrado" ou "Jesus Amado", "Cruz Pesada", "Nosso Senhor", "ABC", "Ano", "Presumido", "São João", "Mais ou menos" e do "Dia". As "carreiras" pouco usadas: "Santa Cruz", "Divino Amante", "Escritura", "São Roque", "São Paulo", "São Pedro", "Padre Eterno" e "Presidente" ou "Repente".

É claro que no canto há o reflexo da personalidade do cururueiro. Há o triste, o místico, o satírico, o paisagista etc. Daí nem sempre ser triste o canto do cururu. De fato eles trazem para o cururu as impressões do mundo que os rodeia. Cada qual dá a sua interpretação. Há os deprimidos, aqueles que perderam um ente querido, e então seu canto é repassado de mágoa. João Davi cantou há pouco a morte de um parente seu, houve gente que ficou com os olhos marejados de lágrimas. Chamamo-lo de "o salmista do cururu". Há os satíricos, irreverentes, como Sebastião Roque Ortiz, que também é gracioso, jocoso mesmo. Há os paisagistas. Dentre eles se destaca Antônio Vilanova, que canta o orvalho, a nuvem, a noite estrelada, as flores, com versos cheios de lindas comparações; é o condoreiro do cururu. Juvenal Pais é místico. Só canta os milagres que leu nas Escrituras Sagradas. Mas todos são ególatras. Não perdem oportunidade para dar vasa ao auto-elogio e, também, para proferir o seu próprio nome no meio dos versos.

No cururu não há dialogação por estrofes curtas, que é uma forma portuguesa, encontrada entre nós no calango. Aceitamos que a forma do cururu é mais rica do que a do desafio nordestino. Pode ser que seja "paulistocentrismo" ou porque vemos no cururu afastado o recurso da sincopação afro-brasileira. Isso vem reforçar nossa tese de que o cururu antecede a contribuição afro-brasileira à nossa música. O cururu é caipira e quando o contingente de negros dos filhos de africanos o adotou e praticou, já estavam bem delineadas e fixas suas características primordiais. O ritmo convidativo afro-brasileiro não o invadiu nem o transformou. Entrará sim em transição, e isso já apontamos quando falamos de sua urbanização. Os elementos que estão contribuindo para a secularização, certamente o ajudarão a evoluir, até fixar num novo tipo de cururu urbano, para o qual, por enquanto, o abandono das "louvações" religiosas é o mais evidente, não tardando o dia em que o ritmo, e mesmo a melodia, possam receber a influência atual, tão avassaladora, apontadamente a radiofônica. O cururu é a expressão e manifestação do gênio paulista.

Nessa noite poucas foram as "carreiras" cantadas, devido ao grande número de canturiões, tendo a "canturia" comportado as "carreiras": do "Divino", "A", "Sagrado", "Nosso Senhor", "Presumido", "ABC" e, quando o dia vinha dealbando (5h30 da madrugada), a "Carreira do Dia".

Posta a "carreira" pelo "pedreste", o desafiante faz a "arribada" ou "levante", canto de uma melodia em geral, usando a sílaba "lai". Quando iniciam a melodia, cantam um "eh!...", depois é que vêm os "lai... lai...". Repetem a melodia duas ou três vezes. Acabado o "levante", começam o canto, com outra melodia. O canto é monótono. Após o canto improvisado, fazem o "baixão", que também é chamado "arribada do fim". De início se faz a "lovação" aos santos, e só depois é que podem desafiar. Quando atiram seus motes, epítetos ou sátiras ao adversário, dizem: este é o meu maião ou "batidão". "Maião" é bater firme, vem do verbo malhar, surrar com vara. É então a "provocação". A provocação é a "batida". Para a "batida" é necessário a resposta, que é a "arribada". Acontece, também, que na "Carreira do Dia" não é permitido desafiar, e o "pedreste" não deixou de chamar a atenção nesse sentido. Nessa carreira, todos cantam "lovações" aos santos, elogiam a casa, seus donos, aos presentes, não raro fazendo referências especiais às pessoas, designando-as pelo nome. Não houve "canturião" que não viesse perguntar o nome do pesquisador, a que viera, agradecendo a atenção de "um cidadão sem orguio (orgulho) e de grande valia ter passado a noite inteira ouvindo nossa canturia".

Na "lovação" os cururueiros cantam a "lição", que é um trecho bíblico, é o "cantar na folha ou na letra". Na "lovação" do cururu rural, o cururueiro é "escritureiro" por excelência, ao passo que no cururu urbano já se notam elogios aos presentes, autoridades, canto de trechos da história pátria ou narram um "causo assucedido", geralmente uma desgraça, raramente um trecho bíblico. Este, às vezes, é substituído pela história de um milagre dos santos do hagiológio católico romano. A "estória" dos milagres de Nossa Senhora das Graças foi muito cantada no cururu urbano, influência, quem sabe, da leitura do noticiário dos jornais.

Do cururu rural que estamos descrevendo, anotamos os primeiros versos de algumas das "carreiras".

Carreira do Divino, de Juvenal Pais, o "pedreste":

> Vamo nóis cantá um poco,
> pa lová Sinhô Devino,
> pa adorá estas image
> de tão longe venho vino,
> nessa casa eu cheguei,
> po dono da casa to pidino,
> eu queru sua licência
> pra mim manhecê advertino.

Carreira do A:

> Meu sinhô dono da casa,
> pra mecê queru cantá,
> de tão longe venho vino
> pra lová aquele artá,
> ponho meus joeio nu chão,
> pra Deus peço perdão,
> pra lová as image do artá,
> meus sinhores que istão aqui,
> faça o favô de mi iscuitá,
> que tão longe venho vino,
> generoso sinhô Devino,
> veio sentá nu seu artá.

Carreira de Nosso Senhor (uma louvação):

> Meu sinhô dono da casa,
> as nossas hora já chegô,
> já lovei aquelas image
> nu meio de tanta frô.
> Meu Devino vai s'imbora,
> despede dos moradô,
> sinhores que estão aqui,
> té a vorta que já vô.
> Nasci nu mundo liberto,
> o meu pai me cativô,
> naquelas serras escura,
> não me mande que num vô,
> si eu fosse cativo eu ia.
> mas cumo sô forro, num vô.

Depois da "louvação" passa a "cantar no livro" ou sobre a "lição":

> Santo Antonho, São Francisco,
> eram dois home pescadô.
> Santo Antonho pegô pexe,
> São Francisco num pegô,
> São Francisco disse missa,
> e Santo Antonho abusô.

Após o canto no "livro", passam a desafiar; é o cantar no "batido" ou no "trovado", na qual realizam a "provocação" ou "apartiação":

> Meus sinhores canturino
> pra seu lado agora vô,
> tanto eu canto no trovado,
> cumo no Livro tamém vô.
>
> Qué você cantá cumigo,
> num adianta cantadô,
> o que num é de hoje qu'eu canto,
> inda num achei cantadô...
> eu falo sem soberbia.

O adversário tem que responder "no livro ou no trovado". A resposta é chamada "rebatida".

Uma "rebatida" na *Carreira do Presumido*:

> Meu sinhô dono da casa,
> pro seu lado eu tenho ido,
> qu'eu quero cantá um bocadinho,
> carrera du Presumido.
> Cantadô cantô pra mim,
> qu'eu fiquei munto sintido.
> Ele falô pra mim
> tanto canta nu trovado
> cumo nu rebatido.
> Mas esse home cantá cumigo,
> ele está munto mexido,
> porque respeito canturia,
> trago tudo nu meu sentido,
> num achei um cantadô,
> pos lugá que tenho ido,
> ....
> rapaziada adeus, adeus,
> o meu tempo está vencido.

Carreira do ABC:

> Vamo cantá um bocadinho
> na carrera do ABC,

sinhô qui istão aqui,
faça o favô e venham vê,
o pessoar nesta casa,
bonito vai manhecê.
Meu sinhô dono da casa,
qu'eu quero le agardecê,
o poso que deu pra nóis,
o comê e o bebê,
quem le faiz sua dispesa
eu vô cantano pra mecê,
é o Devino Esprito Santo
que na sua casa vai manhecê.
Meus sinhores cantadô,
vô cantá pra vancê,
a carrera está mudada,
num tem mais que arrespondê,
quem quisé cantá cumigo,
e si quisé me arrespondê,
eu já sô cantadô véio,
divirto e mais num tenho prazê,
mais si a mocidade me apertá,
num iscora e vai inté manhecê.

O "pedreste" traz a última carreira que é a do *Dia*:

Meu sinhô dono da casa,
té a vorta, té argum dia,
o povo na sua casa,
num comeu e num bebeu
quem num queria,
por isso eu vô m'imbora,
té a vorta, té argum dia.
Sinhor ficô cum Deus,
eu vô ca Virge Maria,
faça que nem São Jusé,
aquela Sagrada Famia
que foi s'imbora po Egito
escapano da traidoria.
A viage que fizero,

> viage de chegá no dia,
> estalage que chegaro,
> aquela noite iscurecia.
> São Jusé pidiu poso,
> mais ninguém lhe arrecolhia,
> tava feio pra chuvê,
> mais chuvê, num chuvia.
> São Jusé ajoeiô,
> po Pai Eterno pidia
> qui fizesse creá
> aquela rocha que se via,
> daí apareceu a Luma (Lua)
> crareando que nem dia.

Para "fechar a carreira", depois da "louvação" e "lição" que atrás reproduzimos, foi cantado o seguinte:

> Meu inlustre cantadô,
> repare e preste sentido,
> agora já vô mudá de carrera,
> que a nossa hora tá vencido.
> Vamo mudá da carrera,
> nesta *Carrera do Dia*,
> sinhor que estão aqui,
> minha rica parceria,
> a carrera está mudada,
> nessa *Carrera do Dia*.
> A festa já venceu,
> não pode cantar porfia.

Depois que termina a "Carreira do Dia", está finda a "canturia". Todos os cururueiros participam da dança chamada *cavaquinho de pau*. Antes que façamos a descrição dessa dança-fecho, reproduziremos mais algumas carreiras.

Uma "lovação" ao santo, que poderíamos apelidar de "padroeiro" do cururu, São João Batista, cantada por Moacir Ribeiro. É a *Carreira de São João*.

> Eu quero cantá um poco
> pa lová o Batista João,
> eu lovo o São João Batista
> por sê um homem envangelista

de munta religião.
Eu quero contá bem certo,
que ele tava no deserto
fazeno pregação.
Pregava o Evangelho
pr'aqueles povo da benção.
Na frente dessa luz
tirava do caminho ruim
e ponhava nu caminho bão.
Eu quero contá bem certo
gafanhoto e mer sirvestre
que era alimento de João.
Neste ponto eu tô parano,
as minhas hora tá chegano
eu vô pará cum esta trovação,
minha palavra num atrasa
o sinhor dono da casa
esta po seu lado agora vão,
porque eu tenho percisão,
po sinhor e sua famia
que há de tê um anjo de guia
em todos os passo que vós dão.
Já cantei, já lovei,
fique por úrtima veiz
lá vai o meu baixão.
Amarelo é cor do oro
do Brasir vale um tesoro
nessa terra de estimação.
O verde é a esperança,
quem espera sempre arcança
neste mundo da benção
a mais adeus, adeus,
as minhas hora já venceu
é ponto de interrogação.

Uma "trovação de canturia" sobre o nascimento de João Batista. Juvenal Pais revela um perfeito conhecimento do texto bíblico. (Evangelho segundo São Lucas, 1:5 a 25 e versículos 57 a 80 do mesmo capítulo.)

Vô lová São João Batista
que é de minha obrigação
que fíio de Zacaria,
fíio de uma rica famia
e não tinha uma produção.
Sua mãi Santa Isabé
da descendência de Arão,
esse casar habitava
em Jerusalém fazeno suas oração.
Zacarias recramava
fazia recramação,
queria tê um fíio
pa gozá sua estimação.
Mais tava de idade avançada
sem havê uma produção,
chegô um belo dia,
subiu Zacaria,
subiu no tempro
pra fazê sua oração.
Na direita do artar
na hora de fazê omissão,
apareceu um anjo,
era o Miguer Arcanjo
o anjo da Anunciação,
anunciando a Zacaria
o nascimento de São João.
Então Zacaria falô
pro anjo e duvidô,
nesta hora e ocasião,
o anjo arrespondeu
não temas Zacaria
largue de sê abusão,
que eu sô anjo Gabrié,
um anjo de tanta fé
da bendita religião.
Zacaria de assustado,
quase caiu no chão.
Zacaria você há de ficá mudo

também há de ficá surdo
enquanto num havê São João.

Às vezes, é uma biografia. Vejamos estes trechos autobiográficos de Sílvio Pais, filho do "pedreste". Cantou na *Carreira do A*:

Desde o dia que eu nasci,
pro povo eu quero contá.
No dia oito de agosto
ante do dia crareá,
os galo tavum cantano
minha mãi tava escuitano
e começou a maginá.
No ano de vinte e quatro
que foi um ano reá,
que houve uma revolução
que munta gente foi brigá,
que até o meu pai
aquela veiz quase que vai,
e seu filho ia deixá.
Tamém eu vim cresceno,
incrinado a cantá,
hoje em dia vivo cantano
pa todo o povo escuitá.
Já trouxe essa sina,
canto o que o Livro ensina,
também sei inventá.
Enquanto eu tô cantano
eu faço as hora passá,
que a genti qu'está no mundo
começaro a maginá,
embora que pense poco,
capaiz de ficá loco
pra nunca mais indereitá.

Após o canto na "Carreira do Dia", o "pedreste" volta ao centro da roda e convida todos os presentes para o "cavaquinho de pau", dança que ponto-finaliza o cururu rural. Às 5h30 da manhã do dia 28 de dezembro de 1946, todos os homens que amanheceram no cururu, quer ouvindo, quer cururuando, entraram na roda. O "pedreste", fazendo parte da grande roda, com a viola na mão deu início à dança. Todos girando, dançando, cantaram, repetindo três vezes os versos do "cavaquinho de pau":

> O cavaquinho de pau,
> eu tamém sei tirá.
> Quem quisé o morão
> vá no mato tirá.
> Quem quisé siriria
> vá na bera do mar,
> que o balão da criola
> é oro só.

A dança foi mui concorrida e animada. Os dançadores pareciam imitar o galopar de cavalos.

Findo o "cavaquinho", os porfiadores abraçaram-se efusivamente. A confraternização foi geral – um abraço apertado bem do *folkway* brasileiro.

A proprietária da fazenda, Vitória Sacomi Fré, ofereceu lauta mesa com broas, pão, bolachas, biscoitos e café com leite. Os presentes rodearam a grande mesa. Findo o café da manhã, os foliões da folia do Divino Espírito Santo cantaram a despedida agradecendo o pouso[25a], e o "Alferes da Bandeira" recebeu a bandeira das mãos do dono da casa, levando-a até a residência do festeiro, na cidade de Tietê.

25a Os "foliões" cantaram, pedindo pouso:

> Meu sinhô dono da casa,
> Deus veio le visitá,
> sabê de sua famia,
> e de saúde como está?

> Meu Divino chegô,
> sua casa afloresceu,
> veio pra le dá a bença
> o nosso Divino Deus.

> Esta pomba vem voano
> pra sentá na sua mão
> veio le pedi posada
> e agazaio pros ermão.

> Quem le pede posada
> o Divino Sprito Santo
> le pede a posada
> e também uma janta.

> O Divino tamém pede,
> um lugá no seu artá,
> que esta pomba verdadera
> vem cansada de voá.

Meu Devino le agardece
os poso pros irmão,
quem há de le pagá
está dentro de sua mão.

Agardecemo a boa janta
que matô a nossa fome
senhor vai ganhá o pão do céu
qu'é manjá qu'os anjo come.

Agardecemo a boa janta
e tamém seu bom café
vós ganhai um lugá na grória,
pro marido e pra muié.

O cururueiro Eduardo Bonifácio cantou uns trechos para elucidar-nos e exemplificar algumas das carreiras citadas:

Carreira do I

Eu quero cantá e louvá
pas pessoa qu'estão aqui.
Sim senhô festero,
licência eu quero pedi,
pra que de tão longe eu venho,
a licência eu sei que tenho,
pra ninguém me corrigi.
Está chegando a hora "H"
dos meus companhero me dá
o presente que eu pedi,
antes da festa acabá,
primero depois fazê se ri...

Carreira do S

Eu vô cantá primero verso
ai nesta carrera do "s" (esse)
tenho um prazer imenso
de dar meu conhecimento
algum de vóis que não conheço,
só por estas condição
enquanto eu faço a lovação

os meus contrário se enriquece,
depois qu'eu acabá de lová,
aí o senhô pode acrerditá
que os meus contrário padece...

Carreira do Mais ou Menos

Vô torná cantá de novo
na linha do mais ou meno,
perciso saudá o povo
que as minhas hora tão venceno,
dar o meu conhecimento
pra quem não está me conheceno.
A função vai animá
pelo jeito que tô veno.
Já estamo medino força
os cantadô estão debateno,
o que meu avô dizia
eu vi um moço dizeno: –
matei o meu boizinho
que o povo tava quereno,
o coro pesava mais
e a carne pesava meno.
É uma pregunta fácir
que nem todos estão sabeno,
este é o tar do parmito,
que muitos num tava conheceno,
deu tanto quebra-cabeça,
mais no fim cabei aprendeno.

Carreira da Cruz Pesada

Vô cantá o primeiro verso
pra esta distinta moçada,
eu quero cantá sorrino
e dando a minha risada.
A dança do cururu,
certa horas é patacoada,
aquele que tivé mais força,
os fraco entra na pancada.

Si os dois tivé força inguar,
é só urro da cacetada.
O cururu pra ficá bão
é só no rompê da madrugada
Muita gente se ademira
por eu falá patacoada,
num precisa se assustá,
que tudo isso não é nada
o meu modo de dizê,
deixa as pessoa cismada,
mas se acauso eu disse isso,
é por vê todos dá risada.
O motivo que eu disse isso
por eu dizê patacoada,
não é causo de cismá,
e tudo isso não é nada,
são os modo dos caipira
sempre contá pra rapaziada.
Meu avô sempre dizia
só pra lembrá as criançada
o dizer do meu avô
que as criança é patacoada,
meu avô morreu tão véio,
e disso eu não sube nada;
o dizer dos véio cidadão,
virô, mexeu: – patacoada.
Debate às veiz os cantadô
é um duelo de palavra
que às veiz cantam pra moçada,
às veiz no meio dos cantadô
sai a palavra patacoada,
é um meio de medi força
pra função ficá animada.
Eu faço ponto finar,
fazeno a minha parada,
tem muitos que não compreende
por eu falá patacoada,
é uma palavra caipira,

       não fique ninguém cismada,
       é uma palavra sem cisma,
       por isso eu disse patacoada.

Bonifácio disse que poderia reproduzir uns trechos de mais duas "carreiras" que ouvira há tempo cantadas por Sebastião Roque: "Carreira de São Roque" e "Carreira do Presidente".

Carreira de São Roque

       Ai tenho minha laranja china
       ai eu num quero que ela desbote,
       num tem ferro que num quebre
       e num tem junta que num desnoque.
       Ai que artá bem aperparado,
       tudo cheio de fita e tope,
       pano vermeio colocado atrais,
       foi pra dá úrtimo retoque,
       penduraro na parede
       que tem novo reboque.
       Eu quero que o povo note
       ....
       eu saí de lá de casa
       e truxe meu serigote,
       cada reiada qu'eu dô,
       faço cabra dá pinote,
       se o cabra intão é valente,
       seguro ele pros cugote,
       sai correno e percurano
       um buraco onde emboque,
       cumigo ninguém num briga,
       pois me chamo Sebastião Roque,
       tomove que sai na rua
       percisa tê pára-choque,
       cantadô pra cantá cumigo,
       invergo que nem bodoque,
       pelo amor de Deus eu peço,
       cantadô não me deboche,
       eu já dei por terminada,
       a carrera de São Roque.

CONVENÇÕES

- Violeiro
- Reco-requista
- Adufeiro
- "Pedreste"
- Canturião
- Segunda
- Cururueiros

(Sentado) Bandeira do Divino

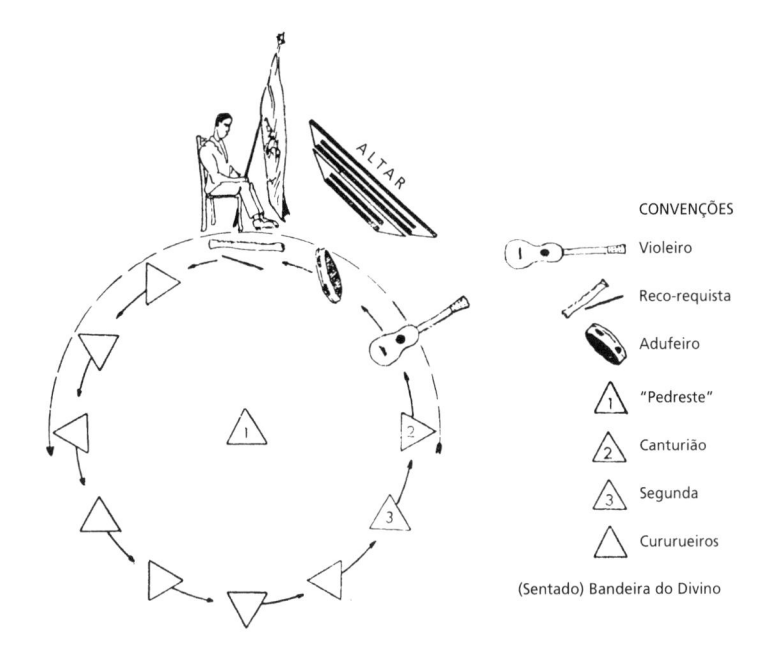

Carreira do Presidente

Contaram-nos que a "Carreira do Presidente" primeiramente era conhecida por "Carreira do Repente".

> Este é o primeiro verso,
> que vô fazê no repente
> eu quero contá uma história
> que pra mim é pertencente,
> desaforo matô bicho,
> esta faca matô gente,
> eu canto os meu verso
> na carrera do Presidente.
> Eu estive maginando
> em nossos antigo parente,
> os costume daquele tempo
> era munto diferente
> ....

Algum tempo depois de recolhidos os versos durante o canto, ao revermos os mesmos, esquecidos da melodia que os acompanhou, verificamos que, às vezes, existiam duas ou três sílabas a mais. O comum no cururu é a divisão septissilábica. É redondilha maior. As sílabas que encontramos a mais levaram-nos a sérias dificuldades quanto à sua colocação. Atribuímos tal fato à deficiência de iluminação (lamparinas de querosene) ou uma falha na coleta. Há somente uma solução para resolver o problema: gravar, pois com uma gravação eficiente, poderíamos registrar o artifício sutil de que o cururueiro lança mão em seus cantos, jogando com maior número de sílabas.

Insistimos ainda quanto ao valor de uma gravação bem-feita, pois a canção popular e sua poesia, para serem cientificamente estudadas, precisam estar juntas. Tal recurso mecânico dará rico e fiel manacial de estudo ao filólogo, antropólogo-lingüista, musicólogo. Esta observação vem à tona porque os versos acima foram ditados. Aliás, esse tem sido o recurso usado por todos os que até hoje têm estudado o cururu. Recentemente passamos a usar gravador de pilha para as recoltas.

Música

A construção das melodias no cururu é baseada no som da viola. Há uma grande ligação entre instrumento e melodia. As notas usadas na melodia são tocadas na viola com muita facilidade e naturalidade; "ficam na mão", como dizem.

Como na maioria das outras canções populares, a música é puramente tonal, evitando todo o cromatismo (notas alteradas). O ritmo é binário, outra característica da canção popular, compasso 2/4. Notável é a terminação na mediante usada em muitas regiões do Brasil: em vez de terminar na modal, o repouso final é na mediante; isso é tão importante que Mário de Andrade achava essa terminação mais brasileira do que as outras[26].

A extensão das melodias é pequena. Numa canção popular, não ultrapassa geralmente uma oitava. É o que se dá com as melodias do cururu rural. Aliás, é idêntica à observação que fizemos quanto ao cururu urbano.

A Bíblia no cururu – Antes de os protestantes disseminarem as Escrituras Sagradas, já os cururueiros cantavam na "foia". O conhecimento da Bíblia pelos cururueiros é anterior à vinda dos missionários protestantes norte-americanos. O ensino da História Sagrada foi feito pelo jesuíta. Daí o fato de encontrarmos cururueiros cantando Daniel nas Covas dos Leões, Gedeão e

---

26 Mário de Andrade, *Pequena história da música*. São Paulo, Martins, 1944.

os 300 Companheiros, Ressurreição de Lázaro, Nascimento de João Batista etc. No presente, com a grande atividade da Sociedade Bíblica aliada aos evangélicos, distribuindo a mancheias porções bíblicas, pode-se assinalar um maior conhecimento dos Evangelhos pelo fato de serem mais difundidos. Nos cururus a que temos assistido, as "lições" quase sempre são tiradas do Novo Testamento.

Não importa que o cururueiro não seja alfabetizado, ele sempre arranja quem leia para ele. Acontece mesmo que muitos "canturiões" não são alfabetizados. Lá por Bofete, Anhembi, Remédios, Alambari, Vitória, Porto Martins, Pereiras, Porangaba, Guareí etc., é quase nulo o número de alfabetizados entre os moradores da roça. Mas o cururueiro supera essa dificuldade, sendo analfabeto, pedindo para alguém ler para ele. Em Tietê, o irmão do autor, professor do Colégio Estadual "Plínio de Moraes", Mário Araújo Júnior, apresentou-nos à senhora com quem se passou o fato que passamos a narrar: um cururueiro analfabeto, trabalhador braçal, rachador de lenha, revelou interesse de conhecer a Bíblia. A dona da casa era protestante, e, como todos os protestantes, essa senhora viu a oportunidade de evangelizar o seu jornaleiro. Não foi sem alegria grande que essa senhora lia trechos e trechos da Bíblia para o rachador de lenha. A ledora prelibava já a conversão de seu catecúmeno, porque este revelava profundo interesse e, às vezes, pedia esclarecimentos sobre alguma passagem. O ouvinte jamais mostrou desejo de ir ao culto evangélico, por mais que a ledora, com a insistência característica dos evangélicos, o convidasse. Um dia a ledora das Sagradas Escrituras descobriu que seu catequizado era o maior "escritureiro" da zona, e que poucos podiam "cantar na letra" melhor do que esse negro analfabeto. De fato, constatamos num cururu o seu prestígio ímpar. Sua fama entre os cururueiros era sólida.

Esse desejo de conhecer a Bíblia entre os cururueiros é muito grande, justificando seu desejo de fazer uma boa "lovação". Temos ouvido tantos fatos narrados, que vêm tanto das páginas do Antigo Testamento como do Novo. Somente um estudo mais acurado poderia nos revelar a preferência por um dos testamentos. Parece-nos, pelas razões que atrás apontamos, ser o Novo Testamento preferido. Muitas vezes a narrativa de uma passagem feita por um "escritureiro de canturia" tem a beleza dos evangelhos apócrifos, e por isso é muito mais fácil o povo acreditar numa lenda forjada pela mente fértil de um cururueiro do que mesmo no espírito vivificador do texto bíblico.

Em Tietê, ouvimos cururuar um noviço, um negrinho de 15 anos de idade. Uma grande promessa. Quando era sua vez de cantar, os assistentes

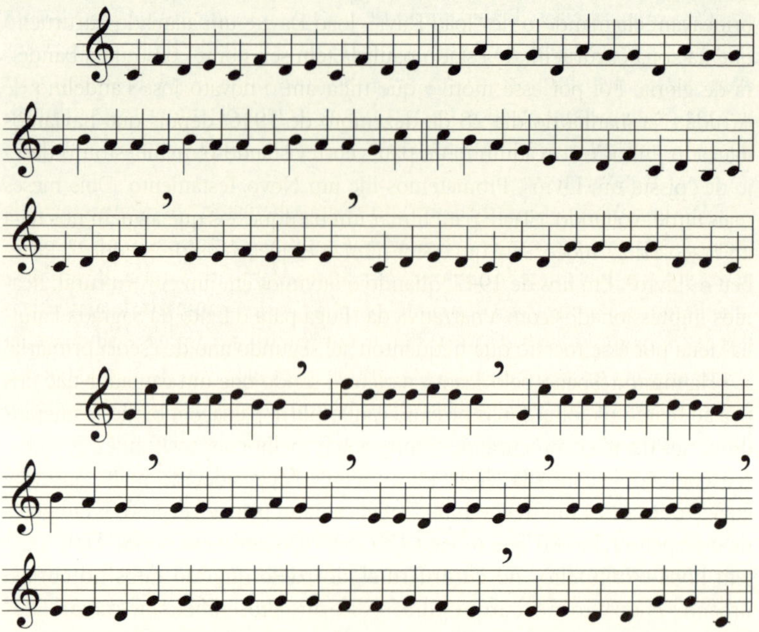

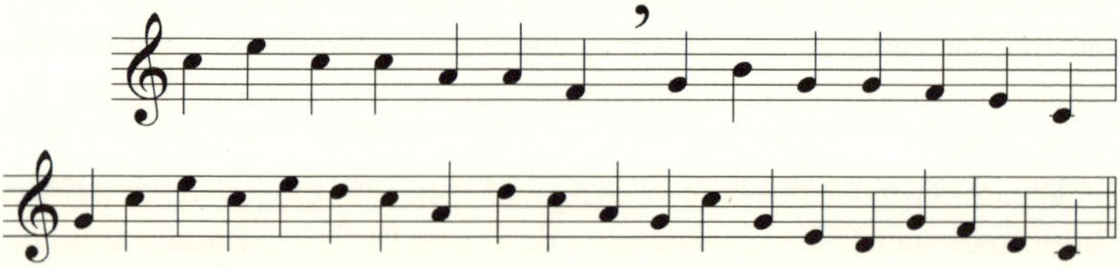

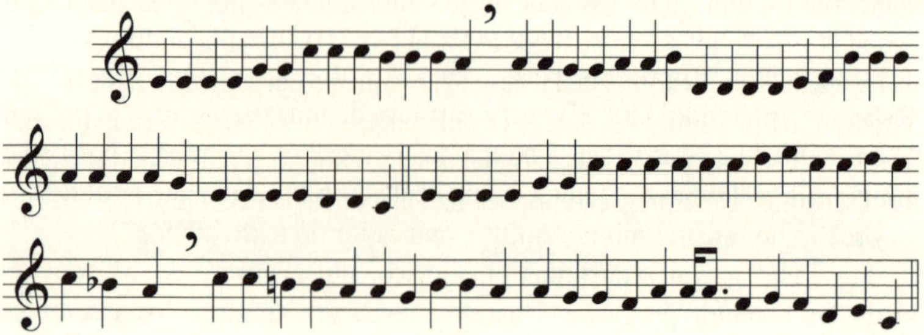

brincavam chamando-o de "João Davi". João Davi é um afamado cururueiro que na zona cururueira do estado paulista tem seu nome como uma bandeira de glória. Foi por esse motivo que tratavam o novato José Landelino de Arruda. Na manhã do dia 28 de dezembro de 1946, depois que havíamos dançado juntos o "cavaquinho de pau", entrevistando-o, manifestou o desejo de "pissuí um Livro". Prometemos-lhe um Novo Testamento. Dois meses mais tarde, voltando a Tietê para filmar um batuque, eis que alguém nos toca no braço e diz: "moço, será qui o sior num se esqueceu do prometido?". Recebeu o "Livro". Em fins de 1947, quando o ouvimos em um cururu rural, ficamos impressionados com a narrativa da "Fuga para o Egito da Sagrada Família" feita por esse roceiro que freqüentou até segundo ano de escola primária!

Há muito respeito pelo "canto na letra", sendo que um cantador não critica ao "canto na folha", mas procura cantar outra passagem bíblica esmerando-se nos detalhes, procurando impressionar melhor aos assistentes do que o seu contendor, com sua "lição escritureira". É considerado mau canturião aquele que critica um trecho bíblico mal cantado pelo adversário. É tão grande o respeito religioso que o "canto na foia" não entra em porfia. Hoje existem bons escritureiros no cururu rural, ao passo que são raros no cururu urbano. Enquanto no cururu rural os cururueiros procuram cantar fatos bíblicos, portanto religiosos, no cururu urbano notamos que muitos cantam episódios da história pátria... e até de política partidária, o que revela secularização. Os cururueiros de palco vão deixando os motivos religiosos para cantar acontecimentos da vida corriqueira, e é por isso que João Chiarini, folclorista piracicabano, em documentado estudo, revela o caráter social do cururu urbano.

O cururu rural, embora de origem jesuítica-ameríndia, se comporta como dança "protestante" devido à ausência de santos. De fato é dançado defronte de um altar, o cururueiro faz saudação aos santos que lá estão, mas não passa de uma respeitosa "louvação". Ao passo que noutras danças que conhecemos, como, por exemplo, a de são-gonçalo ao santo casamenteiro; no moçambique e jongo é São Benedito, o "advogado dos negros". Há beijamento no decorrer da dança, há genuflexões. Na dança-de-são-gonçalo chegam até a dançar com a imagem na mão, como acontece em Itaquaquecetuba. No cururu é diferente: não há beijamentos, não há genuflexões; há, e muito, a narrativa das Sagradas Escrituras. Uma pregação poética da Palavra Divina.

ÁREAS DE DIFUSÃO

Após várias pesquisas que realizamos de 1945 a 1948, para determinação das zonas das danças ainda existentes em São Paulo, defendemos a tese de que o cururu se difundiu na direção que seguem as águas do rio Tietê e as de seus afluentes navegáveis. Verificamos também que a zona cururueira coincide, em parte, com a zona geográfica comumente denominada pelos geógrafos de "zona do Médio Tietê".

O cururu foi criado no Colégio de Piratininga[27] pelos padres jesuítas, com o fim de facilitar a catequese dos índios, e daí levado pelos mesmos em suas incursões pelo sertão, como auxiliar da missão que se propunham realizar. Mas não só o jesuíta o difundiu; também o homem planaltino contribuiu quando de suas arriscadas empresas pelo *hinterland* em busca do gentio para apresar ou de riquezas metalíferas.

A única via de penetração fácil era o rio Tietê por ser rio navegável e em função mesmo de sua orientação – as águas correndo do litoral para o interior –, daí a razão pela qual encontramos à sua margem cidades onde ainda hoje existe o cururu, tradição conservada desde os longínquos tempos do bandeirismo. Essas cidades, vilas ou lugarejos formam um núcleo mais denso na zona do Médio Tietê. Encontramos, entretanto, centros cururueiros em regiões mais afastadas como Mato Grosso e Goiás, o que se explica facilmente, pois nada mais são que remanescentes da passagem dos bandeirantes e que assim se conservaram devido ao seu isolamento geográfico. O bandeirante chegou também à Amazônia.

Uma segunda região cururueira constitui um como que apêndice da primeira, e se alonga na direção sudoeste de São Paulo, até aproximadamente as fronteiras do Paraná. O principal fator de sua disseminação nesse sentido pode-se dizer que foi a estrada de tropas, pois era o caminho comumente seguido pelos tropeiros vindos do Sul em demanda das feiras de Sorocaba, onde se negociavam os animais. Da feira de Sorocaba, voltando aos pagos, passando por Tatuí, Itapetininga, Faxina, atravessando o Paranapanema em Itararé, quantos cururueiros ainda "canturinos" não teriam transitado? As danças profanas do fandango, por exemplo, são encontradas no Rio Grande do Sul, levadas para lá pelos paulistas.

---

27 À tese que expusemos de ter o cururu seguido o caminho dos bandeirantes, podemos ajuntar mais estes argumentos: *a*) em dezembro de 1948 encontramo-lo em Goiás, na antiga capital goiana e imediações; *b*) contou-nos Sérgio Buarque de Holanda que assistiu a um cururu nas vizinhanças de Cuiabá nesse mesmo ano, e o acompanhamento é feito por uma espécie de viola chamada *cotcho*; *c*) na obra de Max Schmidt, *Estudos de etnologia brasileira*, Brasiliana, Formato Grande, encontramos referências sobre o cururu mato-grossense nas páginas: 14, 27, 112, 113, 114, 115 e 125.

Tentamos no início deste capítulo examinar as zonas cururueiras do estado de São Paulo cuja existência se condiciona ao fator jesuítico-bandeirante. Como então não se verifica a manifestação do cururu no vale do Paraíba do Sul, que também recebeu as mesmas influências? Tentaremos explicar as razões.

O processo da substituição traz o desuso. Não encontramos o cururu no vale do Paraíba do Sul certamente porque o grande contingente escravo – portador de outras manifestações coletivas[28], como sejam as danças negras do jongo, moçambique (o antigo), bailados como a congada, moçambique (o atual), folguedos como a capoeira – suplantou, no passado já distante, a dança catequizadora que, não duvidamos, tenha por lá aparecido com a expansão da paulistânia.

Em 1560, com a extinção de Santo André da Borda do Campo, os guainá mansos, catequizados pelos jesuítas do Planalto, emigraram para os lados do vale do Paraíba, pela região do Itapacaré (Hepacaré). Em 1646, Jacques Félix, com índios domesticados, saindo de São Paulo de Piratininga, para aquelas bandas também se dirigiu. Foi, por certo, nos locais de antigos aldeamentos que ele plantou as novas cidades de Taubaté, Guaratinguetá. Era o caminho das Gerais, por onde o bandeirante se arrojou mais tarde à cata do ouro.

A decadência do açúcar no Norte trouxe mineiros e fluminenses plantando engenhos açucareiros no "Vale do Sol", e as cartas de sesmarias registram quão grande foi o número de escravos aí labutando. Depois vem o ciclo do café, que se inicia no vale lá pelo primeiro quartel do século XVIII. Mais escravos a reforçarem os contingentes de braços obreiros nos latifúndios da rubiácea. Os negros repudiam as danças de salão. Tais fatos contribuíram, decerto, para o desaparecimento do cururu nessa região, caso tenha sido levado até lá, pelos fins do século XVI ou princípios de XVII.

Como é que existem batuques e sambas no Médio Tietê, danças negras numa zona cururueira? É que aí nunca se misturaram cururueiros e batuquei-

---

28 Dos negros é a dança de terreiro, e o cururu é uma dança de interior, de salão. Os descendentes de africanos dão preferência às danças com instrumentos de percussão como tambus, candongueiros, biritadores, guzungas, quingengues, mulembas. A congada, que foi incrementada pelo senhor de engenho e pelo fazendeiro de café, é um sincretismo luso-africano. É um teatro popular ao ar livre, para ensinar e estimular a conversão do pagão (representado pelos mouros) para o catolicismo romano. Há na congada preponderância dos instrumentos de percussão, o que é de sabor negro. A congada se nos apresenta como um esforço para a conversão; o cururu é um esforço organizado, religioso, sistemático, filosófico. Os jesuítas, por ocasião de catequese, deviam ter em mente o mandamento mosaico (Êxodo, 20:11) e ser conhecedores da lei do trabalho e repouso. Qual o descanso sadio? O cururu. Por isso ele é realizado aos sábados à noite. Finda a jornada da semana, no repouso hebdomadário, situaram o cururu. Para que fosse realizado com freqüência, não recorre aos bailados, às danças como o cateretê extenuante ou caiapó monótono. O cururu sintetiza os anseios da catequese suprindo a necessidade de recreação.

ros. Quem dançava o cururu e os promovia eram os brancos: o fazendeiro nas salas de sua residência. Para o negro, havia o terreiro para o batuque e o samba para suas danças prediletas. Diversos cururueiros e velhos moradores de Tietê e da zona cururueira nos afirmaram que só depois da República é que alguns pretos começaram a cantar o cururu; um dos mais velhos que conhecemos é João Davi. O folclorista Cornélio Pires contou-nos que antigamente não havia cururueiro negro. Essa afirmação reforça o que dissemos: a adoção desse gênero de diversão pelos homens de cor é recente. Embora saibamos que na arqueocivilização negra há desafio, tendo, portanto, o negro facilidade para improvisar.

Na região do Planalto Ocidental também não foi encontrado o cururu, o que se justifica pelo fato de ser relativamente recente seu povoamento. Essa "zona pioneira", além do contingente alienígena, representado por italianos e japoneses, recebeu grande leva de baianos, cearenses. É por esse motivo que os "machadeiros", derrubadores das matas para o plantio do café, são cantadores de emboladas, lundus, corta-jacas, calangos, cocos etc.

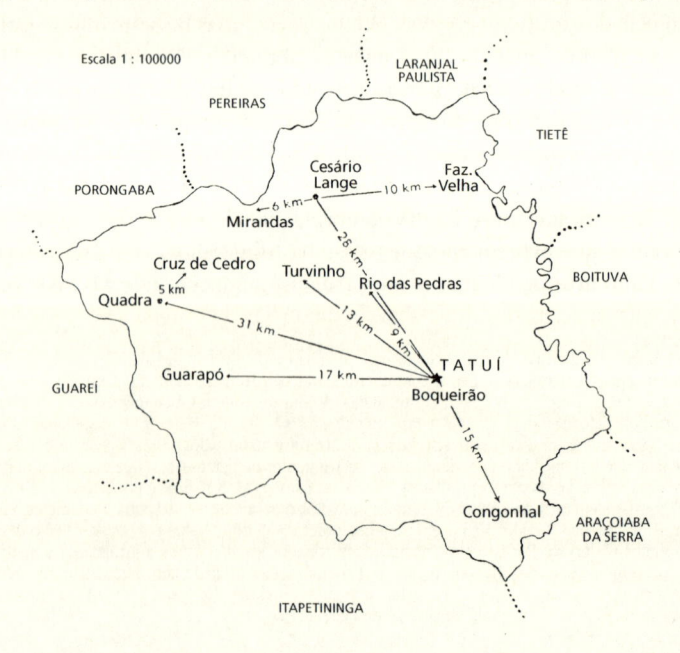

A importância do fator geográfico no passado, na difusão do cururu, servindo como veículos principais o rio Tietê e os caminhos de tropeiros, nos sugere a suposição de que a evolução econômica do estado, relegando a segundo plano os antigos meios de comunicação e fazendo surgir as estradas de ferro e de rodagem, influiu no processo de disseminação do cururu. Teremos de considerar a interdependência dos fatores geográficos, econômicos, históricos e demográficos, que parecem condicionar a distribuição do fenômeno social que estamos estudando.

Houve inicialmente uma difusão, depois um represamento em determinada área graças ao isolamento geográfico e cultural, enquanto noutras registramos o seu desaparecimento; e o processo da industrialização não tardará em modificá-lo, ou mesmo contribuir para o seu desuso. O progresso traz outros problemas e outras também são as formas de aproveitamento das horas de lazer. Em Sorocaba, por exemplo, não há mais o cururu, porém, nos confins do município, na vila de Santa Maria, ele persiste, isso porque ela não gravita como Votorantim na órbita da industrializada cidade que foi a mais célebre feira de animais do século passado. Outro exemplo é São Paulo, berço do cururu. O próprio ritmo do progresso contribuiu para que ele fosse substituído por outras formas de recreação. Na vila de Itaquaquecetuba, coeva de São Paulo, ainda é encontrado o cururu, mas os burgos vizinhos de uma grande cidade parecem ter o destino de permanecer no que eram. Exemplos vivos são: Carapicuíba, Araçariguama, Itapecerica, M'Boi. Em Itaquaquecetuba, a existência do cururu no presente denuncia a coincidência dos fatores históricos da expansão jesuítica e o isolamento geográfico, redundando na quase-ausência de novos contatos culturais.

As áreas de dispersão do cururu em diferentes épocas históricas não poderão ser compreendidas somente em termos de seus portadores, mas também em termos de condições de fixação do cururu. Essas condições dizem respeito à função mesma que o cururu assume na vida local. Por outras palavras, o cururu, como acontece com os demais fenômenos sociais, se integra ao complexo cultural local. Ele passa a fazer parte do gênero de vida das populações. Apresenta características funcionais muito precisas por toda a sua área de distribuição. Ao contrário do que acontece com muitas das danças e festas tradicionais, que se realizam em épocas determinadas e que, portanto, se prendem ao ciclo anual das técnicas de subsistência local (como sejam festas de moagem associadas à colheita da cana, festas de São João ligadas à colheita do milho e outros cereais), a dança do cururu se tornou um elemento da coreografia religiosa ou da diversão profana, associada quase a toda e qualquer festa da zona rural ou urbana, de determinada classe ou grupo sociais.

Assim, a área de distribuição atual do cururu não coincide com a área de distribuição de um determinado gênero de vida. Ele é tanto urbano como rural, ainda que assuma aspectos diferentes na cidade ou no campo. Também não coincide essa área com a de um determinado ramo de exploração agrícola, pastoril ou industrial.

Um tema do canturião Sebastião Roque.

CURURU URBANO

O cururu é uma dança tradicional popular, sobrevivência da dança ameríndia[29] de que os jesuítas lançaram mão para a catequese, nos primórdios da vida brasileira. O ritmo dessa dança é marcado por um instrumento de cordas, a viola. Às vezes ressaltam melhor o ritmo com o bater de palmas.

Descreveremos o cururu a que assistimos na cidade de Tatuí (estado de São Paulo) no Sábado de Aleluia, dia 9 de abril de 1944, realizado no palco do Cine Teatro São José. Além de assistir ao espetáculo, tomamos informações nessa mesma noite, assistindo ao cururu ao lado de dois cururueiros que explicaram os pontos obscuros. Eram eles Maximiniano Lopes Machado, natural de Tatuí, caboclo claro, e Brasiliano Zico Brandão, caboclo escuro, fabricante de violas, cujo pai era violeiro muito conhecido e que sabia afinar a viola – "temperar" – em 25 afinações diferentes.

A dança teve início às 20 horas e prolongou-se até ao raiar do dia de domingo da Ressurreição, quando os cururueiros e assistência saíram para acompanhar a Procissão do Encontro.

Esse cururu tinha o consentimento do pároco da localidade, pois que tal espetáculo, como é do costume naquela cidade, manteria acordados os fiéis até a hora da Procissão. No boletim religioso do programa das diversas sole-

---

29 Mário de Andrade, *Pequena história da música*. São Paulo, Martins, 1944, p. 182: "Caso mais indiscutível ainda dessa fusão ameríndio-jesuítica é o cururu. Em certas festas populares, religioso-coreográficas, tais como a dança-de-são-gonçalo e a dança-de-santa-cruz, pelo menos nos arredores de São Paulo, após cada número do cerimonial, dança-se um cururu. Ora, os processos coreográficos desta dança têm tal e tão forte sabor ameríndio, pelo que sabemos das danças brasílicas com a cinematografia atual, que não hesito em afirmar ser o cururu uma primitiva dança ameríndia, introduzida pelos jesuítas nas suas festas religiosas fora (e talvez dentro) do templo. E esse costume e dança permaneceram vivos até agora."

nidades religiosas da semana, e que fora distribuído por ordem do pároco da Igreja Católica Apostólica Romana, pudemos ler a proibição aos fiéis de irem ao baile ou circo (havia uma companhia circense na cidade), porém nenhuma referência proibitiva ao cururu.

Foram convidados cururueiros de Piracicaba, que são considerados os mais afamados do estado de São Paulo, de Laranjal Paulista, Tietê e os locais.

Muito antes da hora marcada para o início, o teatro estava repleto. Abre-se o pano e no palco estavam todos os cururueiros, em pé, vestidos com trajes comuns, alguns com gravata, todos sem chapéu, porém calçados. Dois deles empunhavam viola, e no fundo do palco viam-se oito cadeiras de madeira, nas quais descansavam de vez em quando, no desenrolar das disputas, isso quando não era sua hora de cantar. As violas que serviam para acompanhamento das porfias eram de cinco cordas duplas: ora estavam afinadas em "cebolão", ora em "cebolinha". Começam a cantar, andando em fila indiana, um atrás do outro, caminham da esquerda para a direita no palco, fecham a seguir em semicírculo. A toada é cantada primeiramente pelo "pedreste" que de início diz ser a "Carreira de São João", abrindo o cururu. Cada "carreira" é iniciada pelo "pedreste", seguindo-se um desafio entre os cantadores dentro da mesma; "A" porfia com "C" e "B" com "D"; fazem novo desafio na mesma "carreira", após o qual o "pedreste" tira nova "carreira" porque aquela está "cansada", isto é, esgotada.

Na "Carreira Sagrada", a "louvação" é assunto bíblico, na de "São João", religioso, na "Carreira do A", é assunto profano, histórias patrióticas ou fatos que se passaram na cidade ou região e que são mais ou menos do conhecimento do povo; e na "Carreira do Dia", com a qual finalizam a dança, os versos terminam em "ia", louvando os assistentes – "rico povo desta terra" – e aos festeiros, agradecendo a classificação que tiveram. Na "Carreira do Dia" não há porfia.

O CANTO

O cantor e o seu companheiro que faz a segunda voz – "o segunda" – e que também toca a viola, a fim de que o cururueiro fique com as mãos livres para gesticular, cantam a melodia, emitindo apenas um "lá-lá-lá"; é a "arribada"; dão uma volta, isto é, estando de frente para o público, giram o corpo; dando as costas para a assistência, executam um movimento rápido e elegante, virando-se o cantor da direita para a esquerda e o acompanhador que é o "instrumentista" e "segunda" ao mesmo tempo da esquerda para a direita, iniciando o canto com palavras, versos improvisados. Enquanto fazem esses movimentos, o violeiro está "pinicando" a viola. Começam a cantar; só se ouve bem a enunciação das palavras do cururueiro. Isso porque o duetista repete as palavras, improvisadas pelo cantor; ele diz algumas delas quase que a seguir à emissão do repentista, ou limita-se somente a emitir um "lá-lá-lá" em segunda voz.

Os versos na "Carreira de São João" são proferidos como cumprimento e saudação ao povo, o motivo por que vêm cantar e apresentar os cantadores. Na apresentação, o motivo, a "louvação", é o que dizem sobre a Escritura Sagrada, fato ou lenda de fundo religioso. Nas outras "carreiras", logo após a "lovação", passam para o desafio desacreditando e criticando, não raro acerbamente, o adversário, por meio de versos inventados no momento, do "repente", e a seguir vem o "baixão". Mal terminado o "baixão" o povo aplaude entusiasticamente, caso tenha agradado, ou apenas ouvem-se algumas palmas esparsas pelo auditório. A seguir, sendo na mesma "carreira", vem outro cururueiro. O "pedreste" somente vem para mudar de carreira.

Assistência

A assistência é composta de homens, mulheres e crianças. Digno de nota é ficarem ali atentamente sentados naquelas cadeiras duras de cinema cerca de 6 a 8 horas ininterruptamente ouvindo a cantoria. Apenas as crianças mais novas dormem. Os presentes se mantêm acordados e embevecidos até a hora da procissão. Os assistentes, atentos, dão calorosos vivas quando os cantores na sua saudação dizem "viva o rico povo desta cidade". Também aplaudem ao cantor com estes adjetivos: "êêêêhhh... mulatão!!!... aííí... Lazinho, aííí... machão..." E quando os versos são bem-feitos dizem: "boa cabeça... esse canta na folha"...

No cururu não há pornografia, pois que ele tem um cunho religioso. As lendas que o cururueiro canta espalham-se com facilidade, o povo guarda esses ensinamentos e os repete. Certa vez ouvimos um caboclo dizer: "como falou o cururueiro fulano, tal fato se deu assim. O Dilúvio foi assim"... Misturam fatos religiosos com coisas criadas pelas mentes férteis dos repentistas, enfeitam as lendas, e aos acontecimentos verdadeiros dão, não raro, um cunho de fantasia, como por exemplo as façanhas de um tal Chico Sonho, que mais se tornou célebre não pelos crimes que cometeu, mas sim pela auréola que criaram em torno de seu nome, com os versos improvisados em modas de viola, do que pelas bravatas e diabruras que praticou em Tatuí acobertado por um chefe político local, de quem era capanga.

Cururueiros

Cururueiros, "segundas", "instrumentistas" e um "pedreste" são os que tomam parte no cururu. Cururueiro é o cantador do desafio, que faz os versos de improviso. Há mulheres cururueiras: em Tatuí estiveram duas irmãs. Além de bonitas e boas cantadoras, cantavam muito bem na "letra". Cada cururueiro tem o seu duetista que é o "segunda", isto é, aquele que faz a segunda voz. "Instrumentista" é o que toca a viola, o que acompanha com o instrumento. Quase sempre o "instrumentista" é o "segunda". O "instrumentista" tanto acompanha o cururueiro como o "pedreste". "Pedreste é um cantor que não entra no desafio; sua função é apenas iniciar a "carreira" e fechá-la quando está "cansada". Ele canta dizendo que veio trazer tal "carreira", e depois, que veio fechar tal "carreira". Cabe também ao "pedreste" fazer referência a cada cantador no final do cururu, quando vão terminar a "Carreira do Dia"; os nomes dos cantadores ao serem proferidos pelo "pedreste" são recebidos pela assistência com grande ovação, destacando-se, nessa hora, o vencedor. Ao finalizar na "Carreira do Dia" os cantadores fazem a louvação ao juiz da festa, ao povo etc. ...

Nesse cururu tomaram parte os seguintes cururueiros:

"A" – João Davi – negro idoso, diz ser de Tatuí morando atualmente em Sorocaba. Dizem que J. Davi é o principal cururueiro, o sobrinho deste foi o seu "segunda" e "instrumentista", e nessa função esse moço foi o "pedreste".

"B" – Augusto Aguiar – caboclo, piracicabano, moreno, baixo, gordo, bem vestido, parece ter leitura. Seu gesto é fácil e gracioso, possui uma rica mímica, mas a gesticulação parece teatral. É curioso notar que o violeiro "instrumentista" deste é Lázaro Marques, cururueiro, enquanto o "segunda" é um moço branco, que tem as mesmas funções quando canta o cururueiro Lázaro.

"C" – Lázaro Marques – mulato claro, moço novo, dois metros de altura, bom trovador, o seu "segunda" é o mesmo de Augusto. O violeiro que acompanha é um moço branco, desajeitado.

"D" – Sebastião Roque – branco, sorridente, engraçado, cheio de trejeitos e tremeliques, suas trovas são satíricas e jocosas, e no dizer de Augusto são "trovas profanas na Carreira Sagrada". Dizem ser o melhor cururueiro do estado de São Paulo.

O JULGAMENTO

Quando finalizam o cururu com a "Carreira do Dia" os assistentes, que viram transcorrer todos os desafios, vão decidir a peleja. Nessa última "carreira" cada cururueiro faz o seu verso de despedida e, pela intensidade de aplausos do povo, é decidido o vencedor. O cantor que mais agradou, que fez versos mais interessantes e foi mais prolongadamente ovacionado é destacado como vencedor. O povo é o juiz no cururu. O julgamento da vitória pode ser dado ao povo ou ao festeiro, mas é mais comum ao primeiro. O prêmio é o prestígio que se ganha. Há, porém, cururueiros "escalados", isto é, profissionais que ganham para tomar parte num cururu. Raramente entre eles sai briga.

Nesse cururu foi vencedor João Davi, assim o povo o proclamou, se bem que Sebastião Roque fosse muito aplaudido todas as vezes que aparecia no palco.

MELODIA

Entre as muitas melodias recolhidas, esta, que é da autoria de Sebastião Roque. Ei-la:

Nota-se, nessa melodia, que sua construção é baseada no som da viola. Há uma grande ligação entre instrumento e melodia.

Como na maioria das outras canções populares, a música é puramente tonal, evitando todo o cromatismo (notas alternadas). Podemos observar que as bases harmônicas dessa melodia popular são as tríades sobre a tônica e dominante; isso é o fundo, a base harmônica de quase todas as nossas canções populares.

O ritmo é binário, outra característica da canção popular, compasso 2/4, sendo rara a canção popular em compasso 3/4, ou outros. Notável é a terminação na mediante usada em muitas regiões do Brasil; em vez de terminar na modal, o repouso final é na mediante; isso é tão importante que Mário de Andrade[30] achava essa terminação mais brasileira do que as outras.

Fora do comum essa melodia ser cantada na "arribada" sem palavras. Martin Braunwieser[31] acha que é digno de nota, porque em quase todas as canções populares brasileiras a palavra forma a canção, e no caso do cururu a melodia vem em primeiro lugar e a palavra, depois. Tal coisa em música de um compositor erudito é normal, porém, não na popular em que a palavra cria a música. Em algumas canções existe o "lá-lá-lá" ou outras sílabas no refrão, mas não no início, como no cururu.

É quase uma característica da canção popular o começo anacrústico ou anactético, isto é, a melodia começar antes do primeiro tempo do compasso. A extensão é pequena. Numa canção popular, não ultrapassa geralmente uma oitava; nesse caso ultrapassou meio tom, sendo a extensão de uma nona. E a melodia conta apenas 19 compassos, tamanho regular de uma canção popular, porém número ímpar, o que devemos ressaltar, pois o número par é a característica dessas canções. Outro fato a anotar é a repetição de uma nota na mesma altura, isto é, o mesmo som repetido, que é uma característica da "embolada"; porém parece que se percebe nessa melodia a influência lusa.

Instrumental – No cururu a viola é fundamental.

AFINAÇÕES DA VIOLA

No cururu usava-se a afinação cana-verde (por cima), porém, agora as usadas são: cebolinha (para se tocar por baixo) e cebolão (para se tocar por cima).

---

30 Mário de Andrade, op. cit.
31 Martin Braunwieser – Maestro do Departamento Municipal de Cultura de São Paulo. Tomou parte na caravana que por iniciativa de Mário de Andrade foi ao Nordeste brasileiro para pesquisas folclóricas. Organizador do Coral Popular e do primeiro Orfeão do Clube dos Menores Operários do Departamento de Cultura de São Paulo. Diz Martin Braunwieser que, sob o ponto de vista técnico, pouco encontrado é que as semicadências, repousos, caiam uma vez no 2º tempo fraco do compasso, outra vez no 1º tempo (tempo forte do compasso), e pode-se dizer também que sobressai o emprego de graus conjuntos, e o de graus disjuntos quase não é usado.

A afinação "cebolinha", aliás a mais fácil, é para se tocar por baixo, isto é, tangendo-se mais as cordas de baixo, e "cebolão", tangendo-se mais as cordas de cima. Por cima, tocam-se somente as três primeiras cordas: canotilho, tuera e turina. A cana-verde é uma afinação para se tocar por cima, como também o são as quatro-pontos, oitavado, sossego e cebolão. Para tocar por baixo usam-se as seguintes cordas: turina, requinta e prima. A "cebolinha" é a afinação melhor para se tocar por baixo. É igual à afinação de violão (cordas mi, lá, ré, sol, si, mi), abaixa-se somente a prima. O canotilho corresponde ao lá; a tuera, ao ré; a turina, ao sol; a requinta, ao si, e a prima, ao ré. Na afinação cana-verde, que é parecida com a quatro-pontos, abaixam-se somente a turina e a sua companheira amarela.

Explicações dos termos usados

Carreira – também igual a "linha". É a maneira pela qual devem cantar. Na "Carreira de Santa Cruz", os versos devem trovar em "uz": cruz, Jesus, deduz etc. Muitas são as carreiras: "Escritura", "São João", do "A", "Jesus Amado", "Santa Cruz", "São Pedro", "São Paulo", "São Salvador do Dia". "Santa Cruz" é muito difícil; "São Paulo", "São Pedro" e "São Salvador" são dificílimas.

Cada carreira precisa primeiramente fazer uma "louvação"; ou louvar aos santos ou saudar o povo. Na "Carreira do A", todos os versos rimam em "á", e assim iniciam a saudação:

> Oai, oai eu quero cantá
> ouvando este povo tatuiano
> que tou aqui pra saudá etc.

Depois que louva o santo ou povo, então é permitido cantar o desafio, que não é "verso batido", e sim "verso encontrado". "Verso batido" é aquele que um cantador canta e outro responde a seguir, como se faz na "cana-verde". Vai rebatendo o que fala. Ao passo que no cururu é diferente, podem ficar cantando até meia hora; somente depois é que o outro responde, na mesma carreira, quando o desafiante deixou de cantar. Há a saída com a "arribada", e a seguir o verso provocando. A resposta é "rebatida". Um exemplo de provocação:

> Oai prezado Marco Cipriano
> conforme já vou falano
> repare, preste atenção,
> oai a respeito de encontro de verso

eu quero falá de perto
mecê veja como vão
oai pra contá verso encontrado
eu sô liso que nem sabão.

Um exemplo de "rebatida", isto é, uma resposta à provocação:

oai nhô Maximiniano
mecê veja como vão
falá no passá apuro
o que se apura é só sabão,
oai veja qu'eu caio do seu lado
disse que é liso que nem sabão,
veja meu prezado Maximiniano
as minhas horas agora vão
fiquei triste, aborrecido
de Maximiniano não é cantadô
é de poca recordação
pra cantá nesta encontração...

Louvação – são os versos iniciais dirigidos em louvor, saudação ao povo ou santos de sua devoção. Ela vem sempre no começo da carreira. Somente no final é que fazem louvação aos festeiros, e, nesse caso, ela não está no início da carreira.

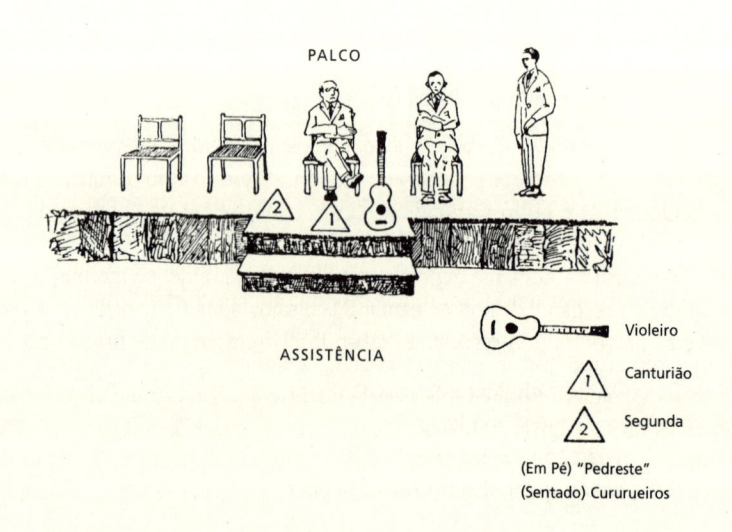

PALCO

ASSISTÊNCIA

Violeiro
Canturião
Segunda

(Em Pé) "Pedreste"
(Sentado) Cururueiros

Arribada – é aquele canto inicial sem letras, um "lá-lá-lá". O cantador pode cantar as suas letras com a melodia da arribada, mas pode também cantar outra melodia, o que eles dizem, podem "transportar" a música. O sentido aqui de transportar é utilizar outra melodia, e não o de elevar o tom, transferir para cima ou para baixo o som. Dão a saída com a arribada, a seguir vem a louvação, e depois "pega no verso provocando".

Baixão – é um "lai-lai-lai" com que finalizam a sua cantoria nessa carreira, isto é, o canto da melodia com a qual cantaram os versos, agora modulada sem palavras.

Cantar na folha – ou também "cantar na letra", é cantar na Escritura Sagrada, isto é, narração de um fato bíblico; é contar uma passagem bíblica, narrar, por exemplo, o episódio de Cristo no Getsêmani, a entrada triunfal em Jerusalém. Se porventura errar na "narrativa", o adversário canta corrigindo e caçoando, ridicularizando o engano. A um verso bem-feito eles chamam de "dobrado". Os versos com que desafiam o adversário chamam de "batida". Quando o cantador não responde ao que o porfiador cantou, dizem que "ele não agüentou a batida". Referindo-se ao assunto que cantam, dizem "o livro que eu canto".

Conclusão

O cururu urbano é uma forma de revitalização do folclore. Enquanto o folclore negro tem sido destruído pela urbanização, pelas novas técnicas de subsistência, o cururu tornou-se urbano. Aliás, fomos nós que pela primeira vez propusemos essa distinção do ponto de vista sociológico de *urbano* e *rural*, em 1944.

Nesse processo de secularização do cururu, dança de religião, podemos apontar:

a) eliminação progressiva do elemento coreográfico (no rural há dança, no urbano não); b) é praticado nos teatros, na cidade (não mais diante dos altares); c) criou-se um "intervalo frio" entre o cururueiro e o público (no cururu rural a assistência fica muito próxima do cururueiro, anima-o com o calor de sua presença e dos aplausos); d) por ser de teatro, o cururu urbano atinge um grupo humano maior (o rural é de âmbito vicinal); e) substituiu a história sagrada (o rural é bíblico) pela história dos santos da constelação de intercessores da Igreja Católica romana; f) tem função sociológica de servir como o porta-voz da opinião proletária, propaganda política, desabafo das misérias e dos complexos problemas da carestia de vida (a função sociológica do cururu rural é congregar grupos de vizinhança estreitando os laços de solidariedade); g) o cururueiro urbano é abundante em gestos, faz-nos lembrar o orador sacro (padre) no púlpito (o cururueiro rural quase não gesticula, geralmente fica com as mãos nas algibeiras das calças); h) recebe pagamento (o rural só aceita a vitualha que o festeiro oferece a todos), comercializou-se; i) dá ao cururueiro uma nova experiência, uma nova sensação – a de ator – e ator passível da radiofonização, esta que tem criado o falso caipira. Cornélio Pires, decepcionado com a criação do falso e ridículo caipira do rádio, afastou-se triste e definitivamente desse ambiente; j) profissionalização do cururueiro; k) o cururueiro urbano usa o gracejo, às vezes pesado, quase vitupério; o rural é respeitoso, e seu gracejo, não raro mordaz, mas elevado.

CATERETÊ

História e geografia

Cateretê, dança usada pelos catequistas, é muito conhecida e difundida entre os caipiras do estado de São Paulo. Na parte média da *região da ubá*, desde Angra dos Reis (estado do Rio de Janeiro) até baía de Paranaguá (estado do Paraná), ele é dançado com tamancos de madeira dura. Nas zonas pastoris (Guaratinguetá, Itararé e sul do estado de São Paulo, Piraí, no estado do Paraná), usam grandes esporas "chilenas" para retinir; em Taubaté, Cunha, São Luís do Paraitinga, Natividade da Serra, Redenção da Serra, Jambeiro, São Pedro de Catuçaba, Lagoinha, nas danças de que temos participado, quase todos dançam descalços. O dançador do cateretê procura sempre "pisar nas cordas da viola", expressão popular encontrada em todos os lugares citados, que significa ritmar o bater dos pés com o som da viola. Observamos que no estado de São Paulo, em zonas diferentes, à mesma dança dão-lhe nomes diferentes. Assim, em Nazaré Paulista, Piracaia, chamaram-na catira, havendo algumas pessoas nesses lugares que também a chamavam de cateretê. Em Cunha, tivemos oportunidade, por diversas vezes, de tomar parte nessa dança, que chamam de xiba. Em Tietê, Tatuí, Porongaba, Itapetininga e Taubaté, chamam-na de cateretê. Essa é a denominação mais encontrada.

Aluísio de Almeida, pseudônimo do cônego Luís Castanho de Almeida, em *Danças caipiras*, além de confirmar a baralhada que fazem com a denominação dessa dança, afirma que sua área se estende de Sorocaba a Cruz Alta, no estado do Rio Grande do Sul, presente, portanto, na *região campeira*. Leiamos:

"O bate-pé, racha-pé, sapateado, cateretê, cateretê mineiro, fandango considerado como dança especial, são tão semelhantes entre si, que não passam de uma variedade da mesma dança. A diferença pode estar na velocidade com que os pés batem no chão tal como o sapateado tatuiano, que é ligeirinho como quê! O ritmo, obtido pelas chilenas, grandes rosetas das esporas dos antigos tropeiros sorocabanos. Ao levantar do chão, os dois pés em conjunto, o dançador une os calcanhares, de sorte que uma chilena se choque com a outra. É preciso lembrar que as esporas eram de prata, donde, além do ritmo, o som agradável. A área geográfica dessa modalidade do bate-pé ia de Sorocaba a Cruz Alta, no Rio Grande do Sul, e ainda há pouco foi possível realizar uma demonstração. Além disso foi dança de um grupo social, dos tropeiros. Documentos abundantes mostram que, desde o Cubatão até o Interior mais distante, os tropeiros, de tropa arriada e de animais chucros, transformavam os pousos e ranchos em sedes de danças por eles preferidas, quase sempre o bate-pé. Na descrição por Hércules Florence do pouso de Cubatão, 1829, se vêem até os assistentes do sapateado batendo com as mãos nos bancos a fazer o ritmo. Em 1777, Martim Lopes Lobo de Saldanha, capitão-general de São Paulo, danava-se, porque os corpos de tropas que ele enviou por terra para a ilha de Santa Catarina foram parando aí adentro nos pousos, em intermináveis festanças. Nas expedições um pouco anteriores de Afonso Botelho nos sertões do Paraná atual, aparece o violeiro. Sabe-se que nas danças africanas não havia sempre a viola, instrumento tão lusitano, mas que passou até a ser o apanágio do caboclo ou caipira. E os visitadores eclesiásticos de 1750 em diante, na região, já foram condenando os batuques e outras danças, como a de são-gonçalo, esta caipira paulista, diversa mesmo da congênere de Pernambuco."

Nos cateretê, xiba, catira, bate-pé, batuque de viola ou função de viola, das regiões acima citadas, somente tomam parte elementos do sexo masculino.

Pelas observações *in loco* das danças do cateretê, quer sob o nome de xiba ou catira, comparando-as com as descrições colhidas nas tribos indígenas, e pela cinegrafia que temos visto, levaram-nos à conclusão de que o cateretê é de origem ameríndia. É coreografia índia sabiamente aproveitada pelo catequista, tal qual se fizera com a dança do cururu, santa-cruz. O cateretê é semi-profano e semi-religioso, ao passo que aquelas são danças religiosas.

Participantes

No cateretê em geral tomam parte dois violeiros e cinco ou mais pares de dançantes. O traje é o comum. Em geral todas as danças são realizadas à noite, característica que no sul do país as distingue dos bailados ou dançasdramáticas, realizados durante o dia. Não é dança de terreiro, mas de salão, de galpão.

No centro do salão os dançadores formam duas colunas, tendo à testa delas um violeiro-cantador. Um dos violeiros é o "mestre" e o outro é o "contramestre". "Mestre" é a designação popular dada ao violeiro que faz a primeira voz e também é o autor da "moda" que vai ser cantada. "Contramestre" é o que faz a segunda voz. Entre dançantes e violeiros na coluna em que está o "mestre", fica o "tirador de palmas" ou "palmeiro", e na outra, o "tirador de sapateado", ou "orela". Não raro um só exerce as duas funções de determinar o momento das batidas de palmas e do bater de pés, execução do pateio, porque batem com o pé em cheio no solo. Não é o sapateado batidas da ponta, meia planta e planta do pé; em nossas danças caipiras o que realmente há é o pateio. Ausência do taconeio, batidas do calcanhar, que denunciam origem espanhola.

Os violeiros cantam e batem os pés, não batem palmas. Os dançantes não cantam, mas batem palmas e pés.

O palmeado no cateretê.

DANÇA

Quando todos estão formados, os violeiros dão uns arpejos. Iniciam o canto em dueto, pedindo licença para cantar. Cessado o canto da primeira estrofe, os violeiros saem de seus lugares, por fora das colunas, em passo normal; andando naturalmente, vão até a extremidade da fila, sendo acompanhados pelos seus respectivos companheiros de coluna. Voltam aos seus lugares primitivos entrando pelo centro das colunas. Param. Depois de uma pausa muito pequena, todos os dançantes, e os violeiros também, trocam de lugar com os pares fronteiros, ritmadamente, cruzando pelo centro das colunas. Chamam a essa figura "vorteá e cruzá" (dar volta e cruzar). A volta é feita para cumprimentar os assistentes. Esse cumprimento não se manifesta por movimentos da cabeça ou outro gesto, mas apenas através do significado da figura da volta que é por todos conhecida, é "fazer vênia". Essa volta é dada com os violeiros arpejando molemente as violas e é executada somente na fase inicial, não há repetição. Finalizando o "vorteamento" e "cruzamento", os violeiros dão início à moda, que é cantada a duas vozes. Os dançadores ficam em seus lugares, parados, e geralmente com as duas mãos metidas nas algibeiras das calças. Quando os violeiros finalizam a estrofe, dão uns acordes, e o "tira-

1ª FASE Posição inicial	2ª FASE "Volteamento"	3ª FASE "Cruzamento"	4ª FASE a) Batida de palmas b) Batida de pés

CONVENÇÕES

◼━ Mestre-violeiro

◀●⁀) Contramestre-violeiro

△ Tirador de palmas

△ Tirador de sapateado

dor de palmas" dá início às batidas de palmas. Todos os demais dançantes olham atentos para ele, assim batem ritmadamente sem errar. As violas fazem uma pequena pausa, e em outro ritmo dão início ao bater de pés, que é dirigido pelo "tirador de sapateado". Quando os violeiros percebem que todos os dançantes estão firmes no bater de pés, também "repicam os pés", pateando com vontade. Param todos. Os violeiros-cantadores começam a arpejar as violas e como que "tomando um fôlego", isto é, respirando até normalizar a respiração, reiniciam a moda, cantando outra estância. Vão alternando canto, bater de palmas e de pés. Para finalizar a moda, os violeiros fazem a "suspendida". A "suspendida" consiste na inclusão de dois ou três versos (número incerto) a mais que as estrofes anteriores. Cantam esses versos uma oitava acima, geralmente em falsete. Ao finalizar a estrofe, param de planger as violas; está terminado o cateretê. Os dançadores deixam seus lugares, enxugando o suor do rosto.

MODAS

A moda cantada nesse cateretê foi inspirada na eleição de 19 de janeiro. É de autoria de Sebastião Francisco Barbosa, branco, marceneiro, residente na cidade de Taubaté. Sua viola afinada nos "quatro ponto", afinação usual naquela zona (fá sustenido, si, mi, sol sustenido, dó sustenido).

ção, ai é a re - gra de um vio - le - ro ai ai ai

A voz principal é a superior. O corrente em modas e cateretês é o esquema rítmico em tercinas molengas, em compasso 2/4. Contudo, no exemplo supra, o compasso nos parece francamente em 6/8.

MODA DA INLEIÇÃO

Agora mesmo eu cheguei
na marge de seu terrero
pra cantá as minha moda
licência peço primero.
Eu num canto sem licência
nem pra ganhá dinhero,
isto é minha obrigação, ai...
é a regra de um violero, ai, ai...

Agora estô me alembrando
no dia da inleição,
dezenove de janero
eu tenho recordação,
isto é coisa naturar
tenho prestado atenção,
os rico conhece os pobre
é só naquela ocasião.

É no tempo da política
quer ver a bajulação,
o rico fala com o pobre
como seja um seu irmão
o pobre num vai pro grupo
e num cai nesse arrastão,
eu sô pobre na verdade,
mais num como tapiação.

Os rico fala com o pobre
vô le dá uma expricação
dezanove de janero

vamos tê uma reunião
conto com sua presença
nem qu'eu pague a condução
dinhero pra mim gastá
lá eu tenho de montão.
E o pobre deu uma risada
num le dô satisfação,
por causa de seu dinhero
não desgosto meu patrão,
pra quem vive do trabaio
não tem um governo bão...
pra criá os meu filinho
tenho a minha profissão.
Quem se achar ofendido
queira me dá perdão
é uma experiência própia
já tirei concrusão,
o pobre vai fazê compra
vai pensando na situação,
pra comprá no câmbio negro
tem açuca e macarrão.
Os negociante de agora
são uma turma de embruião,
vende fora da tabela
não tem fiscalização.
Presidente da Repúbrica
não toma uma solução,
muito chefe do lugá,
merece uma punição.
No estudar esta moda
fiz uma comparação
si o Brigadero ganhasse
era a mesma perdição.
No Brasir num aparece
um home de opinião,
pra recebê esse nome
como chefe da Nação.

O governo é o curpado
de havê tanto ladrão,
aonde começa o roubo,
(Suspendida.)
é na arta posição.

O Fiúza queria mandá na população
queria formá um regime
pra acabá com a religião,
não adiantô os seus comício
nem escrevê nos paredão,
lugar de burro é no campo,
e no vará de um carroção.

Outra moda cantada e que serviu para dançar um "cateretê esquentado", isto é, dançado com grande entusiasmo como a anterior, também de autoria de Sebastião F. Barbosa.

MODA DO CAIXÃO

Eu nasci no mês de agosto
na entrada do calor
quando a sorte não ajuda
agrado num tem valor.
Na terra não há dois Deus
no céu não tem dois Senhor
quem não tem dois coração,
não pode ter dois amor.

Morena me conte a vida
me conte esse seus penar
me conte por que está triste,
eu também quero ficar.
Eu também te conto a minha
eu conto esses meu penar
eu conto quanto padeço,
morena por vós te amar.

Vós preste bem atenção
nisto que lhe vô falá,
o amor que eu tenho em vós
meu bem pode acreditar.

Isto é pura verdade
não é para te enganar,
o mundo pra mim se acaba,
se morrê e vós ficar.

O dia que eu morrê
que'ste mundo eu deixá
quando eu estiver na sala
o meu bem vem me guardar,
vós acenda duas vela
e ponha no meu artar,
é o dia que Deus marcô
pra nóis dois se apartá.

Quando for de madrugada
que os galo amiudá
quando o meu caixão sair
meu bem vá me acompanhar,
vai até no cemitério
é aonde eu vô morar,
é pra vós ficá sabendo
pra sempre me visitar.

Na hora da sepurtura
que forem me sepurtar,
você dispeça de mim
mas não percisa chorá,
é o adeus da eterna vida,
pra nunca mais te enxergar,
somente dia de Juízo
nóis podemos se encontrar.

Depois que eu estivé na terra
meu bem pode voltar,
vem cuidar em sua vida
mas não precisa clamar
isto são pena do mundo
coisa muito naturar
vós reze pra minha arma
que eu quero me sarvar.

Da morte ninguém escapa,
ninguém pode acostumar.
(Suspendida.)
Quando for dia das arma,
eu quero lhe encomendar,
vós leve uma oração,
pra minh'arma vá reza.
Vós acenda quatro vela,
e deixe pra me alumiá
pela aquela craridade,
que eu quero te adorá.

FANDANGO

Histórico

Não pretendemos estudar as origens do fandango, o que seria tarefa difícil. Vários autores têm aventado hipóteses a esse respeito e é bem comum encontrarmos a afirmativa de que ele é oriundo da Espanha, baile cujo ritmo mais antigo era 6/8 e mais tarde passou a ser 3/4. Outros afirmam que os portugueses e espanhóis o receberam dos mouros, e há até quem diga que é de origem flamenga. Diante dessas afirmações e hipóteses, formulamos a nossa, de que a origem seja anterior à invasão árabe. Quando os mouros invadiram a península ibérica, talvez já o encontraram em voga. Acreditamos que o étimo da palavra *fandango* venha do latim *fidicinare*, que quer dizer "tocar lira". E a lira era um instrumento usado pelos latinos, povoadores da península. Da lira descendem todos os instrumentos de corda, como da flauta provêm os de sopro.

A dança do fandango está intimamente ligada ao canto, e este, por sua vez, ao instrumento. O instrumento fundamental na atualidade é a viola, quem sabe no passado fosse a lira. É muito comum encontrarmos certas danças que ficaram conhecidas pelo nome de instrumento principal. Esse é o argumento a favor de nossa hipótese.

No estado de São Paulo, nos fandangos a que temos assistido e de que temos participado, a viola é o instrumento fundamental. A rabeca está presente nos fandangos da zona litorânea, porque "ela é irmã gêmea da viola para as funções". Ultimamente, temos encontrado nos fandangos o adufe (e mesmo o pandeiro). Os folgazões afirmam que é muito recente a adoção desse instrumento membranofônio, que até então era usado somente nas folias. (Não esclarecem se folia de Reis ou do Divino Espírito Santo.) Primeiramente, no Rio Grande do Sul, o instrumento fundamental do fandango era a viola; atualmente, motivada pela influência de colonizadores mais recentes, é a gaita, nome popular gaúcho de sanfona.

O fandango é uma dança profana que teve grande voga em nossa pátria ali pelos fins do século XVIII; chegou mesmo a animar as festanças palacianas no início do século XIX. Fala-se do fandango presente nos festejos do Paço de São Cristóvão. Ao lado dos minuetos emproados e das valsas figuradas, havia o fandango. E foi tão bem recebido, "caindo no gosto de todo mundo", que chegou a afandangar o aristocrático minueto. Vieira Fazenda, nas *Antiqualhas e memórias do Rio de Janeiro*, fala do "minueto afandangado".

Acreditamos que foram os portugueses os introdutores dessa dança aqui no Brasil. Pelos nomes das variações ainda correntes, nossas conhecidas, que fazem parte desse conjunto de danças rurais, julgamos que a introdução lusa seja mais defensável do que a espanhola. Assim é que temos: "marrafa", "manjericão", "tirana", "ciranda", "chimarrita", "cana-verde", palavras que denunciam origem portuguesa. Sabemos também que os açorianos, colonizadores da grande faixa de nosso litoral sul, por volta de 1774 trouxeram o hábito de preencher suas horas de lazer com a dança do fandango.

A dança que despertou o interesse da aristocracia do Novo Mundo cabralino vinha, quem sabe, das camadas populares portuguesas. Foi nas tascas dos portos do país que "deu mundos novos ao mundo", que os flamengos a viram dançada e levaram-na para sua terra. Ele subiu as escadarias dos palácios e deu o braço ao minueto. Só mais tarde é que o *shottish* e a "polca" o desbancaram. O fandango freqüentou ambientes de aristocracia e nobreza caboclas, fazendo saracotear a corte mundana para aqui transplantada, assustada pelos soldados de Junot. E é claro que o processo dinâmico que atua também sobre o folclore, porque ele é uma coisa viva, foi fazendo o fandango sair pela cozinha dos palácios, descendo pelas mãos dos fâmulos, sendo devolvido ao povo. O brasileiro dessa época em diante, início do século XIX, parece tomar mais gosto pelas reuniões sociais; então, adotou-o. Hoje encontramos o fandango tão-somente nos mais recônditos sítios de nossa região rural. Só nos "cafundós deste mundo velho sem porteira" é que ele é dançado pelos camponeses e pescadores. Essa gente simples e boa, "sem eira nem beira", sem baronatos, mas com os mesmos 400 anos de linhagem que muitos arrogam tê-los, esses são mantenedores dessa tradição hoje desaparecida dos meios "civilizados". A "decadência social" do fandango foi acelerada ainda mais pelo fato de receber censuras eclesiásticas e também proibições das

Ordenanças Reais. Quanto à primeira, foi muito usado o argumento de que "era um baile licencioso e de origem flamenga, isto é, herege".

LOCALIZAÇÃO GEOGRÁFICA

Hoje, no estado de São Paulo, no meio rural, fandango é conjunto de danças de salão. As danças são tradicionais e o bater de pés e palmas é necessário. No Nordeste, fandango é dança dramática. No Sul, é dança-baile. Além do estado do Rio de Janeiro, notadamente em Parati, o fandango é conhecido em toda a região da ubá, praticado, portanto, no litoral paulista, paranaense, santa-catarinense e gaúcho. No Rio Grande do Sul, graças ao trabalho que deve ser imitado dos centros tradicionalistas e aos esforços de tradicionalistas como Luís Carlos Barbosa Lessa, João Carlos Paixão Cortes, Carlos Galvão Krebs, Augusto Meyer, Moyses Velinho, Manoelito de Ornellas, Walter Spalding, Ênio de Freitas e Castro e outros, o fandango se tornou a dança representativa do folclore gaúcho. Os gaúchos, sentinelas avançadas da nacionalidade, praticam com especial interesse as seguintes danças do fandango: anu, balaio, caranguejo, chimarrita, chimarrita-balão, chula, chotes, meia-canha, pericom, pezinho, querumana, rancheira de carreira, tatu, tirana de dois e tirana de lenço.

CLASSIFICAÇÃO

Os dançadores de fandango do litoral paulista costumam dividi-lo em três categorias: rufado ou batido, bailado ou valsado e rufado-valsado (ou rufado-bailado).

Fandango rufado é um conjunto de danças em que só entram batidas de pés e palmas, e que são dançadas até meia-noite, exigindo do fandangueiro grande dispêndio de energia. O chico, tirana ou tiraninha, sapo, sarrabalho ou serra-baile, querumana, anu-velho e recortado são fandangos rufados ou batidos.

Fandango valsado é um conjunto de danças nas quais não entram batidas de pés e palmas. Há quando muito toque de castanholas com os dedos. Dança-se madrugada adentro, até o dealbar do dia, quando já estão mais ou menos cansados. O manjericão, faxineira, chamarrita ou chimarrita, graciana, anu-chorado, dandão, cana-verde, ciranda, pericó, monada, marrafa, rodagem, caranguejo, cobra, volta-senhora, são fandangos bailados ou valsados.

Fandango rufado-bailado é dançado a partir de meia-noite até 3 horas da manhã, mais ou menos. As danças têm partes com batidas de pés e palmas, deslizamentos, rodas, giros de valsa. Dentre os *rufados-bailados*, encontramos: pipoca, anu-corrido, pica-pau, sinsará, tonta ou tontinha, ubatubana, que é o mesmo passado ou trançado, dão celidão, feliz amor, mandado, passa-pachola, pagará, tatu.

A corriola, vilão-de-lenço, vilão-de-mala e vilão-de-agulha são danças de forma lúdica, hoje mais preferidas pelas crianças. Realizadas nos intervalos das outras categorias, daí não incluirmos em nenhuma das três citadas.

Ao romper do dia, fecham as janelas da sala, evitando que os raios de sol penetrem nela, dançam então o recortado, a dança que ponto-finaliza o fandango. É da categoria dos rufados. Nós o classificaríamos de "rufadíssimo", pois o bater de pés é violentíssimo e delirante.

Arrolamos os nomes de fandangos cujas danças presenciamos em vários pontos do estado de São Paulo: andorinha, anu-corrido, anu-velho, cana-verde, caboclo, candeeiro, canoa, caranguejo, chamarrita, chico, chimarrete, corriola, dandão, dão celidão, engenho novo, faxineira, feliz amor, graciana, macaco, mandado, manjericão, marrafa, mico, monada, mono, nha maruca, pagará, passa-pachola, pega-fogo, pericão, pica-pau, pipoca, piricó, querumana, recortado, rodagem, samba-lenço, samba-roda, sapo, sarrabalho, sinsará, tatu, ticão, tiraninha, tontinha, trançado, ubatubana, vamo na chácara, vilão-de-agulha, vilão-de-lenço, vilão-de-mala, volta-senhora.

Na região da ubá afirmam que fandango só é bom dançado com tamanco. Tamanco de caixeta quando não há raiz de laranjeira e pode ser português ou jau, isto é, trançado.

O FANDANGO DE CANANÉIA

Costuma-se dizer que o povo da roça é um povo triste e indolente e que seus cantos são tristonhos. Entretanto, são inexatas tais afirmações eivadas de etnocentrismo. O nosso rurícola não é triste nem tampouco indolente. A indolência que lhes atribuímos é certamente devido à comparação que fazemos com o nosso *modus vivendi*, governado pela rigidez mecânica e inflexível dos ponteiros do relógio. Somos mais tristes do que eles, pois vivemos a comprar a nossa alegria, as nossas diversões, nas filas dos cinemas etc. O rurícola sabe aproveitar muito bem as horas de lazer. Depois de um dia de trabalho, de um mutirão, que é um jogo coletivo, vemo-lo a "rufar"[32] os pés num

---

32 Rufar – É bater os pés no solo sob o ritmo dos instrumentos musicais, no fandango ou dança-de-são-gonçalo. Segundo Nicanor Miranda, conhecido técnico e esteta da dança, autoridade de renome

fandango, a noite toda, sem dar mostras de enfado ou cansaço. As suas modas são alegres e jocosas, buliçosas, inspiradas nas coisas cotidianas, às quais emprestam um sabor satírico. Suas músicas se nos apresentam tristes porque é a nossa própria alma que descanta a saudade de algo que foi nosso e hoje não mais temos, isto é, aquela plenitude de vida em contato com a natureza que o caipira e o caiçara ainda possuem.

Cananéia, com seu luar inigualável, com suas crianças brincando de roda nas ruas, seus pescadores cantando em seus barcos sob o ritmo undiflavo, aquele conjunto de harmonia, cor, luz e singeleza, quase chega a dificultar o pesquisador que se sente envolvido numa atmosfera de poesia e romance.

Em nossa segunda[33] viagem a Cananéia, chefiando a Equipe de Pesquisas Folclóricas da Divisão de Turismo e Expansão Cultural do Departamento Estadual de Informações, ali permanecendo uma semana (agosto de 1947), pudemos registrar, em aparelhos, as músicas e rufados de pés dos fandangos e os lindos cantos de roda das crianças. Foi também possível filmar o belíssimo espetáculo da Festa de Nossa Senhora dos Navegantes, com sua imponente procissão marítima.

Na ilha de Cananéia, litoral sul do estado de São Paulo, ainda está em voga, nos sítios, o fandango. Na vetusta cidade litorânea, o fandango é apenas a denominação de um baile realizado em casas pobres, nos arrabaldes como o quilombo, rocio, carijó etc. Tivemos a oportunidade de assistir a um deles, que durante a noite toda não passou de um simples arrasta-pé, um baile urbano. Do fandango apenas guardava o nome, pois foram abolidos os figurados, as "miudezas", como dizem, as danças em que o homem fazia um movimento e a mulher executava outro, trocavam de pares e faziam rodas. Abandonaram, principalmente, o bate-pé, o "rufado dos pés". Para aqueles fandangueiros da cidade, "o bate-pé é coisa de gente da roça, de gente de menos valia".

Para os moradores da cidade, fandango é termo pejorativo para determinar o baile das pessoas de classe social inferior, no qual há mistura de marafonas e embarcadiços. Fandangueiro é sinônimo de vadio, vagabundo.

Num sítio modesto, pouco além do rocio dançavam um fandango com bate-pé. Para lá nos dirigimos. O fandango era igualzinho ao que ainda é dançado nos sítios e roças daquela ilha, mormente lá pelas bandas do mar de Trapandé, lá no Guaxixi, no Saguaçu ou Brocuanha. Nas roças o fandango tem

---

internacional, há sapateado, pateio e taconeio. Sapatear é bater a ponta do pé, meia planta. Pateio é o bater em cheio no solo, planta, meia planta ou pé todo. Taconeio é o bater só o calcanhar no solo.
33 Nossa primeira viagem foi em agosto de 1946.

o significado genérico de conjunto de danças, realizadas após o mutirão e às vezes em regozijo de casamento. As danças são tradicionais e o bater de pés e palmas é necessário.

Os moradores da roça afirmaram-nos que os folgazões da cidade não sabem dançar o fandango; têm vergonha de bater os pés, e fandango *sem rufar dos pés não é fandango.*

Conversamos demoradamente com Eduardo Lisboa, branco, de 80 anos de idade, e Aquilino de Lima, mulato sarará, de 55 anos de idade, residentes em Porto da Pedrinha, na Ilha Comprida, no dia 12-8-1946. Com esses dois bondosos caiçaras pudemos conferir as observações feitas na noite anterior e ouvimos deles os seguintes informes: "O fandango veio com os portugueses, que eram muito folgazões. Era dançado depois de um mutirão, ou na ocasião das festas. O povo muda muito; os moços de hoje têm vergonha de dançar o fandango, acham que é uma dança de gente da roça. O fandango só é fandango quando tem batida de pé, e não como fazem agora lá na cidade (referiam-se a Cananéia), um arrasta-pé a noite toda. O fandango foi muito bem inventado, e é melhor do que as danças de hoje, que é um agarra-agarra só", disse Aquilino, e Eduardo, ao lado dele, confirmou, acrescentando que no seu tempo ainda era melhor, pois dançavam mais algumas danças que atualmente ninguém mais sabe dançar, marrafa, andorinha etc.

"A primeira é de São Gonçalo"

Após os trabalhos do mutirão, o promotor deste, para alegria dos trabalhadores, realiza um fandango e, antes de começar a função de bate-pé, há uma dança dedicada a São Gonçalo.

Quando vão fazer um mutirão e ameaçava chuva, eles fazem promessa para São Gonçalo assim: "Olha, São Gonçalo, se não chover, a primeira que dançarmos será sua." Pela maneira de falar parece haver grande intimidade entre devoto e santo. "Fez promessa, ele não deixa chover." Acabado o mutirão vai ter início o fandango. Como fizeram promessa para São Gonçalo, arma-se o altar e coloca-se a imagem do santo, e oferecem-lhe a primeira dança. Eduardo Lisboa, informante, octogenário, patriarca daquele porto, acrescentou: "Antigamente, nos dias de festa, fazia-se a reza para São Gonçalo e depois, num fandango, dançavam três vezes a dança dele; dançava-se a primeira vez antes de iniciar o fandango, depois à meia-noite dançava-se a segunda vez e antes do recortado, que é a última dança executada ao raiar do sol, dançava-se pela terceira vez. Agora o povo está muito mudado, somente dança a primeira vez, antes do fandango, e assim mesmo com pressa para começar logo a função[34]. Quando havia aquelas festas, com reza e dança para São Gonçalo, no dia de romaria[35] para ele, o santo suava no altar de contentamento. Eu vi o santo suar de alegria no seu andor, quando ele era carregado em procissão."

O altar é uma mesa coberta com uma toalha branca, rendada, bordada de crivo, onde colocam o santo, que é de madeira, e tem mais ou menos 30 cm de altura. Ele está de chapéu na cabeça, capa solta nas costas e viola na mão, ficando entre dois círios, acesos pelo promotor do mutirão, que também era o dono do fandango, pois essa diversão foi oferecida aos que trabalharam naquela ajuda vicinal.

Na casa onde se realiza a dança-de-são-gonçalo será mais tarde realizado o fandango. O salão mede mais ou menos 7 m por 5 m e é assoalhado. Uma pessoa informou-nos que era hábito fazerem casa com um salão grande na frente por causa do fandango, e também assoalhar esse compartimento para fazer grande zoada o bate-pé. "Para que os comentários sejam elogiosos precisa que de longe se ouça o rufar dos pés." Não conseguimos constatar a veracidade de tal afirmação, porém verificou-se que, de fato, há muitas casas com a sala da frente assoalhada e bem espaçosa.

Os dois violeiros cantam em dueto: "São Gonçalo do Amarante, casamenteiro das velhas, por que não casai as moças, que mal lhes fizeram elas?"

Enquanto os violeiros cantam, os pares vão de mãos dadas até o altar. O homem dá o seu lado direito à dama e pega-lhe com a mão direita, a esquerda. Eles estão no lado oposto ao altar, próximo aos violeiros. Enquanto o primeiro par, que é o do promotor da função, de mãos dadas com a esposa ou filha, encaminha-se para o altar, dançando, outros pares vão se formando atrás, obedecendo a mesma disposição.

Os pares vão de mãos dadas sem bater os pés, colocam um pé à frente, arrastam de leve o que está atrás até chegar junto a este, fazem com que o peso do corpo que estava sobre a perna que ficou atrás passe para a que está na frente e colocam à frente aquele pé que veio após o leve roçar dele pelo chão, e assim consecutivamente. A dama executa o mesmo passo. Quando um coloca o pé esquerdo à frente o parceiro também o coloca, quando o pé direito, o outro faz o mesmo. Os braços que ficam livres, esquerdo do homem

---

34 Função – É como costumam chamar o fandango. Em Areias, Barreiros. Em Bananal, chamam de batuque de viola, bate-pé, quando se referiam ao cateretê do Bairro dos Macacos.

35 Romaria – é a dança-de-são-gonçalo. É assim conhecida em Xiririca, hoje Eldorado Paulista, Jacupiranga, Itararé, Itapeva, Iguape.

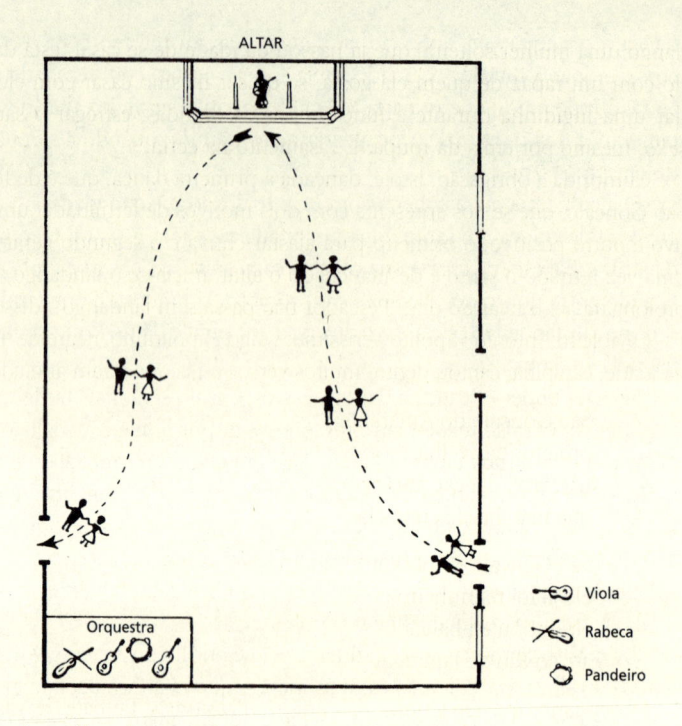

e direito da mulher, ficam ao lado do corpo. Alguns fazem um pequeno movimento ondulatório com os braços livres quando fazem a mudança dos pés. Vai o par dançando até ao altar e sem largar das mãos; param, sapateiam rapidamente (alguns segundos apenas), curvam-se e beijam o altar ou as fitas amarradas no santo. Primeiro é o homem quem beija, depois a mulher. A seguir voltam dançando, executando os passos para trás, sem dar as costas para o santo; vão voltando até chegar próximo aos violeiros. Estes cantam com a mesma música um sem-número de versos a São Gonçalo. Os dançantes vão entrando por uma porta e saindo depois que dançam, por outra, ficando, portanto, o salão mais ou menos vazio.

Quando não há mais quem deseje dançar o são-gonçalo, os violeiros param de cantar. Retiram o santo, que é levado para outro cômodo da casa, no quarto de dormir; colocam-no mais ou menos em lugar fácil de ser visto, pois certamente será procurado por alguma moça. O informante Eduardo disse: "dizem, não sei bem, parece que em Portugal há um São Gonçalo bem grande e que está com a perna um pouco na frente, e que as moças que querem arranjar marido vão e se esfregam na perna do santo". "Quando num fandango uma mulher solteira, que já passou da idade de se casar, está dançando com um rapaz de quem ela gosta, se quiser mesmo casar com ele, deve dar uma fugidinha durante a função e, às escondidas, esfregar o santo no sexo, mesmo por cima da roupa. É casamento na certa."

Cumprida a obrigação, isto é, dançada a primeira dança, que é dedicada a São Gonçalo, que se nos apresenta com dois motivos de fertilidade: um negativo e outro positivo; o primeiro para afastar chuva e o segundo gerar filhos; uma vez retirado o santo e desmanchado o altar, inicia-se o fandango, que se prolongará até o raiar do dia. "Pescador não passa sem fandango", disseram.

O violeiro Antônio Hipólito Verissimo, vulgo Hipolitinho, negro de 47 anos de idade, carapina, cantou dentre muitos versos estes que foram anotados:

> São Gonçalo do Amarante,
> protetor das velhas,
> não fazei dançar as moças,
> que mal lhes fizeram elas?

> São Gonçalo já foi santo,
> ele já foi marinheiro,
> ele andou embarcado
> até ao Rio de Janeiro.

Observamos que em Cunha, São Luís do Paraitinga, Taubaté, há mais respeito na dança-de-são-gonçalo, a reverência é muito maior, chegando mesmo a não se dançar fandango na casa onde fizeram romaria para o santo.

A dança de Cananéia deu-nos a impressão de que foi realizada com o fito apenas de desobrigar-se de uma promessa.

Na dança-de-são-gonçalo, como no fandango, não usam roupas especiais, e também o instrumental de música é o mesmo.

Os dançantes estão vestidos com roupa de brim, geralmente de cor clara, poucos de paletó, camisa aberta no pescoço, meia manga. Há um mulato faceiro de paletó de casimira azul-marinho. Os homens estão quase todos calçados, alguns de botina ou sapato; porém, a totalidade está de tamanco de madeira e que tem bom som como os que são feitos de saranduva, raiz de laranjeira, pau-dos-teixeira ou folha-larga. Um bom dançador de fandango chega a partir uns dois ou três pares de tamanco por noite. As mulheres estão vestidas com roupa comum, ou melhor, domingueira, na qual a cor vermelha predomina; algumas de azul e umas poucas de cor-de-rosa. As mais mocinhas com os cabelos soltos atrás, flores na cabeça, seguram um lenço na mão esquerda. Algumas estão calçadas e muitas descalças.

A orquestra é composta de duas violas, uma rabeca e um pandeiro. Disseram que há pouco tempo é que começaram a usar pandeiro. Antigamente não usavam. (Ouvimos também a mesma afirmação em Ubatuba, no fandango a que assistimos no dia 14 de setembro de 1946, em Barra Seca, fim da Praia do Perequê-Açu, em casa do pescador Manuel Teodoro.) Para o fandango usam a afinação "oitavado". Às vezes usam a afinação "pelas três" e deixaram de usar o "pontiado do Paraná". Somente os antigos é que gostavam dessa afinação, bem difícil de "temperar".

A rabeca é um violino rústico, usam apenas três cordas: lá, ré, sol. É tocada com arco que é feito de crina animal. A rabeca é feita de cedro, a caixa sonora é escavada e o tampo é pregado com pregos de madeira brejaúva e cola vegetal. O rabequista toca o seu instrumento apoiando-o no peito, mais ou menos na região mamilar.

O pandeiro é feito de couro de cabrito, estirado sobre um pequeno aro de madeira, mais ou menos de 30 cm de diâmetro. Dos lados, há pequenos vãos escavados na madeira, onde colocam pratinhos de metal, que dão o som parecido com o de castanholas.

Os cantadores, no começo das suas modas, fazem a "anglesia". Anglesia são dois versos que costumam cantar como introdução de suas modas, por exemplo:

> Companheiro meu, ajudai,
>   ô lai...
> pra cantá neste salão,
>   ô lai... etc.

Outra anglesia:

> Ajudai meu companheiro,
>   ô lai...
> no braço deste pinheiro,
>   ô lai... etc.

Os músicos são bem tratados; à meia-noite, há um pequeno intervalo e eles são os primeiros a ser servidos, participando dos comes e bebes. Oferecem-lhes café, feito com garapa de cana, sequilhos de arroz, às vezes biscoitinhos e, sempre, farinha de mandioca.

De nossa observação participante segue-se a ligeira descrição destes apontamentos.

Chico

No salão forma-se uma grande roda, ficando homens e mulheres alternadamente, um homem atrás de uma mulher. A roda vai-se movendo no sentido dos ponteiros do relógio. A dama que está na frente levanta os dois braços flexionados, pousa as costas das mãos nos seus ombros, as palmas ficam voltadas para cima; o cavalheiro, que está atrás, pega nas suas mãos. Quando os violeiros começam a tocar e cantar, eles saem marchando em círculo. O violeiro pára de cantar e fica somente tangendo a viola; enquanto isso, os homens rufam os pés, segurando nas mãos das damas. Estas ficam mudando os passos para a direita e para a esquerda. A um dado momento, um sinal de "topo"[36] que dá a viola, giram o corpo; sem largar das mãos, enfiam a cabeça por baixo dos braços e, passando pela direita, o homem fica à frente de sua dama, e agora é ele quem está com as costas das mãos nos seus próprios ombros, e a dama as segura. Inverteu-se, portanto, a posição inicial, porém esse tempo é muito curto, pois a um sinal do violeiro, antes de começar a cantar, o homem larga das mãos da parceira que está atrás de si e pega nas mãos daquela que está em frente. O violeiro canta e estão de novo marchando, repetindo o que foi descrito, sempre mudando de par. As diversas fases da dança obedecem ao canto e sinais conhecidos que o violeiro dá. O cavalheiro de fato executa um pateio, pois ele, quando rufa os pés, bate-os em cheio no solo.

"Os romeiros paranaenses é que gostam imensamente de dançar o chico. Quando eles vêm para os festejos do Senhor Bom Jesus de Iguape, no mês de agosto, essa é a dança que eles mais apreciam, e é por isso que hoje sempre iniciamos o fandango com o chico. Todo mundo quer dançar e todos pedem o chico... o chico... e ela se prolonga durante uns bons minutos", assim se expressou um fandangueiro.

É de fato uma dança voluptuosa. Nos volteados, os homens, barafustando-se o corpo, roça no de sua dama. Parece-nos que esse é um dos motivos que aumentam o interesse pela dança.

A querumana

Os homens ficam em fileira e vão andando até fechar uma roda que ocupa todo o salão, quando as mulheres se colocaram. Entre um cavalheiro e outro

---

[36] Topo – Dois ou três acordes fortemente arpejados, indicando mudança numa fase da dança. Significa também final de uma dança. Topo-redondo é quando não pára imediatamente, e sim vai parando devagar, e as batidas dos pés mudam de cadência, não terminam repentinamente, e sim vão diminuindo, depois aumentam, depois diminuem e param de patear.

há uma dama. Cada cavalheiro encara uma dama. Enquanto o homem rufa os pés, a mulher fica dando passos de valsa, dando uma volta ao redor de seu par. O homem pára de rufar os pés, bate palmas sob o compasso da música. A um sinal do violeiro, param de bater palmas e o violeiro recomeça a cantar; o cavalheiro pega na mão direita da dama que finalizou a volta ao seu redor e com a mão esquerda na mão esquerda da parceira que está à sua frente. As damas passam trocando de cavalheiro. Largam as mãos. A querumana é uma dança "batida de topo-redondo", isto é, não batem os pés e param instantaneamente; vai, porém, parando devagar, e as batidas têm repetição, isto é, aumentam a cadência e diminuem, até parar.

Um dos versos dessa dança:

> É devarde ó querumana,
> pra casá cum vaçuncê,
> nem que seje água do rio,
> de sua mão quero bebê...

Sapo

Dança parecida com a quadrilha, porém sapateada. Somente o homem rufa os pés. O cavalheiro está com a mão esquerda segurando a mão de sua dama, a direita, sobre o quadril da companheira. Enquanto a dama vai e vem de lado, o cavalheiro rufa os pés. É um pateio bem ritmado. O violeiro que faz o papel de "marcador", como na quadrilha, ou "mestre-sala", canta uma história interminável do sapo, ditando como devem dançar. Quando, no desenrolar da história do sapo que foi visitar o céu, o violeiro imita o coaxar do batráquio e grita "cuam", os cavalheiros, imediatamente, trocam de dama. Estabelece-se uma confusão dada a disputa de determinada dama por alguns cavalheiros, mas... ela geralmente fica com o que chegou primeiro. Restabelecida a ordem, todos com suas damas, o rufar de pés continua, até chegar novamente o momento do inesperado "cuam".

O vilão

(Às vezes chamado vilão-de-lenço.) Bem no centro do salão ficam duas colunas. À direita ficam os homens e, à esquerda, as mulheres. O cavalheiro fica em frente à dama que escolheu para aquela dança e dá-lhe o lenço. Esta amarra a pontinha na ponta de seu lenço. Ambos seguram nas extremidades de seus lenços; o cavalheiro com a mão direita e a dama com a esquerda. É a mulher quem amarra os lenços. O cavalheiro fica olhando... às vezes, ele diz alguma coisa, tão ciciada e tão amorosa que mal entendemos... Quando o violeiro começa a tocar e a cantar, os pares levantam os braços e os lenços ficam mais altos do que a altura da cabeça, formando como que uma abóbada. O primeiro par, curvando-se, passa por baixo e vai ficar na outra extremidade. É necessário lembrar-se que, enquanto cada par está passando por baixo, os pares que fazem aquela cúpula com o lenço continuam dançando; o homem rufa os pés e a mulher dá passos de um lado para outro, seguindo o ritmo das batidas do pé. O pateio não é vivo e rápido como nas outras danças, é mais calmo, parece menos cansativo. Quando o par que estava próximo aos violeiros atingiu a extremidade oposta, há um pequeno deslocamento dos dançadores. Os homens dão um passo à direita e as mulheres, à esquerda, todos a um só tempo, vindo, portanto, o segundo par a ficar no lugar que estava o último, à sua direita. A dança prossegue até chegar o momento em que o primeiro par, devido aos deslocamentos sucessivos, está novamente no lugar em que estava quando começou a dança do vilão.

Quando os pares chegam na extremidade oposta da inicial o cavalheiro faz um cumprimento à dama. Dá-nos uma idéia do cumprimento no minueto. O cavalheiro, segurando no lenço, faz uma flexão bem acentuada do tron-

Vilão-de-lenço.

co, tendo o pé esquerdo à frente, o braço direito para frente e ao alto, pois está segurando o lenço com a ponta dos dedos indicador e polegar; o braço esquerdo, atrás do corpo, com as palmas das mãos voltadas para cima. Homens tão rudes, com um gesto tão elegante! Quando ele volta dessa posição, outro inicia a trajetória por baixo dos lenços. Quando o cavalheiro faz o cumprimento à dama, todos param o pateio, só se ouve a viola. Logo que se levanta daquela reverência, o rufar de pés é reiniciado.

A dama, quando recebe o cumprimento do seu par, levanta a cabeça e, com a mão direita, segura a saia, faz uma leve genuflexão, tendo a mão esquerda bem erguida, segurando o lenço com o polegar, indicador e médio. É um gesto bem feminino, pois o dedo mínimo está levantadinho.

No momento em que passam por baixo dos lenços, a dama faz um jeitinho de quem está envergonhada, segura a saia com a mão direita. Atravessam por baixo daquela arcada com uma corridinha.

Há duas fases nesse vilão-de-lenço. (No de Taubaté, constatamos uma só.) Na primeira, todos passam, cada um por sua vez, sob a arcada dos lenços e, na segunda, que é logo a seguir, um par de dançantes passa sob os lenços do primeiro par da longa fileira; o segundo par da fileira aproxima-se, e o par que passara há pouco por baixo do lenço do primeiro par levanta bem alto os braços e passa com eles por sobre a cabeça do par que se abaixou um pouco; já o terceiro par levanta os braços para que passem sob eles e o quarto imitando o que fez o segundo, assim alternando até o fim. Esse movimento ondulatório é bem do sabor dos nossos litorâneos.

O vilão-de-lenço é uma dança interessante para ser estudada minuciosamente. É uma sobrevivência deixada pelos espanhóis, pois o uso do lenço é peculiar à coreografia espanhola, ou deixada pelos portugueses, pois o vilão é personagem do teatro popular luso?

Sarrabalho

Uns dizem dançar o farrabaio, outros, o ferrabaio, e ouvimos também dizerem o sarrabaio. Era um termo que designava um bailado campestre, hoje apenas o nome de uma dança do fandango batido. Dela participam homens e mulheres. Enquanto o homem rufa os pés, a mulher faz movimentos da direita para a esquerda e fica imitando castanholas com os dedos e batem palmas. O homem pára de rufar os pés e dá uma viravolta de corpo, barafustando-se num movimento ágil e de belas linhas coreográficas. Os dançantes ficam dispostos em duas colunas que se defrontam.

Tirana

Tirania ou tiraninha. Não sabemos se porque era quase meia-noite, já havia diminuído aquele alvoroço com que dançaram o chico; talvez fosse por causa da música amolentada e gostosa ou mesmo lasciva da tiraninha. É uma dança muito mais calma do que qualquer assistida em Cananéia do grupo de fandango rufado ou batido. Tem o pateio e é bem parecida com a pipoca.

As damas fazem roda no centro e os homens, por fora, defrontando-se os pares. Enquanto os homens rufam amolentadamente os pés, as damas balanceiam ao som da música. As rodas se deslocam, vagarosamente, ambas no sentido dos ponteiros do relógio. Dançaram cerca de 20 minutos essa dança. Em geral as demais descritas têm uma duração que varia entre 15 e 25 minutos.

Anu-velho

É uma dança parecida com a querumana. Os homens ficam em fileira; logo que as mulheres entram, todos se deslocam, formando uma grande roda. Ficam, alternadamente, homem e mulher. Enquanto o homem rufa os pés, a mulher baila, vai caminhando, uma dama passa para outro cavalheiro. O homem pega na mão de sua dama, e depois na daquela que se aproxima; a mulher dá uma volta em torno do homem e passa logo a dançar ao redor do cavalheiro que fica à esquerda deste. O homem alterna o pateio com os passos de marcha normal, andando normalmente, dando uma volta no salão, no sentido dos ponteiros do relógio.

Acabado esse primeiro grupo de danças, uma pessoa da casa do festeiro, o filho do dono do fandango, vem com uma garrafa de pinga na mão direita e na esquerda uma xícara, na qual vai distribuindo a bebida aos presentes. Todos bebem na mesma vasilha. Os músicos já enveredaram para a cozinha.

Depois da meia-noite, as danças são do grupo do fandango rufado-bailado.

Pipoca

É parecida com o chico em alguns pontos e também com a tiraninha noutros. O cavalheiro bate os pés, pára, bate as mãos e depois valsa com a dama. Na pipoca, os cavalheiros estão valsando enquanto os violeiros cantam. Param os violeiros de cantar, ouve-se somente a viola tocar; então rufam os pés, na frente de sua dama. Quando param de rufar os pés, batem palmas e começam novamente a valsar e os violeiros recomeçam a cantar.

Tonta ou tontinha

No salão, os pares se movimentam em roda, no sentido dos ponteiros do relógio. Quando os violeiros fazem uma pausa na moda, os homens dos pares, que estão próximos dos quatro cantos do salão, rufam os pés; enquanto isso, os demais pares continuam valsando.

Anu-corrido

Semelhante ao anu-velho, porém é mais bailado de que rufado. Pode ser incluído naquele grupo de danças que são rufados-bailados. Logo que o homem pára de rufar os pés, o cavalheiro baila com sua dama, em vez de ela bailar ao seu redor como no anu-velho.

Pica-pau

É rufado-bailado. O ritmo é pouco diferente do anu-corrido, mas no restante há grande semelhança na coreografia.

Sinsará

Os pares ficam no salão e movimentam-se de acordo com o que o violeiro canta. Quando é para valsar, valsam, e quando é para rufar os pés, eles batem-nos sem parar, e a dama fica bailando de lá pra cá, no mesmo lugar.

Há um novo intervalo em que os comes e bebes são distribuídos, mas observamos mais "líquidos" do que "sólidos", e dentre os "líquidos" o mais procurado é a pinga, a cachaça pura.

Após o intervalo as danças passam a ser exclusivamente bailadas. Têm quase a aparência de um baile urbano. Já vai alta a madrugada.

Cana-verde

Pelo fato de termos dançado a cana-verde como dança independente em Ubatuba, Cunha, Xiririca, hoje Eldorado Paulista, Piracicaba, Tatuí, Areias, Silveiras, ficamos surpresos ao vê-la incluída entre as danças do fandango em Cananéia. Isso era 1947. Posteriormente, com a observação participante realizada nestes últimos lustros, verificamos que a cana-verde, e não a caninha-verde, é dançada com o fito de descansar os dançadores de cateretê, catira ou xiba, tal qual nos fandangos rufados, danças que exigem grande dispêndio de energias físicas e se inclui nesse conjunto de danças rurais que é o fandango.

Essa dança traz um grande alvoroço no salão. Todos querem tomar parte. O violeiro canta os versos e somente quando ele acaba de cantar é que param de dançar. É uma dança de roda dupla. A roda interna, que é das mulheres, movimenta-se num sentido, e a dos homens, em sentido contrário. Os pares defrontam-se, sem se tocar. É dançada mais ou menos como a marcha urbana. Batem de leve um dos pés na frente do corpo – 1-2. Ambos batem primeiramente o pé esquerdo, e na batida do pé direito deslizam levemente nessa direção, ficando cada cavalheiro com uma nova dama. Ao mudar de parceiro, todos batem palma, uma batida só. Um violeiro canta um verso e o outro canta a seguir, de improviso; é como um desafio. Fazem um verso sempre com a "deixa" ou idéia que o outro deu ao cantá-lo. Por exemplo: o violeiro "A" cantou:

> O meu pai não qué qu'eu case,
> nem com esta, nem co'aquela,
> eu virando aquele alto,
> me caso com todas ela.

O violeiro "B" viu que a "deixa" é o "casamento", logo canta o seu:

> Quem quisé casá comigo,
> não me mande recadinho,
> bote o xale na cacunda,
> e me espere no caminho.

O violeiro "A" cantou:

> Pra cantá a cana-verde,
> não é preciso imaginá,
> de quarqué folha do mato,
> faz-se um verso pra cantá.

O violeiro "B" viu que a "deixa" é a "folha de mato"; ele improvisa respondendo:

> Quando eu ia pra cidade,
> no caminho me deu sede,
> a Dorvana me deu água
> nas folha da cana-verde.

Manjericão

Nessa dança a dama segura com a mão direita a mão esquerda do cavalheiro e este toca, com a mão direita, nas costas da dama que, a seu tempo, repousa o braço esquerdo sobre o ombro direito do cavalheiro. Dão um passo para a frente e outro para trás, a seguir viram. O passo é como se fora um balanceado. Parece mesmo um puladinho de lado. Ficam segurando nas mãos somente quando cantam "passai meu bem" etc. Enquanto cantam esse estribilho, os pares dão uma volta, rodando no salão; os homens com a mão direita segurando a mão esquerda de suas damas.

Manjericão é sono,
quem tem sono vai dormir,
eu tenho sono e não durmo
somente pra te servir.

Passai meu bem,
meu manjericão,
passemo todos pegado,
pegando pela mão.

Faxineira

Os participantes ficam juntos, na mesma disposição da dança acima descrita. Dão dois passos para a frente e dois para trás e, a seguir, dão um giro, fazem uma volta.

Chamarrita ou chimarrita

Como nas duas anteriores, ficam na mesma disposição. É uma dança muito parecida com o nosso samba urbano.

Graciana

É como na cana-verde, duas rodas, uma interna e outra externa. É semelhante à cana-verde; porém, os violeiros limitam-se a acompanhar os desafios; os versos são cantados pelos dançantes. Primeiro o homem canta um verso, dá um giro em torno de si mesmo, e a sua parceira, a seguir, canta outro verso, girando também no final. O par que está imediatamente ao lado esquerdo canta e, assim, sucessivamente, até todos os participantes terem cantado. Depois disso os violeiros cantam cada qual uma quadrinha, encerrando a dança. As mocinhas não têm "vexame", acanhamento de cantar, mostram mesmo um certo desembaraço. Certamente repetem quadrinhas que lhes foram legadas pela tradição oral. Eis a quadra de uma caiçarinha morena, de vestido rosa e pé no chão, cabelo preto com duas longas tranças, amarradas com fita vermelha:

> Minha mãe me case logo,
> enquanto só rapariga,
> milho plantado tarde,
> dá palha e não dá espiga.

Dandão

É puladinho como na polca. O violeiro canta. Enquanto cantam os violeiros, os dançantes ficam parados e, quando param de cantar, somente as violas continuam tocando; os dançantes, então, entram a bailar.

Os versos que recolhemos são semelhantes aos que Mário de Andrade publicou em seus *Ensaios sobre música brasileira*.

A música é parecidíssima. Pedimos ao sr. Hipolitinho que a repetisse várias vezes, a fim de constatar as diferenças existentes entre a atual e aquela publicada por Mário de Andrade.

> Eu alegria não tenho,
> tristeza comigo mora,
> si alegria eu tivesse,
> tristeza pinchava fora.

> Camarada me avisô,
> qu'eu não plantasse algodão,
> lá da banda do sertão,
> tem muita aranha pintada,
> saracutinga, grilo verde,
> lá tem que é barbaridade.

> Aqui neste recantinho,
> de'um ar tremeu a terra,
> as estrela se escondero,
> saiu o sol na janela.

> Camarada me avisô etc. ...

Os publicados por Mário de Andrade, em *Ensaios sobre música brasileira*:

> Camarada me avisô, ai
> que eu não plantasse algodão,
> lá da banda do sertão,
> debaixo do mato verde,
> debaixo do mato cerrado,
> que tem camaleão
> também o bicho borbão,
> também a formiga preta,
> que anda por baixo do chão,
> saracutinga e grilo verde,
> lá tem que faz cerração.

Recortado

É uma dança do grupo do fandango rufado. Há uma grande animação. A madrugada já passou, um novo dia dealbando vem. Fecham-se as janelas e portas; pelas frinchas, os primeiros raios do sol penetram no salão onde se realiza o fandango. Essa é a hora do recortado, a última dança, como que todos recobram suas energias para rufar estrondosamente o recortado. É rufadíssimo. O homem oferece a mão direita à dama; esta pega a mão do cavalheiro, dá uma volta e depois pega na mão esquerda. A dama fica sempre no mesmo lugar, é o homem que dá um giro em torno dela e sai. A única coisa que a dama faz é dar um giro, quando o cavalheiro gira ao seu redor. Os cavalheiros vão trocando de damas, rufando os pés intensamente, delirantemente, até que os instrumentos musicais cessam de tocar. Acabou-se o fandango.

UM FANDANGO EM UBATUBA

Nos confins da praia do Perequê-Açu, em Ubatuba, num sítio da Barra Seca, na noite de 14 de setembro de 1947, tivemos a oportunidade de assistir a um fandango que se realizava em casa de Manuel Teodoro, pescador e lavrador ali residente. Sua casa é tosca, de barro batido, coberta de telha portuguesa; a sala onde dançavam o fandango mede aproximadamente 7 m por 5 m. Há três portas, uma que se comunica com o exterior e duas com cômodos internos, cozinha e quarto. Notamos também duas janelas. Nos batentes das três portas estavam dependuradas três lamparinas que iluminavam o salão. Ao lado esquerdo da porta de entrada, junto à parede, estavam uns bancos de madeira, e neles sentados os dois violeiros e um rabequista. Os dois rapazes do pandeiro estavam em pé defronte aos demais músicos. Os violeiros, no decorrer do fandango, quando iam dançar, vinham outros e os substituíam enquanto sapateavam. A dança teve início às 21 horas e se prolongou até às 7 horas da manhã. Ali dançam somente o "passado" ou "trançado". Dançaram também a marrafa, em atenção ao pedido que fizemos, mas estavam inseguros, somente os velhos é que a executaram bem. Por intermédio de Candinho Manduca conseguimos que fizessem a demonstração. Durante toda a noite não fizeram outra dança a não ser o "passado". Dia a dia, como notamos com o caso da marrafa, as danças vão sendo esquecidas e é lamentável que se não tenham colhido elementos como esses. Candinho Manduca afirmou pesarosamente que ninguém mais sabe dançar a marrafa, ciranda, cana-verde, tonta, andorinha etc. Admiramos o entusiasmo com que esse caiçara de 60 anos de idade dançou o "passado" a noite toda. Dessa dança guardamos apenas uma foto tirada pelo nosso colega, Carlos Borges Schmidt, dos músicos, e por motivos alheios à nossa vontade não conseguimos fixar na fotografia as quatro fases da dança, as quais apenas elucidamos com o diagrama.

A música não foi recolhida, e ela é importante, pois toda a marcação da dança depende do canto. Os violeiros cantam quando devem rodar, quando é para fazerem o trançado, e este é feito ora duas, ora quatro vezes.

O passado

A dança pode ser feita com 8, 12, 16 ou 24 pessoas, dependendo apenas do tamanho do salão. Nessa dançaram 16 pessoas cada vez. Uma pessoa que tem mais prática, o "Mestre", arruma os pares. São oito pares. O cavalheiro defronta-se com a sua dama. Numa fileira ficam alternadamente homens e mulheres. As duas fileiras estão com a frente voltada para o interior, essa é a posição inicial. As violas começam a tocar, entram a rabeca e os dois pandeiros. Inicia-se a dança. Os dançantes dividem-se em grupos de dois pares; portanto, ali estavam quatro grupos. Os homens, logo que se inicia a música, cruzam-se, trocando de lugares; um vai para o lugar do outro, dançando com passos balanceados de valsa, e há os que exageram um pouco no balanceado, dando-nos a impressão de passo de polca, puladinho. Executam figuradamente um oito. Bem no centro daquele grupo de quatro pessoas eles se cruzam, "dando de ombro e costas", isto é, cruzam dando as costas no momento que atravessam; é um movimento gracioso e leve. Repetem esse "passado" ora duas, ora quatro vezes. Enquanto os cavalheiros executam tal movimento, as damas ficam valsando da esquerda para a direita, nos seus próprios lugares. Logo que os cavalheiros acabaram de executar o "passado", param em seus lugares e pateiam, então as damas fazem o mesmo "passado", descrevendo o oito, tantas vezes quantas os cavalheiros fizeram. Quando estas finalizam o trançado, todos param de dançar e executam uma volta, fazendo uma roda interna e outra externa. A interna é formada pelas mulheres que dão volta no sentido contrário aos ponteiros do relógio. A roda externa é formada pelos homens, dão uma volta no sentido inverso ao da roda interna. Executam apenas uma volta e, ao finalizá-la, voltam para os seus lugares primitivos. Desfazendo os círculos os dançantes formam duas fileiras, ficando em cada uma delas, e sempre um homem e uma mulher, alternados. Ao dar a volta todos cantam acompanhando os violeiros. As mulheres cantam desembaraçadamente, e alguns homens fazem "tipe", isto é, uma voz aguda em falsete.

Em chegando aos seus lugares primitivos, param de cantar, formam as fileiras, os homens a seguir avançam um passo à frente e, bem próximo de suas parceiras, batem palmas. Depois voltam aos seus lugares primitivos, finalizando a quarta e última fase da dança. Enquanto esperam que os violeiros determinem para iniciar os mesmos movimentos que acima foram descritos, eles ficam balançando o tronco da esquerda para a direita, tanto homens como mulheres. Repetem o "passado" durante 20 a 25 minutos, seguidamente.

Há sempre um pequeno intervalo, durante o qual alguns saem dando o lugar para outros dançarem.

1ª FASE Posição inicial	2ª FASE Passado (ou trançado)	3ª FASE Roda (cantando)	4ª FASE Batida de palmas (somente os homens)

Pagar roda

Cada um escolhe com quem quer dançar. As mulheres também escolhem. Nunca se recusam a dançar com quem vem convidá-las. Há nesse sentido um costume interessante que é o de "pagar roda". Um homem vem tirar uma moça para dançar. Dançam. Logo a seguir, a moça vai tirar o mesmo cavalheiro, então ela está "pagando roda". O mesmo acontece quando é uma moça que vem tirar primeiro o parceiro; na dança seguinte ele tem a obrigação de ir pagar roda, convidando a mesma dama.

Há uma dança do fandango que tem o nome de "pagará". Não terá porventura originado desse costume de "pagar a roda"? Os nomes, às vezes, variam de uma região para outra. Sabemos que essa dança do "passado" ou "trançado", em Cunha, São Luís do Paraitinga, Parati, Ilhabela, Caraguatatuba, é conhecida por "ubatubana".

Sociabilidade

Na dança entram moças, moços, algumas meninotas, velhos e velhas. Alguns negros e algumas negras. Branco dança com negra e negro dança com branca. Todos estão vestidos com roupa comum. Os dançadores levam os seus tamancos nas mãos. Podem estar calçados com sapato, mas deixam o seu sapato de lado e calçam o tamanco. Candinho Manduca, nosso cicerone, que nos levou ao local do fandango, passou em sua casa exclusivamente para pegar os tamancos e deixar os sapatos, pois voltava de uma festa religiosa na qual participara, na qualidade de irmão do Santíssimo. Disse-nos que o tamanco deve ser um pouco maior do que os pés, para ter bom som e também não machucar. Todos dançavam calçados, somente duas ou três pessoas é que estavam descalças. À meia-noite o filho do dono da casa passa com uma garrafa de pinga ubatubana e, numa única xícara pequena, vai distribuindo para todos os presentes uma "talagada". Também oferecem café com farinha de mandioca, pedem desculpas porque não podem oferecer "biscoitos cangalhinhas".

Em atenção ao nosso cicerone, que é muito conceituado, e para saciar nossa curiosidade, fizeram uma pequena demonstração da marrafa. Percebiam-se a indecisão e o desconhecimento quase por completo por parte dos rapazes, somente os mais velhos é que a dançavam desembaraçadamente. Fazem duas rodas, uma de homens, outra de mulheres, estas ficam na roda interna, aqueles na externa. As mulheres movimentam-se no sentido dos ponteiros do relógio, e os homens em sentido contrário. Eles defrontam-se.

As mulheres quase não saem do lugar, seu deslocamento é muito pequeno, dão um passo muito pequeno à direita. O homem balanceia com uma mulher, depois dá um passo para a direita, balanceia com outra. Ficam dançando muito tempo. Dançam com uma dama várias vezes, pois trocando sempre virá a dançar com a mesma.

Eles designam o fandango com os seguintes nomes: função, bate-pé, xiba, cateretê. Notamos que quando Basílio Oliveira, branco, de 45 anos de idade, molestava o fato de os moços não saberem dançar as outras danças como marrafa, cana-verde etc., disse: "agora, eles só conhecem o xiba, aquelas 'miudezas' eles não sabem mais, ninguém sabe". Candinho Manduca disse: "antigamente, depois das 5 horas da madrugada, já não dançavam mais o xiba, e sim as 'miudezas' como marrafa etc. ..." Parece revestir-se de um sentimento pejorativo o xiba, como sendo um sapateado sem figuras. No entanto, pelo que presenciamos, o "passado" da zona litorânea não se parece em nada com o xiba, da serra-acima, pois esta dançamos várias vezes em Cunha em 1945.

Dentre as músicas cantadas, guardamos apenas estas quadrinhas:

> Ajudai-me companheiro
> no meio deste salão
> que nóis dois cantando junto
> faiz chorá dois coração.

Esta viola que eu toco
chora sem comparação,
quanto esta viola chora
tanto mais meu coração.

Sebastião das Dores,
o imperador do fandango

As praias mais pitorescas do litoral sul paulista estão no município de Itanhaém. Ali há de tudo: mar, praia, rio, montanha, paisagem, bucolismo e ainda sossego. De tradição alguma coisa resta. A invasão do planaltino vai liquidando com o tradicional do beira-mar. Primeiro os grileiros, que tomaram as terras dos caiçaras indefesos, depois os veranistas e agora os turistas, todos vêm contribuindo para que haja um processo de substituição do tradicional.

Algo desse passado bem brasileiro ainda existe insulado por lá e o tipifica um a quem podemos chamar de baluarte ainda vigoroso nos seus 70 anos de idade, a figura simpática do pescador Sebastião das Dores, morador da Prainha, na banda de lá do rio Itanhaém.

Há mais de vinte anos nós o conhecemos, quando morava numa casa de tábua, casa típica da caiçara paulista – a sala da frente, grande e espaçosa, assoalhada, própria para se dançar o fandango, fazer zoada com o bater de tamancos num sapatedo bem tirado por um violeiro batuta. Nesse bom tempo, ainda era viva sua esposa, dona Alzira, com quem dançamos muitos fandangos.

História de vida

Vamos contar trechos da história de vida não do Sebastião pescador, mas do "Sebastião, o imperador do fandango".

No apagar das luzes do Império brasileiro, a 26 de julho de 1889, nasceu aquele que viria a ser o "Imperador do fandango" nas praias de Itanhaém.

Quando meninote cursou durante três anos a escola primária em Piaçaguera. No início de sua vida seguiu a profissão do pai: era também lavrador, plantando mandioca, milho e feijão. Por ocasião das colheitas, na época das romarias, seguia com seus pais até Iguape. Data daí o começo de seus amores com a viola, a qual nunca abandonou.

Em 1930 mudou-se para Prainha aforando da Marinha o terreno onde tem sua casa. Passou a pescar, aliás, arte que praticava quando menino e moço, por ocasião da vacância agrícola. O mar não lhe tinha mais segredos, "Sebastião, o folgazão"[37] sabia ouvi-lo e cantava-lhe loas em sua viola.

Há trinta anos Sebastião das Dores vai buscar no mar o sustento para si e para os seus, pescando diariamente. E foi ali naquela casa que há vinte anos passados nós fomos conhecer Sebastião das Dores. Nessa época éramos Chefe de Escoteiros do Mar e havíamos acampado em 1939 com nossa tropa "Tamandaré" na Prainha onde havia apenas a casa de Sebastião e lá distante a de seu irmão, Manuel.

Na antiga casa de tábuas, ferramos, noite adentro, um fandango inesquecível. "Sebastião, o folgazão" era alegre de verdade. Sua alegria desapareceu desde o dia que dona Alzira morreu. Quando ela vivia era a companheira inseparável: Sebastião na viola e ela não perdia contradança, era a pessoa mais animada e folgazã do salão. A função começava logo depois de o sol se pôr e quando ele aparecia de novo os fandangueiros se despediam com a Cirandinha. Bem, já era domingo e tinham o dia para dormir, descansar, desforrar a

---

37 Geralmente não usam "fandangueiro" para designar o dançador de fandango porque o termo é pejorativo, significa vadio, preguiçoso. Ao apaixonado pelo fandango chamam de "folgazão".

noite varada no fandango da Prainha. Pois fandango bom é como o mutirão – o dia deles é o sábado.

Na viola, "Sebastião, o folgazão" comandava a função. Mas os fandanguistas têm seu ritual: a primeira volta é para São Gonçalo do Amarante, depois vem o fandango. Os primeiros são rufados, isto é, com intenso bate-pé, depois os rufado-valsados e finalmente os valsados. E de quando em vez uma dança lúdica em que o motivo maior está no jogo de prendas, na imitação ou na galhofa que provoca o "senhor Sampaio" ou o "vilão-de-mala".

Muitas foram as danças que nestes últimos vinte anos ali conhecemos e dançamos graças ao "Sebastião, o folgazão" na viola. De algumas gravamos música e versos; doutras, os versos apenas; mas de todas procuraremos dar uma descrição sumária. Registramos o que vimos.

Desde que dona Alzira faleceu, "Sebastião, o folgazão" não fandangou mais. Viola agora toca apenas na folia de Reis, quando o Arlindo de rabeca em punho, Bagrinho no adufe ou pandeiro e João na caixa vêm procurá-lo para encher de encantamento as noites de Natal a Reis, cantando nas casas da Prainha, da praia dos Sonhos e na avenida do Mar, na visitação às casas – casas de veranistas onde não existe um presépio sequer, mas impera a jogatina, onde o baralho funciona até com luzes de velas quando à meia-noite acaba a energia elétrica. Fumantes e jogadores inveterados nem sempre sabem apreciar e não têm mesmo capacidade para tal, não têm a sensibilidade para sentir aquela manifestação pura do folclore nacional – a folia de Reis de Caixa.

Fandango praiano

Mas voltemos ao fandango e enumeremos as danças que aprendemos com "Sebastião, o folgazão": anu-chorado, volta-senhora, tirana grande, tiraninha, mantiquira, recortado, nh'aninha, enfiado, pica-pau, graciana, dandão, serrador, andai-meu-amor-andai, Senhor Sampaio, o marujo, caranguejo, marrafa, a chula, tirolito, a cobra, morro-seco, sereia, chamarrita, velho-fica-e-a-moça-vai, manjericão e mono.

Descreveremos as danças de Itanhaém e podemos afirmar que algumas são idênticas às de "O fandango de Cananéia", daí deixarmos de arrolar neste.

Anu-chorado

É uma dança do fandango rufado ou batido. Nela entra apenas o bater de pés. O violeiro com a viola na *afinação por baixo*, pois essa dança requer outra afinação e não a comum, deu início cantando uma quadra. A seguir os cavalheiros rufaram os pés em torno da dama, batendo palmas para finalizar. O violeiro parou cessando a palmeação, tornou a cantar nova quadra enquanto os dançadores descansaram em seus lugares, cavalheiros defronte das damas. Registramos os versos cantados:

> O anu é passo preto
> e é sereno no voá,
> na sombra vos espero,
> no sol não posso esperá.
>
> Passarinho arreie a asa
> pra fazê sombra no voá,
> eu na sombra vos espero,
> no sol não posso esperá.
>
> O anu é passo preto
> e tem o bico rombudo,
> é praga que Deus deixô,
> todo negro ser beiçudo.
>
> Esta noite tive um sonho
> eu tive das deiz pras onze,
> sonhando com meu benzinho
> que tava de mim tão longe.

Volta-senhora

Fandango rufado, portanto, só de bate-pé. Os pares ficaram dispostos em roda, sem enlaçamento destes. Os cavalheiros defrontaram suas damas. O violeiro cantou uma quadrinha, os cavalheiros rufaram os pés, palmearam e a seguir trocaram duas damas por dentro e três por fora. Novo canto, novo rufar e palmeio. As damas foram trocando de par, findando a dança quando as damas voltaram a defrontar-se com o cavalheiro com o qual compôs o primeiro par, foi a "volta-senhora".

No canto não anotamos nenhuma referência especial à dança.

> Quero começá cantando
> que ainda hoje não cantei,
> quero vê se meus peito
> se ainda está como deixei.
> Levanto de manhã bem cedo,

calço a minha botina,
pre-que-pre-que na calçada,
vô passiá na Usina,
vô no cinema de noite
abraçado coa menina.

Tirana grande

Os pares formaram duas grandes filas no salão, ficando as mulheres à esquerda e os homens à direita, e à frente de ambas as colunas estavam os violeiros. Quando estes acabavam de cantar uma quadra, dois cavalheiros saíam por dentro e três por fora, sapateando, trocando de lugar, paravam de sapatear, iniciando o palmeio. Quando terminavam o bater de palmas, violeiros duetavam cantando nova quadra.

Tirana é mulher velha
sua filha é rapariga,
sinhá Tirana não quer
que lhe tragam em cantigas.

Mantiquira

É uma dança que se classifica entre os fandangos rufados; quando o violeiro parou de cantar, os cavalheiros fizeram uma cortesia pegando na mão da dama que se achava atrás, a seguir na da que estava em sua frente, fizeram uma cortesia para o novo par, passaram para sua frente, bateram os pés, palmearam. O violeiro tornou a cantar outra quadra e estribilho e a dança repetiu-se alternando canto e sapateio.

A perdiz canta de alegre
quando pisa no banhado,
mas antes vivê sozinho
do que mal acompanhado.

As onda lá fora
dá um vento treme,
meu coração, de saudade geme.
Menina, tu não te alembra
presente qu'eu te dei,
não tenho recordação,
o anel de pedra verde.

Um lenço sobre bordado
ai nunca me chegô nas mão.
Menina não me diga isso
que matratais meu coração.

A onda lá fora
dá um vento treme,
meu coração, de saudade geme.

Pica-pau

Fandango rufado. Os pares ficaram livremente dispostos no salão sem formar rodas ou filas. O violeiro tirou uma quadra e a seguir os cavalheiros sapatearam e palmearam. Repetiu o violeiro cantando, alternando com a dança. Esta durou mais ou menos vinte minutos.

O pica-pau atrevido
que do pau fez tambor
para tirar alvorada
na porta do seu amor.

Pica-pau do Mato Grosso
que tem catinga no sovaco,
de dia pica no pau,
de noite no seu buraco.

Dançam mais dois fandangos semelhantes a este último descrito: sereia e morro-seco.

Graciana[38]

Formaram no salão duas grandes rodas, uma interna e outra externa, cavalheiros e damas, alternados. O violeiro cantou:

Esta viola que eu toco
toco toda a semana,

---

38 Em Xiririca, agora Eldorado, em um fandango recolhemos também uma graciana. Um dos folgazões disse ao violeiro: "pare com a sua guitarra que eu quero dizer a minha graciana"; sem cantar disse, e o violeiro repetiu-a cantando. A seguir, a dama fez o mesmo. Aquele par afastou-se, veio a seguir outro par, "botando" outros versos que serão repetidos pelo violeiro. Enquanto este canta, o par de mãos dadas, frente a frente, dança no centro da roda, bailando, balanceando. Os pares vão se sucedendo até que o último tenha dito a sua "graciana", e o violeiro ponto-finaliza cantando a despedida.

senhores que andam por dentro,
digam um verso à graciana.

Quando o violeiro parou de cantar, um par destacou-se, entrou no centro da roda interna, o cavalheiro disse uma quadra, a qual foi repetida no canto do violeiro, depois foi a vez da dama dizer sua quadra, repetiu-a o violeiro, alternando assim a dança que continuou até que todos os presentes à dança pudessem dirigir um verso à graciana.

> Ai minha figuera branca,
> minha rola do sertão,
> quando voa deixa as pena,
> quando senta, faz verão.

> Meu amô ficô de vim
> quando a Lua viesse,
> a Lua já tá alta,
> meu amor não aparece.

> Não me atires com pedrinha
> que estou lavando louça,
> me atirai um beijinho,
> devagar, que ninguém ouça.

> Laranjinha, pede choro,
> ajudai-me a chorar,
> o que tenho na vida,
> esse querem me tirar.

O homem disse o verso:

> Quem anda de madrugada
> é cativo do sereno,
> eu tamém hei de sê cativo
> desses seus rosto moreno.

Responde a mulher:

> Menina, minha menina,
> minha frô de melancia,
> um beijo da tua boca
> me sustenta todo dia.

Sereno de madrugada
caiu na foia da rama
eu tamém hei de caí
no braço de quem me ama.

Menina quano vós fô
me escreverá do caminho,
se não tivé papé nem tinta
nas asas de um passarinho.

A foia da bananeira
de comprido varre o chão
o taio de vosso corpo
martrata meu coração.

A foia da bananeira
tem um verde meio escuro
quem beijá com meu amô
não tem a vida seguro.

Eu vô no mar cortá laranja
fruta que no mar não tem,
de lá vim todo orvalhado
das onda que vai e vem.

Alecrim da bera d'água
não se corta com machado,
se corta com ramo verde
que na horta foi prantado.

Vô fazê uma gaiola
do arçapão de vidraça
pá ponhá lá um canarinho
onde a Mariquinha passa.

Pinchei a pena pra cima
caiu no chão, feiz um "s",
no mundo, vale quem ama,
no céu, entra quem merece.

Estrela são brilhante
raio do céu encarnado,

menina que tu me ama
não me tragas enganado.

Despedida dos versos (só o violeiro é quem canta):

Vamos dar a despedida
como deu a saracura
com a perna tão comprida
e o bico da mesma artura.

Velho-fica-e-a-moça-vai

É um fandango valsado. Os pares se colocaram no salão, tendo início a dança com o canto dos violeiros. Estes cantaram uma quadrinha qualquer, tradicional; porém, no final, adicionaram como estribilho o seguinte, justamente o nome da dança:

O velho fica e a moça vai
caiu no meu braço, meu bem, ai, ai.

Nesse momento, as damas deixaram os cavalheiros, passando a dançar com outros. Várias quadras foram cantadas e as mudanças se davam com aquele estribilho de comando.

Saí na praia, deitei-me
na cintura da maré,
chorei meus padecimento
que minha sina assim requé.

Já está anunciado,
e anunciado já está,
que a sete do corrente
muita gente vai chorá.

Não chore meu bem, não chore,
nem se mate em chorá
que domingo às nove hora
eu aqui torno a voltá.

Meu coração dava choque,
meu corpo todo tremia,
quando eu vi a barca à vela,
nas ondas da maresia.

Recortado

Com esse fandango não procederam como sói acontecer noutros lugares do beira-mar paulista onde o vimos ser dançado como fecho a última dança da função. Não o dançaram com aquela fúria coreográfica por nós presenciada noutros fandangos de caiçaras, e havia razão: não era a despedida, porque para esta há um ritual a ser seguido. Dançaram o recortado naturalmente: violeiro acabou o verso, o cavalheiro bateu os pés, depois bateu as mãos e passou na frente da dama, e o cantador na sua viola cantou outro verso, alternando assim até o final da dança.

Registramos alguns dos versinhos cantados, nos quais se pode sentir a presença do mar como inspiração dos violeiros, fandangueiros; enfim, fragmentos esparsos desse grande capítulo que precisa ser escrito um dia – o *Folclore do mar*.

> Lá naquele mar d'Espanha
> onde Cupido nasceu,
> como pode amor sê fogo,
> se das águas procedeu?

> Lá pro lado dos Engenho
> não dançam mais recortado,
> que recortado de lá
> as moças tinham guardado.

> No mar fora tem o peixe
> que se chama roncadô,
> tenho meu anzor de prata
> com que pesco meu amô.

> Adeus praia de Juréia,
> onde eu perdi o meu lenço,
> amarrado em quatro ponta,
> cheia de lágrima dentro.

> Tomai esta chave verde
> pra abri as esperança,
> abri e tornai a fechar
> nosso amor com segurança.

> Eu não canto por cantá
> não por sê bom cantadô,
> canto para aliviá
> dos meus peito a maió dô.

No rio navega canoa,
no mar fora, embarcação,
no mar de tua saudade
navega meu coração.

Já vô dá por despedida
como esta ninguém deu,
barboleta cor de cana,
chegai teu rosto com o meu.

Caranguejo

Fandango que poderíamos incluir entre os rufados porque há batidas de pé. Mas o bater de pés aqui é diferente, não é o sapateio, mas sim um leve bater dos pés na frente do corpo; bate primeiramente um, depois bate palmas, a seguir outro pé e palmas, sob o comando do canto do estribilho. Há um pequeno valsado que os pares fazem enquanto são cantados os versos. Já no estribilho, até as damas batem pé e batem palmas. Não rufam os pés como afirmamos; aliás, procedem como as crianças no brinco infantil que tem o mesmo nome e cujo canto e música são os mesmos, iguais, com pequenas variações às da melodia por nós gravada desse fandango.

O siri co caranguejo
brigaram, fizeram sangue,
o siri foi pra ressaca,
o caranguejo pro mangue.

Lá de casa me mandaro
um presente num canudo,
uma velha descascada,
um velho com casca e tudo.

O siri co caranguejo
inventaro uma caçada,
o siri levô a patrona,
o caranguejo, a espingarda.

Caranguejo não é peixe,
caranguejo peixe é,
já vi caranguejo
na vazante da maré.

O estribilho cantado indicava os movimentos a serem feitos:

> O pé, o pé, o pé,
> a mão, a mão, a mão,
> minha gente venha vê
> o caranguejo no salão.

Uma euforia quase infantil tomava conta dos participantes dessa dança do fandango. E a dança prosseguiu, novo verso:

> Encontrei o caranguejo
> no morro da Paciência,
> com um machado nas costas,
> vinha de fazê pau de prensa.

"Sebastião, o folgazão" parou a viola, colocou-a num canto; era preciso descansar. Fez-se um intervalo, pois chegou um "café a duas mãos" para os presentes, e violeiros têm sempre a primazia, são os primeiros a receber o "bom trato". Enquanto os presentes com uma das mãos seguravam a tígela de café e noutra o biscoito de sequilho, um dos fandangueiros, o mais animado deles, Juliano Antônio Leal, cantou um verso iguapense para o pesquisador registrar:

> Coisa bonita aprendi
> no mato do Cabuçu
> onde estava a bicharada
> com tão grande furrundu.
>
> Tava um tatu de rabeca,
> tamanduá de pandero,
> e ouriço com a viola
> e era um bom violero.
>
> O mico tocava frauta
> e outro mico frautim,
> e assim a paca dançava
> e cantava o guaxinim.
>
> Assim a paca dançava
> e a cutia muito bem,
> e a cutia tano torrada
> não olhava pra ninguém.

E o sinhô mono de parte
se achava na função,
na hora da ladainha,
ele era o capelão.

Isso só visto é bom
que contando não tem graça,
na roda do Querubim
se encontra tudo quanto é caça.

Chula

Reiniciado o fandango dançaram a "chula". Os fandangueiros pareciam tomados de uma "febre coréica", mexiam e remexiam tanto com o corpo todo que mais pareciam desconjuntados. Os homens se contorciam até encostar as juntas dos joelhos no solo, chulando sempre, as damas, requebrando-se ao máximo, lascivamente, às vezes. Era um frêmito, um tremelicar coletivo. Os pares não tocam as mãos, não se enlaçam, cavalheiro ficava chulando defronte de sua dama. Em geral as atenções se voltavam para um ou outro dançador, que fazia os movimentos mais incríveis de contorcionismo sob o ritmo da viola. No Ceará, em Crato, "chula" é apenas canto, uma espécie de embolada. Difere também da chula gaúcha.

Cavaquinho

Quando teve início essa dança, verificamos que os cavalheiros eram apenas os moços, os mais jovens presentes ao fandango. Alguns mais idosos não quiseram participar, dizendo ter sido passado o seu tempo, essa dança era só para quem tinha as juntas boas, as deles já estavam enferrujadas...

Formaram-se os pares. Teve início o canto. Os cavalheiros ficaram de cócoras e pulavam, dançavam nessa posição incômoda, evitando tocar as mãos ao solo. As damas rodeavam seus respectivos cavalheiros, valsando, balanceando de um lado para outro. Quando o violeiro cantava: "Eu também vô tirá o cavaco de pau", o cavalheiro levantava-se e formava par enlaçando sua dama, valsando com ela. Repetiram. Essa dança foi a de maior duração.

Quero cantá que me pede,
não quero ser descortês,
tenho dois anjo na glória,
convosco, meu bem, são três.

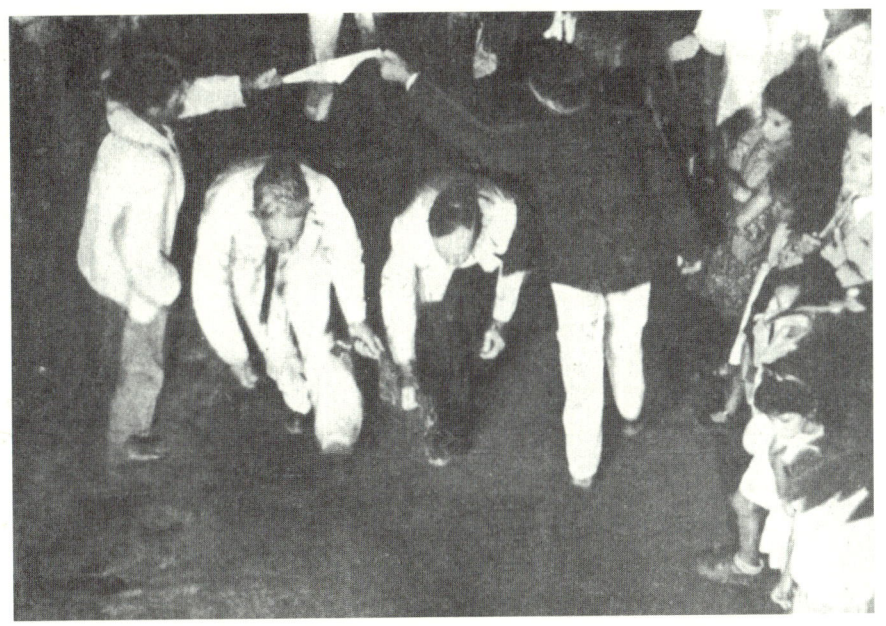

Vilão-de-lenço. Taubaté.

Cantando a cana-verde. Piracicaba.

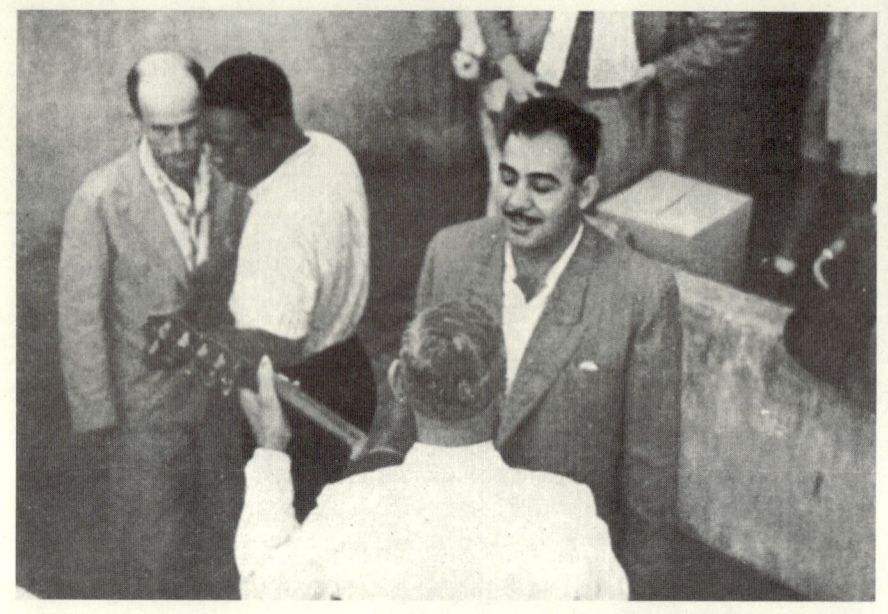

Outro aspecto da cana-verde: dançar acompanhado pelo canto.

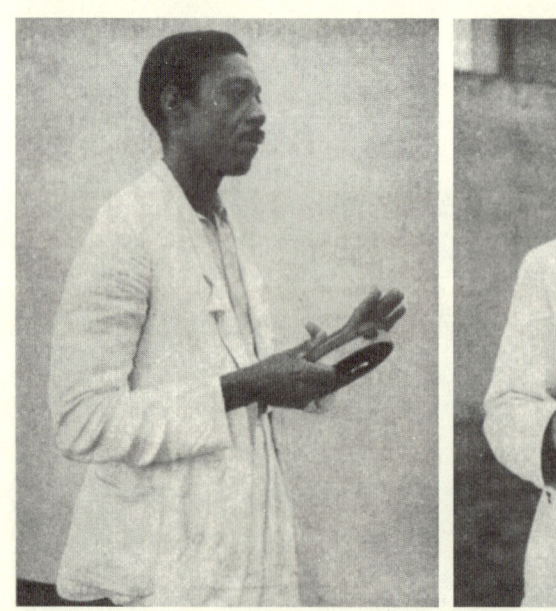

Tocando pandeiro na cana-verde. Piracicaba. À direita: tocando reco-reco na cana-verde.

Si a morena entusiasmada,
si o teu pai não me matasse
e eu não tivesse medo,
eu dava um passeio lá.

Morena vamo comigo
vamo junto passiá,
saiamo de braço dado
pra ninguém maliciá,
de madrugada bem cedo,
antes do galo cantá.

Chamarrita

A madrugada vai alta, os fandangos batidos foram postos de lado, agora vêm os valsados, nos quais não há grande gasto de energia como sói acontecer com os rufados. A chamarrita assemelha-se muito ao samba urbano, pares enlaçados.

Ai eu passei o mar a nado } bis
com uma lanceta no dedo, }
minha moreninha,
eu só posso me gavá
qu'eu passei o má sem medo,
minha moreninha.

Quando eu vim do Sul,
passei na Prainha,
fui administrador de primeira linha
o primeiro vagão
era de palhinha,
adonde se assentô
dona Mariquinha.

Cada vez qu'eu considero
que a morte há de matá,
me foge o sangue da veia,
torna a balanceá,
meu coração do lugá,
tornai a balanceá.

Tenho meu peito ferido
tudo chagado de dor,

tome chá de laranjinha
que isso são paixão de amor.

As onda do mar me disse
que eu fosse seu marinhero,
minha moreninha, tornai a balanceá,
em cima das onda dela,
ganhava muito dinheiro,
minha moreninha, tornai a balanceá.

Noutro fandango, em janeiro de 1954, recolhemos estas quadrinhas cantadas na chimarrita:

A sarsa, requer o peixe
todos requer o que é seu,
eu requero vossos olho
que por direito são meu.

Eu cheguei pra perto dela
meu benzinho como está?
Já faiz mais de quinze dia
que não le posso falá.

Naquela tarde serena
eu saí, fui passiá,
encontrei o meu benzinho,
chegando de viajá.

Com camaradage no meio,
pra ninguém desconfiá,
adeus minha rosa branca,
minha pedra de cristá.

Perguntai a set'estrela
que ela vos há de contá,
como si namora moça,
numa noite de luá.

Se não viu o que vi hoje,
numa touceira de embira
uma roda de mulié,
todas falano mentira.

Enfiado

Formou-se uma grande roda no salão, alternadamente um cavalheiro e uma dama. Quando a música começou, as damas moviam-se no sentido lunar e os cavalheiros, no solar; então o cavalheiro dava a mão direita à dama que vinha à sua frente, esta dava-lhe a direita; a seguir, o cavalheiro dava a esquerda para a que vinha a seguir, à sua frente; assim formavam como que uma corrente enfiada uma na outra, graças ao deslocamento entravam ora à direita, ora à esquerda, dependendo do lado que davam a mão ao parceiro(a). O enfiado é valsado, semelhante à monada[39] a que assistimos em 1947 em Xiririca, hoje Eldorado Paulista.

---

39 Além da *monada*, palavra de origem castelhana, cujo significado é "rica", "preciosa", encontramos outras danças do fandango em Xiririca, hoje Eldorado Paulista: ticão (formam uma roda, um par entra ao centro; enquanto o cavalheiro sapateia, a dama faz "orelha", isto é, castanhola com os dedos), *bamo-na-xacra* (no salão dança somente um par de cada vez. O cavalheiro vai buscar a dama e dança com ela ao centro. O violeiro diz: "Deixe o Mané e vai buscá o Juão." "Juão deixe a Maria e vai buscá a Chica." No final, após terem vários pares dançando, diz: "Entre, saia quem quisé e vá buscá aquela muié", todos dançam, finalizando o bamo-na-xacra), *pericó* (nessa dança participam no máximo uma dúzia de pares de folgazões. Entra um cavalheiro no salão dizendo um verso, entra uma dama, depois cantam para entrar outro e outra, até chegar no máximo doze pares. A seguir o violeiro manda ir saindo um a um até ficar um cavalheiro):

> quero dá a despedida
> como deu a samambaia,
> as dama saíro tudo,
> de vergonha tamém saia.
>
> Minha gente venha vê,
> a dança do pericó...

Dançaram também *engenho novo* (pegando nas mãos, dançaram apressadamente). Braço erguido, pegou-se a mão da dama, esta dá uma volta rápida em torno e passa para outro cavalheiro. Cantaram:

> Engenho novo
> que está pra assentá,
> entretendo as mulata
> pra namorá.
>
> Engenho novo
> que pila o café,
> tudo que ele pilá
> é pra Sinhá Zabé.

Outra dança foi o *sabão*, cujos versos cantados no estribilho:

> Olé, olé, mexe o tacho de sabão,
> o sabão pra sê bão
> deve sê feito de rosa,
> ainda que o sabão se acabe
> a ropa fica cherosa.

A roda, que se assemelha às danças do fandango gaúcho, ora em magnífica reconstituição e prática pelos centros tradicionalistas: o par de mãos dadas inicia bailando, depois o cavalheiro levanta

O violeiro foi tocando e cantando e a dança findou quando este cessou de cantar.

> Quero começá cantando
> que até agora não cantei,
> água de rosa me dero
> que até no falá mudei.
>
> Quando de casa eu saí,
> minha mãe me avisô,
> vede como andai por lá,
> filho de Nosso Sinhô.
>
> Si quisé amá, me ame,
> si não qué vá de passage,
> para tirá rosa da roseira
> não me acho com corage.
>
> Esses peito que aqui canta
> são peito curitibano,
> canta o dia, canta a noite,
> canta em roda do ano.
>
> No jardim também se usa
> flores de ingratidão,
> quando vô tirá a rosa,
> nunca acho ocasião.

A cobra

Formaram uma grande coluna onde iam alternadamente um cavalheiro e uma dama. À testa vai um cavalheiro que era o "cabeça" da cobra. Enquanto

---

a mão direita e a dama gira por baixo, ainda bailando, enquanto o homem sapateia; findo o sapateado, a dama passa para dançar com outro cavalheiro. O violeiro cantou:

> O amor quando é novo
> trata-se com bem cuidado
> quando chega um certo tempo
> passa carta de enfarado.
>
> Mecê disse cantá e canta,
> cante vós que está sentado,
> sua boca não é cravo
> pra sempre está fechado.

o violeiro tocava foram fazendo evoluções no salão e os demais dançadores seguiram, formando um caracol. Como todos estavam de mãos dadas, perceberam-se perfeitamente as diversas formações que executaram; entretanto, quando o caracol ia diminuindo cada vez mais no centro, até um momento em que estava muito fechado, a "cabeça" passou por baixo dos braços do par que vinha a seguir, desenrolando assim o caracol, pois todos fizeram o mesmo. É um fandango lúdico e que requer muita atenção.

> Eu fui e já voltei
> pra voltá me dá vergonha,
> pelo jeito que estou vendo
> que a morena me abandona.
> Ela comigo não fala,
> Ela comigo não fala.
>
> Descei estrela do céu
> com uma espada golpeando,
> ai eu já fui, não volto mais,
> pra voltá eu tenho vergonha,
> Pelo jeito que tô veno etc. ...
>
> Ela comigo não sonha
> porque não é do meu gosto,
> pelo jeito que tô vendo
> ela tem outro garoto.
> Ela comigo não fala,
> Ela comigo não fala.
>
> Ai dai um gorpe que atravesse
> ai amor que ando amando,
> eu já fui e já voltei,
> pra voltá me dá vergonha.
> Pelo jeito que tô vendo
> que a morena me abandona,
> Ela comigo não fala,
> Ela comigo não fala.

Tirolito

Ouvimos alguns presentes pronunciarem "pirolito". Essa dança assemelhava-se um pouco à chula, havia requebros não intensos, os meneios de corpo eram executados com leveza e agilidade Cada vez que o violeiro acabava de cantar o único verso, o cavalheiro trocava de dama. Dançavam sem tocar as mãos ou enlaçar-se. Enquanto dançavam ouvia-se apenas a viola, não havia canto. Quando o violeiro iniciava o canto, os pares defrontavam-se e batiam palmas; o cavalheiro fazia o gesto de apontar para uma outra dama e ao ser cantado "quem gosta de mim é ela" apenas apontava, mas ao ouvir "quem gosta dela sou eu" ia se locomovendo para o lado da dama apontada. Cessava o violeiro de cantar, já o cavalheiro passava para formar par com a dama indicada. Às vezes, havia uma pequena confusão quando dois cavalheiros apontavam a mesma dama, mas logo se resolvia porque, havendo número certo de dançantes, não havia desemparceiramento.

> Pirolito que bate, bate,
> pirolito que já bateu,
> quem gosta de mim é ela,
> quem gosta dela só eu.

Senhor Sampaio

Dança lúdica do fandango rural paulista. Assemelhava-se ao vilão-de-mala. Grande roda interna de damas e seus pares que formavam a roda externa iam dançando sob o ritmo vivaz da viola, uma marchinha com letras alegres e galhofeiras. A um determinado momento entrou um cavalheiro com um saco e uma bengala, quando o violeiro cantava, como estribilho: "olé, olé, Senhor Sampaio etc." aproximava-se de uma dama, esta deixava o seu par para formar com o cavalheiro que entregava o saco e bengala, ao que perdeu a dama. E a dança prosseguia alegre, despertando risos entre os presentes. Um cavalheiro perdia sua dama todas as vezes que o violeiro cantava:

> Olé, olé, Senhor Sampaio,
> senhora me segure
> sinão eu caio,
> si eu caí, não balanceie,
> quem não tem dama
> que vá pelo meio.

Mono

No salão apenas oito pares defrontavam-se sem enlaçamento, dispuseram-se formando duas colunas, em que um cavalheiro vinha ao lado de uma dama na coluna esquerda, defrontando-se com o par da outra coluna. Durante o canto, valsando, balanceando, os pares trocavam de posição, depois destrocavam.

> Ai no alto daquela serra
> que a pomba falô e disse,
> 	lai eu, larai,
> enquanto solteiro alegre,
> depois de casado, triste.
>
> Pelo buraco da chave,
> pela greta da parede,
> 	larai, oi larai,
> avistei meu benzinho
> se balançano na rede.
>
> Perguntai às Set'estrela
> que ela vos há de contá.
> 	lai eu, larai,
> como se namora a moça
> numa noite de luá.
>
> Eu não canto por cantá
> nem por tê fama de amante,
> lariu, eu canto para dar gosto
> pra quem pede qu'eu cante.

Convidado

Os pares se dispuseram no salão apenas defrontando-se. Enquanto os violeiros cantavam os dançadores "balancearam" valsando de um lado para outro; bastava, porém, ser cantado o estribilho que eles se enlaçavam e dançavam rodopiando no salão. Pelo estribilho havia grande espera, pois era o momento em que os pares se enlaçavam mesmo.

> Falai viola, falai,
> falai meu pinho rosado   (bis)
> que no lugá qu'eu estou
> não me deixe vergonhado.   (bis)
>
> Já vô dá a dispidida
> que a viola mandô dá,   (bis)
> no fim da minha cantiga
> a viola vai pará.   (bis)

Ai adeus barranco de areia
cercado de lírios brancos,   (bis)
donde meu bem passeia,
domingo e dia santos.   (bis)

Estribilho:

Convidado, meu bem convidado,
venha pra balanciá,
convidado, meu bem convidado,
vamo nóis dois balanciá.

Andai, meu amor, andai

O dia vinha clareando, houve um bate-pé não intenso, entremeado de valsado, um fandango realmente rufado-bailado:

Andai, meu amor, andai,
não andeis, virá-virando
que perto de nós está
quem nos anda vigiando.

Serrador

Fandango valsado com grande animação dos presentes, pegavam nas mãos das damas, cruzando-as, pois a direita segurava a direita e a esquerda, a esquerda; quando o violeiro acabava o verso, faziam o gesto de serrar.

Minha viola se chama
pinho da minha paixão
no aro dela se escreve suspiro
que as moças dão.

No dia nove de março
mais ou menos nove hora
encostô um aparelho
vindo dos mares de fora.

Primeiro foi um dotô
mas lá não pode chegá,
depois foi um marinhero
que sabia bem nadá.

O marinhero dizia
quem for dono venha buscá,
vamos deixá que se enxugue
para nós podê guardá.
Este trouxe o aparelho
vindo fazê rolá,
a mulher lhe perguntô
isto de quem será?

O aparelho é de ferro
não é de madeira, não,
o povo já estão dizendo
que isto vem do Boqueirão.

Marujo

Mais ou menos semelhante ao recortado, portanto fandango rufado. Seus versos nos fazem lembrar em parte algum naufrágio, pois o marujo "não tem nada de seu, apenas uma camisa velha que o piloto lhe deu". Remotamente pode-se filiá-lo, por hipótese, à Nau Catarineta. O canto é mais ou menos lamuriento.

Eu sou um pobre marujo
não tenho nada de meu,
tenho uma camisa velha
que o contramestre me deu.

DANDÃO – Fandango valsado.

Si o cantá desse dinhero,   (bis)
eu já tinha inriquecido, dandão   (bis)
como cantá não dá nada,   (bis)
tudo o que eu canto, dandão, é perdido,
tudo o que eu canto é perdido.

Chovei, chuvinha, chovei
apagai minhas pegada,
não quero que meu bem saiba
que eu andei de madrugada.

A maré que enche vaza,
deixa o mangue descoberto,

vai-se um amor, fica outro,
nunca vi coisa tão certa.

Ciranda

O dia já estava claro, era a última dança. O salão ficou apinhado, todos queriam despedir-se do fandango da Prainha.

Os pares estavam de braços dados "como quem vem do cartório", após o casório, entraram dançando, bailando, todos cantavam o estribilho, davam meia-volta, desviravam, trocavam de par, o cavalheiro deixava sua dama e dançava com a outra que estava imediatamente à sua frente.

O violeiro cantou vários versos e no estribilho, com euforia, todos cantavam. E com a ciranda encerrou-se o fandango, era o animado ritual da despedida. (Ouvimos várias pessoas pronunciarem "sereninha".)

> Toda vez que o galo canta
> no retiro onde eu moro,
> quando me aperta a saudade
> saio no terrero e choro.
> > Ai balanceia, tornai a balanceá
> > dê a volta na ciranda,
> > outro passinho Iaiá.
>
> As ondas do mar lá fora
> são onda que não floresce,
> resplandece meu coração
> e o meu coração resplandece.
> > Ai balanceia, tornai a balanceá...
>
> Entre as asas de uma pomba
> eu vi um pombo gemê,
> dando suspiro gemido
> sem acabá de morrê.
> > Ai balanceia, tornai a balanceá...
>
> *Estribilho:*
>
> Ó ciranda, cirandinha,
> venha e vamo cirandá,
> vamos dar a meia-volta
> e meia-volta vamos dar,

mas meia-volta
e adiante troque o par.

Em outro fandango, no mesmo local, no dia 4 de janeiro de 1954, gravamos esta cirandinha:

Ai fui na fonte bebê água,
debaxo da ramalhada,
eu fui somente por te vê,
que a sede não era nada.

Ai a ciranda, cirandinha
meu bem vamo cirandá,
a cirandinha, meu bem, vamo cirandá,
ai vamo dá a meia-volta,
meia-volta vamo dá,
ai, outra meia,
si tá bom, deixa ficá.
ai, adiante, troque o par,
si tá bom, deixe ficá.

Tava na beira do cais
quano meu bem embarcô,
foi a prenda mais bonita
que as onda do mar levô.

Venho vino de tão longe,
neste lugá assentei,
ai cantano o queu queria,
agora eu descansarei.

Homens e mulheres não dormidos, alegres, porém, viveram mais uma noite que vive apenas na memória dos participantes desse fandango, porque a noite dos tempos está relegando para a memória o que era vivência, graças às mudanças socioeconômicas pelas quais vem passando o beira-mar paulista, substituindo os homens, fazendo-os mudar de atividades, transformando e trocando os seus momentos de lazer, e o que era tradicional modificou-se, hoje apenas uma página de folclore nacional.

O fandango de Taubaté[40]

Cirandinha

É uma dança do fandango. Nas roças do município de Taubaté, fandango é o nome genérico de um conjunto de danças regionais, rurais, onde sempre está presente o bate-pé. No fandango há danças que são cantadas somente pelos violeiros, e há outras que são cantadas somente pelos fandangueiros. Nesse caso, os tocadores apenas fazem o acompanhamento.

A cirandinha, dança de roda, pertence ao conjunto das danças do "fandango rufado". Esse fato de a cirandinha ser com batidas de pé ocorre em Taubaté. Noutros lugares, como por exemplo em Parati (estado do Rio de Janeiro), não há batidas de pé, pois é uma dança valsada. Mesmo em Tietê, onde deturpam o nome cirandinha para sereninha, ela é bailada, como presenciamos.

Os instrumentos usados na dança são: duas violas, dois adufes, uma rabeca e um reco-reco. Os violeiros cantam durante todo o tempo; enquanto isso, os dançantes executam os movimentos e cantam. O "mestre", depois de arrumados todos os pares de dançantes, dando um sinal aos tocadores, estes iniciam o canto, e os folgazões também se põem em movimentos.

Os pares fazem um grande círculo, homem e mulher defrontando-se, portanto cada par dá as costas para os pares vizinhos. Cantam um à frente do outro, e depois os homens pateando e a mulher valsando trocam de lugar. Os dançantes executam essa troca sem virar o corpo para os lados, um avança na direção do outro, dando passagem para seu parceiro. Com essa permuta de lugares defrontar-se-ão com novos dançantes. O cavalheiro defronta-se com a dama que estava formando o par imediato. O mesmo se dá com a dama. A roda não gira, mas é grande o deslocamento dos pares. Às vezes o par inicial torna a defrontar-se duas ou mais vezes.

O taubateano Juvenal Moreira Vítor cantou:

Ci - ran - da, meu bem, ci - ran - da, vamo todos ci - ran - dá, vamo dar a meia volta volta e meia vamo dá.

---

40 As melodias destes fandangos foram musicografadas por Manuel Antônio Franceschini.

Ciranda, meu bem, ciranda,
vamo todos cirandá,
vamo dar a meia-volta
volta e meia vamo dá.

A escala desse trechinho está incompleta. Trata-se, provavelmente, do 1º modo gregoriano, com terminação na dominante.

Quando estivemos em Parati (estado do Rio de Janeiro), em 1945, muito pequena foi a oportunidade que tivemos para recolher o rico material folclórico ali existente. Por mera casualidade, encontramo-nos com nosso conhecido Manuel José da Silva, vulgo Neneca, mestre-violeiro, folgazão, hoje praça do Quinto Batalhão da Força Policial, onde exerce a função de barbeiro dos "praças". Com muita boa-vontade nos deu as músicas das danças do beira-mar, que naquela ocasião não nos foi possível recolher porque não nos fazíamos acompanhar de um musicógrafo. Aproveitamos para descrever rapidamente essas danças que são dançadas em Parati, mais com o fito de se ter à mão material para comparação que uma minuciosa descrição da coreografia. Deu-nos a música de ciranda, cana-verde, marrafa, canoa e caboclo.

Ciranda

Em Parati a distribuição dos pares na roda é a mesma de Taubaté. Os pares não cantam. Somente os violeiros cantam os versos, e no momento em que estes dizem "vamos todos cirandá", os homens pegam as damas e balanceiam, dançam valsado. Não batem os pés no solo. A um sinal dado na viola, eles tiram os braços que enlaçavam as damas, trocando de par. Quando estão bailando, giram, mas sempre se conservam na roda.

♩=72

O ci - ran - da, ci - ran - di - nha, mo - ça, va - mo ci - ran -
dá, va - mo dar a me - ia vol - ta, vol - ta_e me - ia va - mo
dá, va - mo dar mais ou - tra me - ia, si_es - tá bem dei - xa fi - cá.

> O ciranda, cirandinha,
> moça, vamo cirandá,
> vamo dar a meia-volta,
> volta e meia vamo dá,
> vamo dar mais outra meia,
> si está bem deixa ficá.

É um exemplo frisante do que Mário de Andrade notou: "Outro elemento que freqüenta bastante o samba paulista – (tomo a liberdade de acrescentar: e outras músicas nossas, em geral) – é a constância... de natureza cadencial, que consiste em atingir a tônica ou a mediante por notas rebatidas, descendo de grau."

Canoa

Dança muito parecida com a cana-verde, sendo a distribuição dos dançantes a mesma, um homem atrás de uma dama. A coreografia difere. Quando os homens fazem a meia-volta eles dão os braços à dama que está atrás e dançam valsando com ela, enquanto os violeiros, nesse momento, sem cantar, só fazem o acompanhamento musical. A um dado sinal convencional, os cavalheiros fazem meia-volta e, dando as costas para as damas, vão andando ritmadamente na roda que gira no sentido dos ponteiros de um relógio.

É uma dança muito encontrada no litoral (Parati e Ubatuba, onde dançamos); único lugar, a não ser à beira-mar, onde encontramo-la foi em Cunha, isso porque essa cidade serrana esteve muitos anos ligada a Parati, pela velha Estrada Real, hoje em completo abandono. Acrescente-se também que a canoa em Cunha é dançada somente por homens, e a música se aproxima da cana-verde, não se sente o ondular melódico da canoa de Parati.

> Remai comigo, canoa,
> canoa da Marambaia,
> que as ondas ia levando
> que a maré bateu na praia.
>
> Rodai comigo, canoa,
> canoa da faceirice,
> companhero largue o pano,
> queu vô governando a drice.
>
> Rodai comigo, canoa
> da Maria Teodora,

quanto mais o povo fala,
mais a menina namora.

Rodai comigo, canoa
da Maria Leordina,
chegai no porto, canoa,
quero embarcá esta menina.

Rodai comigo, canoa
da Maria Madalena,
pa te levá tenho medo,
pa te deixá tenho pena.

Rodai comigo, canoa
no reberão da Iaiá,
si é de morrê quem ama,
morra quem num sabe amá.

Rodai comigo, canoa
do pau do jequitibá,
da toradinha do meio
fizero o Mina Gerá.

Rodai comigo, canoa,
na conchinha do mamão,
na Santa Casa do Rio
quem vai doente, vem bão.

Rodai comigo, canoa,
na conchinha do mamão,
quem tem canoa, tem remo
e quem tem remo, tem timão.

Rodai comigo, canoa,
por cima do mar da Laje,
eu peço pra Nossa Senhora
que nos dê boa viage.

A CANOA – *Poderíamos classificá-la no 3º modo gregoriano, de mi, com dominante em si (não em dó); o antigo dórico:*

[partitura: pentacorde (final mi) e tetracorde]

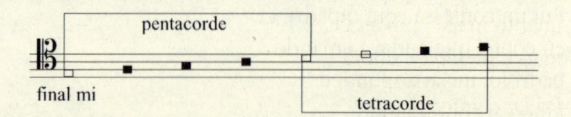

Veremos mais adiante, nesse mesmo autor, certas analogias marcantes com o canto gregoriano.

Aliás, como nota Mário de Andrade: "O cantochão vive assim espalhadíssimo nos bairros, nas vilas, por aí tudo no Interior."

O compasso 6/8 é, em geral, o preferido para indicar o movimento das ondas.

Não aparece a tônica: trata-se de algo que flutua, vagando, baloiçante pelas águas:

[partitura, ♩=66: "Re-mai co-mi-go, ca-no-a, ca-no-a da Ma-ram-bai-a, que as on-das i-a le-van-do que a ma-ré ba-teu na pra-ia."]

Marrafa

É uma dança do fandango, não é conhecida serra acima, somente no litoral (Parati, Ubatuba, Cananéia, Itanhaém, Ilhabela). Fazem duas rodas, uma de homens, outra de mulheres, estas ficam na roda interna; aqueles, na externa. As mulheres movimentam-se no sentido dos ponteiros do relógio, e os homens em sentido contrário. A um dado sinal dos violeiros, os pares defrontam-se. As mulheres quase não saem do lugar, seu deslocamento é muito restrito, dão um passo muito pequeno à direita. O homem balanceia com uma dama, depois dá um passo para a direita para balancear com outra, justamente no momento em que o violeiro canta: "quebra na marrafa, quebra na marrafa". O balanceio é dado sem darem as mãos o cavalheiro e a dama. Dançam durante muito tempo. É sem palmas e sem sapateado. Dançam com a mesma dama várias vezes, pelo fato de estarem sempre rodando. Às vezes, o violeiro brinca, e manda quebrar na marrafa seguidamente. A marrafa é dançada depois da meia-noite.

Fui mi confessá com o pádri,
eu contei que andava amando
pádri foi me arrespondeu
filho vai continuando.

Fui mi confessá com o pádri
no altá de Santa Rita,
o pádri me arrespondeu
só confesso moça bunita.

O bunito na gaiola
chorando a sua prisão,
chegou a feia na porta,
paciência coração.

Me dizei Martim Caxaca
Passarinho adivinhão,
em quantas braça de fundo
navega no coração.

Me foge o sangue da veia,
e o coração do lugá,
só filio de beira-mar
não nego meu naturá.

No fim do segundo verso é costume cantar: "quebra na marrafa, quebra na marrafa". Por exemplo:

O bonito na gaiola,
chorando sua prisão
quebra na marrafa,
chegou a feia na porta,
paciência coração.
quebra na marrafa.

♩=120

Fui mi con - fes - sá com_o pá - dri, eu con -
foi mi ar - res - pon - deu fi - lho

tei que_an - da - va_a - man - do.   Que - bra na mar -
vai con - ti - nu - an - do.   Que - bra na mar -

ra - fa, eu con - tei que_an - da - va_a - man - do. Pá - dri
ra - fa, fi - lho vai con - ti - nu - an - do.

Dois elementos interessantes: o primeiro é o tremulado no 5º compasso, executado em quarto tom (diga-se de passagem: aliás, com muita perfeição); o segundo é a célula absolutamente original e exótica cantada com acentuação enérgica, o que dá ao trecho um caráter completamente fora do comum.

Caboclo

Somente vimos dançada no litoral. Semelhante à canoa, pouco mais apressada, os passos são dados mais rapidamente, os balanceios mais ligeiros, porém mais graciosos. Obedecem ao toque da viola e ao canto. A dança é realizada no intervalo dos cantos, quando somente os instrumentos estão tocando.

> Maria di Lima
> Pádri Nosso di Limão
> Nossa Senhora bem sábi
> Se eu te quero bem ou não.
> Chapéu quebrado na testa
> cabelu Santo Dumão
> vóis se queixa eu me queixo
> vamo vê quem tem razão
> vóis se queixais de teus males
> e eu da tua ingratidão
> Atirai caboclo atira,
> atira no reberão.
>
> Atira, Caboclo, atira,
> atira bem atirado,
> mais antes morrê de um tiro
> de que de um amor deixado,
> mas antes dá um suspiro,

A roda do jongo. Cunha.

Tocador de sangavira no jongo. Cunha.

A puíta e o candongueiro do jongo. Cunha.

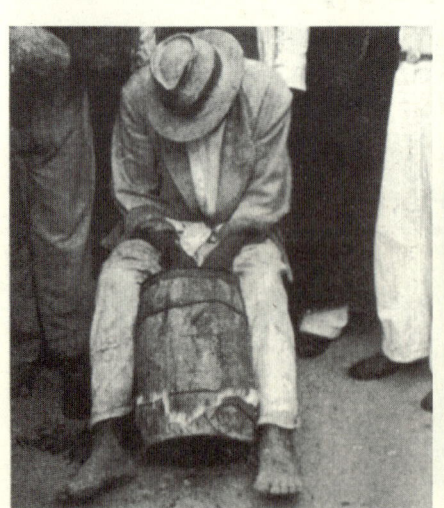

A puíta está roncando. À direita: batendo o candongueiro.

de que morrê de um tiro,
atirai caboclo,
atirai bem atirado.

Atira, Caboclo, atira,
na tubina de Iaiá,
mulata consoladera,
venha me consolá,
que eu vivo desta manera,
mulata consoladera,
atirai, caboclo,
atirai bem atirado...

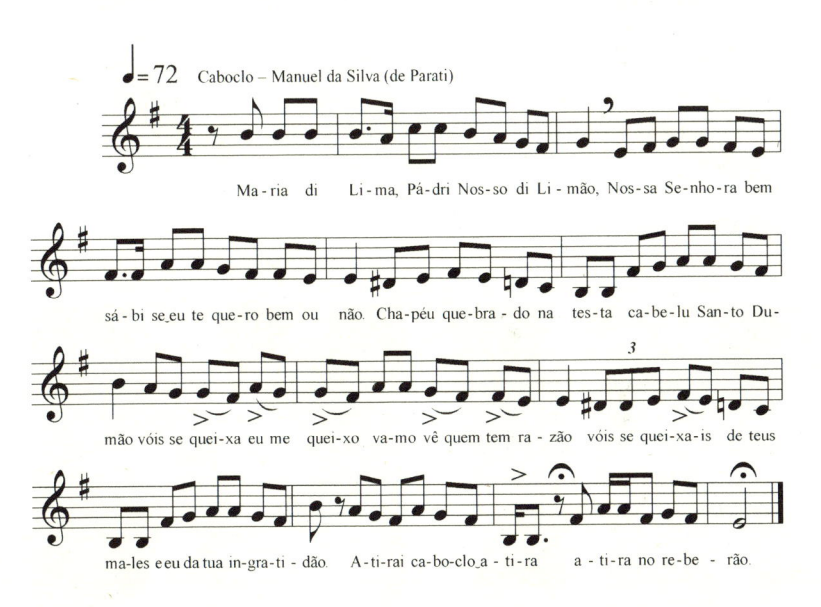

♩=72   Caboclo – Manuel da Silva (de Parati)

Ma-ria di Li-ma, Pá-dri Nos-so di Li-mão, Nos-sa Se-nho-ra bem sá-bi se eu te que-ro bem ou não. Cha-péu que-bra-do na tes-ta ca-be-lu San-to Du-mão vóis se quei-xa eu me quei-xo va-mo vê quem tem ra-zão vóis se quei-xa-is de teus ma-les e eu da tua in-gra-ti-dão. A-ti-rai ca-bo-clo a-ti-ra a-ti-ra no re-be-rão.

É esse um dos trechos mais interessantes. É notável o aparecimento dessa melodia em menor, entre tantas outras de tonalidade maiores.

Em nossa música, em geral, "se observa o domínio absoluto do diatonismo e do modo maior"... "O maior domina violentamente na música popular brasileira" (Mário de Andrade, O samba rural).

Mais interessante ainda o emprego da escala menor harmônico-melódica (na tonalidade de mi):

Corriola

Muitas danças de nossos rurícolas exercitam certas habilidades, por exemplo, a da imitação de animais, aves, ruídos de porteiras, galopar de cavalos. Essa dança lúdica prende a atenção não só dos participantes como a dos assistentes, mormente na parte final.

No salão onde se realiza a dança, os que desejam tomar parte ficam encostados nas quatro paredes do salão. Para o centro do salão se encaminha o violeiro-cantador, que vai ser o dirigente da corriola, e é chamado popularmente de "mestre".

Com "a viola bem temperada", isto é, afinada, o "mestre" canta uma quadrinha improvisada convidando o seu auxiliar, um violeiro-cantador, que fará a segunda voz, é o "contramestre". Somente o "mestre" é que improvisa as quadrinhas, o "contramestre" apenas o acompanha fazendo a segunda voz, e, às vezes, ele indica ao dirigente da corriola o nome de uma pessoa para ser por ele convidada.

Juntos, lado a lado, encabeçando a grande roda que se irá formar, vão cantando e dando voltas no salão, no sentido dos ponteiros do relógio, e por meio de quadrinhas improvisadas, sempre com a mesma melodia, convidam os presentes pelo nome para tomar parte na corriola. Geralmente as pessoas que não desejam participar da roda ficam noutros compartimentos da casa, deixando o salão só para os que desejam dançar. Se porventura desejar permanecer no salão, não é obrigatório entrar na corriola. Dançam homens e mulheres. Não é dança de pares, se bem que o "mestre", quando convida os participantes, vai convidando um homem e, a seguir, uma mulher.

Logo após uma quadrinha cantada os violeiros e as pessoas que estão na corriola dançam valsado, e nesse balanceio deslocam-se para a frente ritmadamente. A um sinal do "mestre" todos param. Certamente, enquanto dançavam, houve tempo para o "mestre" improvisar nova quadrinha, que é cantada. Enquanto o violeiro canta, todos estão parados. A dança somente recomeçará depois que a pessoa que foi convidada entrar na corriola. Quando a roda está bem grande, e já se torna difícil a movimentação, os violeiros fazem uma pequena pausa. Há um "frenesi", isso porque vai começar o momento de serem dadas as sentenças. É o "pagar a sentença", e a parte mais interessante da dança são as imitações.

Ao reiniciar, cantando duetado com o seu "contramestre", vai determinando a um por um que vá saindo, mas que terá que cumprir uma sentença. A pessoa nomeada terá que cumprir a sentença dada para sair. Imitar o mugir da vaca, o grunhir do porco, o cacarejar da galinha, o andar de uma cabra, o balançar do pescoço do pato, ajoelhar-se em frente à dona da casa, dar um abraço no patrão, as sentenças são essas.

Quando a imitação é bem-feita, todos pedem para repetir... se é má, recebe uma vaia ensurdecedora.

As sentenças vão sendo dadas, até para o auxiliar do violeiro sair. Ficando novamente o violeiro-cantador sozinho, está terminada a corriola.

Para entrar na corriola:

> Fui passeá no meu jardim,
> vinha clareando o dia,
> quero que me acompanhe,
> meu amigo Zé Maria.

Para sair, e a sentença é lançada:

> Ó meu amigo Zé Maria
> tá preso na corriola,
> dê um abraço no patrão,
> saia da roda pra fora.

Uma sentença que exercita a habilidade de imitar um animal:

> Meu amigo João Fernandes,
> está preso na corriola,
> berre que nem cabrito,
> e saia da roda pra fora.

Ao finalizar, sempre um motivo religioso para rematar o folguedo:

> Meu amigo violero,
> tá preso na corriola,
> reze uma Salve-Rainha,
> saia daqui para fora.

♩=78

Fui pas - seá no meu jar - dim, vi - nha cla - re - an - do o di - a, que -

ro que me a-com-pa-nhe, meu a-mi-go Zé Ma-ri-a.

Notemos nessa melodia o motivo pendular repetido meio-tom acima:

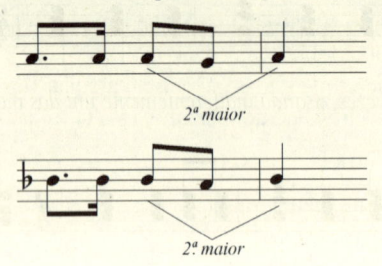

2ª maior

2ª maior

Vilão-de-lenço

É uma dança realizada no salão; nela são exigidos movimentos rápidos e de grande coordenação neuromuscular. Infelizmente está caindo em desuso. No estado de São Paulo, poucos são os lugares onde ainda é dançada. Dela participam quantos pares o local comportar, porém sempre número ímpar de pares.

A dança é regida por um violeiro. Enquanto os dançadores ficam no centro do salão, o tocador de viola fica em frente às duas colunas, sentado, com seu instrumento apoiado no regaço. É a maneira de empunhar a viola para executar a que denominamos profana. Ao regente da dança dão-lhe o nome de "mestre de fandango".

Para que a evolução não se interrompa é necessário número ímpar de pares de dançantes, que ficam no centro do salão, dispostos em duas fileiras. Há uma distância de mais ou menos 50 cm e um intervalo de 1,20 m entre os dançantes. Os dançantes de uma coluna seguram firmemente a ponta do lenço com a mão direita e o seu par, que está na coluna ao lado, segura com a mão esquerda a outra ponta do lenço. Comandados pelo "mestre", que executa a viola sem cantar, dando início aos movimentos. Estes consistem no deslocar um passo para o lado oposto de onde está o violeiro, e o par que está nessa extremidade, abaixando-se, entra sob a arcada formada pelos lenços, avança dançando e vai ficar na extremidade da coluna próxima ao violeiro. Imediatamente, esse par desloca um passo no sentido inverso ao trajeto que fez há pouco. O par que ficou no lugar donde saiu o primeiro, que passou sob os lenços, repete os mesmos movimentos feitos pelo anterior. E assim sucessivamente. Quando um par está passando sob os lenços, os que formam aquela arcada procuram levantar bem alto os braços em cujas mãos estão os lenços.

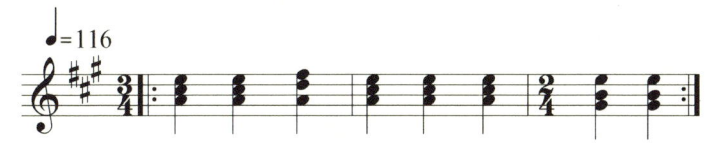

E varia muitas vezes, usando indiferentemente um dos modelos a, b, c, d.

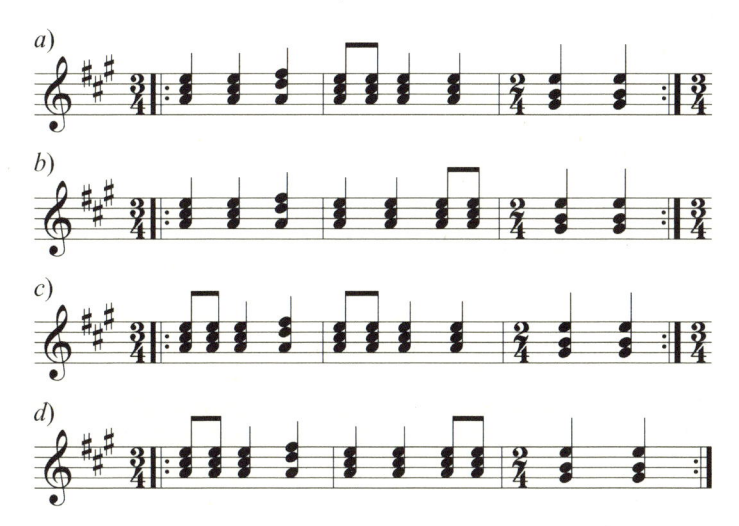

a)

b)

c)

d)

Vilão-de-mala

Nessa dança os arpejos da viola são idênticos aos do vilão-de-lenço, e o violeiro participa, tocando e dançando. É uma dança de forma lúdica.

No centro do salão são distribuídos alguns bancos pequenos, caixotes, e estes são em número menor do que o de participantes. Se há onze bancos, há uma dúzia de dançantes. O violeiro, que é o "mestre do fandango", vai convidando os assistentes para tomarem parte. Somente dançaram homens. Aquele que aceita, aproxima-se de um dos bancos e fica à espera da ordem de iniciar que será dada pelo violeiro. O "mestre" verificou que todos os bancos estavam ocupados e, incluindo-se no rol dos dançantes, já podia determinar o início. Toma uma grande mala e entrega a um dos dançadores. No desenvolver da dança o que está com a mala procura sempre ficar próximo ao violeiro, certamente para ouvir melhor o sinal que ele dará na viola para que todos se sentem. A dança consiste em ir andando ritmadamente por entre os bancos, e a um sinal que o violeiro dá na viola, uma parada brusca em seus acordes, todos procuram sentar-se o mais depressa possível. Sempre ficará sobrando um dançante, que não encontrará um banco para sentar-se. Este, sob os risos e chacotas dos assistentes, apanha a mala e a coloca nas costas. E a dança prossegue animadamente.

Informou-nos Joaquim Barbosa dos Santos, "mestre de fandango", que: "primeiramente o vilão de mala era cantado, porém foram deixando de dançar e agora ninguém mais dança, e dizem que isso é mais uma brincadeira de criança do que dança mesmo". É um jogo musicado.

Quando o mestre estava convidando para a dança do vilão-de-mala, alguns convidados excusavam-se dizendo que "não sou mais criança pra tomar parte nisso". Ao mesmo tempo, algumas pessoas bem idosas comentavam entre os assistentes: "no meu tempo é que isso era bom, dançavam homens e mulheres; às vezes, uma moça bonita, na fúria de pegar banco, vinha e sentava no colo da gente".

Cana-verde

A cana-verde é uma dança do fandango. Desse conjunto de danças rurais – o fandango –, a cana-verde é a mais difundida no interior do estado de São Paulo. Encontramo-la quer no litoral, quer no serra-acima. Dos 364 municípios paulistas pesquisados, conseguimos assinalar sua presença em 285. Em alguns obtivemos apenas a seguinte resposta: "antigamente dançavam a cana-verde nas roças". Noutros municípios, por exemplo os do vale do Paraíba do Sul, Médio Tietê e litoral, tivemos oportunidade de fotografar, cinegrafar e gravar as músicas e textos cantados.

Há pequenas variantes, mas as características primordiais dessa dança de roda, encontramo-las sempre em todos os locais pesquisados.

A cana-verde, conforme é dançada nos arredores de Taubaté, conta com o concurso de homens e mulheres. Dentro do salão fazem um grande círculo, estando um atrás do outro, com o lado direito voltado para o interior da roda, deslocando-se para a frente, sentido dos ponteiros de um relógio. Colocam-se, alternadamente, um homem e uma mulher. Vão dançando valsado, balanceando, volvendo a frente um para o outro, fazendo meia-volta. Quando um homem se vira para fazer a meia-volta pela direita, viram-se todos os demais cavalheiros para esse mesmo lado. As damas continuam dançando na mesma direção. Quando os homens tornam a virar-se, ficando com a frente voltada para o lugar primitivo, então as damas se viram pela esquerda fazendo meia-volta. A primeira volta que o homem dá é para a direita, depois para a esquerda. Os movimentos não são feitos *ad libitum*, mas dirigidos pelo "mestre".

O balanceado é um movimento que nos dá a impressão de que o corpo está flutuando, acompanhando o vaivém da onda, indo molemente da esquerda para a direita e vice-versa.

Os violeiros ficam sentados a um canto do salão, fora da roda. Não cantam, somente fazem acampanhamento do canto. O "mestre", dirigindo-se aos violeiros, manda iniciar o acompanhamento. Ele, "mestre", como dizem popularmente, "põe o primeiro verso", uma estância improvisada, e com um sinal por todos conhecido, que é dado com um movimento afirmativo da cabeça, faz iniciar ao mesmo tempo a dança. Ele mesmo executa a primeira meia-volta virando-se pela direita. Todos os que estão na roda cantam. Os moços dirigem quadrinhas às moças. Não há desafio, mas há muita declaração de amor. Os homens batem os pés mais fortemente, isso apenas para afirmar o compasso. O centro da roda fica livre.

Na cana-verde geralmente as quadrinhas são improvisadas, "feitas de imaginação", e os nossos rurícolas são ótimos repentistas. Aproveitam para motivo de seus versos qualquer ocorrência, qualquer fato corriqueiro, até mesmo a presença dos pesquisadores em sua festa. No canto de *visaria* há lirismo nos versos cantados. Já na *demanda* há porfia e podem "encrespar" com o outro.

Esta quadrinha foi cantada por Juvenal Moreira Vítor:

Caninha-verde, a minha verde caninha,
dona Lili, dona Lili, pra meu consolo
vai buscar o meu bem-te-vi,
balanceia e travesseia quebra Juca Moreninha.

Não se deve confundir a dança portuguesa da "caninha-verde" com a nossa "cana-verde". Cornélio Pires assinala as diferenças.

Em Piracicaba, motivado pelo cururu, em vez de "folgazão", nome dado ao dançador de cana-verde, chamam-no "canturino". É um sincretismo desculpável.

Em geral, na cana-verde há um único instrumento – a viola. As melodias da cana-verde iniciam com a "anacruse". Elas sempre denunciam ser originárias da música lusitana. As quadrinhas ainda têm um sabor e forma portuguesas:

A minha verde caninha
a minha caninha-verde,
quem quisé a cana prante,
que a cana são pranta minha.

Uma moça me pediu
da cana-verde uma folha
três branca, três amarela
aqui está meu bem, escolha.

Pra cantá caninha-verde
não precisa imaginá
de querqué folha de cana
eu tiro um verso e vô cantá.

Abaixai roseira branca
quero tirá nove rosa,
treis branca, treis amarela,
treis encarnada cheirosa.

Notamos que as melodias de cana-verde iniciam com a "anacruse".

Mário de Andrade vê nisto um motivo coreográfico: "Com efeito, o início em arsis facilita o princípio da movimentação coreográfica" ("O samba rural paulista" – separata da Revista do Arquivo, n.º 41, Dep. de Cultura, São Paulo, 1937, p. 102).
Outra pessoa presente, João B. Martins, residente em Guaratinguetá, nos deu a melodia que ele disse ser "cana-verde portuguesa". Foi anotada como tal.

O nome indica a origem. Essa cana-verde é calcada diretamente em moldes portugueses. "... num despropósito de cantigas populares tradicionais ou modernas do Brasil, até agora aparecem arabescos melódicos lusitanos ora puros" – como pre-

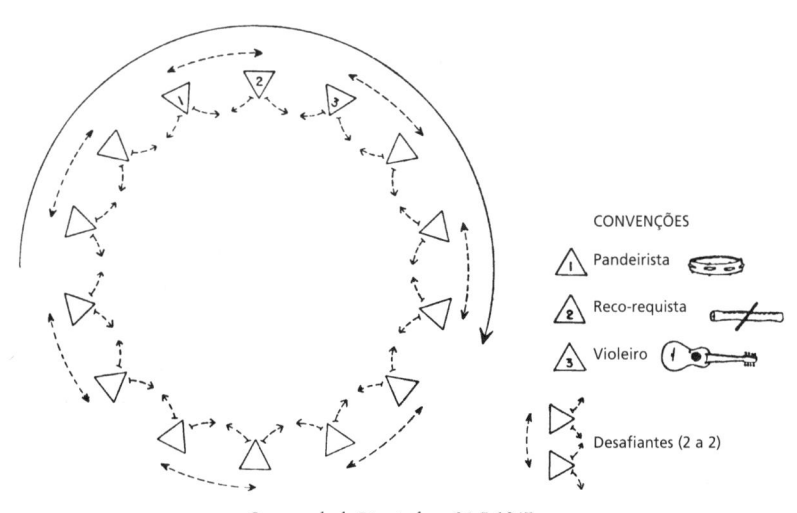

Cana-verde de Piracicaba – 24-5-1947.

sente caso – *"ora deformados"* (Mário de Andrade, Compêndio de história da música, 2ª ed., São Paulo, Miranda, 1933, p. 179).

João B. Martins teve a gentileza de cantar mais uma cana-verde, de sua autoria, intitulada "Flor da serra".

A única observação: a síncopa.

Na "festa caipira" realizada em casa de Camões, assim ela foi cognominada, apareceu uma dupla que se dizia caipira, e cantou uma embolada, na qual se pode verificar a influência radiofônica, que nos vai avassalando, e dentro em pouco difícil será dizer o que é tradicional, o que não é. Os componentes da dupla residem na cidade.

viola

canto

Embolada de autoria da dupla Piriquito e Bigodinho – Taubaté.

Cana-verde de Taubaté – 12-4-1947.

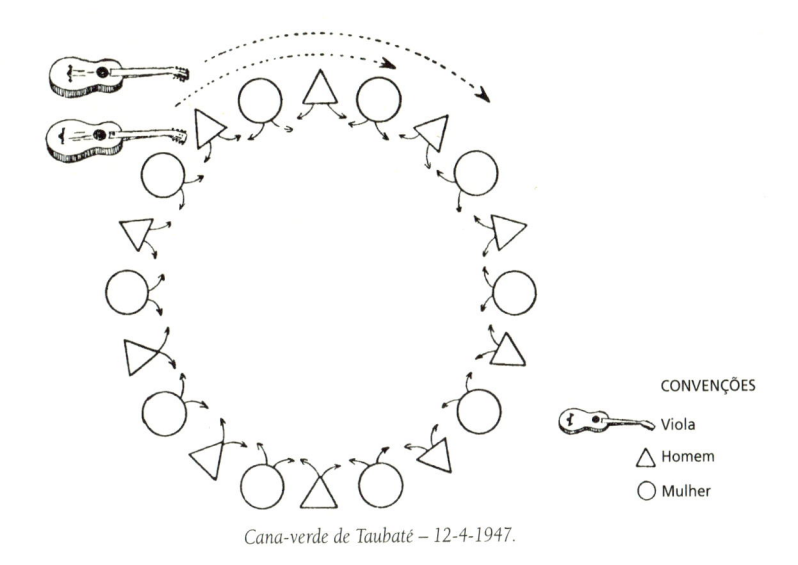

Outro motivo, que foi cantado, como estribilho, alternando com quadrinhas improvisadas à moda da cana-verde, foi este:

♩=96

Eu ba-to par-ma por den-tro e tor-no_a ba-tê por fo-ra eu gar- ro_a ba- ia - ni - nha Di - go_a - deus e vou im - bo-ra.

CICLOS DO FANDANGO

A nosso ver, no fandango há três períodos distintos: a) o áureo ou clássico ou *aristocrático*; b) o ciclo *democrático* ou da popularização; e c) do renascimento ou *restauração*.

O período áureo do fandango, que freqüentou palácios no tempo do Império, coincide mais ou menos com o do lundu, foi pouco além deste, pois a partir da República é que deixou os salões da nobreza brasileira, deixou os palácios saindo pelas portas da cozinha e se infiltrando entre o povo. Democratizou-se.

No segundo período, o da democratização do fandango, aparecem as novidades vindas de fora, importadas umas, outras que acompanharam as novas levas de imigrantes. Há uma certa resistência, como aconteceu com o afandangamento do minueto apontado por Vieira Fazenda. Mas, por ser novidade, por vir de fora, tomaram seu lugar, abrasileirando-se, em parte como aconteceu com os chotes, mazurca, polca, rilo etc., que se fandangaram também. Hoje pertencem ao fandango – conjunto de danças praticadas no meio rural. Depois abafaram o fandango puro.

No estado de São Paulo estamos ainda no período em que o fandango só freqüenta os bairros rurais de alguns municípios tradicionais da beira-mar e pouquíssimos da serra-acima, onde o conceito de fandango nas cidades é de baile de gente de menos valia, é "bochincho", como dizem os gaúchos, "baile de gente de baixa categoria", e fandangueiro é indivíduo vadio, que não gosta de trabalhar. O fandango paulista vegeta no segundo ciclo.

No estado do Rio Grande do Sul já se pode apontar o terceiro ciclo do fandango – o do renascimento, que se deu graças à fundação dos centros tradicionalistas, do Instituto de Tradições e Folclore e da atividade insone de pesquisadores enfronhados principalmente em antropologia social. São cientistas sociais a serviço do folclore e não literatos ou musicistas fracassados cuidando dessa ciência hoje em evidência.

A nosso ver esse é o ciclo da *restauração* do fandango em cujo processo de reinterpretação folclórica há um louvável sabor de puro nacionalismo. Os gaúchos, repetimos, estão dando um exemplo digno de ser imitado em todo o Brasil e estão no caminho certo, atingindo primeiramente as crianças nas escolas primárias e fundando centros tradicionalistas (há mais de uma centena), "cultuando nossas tradições, os velhos preceitos de moral e honra da gauchada de antanho, revigorando com seiva nova a árvore do nativismo gaúcho", como escreveu Carlos Galvão Krebs.

Dos fandangos por nós assistidos e dos quais participamos nos municípios de Ubatuba, Cananéia e Itanhaém, demos a descrição em páginas anteriores. Presenciamo-los também noutros municípios paulistas, bem como em alguns fluminenses, paranaenses e gaúchos, a maioria da região da ubá e dos quais daremos indicações sucintas.

Baião ou *baiano* – tanto para *música* executada por um terno de zabumba como a uma dança, em Alagoas, no Baixo São Francisco, dão o nome de baião ou baiano e baianinho.

A música é alegre e vivaz, ouvimo-la sempre executada por ternos de zabumba, em que os pífanos sobressaíam. Esses "baianos" não se assemelham em nada com o baião radiofônico, largamente difundido pelo Brasil.

A *dança do baião* que presenciamos em Barbalha (estado do Ceará), quando de nossa peregrinação a "Juazeiro do Padim Cícero", em maio de 1961, era acompanhada por duas violas e um canzá. Só os violeiros cantavam. Dança de roda, com sapateados pelo cavalheiro solista (a dama não sapateia), quando o par entrava no centro da roda, executava vivo pateio e dava castanholas com os dedos. Algumas damas, quando seu parceiro castanholava com os dedos, ela também o fazia, mas não sapateava.

Baiano ou baião é uma das danças do fandango desgarrada pelo sertão e agrestes nordestinos. Os dançantes que ali estavam eram romeiros vindos de Paraíba e Pernambuco que se dirigiam à "meca do Juazeiro". A dança se parecia muito com os fandangos da *região da ubá* paulista, não escondendo sua origem hispânica. Baião é de baiano, mas não é de negro, nem de origem africana.

Chilena – em Bananal e estado do Rio (1948), essa dança do fandango rufado, por causa de ser dançada com esporas, é conhecida por chilena. É de roda; um par se destaca e dança no centro. A execução dessa dança nos fez lembrar as exibições dos centros tradicionalistas gaúchos. Aliás, há muito sabor gaúcho nessa dança. E quando falamos em gaúcho queremos dizer másculo. Em uma das quadras, cantada por um filho de fazendeiro, pois a dança era em sua casa, notou-se certo desprezo:

A chilena é dança ligera
feita pra diverti vaquero
só não dança a chilena
mulato, preto e estrangero.

Galinha-morta – dança do fandango gaúcho, valsado.
Guabiroba – fandango valsado (Picinguaba, Ubatuba).
Guitarra – denominação paulista do fandango gaúcho *meia-canha*, dançado na região da passagem, dos caminhos das tropas que vinham do Rio Grande do Sul para as feiras de Sorocaba. Na *guitarra* paulista há também trocas de versos entre os dançantes. O cavalheiro, aproximando-se da orquestra, diz: "para la guitarra, vô dizê minha relação". Improvisa os versos, quadrinhas líricas, e quando jocosas, disparatadas, chama-nas de "pé-quebrado". Acaba de proferir, diz: "Siga la guitarra".

Essas expressões são bem gauchescas, guardam ainda o sabor "missionero" do linguajar dos muitos tropeiros que nos campos de Itararé a Itapetininga tinham tempo para fandangar porque suas tropas ficavam invernando antes de "estourar" em Sorocaba.

O saudoso médico e folclorista José Nascimento de Almeida Prado (Zico), na mesma região onde pesquisamos, recolheu anteriormente estes "pés-quebrados" de uma guitarra ou arrasta-pé de Itapeva:

> Lá vem nascendo a Lua
> vermeia como um cuaiado,
> se ancê num me quiria bem
> pra que m'imprestô sua égua?

Pelos antigos caminhos de tropas, hoje já não dançam mais o fandango; persiste, porém, a prática do cateretê. Acontece que a este chamam-no de fandango, como registramos em Tatuí, Quadra, Guareí, Araçoiaba da Serra; onde a urbanização é principalmente o desejo de exibir-se em palanques oficiais, introduziram novidades no cateretê, afandangando-o...

Macacos – antiga dança lúdica de entremeio das danças de salão da nobreza canavieira fluminense, encontrada ainda em Vassouras (segundo nos informou José Pereira de Andrade – "Jucão"), bem como no litoral sul desse estado. Em Parati é uma dança de roda, conforme vimos dançá-la no bairro do Jabaquara, em 1945.

Mana-Chica – conhecida no vale do Paraíba do Sul, principalmente nas circunjacências com o estado de Minas Gerais e Rio de Janeiro. Assemelha-se ao "trançado" ou "passado" de Ubatuba; é, porém, no refrão que está o nome da dança, porque repetem os violeiros:

> Já vai a mana-Chica,
> já vai,
> tirá a Chiquinha mana,
> que sai.

Essa dança do fandango, no estado do Espírito Santo, segundo Guilherme dos Santos Neves, é canto de roda infantil.

Mandadinho ou *Mandado* – do fandango rural paulista da serra-acima. Os participantes aceitam tacitamente o comando das evoluções por um dos dançadores que num dado momento se destaca e "manda" executar um determinado passo ou movimento. Há muito da "quadrilha" no "mandado".

Maria-Cachucha – dança de roda, acentuadamente lúdica. Dela ficou uma quadrinha popular que as crianças repetem em suas rodas e os adolescentes maliciam trocando o último verso: "Maria-Cachucha, / com quem dorme tu? / Eu durmo sozinha / ...."

Maçanico – praticada nas comunidades sulinas, de sabor açoriano: os pares se defrontam formando fileiras. Música alegre e convidativa.

Marimbondo – dança jocosa da qual participam só adultos. É de roda com acompanhamento de caixas, pandeiros e caracaxá (reco-reco). A pessoa entra no centro com um pote de água na cabeça. Requebra equilibrando o pote na cabeça. Quando se cansa, passa para outro que está na roda. Os que estão na roda, cantam e dialogam com o solista do centro. Vimo-la em São José, de Moçamedes, no estado de Goiás, em dezembro de 1948.

Meia-canha – uma das danças do fandango gaúcho, muito em moda. É de influência hispânica, pelo fato de ter atravessado a fronteira, entretanto à troca de versos pode-se atribuir-se-lhe influência lusa, aliás origem mais aceitável. Assemelha-se à guitarra paulista da região campeira, ou melhor, a guitarra é a denominação paulista da meia-canha dos "missioneros", isto é, dos gaúchos tropeiros.

Mico – dança lúdica e de caráter jocoso quando começam as imitações.

Nhaninha – uma das danças do fandango rural paulista (Itanhaém). É valsado, os versos cantados são repassados de termos de amor apaixonado. Ei-los:

Si a perpétua cheirasse, Nhaninha,
era a rainha das flores, Nhaninha,
como não chera nem fede,
não sabe tratá de amores.

Menina, tu não te alembra, Nhaninha,
tu eras que dizias, Nhaninha,
quando o mar deixasse a onda,
tu também me deixaria...

Debaxo da pedra o limo, Nhaninha,
debaxo do limo o peixe, Nhaninha,
enquanto o mundo fô mundo,
peço a Deus qu'eu não te dexe.

Quero dar a despedida, Nhaninha,
como se quebra a castanha, Nhaninha,
não venha com santidade, Nhaninha,
qu'eu já sei das vossas manha.

Esse fandango em Iguape é valsado; já em Itanhaém, quando o gravamos no dia 4 de janeiro de 1954, vimo-lo dançar como rufado, pois era intenso o bate-pé. As damas ficaram sarandeando. Sarandear é movimento gracioso que a dama executa no fandango enquanto o seu par sapateia. Provém certamente de "cirandar", rodar, dançar com movimentos vaporosos, com leveza e graça.

Nhá-Maruca – dançada no litoral paulista. Doutros fandangos, quem sabe dançado nos arredores de São Paulo, ficou a quadrinha que foi largamente cantada no primeiro quartel deste século: "Bamo Maruca, bamo, / bamo pra Jundiaí, / cum tudo mecê vai, / só comigo não qué i". Responde: "Num vô, num vô, / num vô, não quero i / lá longe dos meus parente / mecê qué judiá de mim."

Pagará – dançada no estado de São Paulo e Rio Grande do Sul, onde, nos seus centros tradicionalistas, a cultuam. Nela o ponteio é elegante. No estado sulino, ponteio é a batida que se faz ao sapatear, batendo só com a ponta do pé.

Passa-pachola – essa dança foi largamente praticada na serra-acima paulista e Cornélio Pires procurou divulgá-la. Há alguma semelhança com a corriola: um dos participantes não quer ficar o pachola (bobo) da dança; então, a um dado sinal convencional, procura uma dama, ficando um cavalheiro sem par.

Pega-fogo – dança de sabor gauchesco que se pode classificar entre os fandangos rufados, graças ao intenso bate-pé.

Pezinho – uma das mais populares e difundidas danças do folclore gaúcho. Originariamente açoriana, tornou-se uma das mais simples e preferidas danças do fandango gaúcho, em que todos os participantes cantam e dançam, com aquele sabor do jogo musical infantil. Esse fandango nosso já transpôs as fronteiras da Pátria, sendo já dançado noutros países, como dança típica brasileira.

Pica-pau – dança de roda, praticada no estado de Mato Grosso. Dois violeiros a dirigem do centro de uma roda formada pelos dançadores. Cada dançador é portador de um cacete pequeno. Ao som da viola, procuram golpear à altura da cintura, depois da cabeça. Com o erro dos golpes vão saindo até ficar um vencedor. Essa dança tem muito do jogo-da-porra português. É claro que o que chamamos cacete é apenas uma vara pequena. Dança de salão, competitiva.

Polca-de-relação – dança da Polônia ou Boêmia que se afandangou no meio rural gaúcho. Uma das características é a parada da música para a troca de quadrinhas entre pares que porfiam nessa referta poética, de versalhada improvisada.

Quebra-Chiquinha – assemelha-se à cirandinha.

Rancheira – dança de origem moura que se estilizou na Argentina e influiu as suas vizinhanças, por exemplo, o Rio Grande do Sul, onde se dança com a sua variante mais viva e saltitante – a rancheira-de-carreirinha.

Ratoeira – denominação dada em Santa Catarina a uma dança do fandango de roda em que há trocas de quadrinhas entre os folgazões. Um se destaca, vai ao centro, canta solando, os demais estribilham.

Retorcida – fandango rural gaúcho que se assemelha à chula paulista, com aqueles requebros e contorcionismos do folgazão ao executá-la. Referente à *chula*, devemos elucidar: há uma grande diferença entre a chula paulista e a gaúcha. Nesta, a gaúcha, dança máscula por excelência, dois folgazões dançam sobre uma lança, desafiando a executar, sob o ritmo ditado pela sanfona, os mais difíceis malabarismos coreográficos, até sair um vencedor.

Ribada – dança pouco praticada no Rio Grande do Sul. Fandango valsado.

Rilo – Nome atual do *reel* escocês que se afandangou. Com esse nome se vulgarizou no Rio Grande do Sul essa dança de roda, ora pares um atrás do outro, ora lado a lado, realizando passos de passeio e dança valsada. Há dois tipos de rilo: o rilo-singelo e o rilo-dobrado. Ora praticada sozinha, ora incorporada a outras danças do fandango, da quadrilha. Foi dança popular na Inglaterra no século passado.

Salu – dança do fandango gaúcho, até há pouco dançada nos arredores de Itararé no estado de São Paulo, juntamente com outras do fandango e até ao lado do cateretê.

Sarandi – dança de roda; aliás, é um jogo que mantém por horas recreando os pares, com as trocas e a ameaça de ficar desemparceirado no centro da roda, porque há um número certo de pares e um cavalheiro no meio da roda, sem dama. A um determinado sinal, este procura uma dama para ser sua parceira.

Serrana – do fandango gaúcho, movimentada, assemelhando-se em alguns momentos aos fandangos rufado-bailados paulistas.

Serrote – dança popular gaúcha desenvolvida nas festas das fazendas de criar. Os pares no salão saracoteiam, defrontam-se, afastam-se, trocam de pares, imitando o serrador, cruzando os braços, dama com cavalheiro.

Tangará – valsado. O canto é um tanto tristonho. Mário de Andrade recolheu a melodia em Cananéia. "De minhã bem cedinho / que meu rosto fui lavá, / cheguei na bera do rio / e me pus a imaginá / nunca vi coisa mais linda / do que a dança do Tangará."

Terol – dança de origem itálica que se afandangou. Praticada no litoral norte gaúcho, onde os dançantes dão pequenos pulos, "trotezitos", segundo a linguagem local. É uma dança de caráter humorístico e de trejeitos que denunciam sua origem peninsular. O terol pode ser confundido com a rancheira, porém é mais rápido, mais "puladinho".

Tira-chapéu – fandango lúdico. Assemelha-se ao vilão-de-bengala.

Tirana-do-lenço – dança do fandango rufado gaúcho. A antiga tirana, dançada de norte a sul do país, denuncia a sua origem espanhola, embora possa ter sido trazida por lusos. Posteriormente apareceram algumas variações da tirana: tirana-grande, tiraninha, tirana-da-fronteira, tirana-de-dois, tirana-tremida, tirana-de-ombro. Para nós, a mais castelhana delas é a do lenço, porque esse é um implemento largamente usado pelos espanhóis.

Vilão – encontramos várias formas de vilão, todas elas danças lúdicas. São danças cujo principal escopo é realizar um jogo de agilidade, destreza ou habilidade, saindo um perdedor que ora é vaiado, ora fica na obrigação de fazer uma nova escolha, participar novamente do jogo: vilão-de-lenço, vilão-de-mala, vilão-de-agulha, vilão-de-faca, vilão-de-bengala.

Tal qual nas danças do vilão-de-bengala do Sul do país, há no Amazonas uma dança lúdica chamada arara. Ao centro dos pares que estão dançando aparece um desemparceirado, portando um bastão todo enfeitado de flores. A um sinal convencionado, a música pára de tocar, os pares se desfazem; a outro sinal, podem os cavalheiros enlaçar uma dama, ficando aquele que se desemparceirou o "arara". E arara é sinônimo de bobo. Às vezes, o "arara" fica muito tempo com o bastão florido, sem conseguir arranjar uma dama para dançar.

Outra dança lúdica que se inscreve entre as danças do fandango e que é de origem portuguesa é a *desfeiteira*, nome regional que lhe dão na Amazônia. Dança de pagar prenda, de caráter humorístico: os pares, circunvolucionando pela sala, passam defronte à orquestra composta de violão, cavaquinho, flauta e às vezes trombone. Vão passando os pares, e aquele que ficar defronte à orquestra, no momento que ela parar, é obrigado a dizer um verso, o que o cavalheiro improvisa. Não o fazendo com correção, é vaiado e obrigado a pagar prenda. A *desfeiteira* é dançada como entremeio das demais danças: quadrilha, polca, mazurca, valsa, marchinha, minueto, lundu, xote, vigentes nos sertões da Amazônia.

A desfeiteira se assemelha em parte à graciana, no dizer dos versos, e é, como o vilão, uma dança de entremeio, apropriada para o descanso. Esse descanso repousa na forma lúdica que tal dança assume. Na desfeiteira, embora em algumas zonas da Amazônia os versos sejam um sincretismo de avanhaenga e português, é nítida a influência deste na composição e no próprio arcabouço do verso em "a, b, c, b", redondilha.

O folclorista amazonense Mário Ipiranga Monteiro afirma ser a *desfeiteira* uma espécie de *intermezzo* e de sabor regional. No primeiro caso estamos concordes; no segundo, não; ela é uma dança lúdica que proporciona o descanso aos dançarinos, aos folgazões, apenas regional é o nome, porque sua origem é portuguesa.

Jongando. Cunha.

O "baianá". Piaçabuçu (AL).

Tocando o tambu no batuque. Tietê.

Em Santa Catarina, pelo carnaval aparecem os "vilões", que mais parecem "pauliteiros de Miranda", com avantajados bastões, batendo sob o ritmo quente das marchinhas e sambas bem brasileiros.

Em Santos, estado de São Paulo, ali por volta de 1940, havia um folguedo popular com nome de vilão. Graças às correntes imigratórias de espanhóis e portugueses, no carnaval exibiam-se "vilones" e dançavam o "pau-de-fita". No primeiro caso, eram membros da colônia espanhola, no segundo, da lusa. O carnaval absorveu esses grupos de "vilones" e passou então a ser cordão carnavalesco – vilão – congregando foliões santistas filhos desses imigrantes da península Ibérica que se misturam na dança do bate-pau, regida a apito.

E como recortado, isto é, a saideira destas linhas sobre o fandango, expliquemos que recortado é nome dado, quer nas danças do fandango, quer do cateretê, bem como no samba rural, à parte final, à última dança que se faz com movimentos rápidos, mais abundantes em gestos, e o próprio ritmo se acelera. A essa fase final da coreografia dão o nome de *recortado*. No próprio canto nas modas de viola, quando ao finalizar se torna mais vivaz, não raro jocoso, dão-lhe o nome de *recorte* ou recortado da moda. No Nordeste, à dança que ponto-finaliza uma festança, uma função, chamam-na de saideira. Aliás, os bebedores de cerveja chamam à última garrafa a ser tomada pelo grupo de *a saideira*.

E aqui fazemos nosso recortado nestas considerações sobre o fandango.

QUADRILHA E LUNDU

A hemeroteca e o arquivo do Instituto Histórico e Geográfico de São Paulo guardam documentos preciosos. O prazer da recolta e a convivência diuturna com papéis velhos levaram José Pedro Leite Cordeiro a encontrar nesse valioso acervo dois documentos de inenarrável valor para os estudiosos de nosso folclore, sobre a recreação que há um século merecia as atenções e a preferência de nossa gente: a *quadrilha* e o *lundu*.

Entre os papéis de Juca Borba, datados de 27 de junho de 1860, estes dois documentos abaixo transcritos, que fizeram parte da recreação, preencheram as horas de lazer de nossos avoengos. Pelo fato de serem duas atividades recreativas de origem diferente, que há um século foram as delícias da gente palaciana e hoje pertencem ao nosso folclore, ambas votadas ao esquecimento, traçaremos alguns comentários a respeito.

Quadrilha

Na época em que foi registrada ainda estava em plena voga. Os salões de nosso Império se engalanavam para as danças, e a quadrilha era a primeira a ser dançada.

Era muito natural que a quadrilha se tornasse a dança preferida pela sociedade palaciana, pois a elite brasileira vivia voltada para a Europa, principalmente para a França – modelo não só das roupas, das comidas, das leituras e até mesmo dos gestos. Daí a quadrilha, aparecida nos albores do século XIX, ter se tornado a predileta, e não se abandonou sequer a marcação toda em francês, bem como as denominações de suas cinco partes. Os movimentos rápidos de clima frio em 2/4 ou 6/8 davam oportunidade aos jovens da época para imitar afrancesadamente os trejeitos ensinados por Milliet, Cavalier ou outros mestres que fizeram a Corte brasileira copiar fielmente os salões parisienses, imitada esta posteriormente pelas províncias, agora com requebros mais dengosos que os próprios cariocas criaram para a quadrilha. No Rio de Janeiro, a quadrilha teve grande voga, tão grande que logo se popularizou. Desceu as escadas dos palácios e hoje vive apenas refugiada no *hinterland* brasileiro, aparecendo por ocasião das festas juninas.

A quadrilha sobrevive ainda nas cidades industriais e os seus praticantes a tomam como se fora baile de caipiras, de matutos, dançada nas cidades grandes, principalmente em a noite de São João, quando há um resto de carnaval no traje dos dançadores, que procuram imitar ou fantasiar-se à moda caipira. Ela é o elemento principal dos "bailes caipiras", tão deturpados e insossos de hoje.

A quadrilha sofreu um processo de proletarização. No começo deste século era infalivelmente encontrada nos bailes de roça, nos quais a marcação conservava algo da terminologia francesa com os mais deliciosos estropiamentos dos vocábulos originários. Ela aí nada tinha de protocolar como nos palácios, e podemos afirmar: até 1930 era a parte mais deliciosa dos bailes populares das cidades interioranas ou das fazendas cafeicultoras paulistas, dançada nas tulhas ou terreiros de café ao som de sanfonas, findando no mais confuso galope. Já estava, nessa época, em decadência o velho hábito de declamar versos, quadrinhas com intenção amorosa, cheias de lirismo, nos intervalos das partes da quadrilha, no *miudinho*, antes da quinta parte, considerada a mais importante. O dizer quadrinhas dava aos enamorados oportunidade de fazerem suas declarações de amor. Na hora do *miudinho* muitos pais ficavam de "orelha em pé" para ver qual era o moço que estava "arrastando asas" pela sua filha.

A quadrilha "Príncipe Imperial" foi tão bem documentada que servirá de roteiro para os interessados desejosos de reviver essa tradição do tempo do Império. Eis a cópia do documento encontrado entre os papéis de Juca Borba:

"A quadrilha se dançará com quatro pares somente."

"O par marcante será sempre o n.º 1, e o seu *vis-à-vis*, 2; o par da direita, 3; e o da esquerda, 4. As contradanças serão repetidas quatro vezes, principiando sempre pelo par n.º 1."

I
La chaine continue des dames

"Os pares ns. 1 e 2 vão cumprimentar o par da sua direita (4 compassos); depois os cavalheiros ns. 1 e 2 darão a mão esquerda à dama do par da direita, ficando cada um deles no centro das duas damas nos lugares dos ns. 2 e 1; depois farão o *traversé* de seis de um para outro lado (4 compassos); concluído o *traversé*, os cavalheiros irão para seus lugares e as damas farão o *chaine* no centro (8 compassos); concluído o *chaine*, as damas ficarão no centro defronte dos seus pares, e todos farão *chassé* à direita e à esquerda, e *tour de main* (4 compassos)."

II
La nouvelle trénis

"O cavalheiro nº 1 e a dama do seu *vis-à-vis* farão um *en avant et tour de main*, ficando no centro com ela defronte um do outro, e ficando a dama do nº 1 só no seu lugar (4 compassos); depois farão o cavalheiro nº 1 e a dama nº 2 o *traversé* de três com sua dama, a qual irá fazer um *tour* com o cavalheiro nº 2 que ficou só, fazendo o mesmo cavalheiro nº 1 com a dama nº 2 no seu lugar (4 compassos); depois farão *en avant et en arrière* os quatro, e *demi chaine des dames* (4 compassos), *chasse croisé* os oito *tour* com a mão direita com a dama da direita, e *tour* com a mão esquerda com sua dama (4 compassos)."

III
La corbeille

"O cavalheiro nº 1 conduzirá sua dama ao centro, e a colocará diante de si fazendo uma mesura, e recuando quatro passos (4 compassos); depois o cavalheiro nº 2 fará o mesmo, e sucessivamente os números 3 e 4 (12 compassos); depois as damas voltarão a frente para o centro e farão uma roda de quatro inteira para a direita (4 compassos); depois de concluída a roda, os quatro cavalheiros avançam e dão a mão direita à sua dama e a mão esquerda à dama da sua esquerda, e farão a roda maior (4 compasso), *balancé* no mesmo lugar todos (4 compasso) e regressarão a seus lugares (4 compassos)."

IV
Double pastourelle

"Os cavalheiros ns. 1 e 2 fazem um *en avant et en arrière* com suas damas (4 compassos), o cavalheiro nº 1 conduz a sua dama e a deixa ao par da direita, e a dama nº 2 conduz seu cavalheiro ao par da sua direita, regressando aos seus lugares o cavalheiro nº 1 e a dama nº 2 (4 compassos), ficando o cavalheiro nº 3 com duas damas, e a dama do cavalheiro nº 4 com dois cavalheiros, os quais farão um *en avant et en arrière* todos os seis, duas vezes (8 compassos); depois o cavalheiro nº 1 e a dama nº 2 farão um *en avant et en arrière* (4 compassos), e um segundo *en avant* fazendo uma mesura, indo o cavalheiro nº 1 e a dama nº 2 – um procurar sua dama, e o outro, seu cavalheiro, regressando a seus lugares (4 compassos); farão depois duas meias rodas com o par da direita (4 compassos), depois *demi chaîne englaizé*, e aos seus lugares (4 compassos)."

V
Le tourbillon

"As damas vão fazer um *tour de main* sucessivamente com todos os cavalheiros (16 compassos); o cavalheiro nº 1 e a dama nº 2 farão um *en avant et en arrière* (4 compassos), um *tour de main* com a dama *vis-à-vis*, o que concluirá no centro, ficando ambos defronte um do outro dos seus pares (4 compassos); depois os quatro farão um *chassé* à direita e à esquerda (4 compassos), *tour de main* e aos seus lugares (4 compassos)".

Final

"Os cavalheiros conduzirão as suas damas ao centro fazendo uma mesura, e assim acabará a última contradança."
"São Paulo, 27 de junho de 1860."

LUNDU

A quadrilha passou da classe alta, da nobreza, para o povo. Fenômeno inverso aconteceu com o lundu. Ele veio provavelmente da classe inferior, do batuque do escravo, passou pelos espanhóis e portugueses, que o aperfeiçoaram a seu modo, não escondendo nunca sua origem vibrante, convulsiva; coreografia na qual braços e pernas, enfim, corpo todo se agita com aquela ênfase que só os povos primitivos sabem dar às suas danças porque em geral estas são oferendas aos seus deuses, são votivas ao seu panteão de seres sobrenaturais que requerem a posse de seus fiéis através daquela convulsão total, somática, e, quando imitada por povos de outra cultura, emprestam-lhe lubricidade, lascívia, sensualidade, como se vê no *bolero* ou no lundu carioca.

Acontece que o documento aqui transcrito, papel encontrado entre os guardados de Juca Borba sobre o lundu, não se refere àquela forma de dança, e sim ao gênero novo – ao *lundu de salão*, isto é, o *lundu canção*, tal qual ele se transformou para ter entrada nos salões. É a roupagem nova com o velho nome de lundu. Agora é canção cheia de sarcasmo, em que a ironia está presente, a crítica escalpeladora é também graciosa. Foi tão usual que o lundu se tornou declamatório em boa parte de sua crítica. Canto e declamação.

Há entre o lundu canção e seu coevo, o *pasquim*, algo de semelhante – a crítica. Entretanto, o lundu faz uma crítica mais leve que pode ser cantada publicamente nos salões, é impessoal, não dirigida. O pasquim é sátira anônima, embrião das revoltas populares. O lundu, que não nega sua origem africana, é feito às claras. O pasquim é sorrateiro, colocado pelo vão das portas, às escuras. "Botar a boca em Deus e todo o mundo" é a função do pasquim, que se utiliza do ataque pessoal, como os que recolhemos em Ubatuba, quem sabe prática aí existente desde os tempos em que esse porto de mar era o principal do Sul do país.

O lundu e o pasquim açularam a ira dos governantes. O lundu pela sensualidade da dança, considerada obscena e contrária aos bons costumes. Já o pasquim recebeu do morgado de Mateus uma inflexível proibição. (Ver "Documentos interessantes para a história e costumes de São Paulo", na carta dirigida ao conde de Cunha, vice-rei, datada de 4 de julho de 1767, assinada por d. Luís Antônio de Sousa, vol. XXIII, p. 182.)

O lundu resiste ainda às mais variadas influências do "progresso", da industrialização. Nos dias que correm está presente nos picadeiros desses "circos de cavalinhos" que perambulam pelas cidades interioranas, cantando ao som do violão, criticando os costumes da época. Bem presentes em nossa memória os lundus que criticaram o uso "do cabelo cortado das mulheres", a "moda dos almofadinhas" adotada pelos homens, por nós ouvidos nos circos que passaram por Botucatu, em nossa adolescência. Em 1924 ouvimos um velho lundu criticando a hierarquia militar e seus últimos versos eram declamados[41].

---

41 LUNDU DO SOLDADO

    O soldado que perdeu sua parada,
    pegou na pena e escreveu ao Anspeçada.
    O anspeçada como homem do diabo,
    pegou na pena e escreveu para o Cabo.
    O cabo como homem do momento
    pegou na pena e escreveu para o Sargento.
    O sargento pegou logo no papel,
    pegou na pena e escreveu para o Furriel.
    O furriel como homem do repente,
    pegou na pena e escreveu para o Tenente.
    O tenente para honrar seu galão,
    pegou na pena e escreveu para o Capitão.
    O capitão, lá no Estado-Maior,
    pegou na pena e escreveu para o Major.
    O major como estava no quartel,
    pegou na pena e escreveu para o Coronel.

O "lundu do progresso" deve ter sido cantado com acompanhamento de viola e não de violão, pois este só mais tarde é que foi admitido nos salões. Uma coisa, porém, esse lundu do progresso tem de real – a sua atualidade. A crítica feita há um século parece caber justa e perfeita aos dias que correm. Ei-lo:

LUNDU DO PROGRESSO

Espanta o grande progresso
Desta nossa Capital.
Decresce o bem por momentos,
Cresce a desgraça e o mal,
A carestia de tudo,
De grande já não tem nome,
O pobre morre de fome,
De miséria e de trabalho!
Em belos carros
O rico corre,
O pobre morre
Sem o que comer.
Tudo é sofrer
Para a pobreza,
Só a riqueza,
Vive contente.
Mortal que vive
De seu trabalho

O coronel para não fazer o mal,
pegou na pena e escreveu para o General.
O general como tudo foi fatal,
pegou na pena e escreveu para o Marechal.
O marechal como homem de valor,
pegou na pena e escreveu para o Imperador.
O imperador lá do trono, no entanto,
pegou na pena e escreveu ao Padre Santo.
Padre Santo quis logo dar cabo
pegou na pena e escreveu para o diabo.
(E em tom declamatório)
E o diabo que é o pior e não se logra
pegou na pena e escreveu para a sogra,
e a sogra embrulhou-se com o diabo,
meteu tudo num caldeirão,
mexeu bem mexido e comeu com feijão.

As letras foram recolhidas em Botucatu, em 1924. Um soldado nordestino das tropas legalistas afirmou ser um lundu.

    Não tem um canto
    Para agasalho!
Sinhá não peça dinheiro
Qu'eu não tenho pra lhe dar
Quando não estou de guarda
Para folgar, vou rondar.

A carne-seca tão cara
Cada vez no preço cresce
E o monopolista à custa
Da pobreza se enriquece.
Nos açougues, carne podre,
Nas ruas leite com água,
Causam mais fome, faz mágoa
O pão de tão pequenino.
    A dez tostões
    Pinto gosmento,
    Feijão bichento
    A peso d'ouro.
    Toucinho é couro
    E já toucado
    Café torrado
    Com milho podre.
    Todos os meses
    Por aluguéis
    Quatro paredes
    Triste mil-réis.
Sinhá não peça dinheiro etc.

Peijam as ruas mendigos
Há ladrões por toda parte
E breve nos darão leis
A faca e o bacamarte.
Durante as horas da noite
Invade nossos poleiros
E nos levam ratoneiros
A criação do quintal.
    Té as torneiras
    Já não escapam

Pois tudo rapam
De um modo estranho
Pretos do ganho
Senhores respeitados
Após roubados
Pelos gatunos
Nas grandes festas,
Bailes e passeios,
Sempre acham meios
De ratorronar.
Sinhá não peça dinheiro etc.

O Feijão, Milho e Açúcar,
Carne e peixe já cozido,
Nos vêm de terras d'Europa,
Vêm dos Estados Unidos
Enquanto o monopolista
O seu negócio equilibra
Vendendo a pataca a libra
Vai o pobre a carne-seca.

Quatro pimentões
Por um vintém
Só quem o tem
Pode-os gozar
Quem quer comprar
Alguns limões
Dá dois tostões
Por um somente,
Viva quem vive,
Viva o regresso,
Viva a Nação,
Viva o Progresso.
Sinhá não peça dinheiro
Qu'eu não tenho pra lhe dar
Quando não estou de guarda
Para folgar, vou roncar.
"F. F. de Voltar"

JONGO

Origem e função social

O jongo é uma dança de origem africana da qual participam homens e mulheres. O canto tem papel importante no desafio versificado – nos "pontos" – e a música é para dança, para facilitar os movimentos, o que é uma função rítmica. Os instrumentos são de percussão – membranofônios –, mais adequados à música primitiva; há também idiofônios. Em poucos lugares do Brasil ela sobrevive, e nesses núcleos, onde houve maior densidade de população negra escrava, possivelmente oriunda de Angola, ainda (o jongo) exerce uma função derivativa, recreacional para os habitantes do meio rural, nos agrupamentos urbanóides.

Localização geográfica

No Sul do país, na *região cafeicultora* e na franja paulista, fluminense e capixaba da *região da ubá*, a dança do jongo é sem dúvida a mais rica herança da cultura negra presente em nosso folclore.

O jongo arraigou-se nas *terras por onde andou o café*. Surgiu pela baixada fluminense, subiu a Mantiqueira e persiste no "vale do sol" e dos formadores do rio Paraíba do Sul: Paraibuna e Paraitinga. Entrou também pela Zona da Mata mineira. No estado montanhês o jongo é conhecido por *caxambu*, aliás, denominação dada também ao instrumento fundamental dessa dança – o atabaque grande, membranofônio, ora chamado tambu, ora angona, ora caxambu. Denominação essa só adstrita ao jongo porque ele tem muitos outros nomes pelo Brasil afora, noutras danças e cerimônias. Presente em Goiás e Espírito Santo.

Percorremos em estudos sociológicos de comunidades rurais vários municípios fluminenses e paulistas do vale do Paraíba do Sul, onde encontramos o jongo. Nas páginas adiante descreveremos os de Taubaté, Cunha e São Luís do Paraitinga. Em mais de 18 municípios da citada região, pequenas são as variações, assemelham-se com qualquer um dos descritos. Porém, dentre todos os que presenciamos, o que mais nos impressionou, por ser diferente, foi o de Areias – uma das "cidades mortas" descritas por Monteiro Lobato.

No pátio fronteiro à velha cadeia pública, realizou-se um jongo em dezembro de 1947. Os dançantes ficavam em hemiciclo ao lado do instrumental, entrando na frente destes, numa área até aquele momento sem ninguém, um dançador solista que fazia os mais complicados passos. Retirava-se. Vinha outro solar.

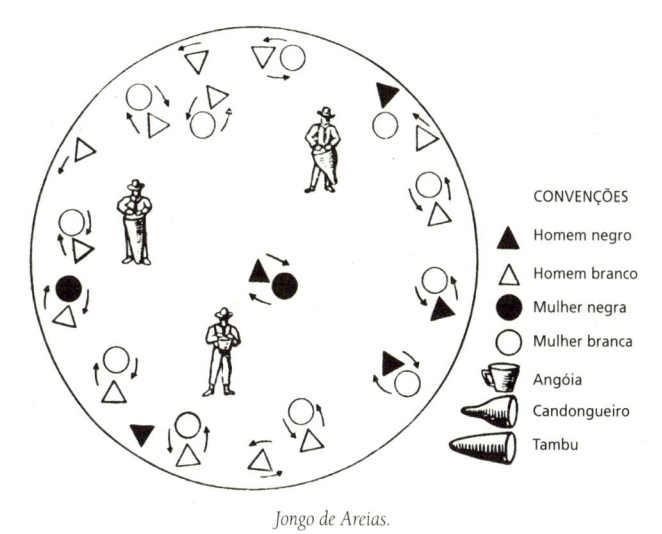

CONVENÇÕES
▲ Homem negro
△ Homem branco
● Mulher negra
○ Mulher branca
Angóia
Candongueiro
Tambu

Jongo de Areias.

O solista dançava defronte de uma dama. Esta, por sua vez, segurava delicadamente na saia e ficava, sem quase sair do lugar, num gingar ondulante de corpo, acompanhando as mil e uma viravoltas, meneios e requebros que o jongueiro solista executava. Ela apenas "aceitava a dança", aquele requesto, aquele galanteio coreográfico, não dançava, continuava a cantar o ponto que todos estavam cantando.

Noutros municípios onde participamos do jongo, jamais tínhamos visto uma dança assim: era uma variação diferente. Ali idênticos eram: o instrumental, as músicas, os "pontos". A dança era completamente diferente. Anotamos e ficamos "ruminando" sobre o assunto. Em junho de 1961, em Natal, no estado do Rio Grande do Norte, o escritor Veríssimo de Melo, professor de Antropologia Cultural da Faculdade de Filosofia e destacado pesquisador do folclore nacional, nos levou para assistir, no bairro do Alecrim, no "Asa Branca", a uma dança – o bambelô.

BAMBELÔ

Que surpresa! A dança era a mesmíssima dos jongueiros paulistas de Areias. Quando Veríssimo de Melo, exímio cantador de coco, entrou no bambelô a dançar sob o ritmo quente da angonapuíta (atabaque grande), do mugonguê (tamborim), do chama-de-puíta (biritador, atabaque pequeno), do pau-de-semente (canzá), dos maracás e cantando:

> Êh! quem de mim tem pena,
> diga quem de mim tem dó,
> levaram minha patativa,
> deixaram o meu curió,

sentimos como é profunda a influência da arqueocivilização africana.

E a dança prosseguiu, ouviu-se um coco de Leôncio:

> Eu venho do mar de dentro,
> eu venho do mar de fora!,

em tudo semelhante aos cantos dos jongueiros paulistas. E é com razão histórica, cujas raízes se entrelaçam no subsolo da arqueocivilização, que na terra de Câmara Cascudo o bambelô é conhecido também por jongo-de-praia. Outras denominações dessa modalidade de coco-de-roda: coco-de-zambê[42], zambelô, enfim, variações de nome desse interessante divertimento rítmico e popular das praias da cidade do Natal, principalmente por ocasião das festas do solstício do verão.

Então *bambelô* é vocábulo quimbundo para designar o jongo-de-praia potiguar, dança de roda, sincopada e viva, executada sob o ritmo ardente de instrumentos musicais negros, membranofônios de percussão direta e idiofônios.

Voltemos ao jongo de Areias, por muitos ali chamado de "angona", onde se usava também entre os demais instrumentos de percussão – os membra-

---

42 Zambê – grande membranofônio de duas membranas estiradas sobre um anel de madeira, carregado na frente do tocador que o percute dos dois lados. Denominação potiguar da zabumba.

nofônios – o raríssimo cordofônio urucungo e o idiofônio negro – a anguaia. Realmente há muita semelhança desse jongo paulista com o bambelô potiguar. Como delimitar então a área geográfica do jongo que até há pouco para nós não passava da Mantiqueira e do vale do Paraíba do Sul? Ele está presente na *região da ubá* e *da jangada*.

Como traçar a *localização geográfica* do jongo? É mais difícil de ser traçada do que julgávamos. Tão difícil como o "desamarrar" este "ponto" cantado pelo jongueiro Lourenço Paula, de Areias:

> Papai era negro da Costa,
> mamãi era nega banguela,
> papai começô gostá de mamãi,
> foi e casô cum ela,
> eu sô fio deles dois,
> eu tenho duas língua,
> cumo é que posso falá?

JONGO DE TAUBATÉ

Em noite de sábado, dia 12 de abril de 1947, no alto de São João, no bairro do Cavarucanguera, defronte à Capela de São João, entre esta e o cruzeiro, num terreno mais ou menos plano, medindo cerca de 30 por 50 metros, realizou-se o jongo.

É uma dança de roda, cuja coreografia não se confunde com a do batuque, visto esta ser dançada em linha, embora ambas sejam de origem africana, e usando os mesmos instrumentos membranofônios de percussão.

Os jongueiros eram homens negros, uns poucos brancos que se intrometeram, e cerca de 15 mulheres, quase todas negras ou mulatas escuras. Não há traje especial para o jongo. E os homens nem sequer tiram os chapéus, nem mesmo quando cantam qualquer "ponto" em que entra o nome de um santo. Havia pessoas de bastante idade e também algumas bem jovens, meninos até.

Os tocadores ficam parados junto à porta da Capela de São João, encostados, na frente deles é que se desenrola o jongo. São três os instrumentos atualmente usados: um tambu, um candongueiro e uma angóia. O tambu é um pau roliço, oco, medindo mais ou menos 1 m de comprimento e cerca de 35 a 40 cm de diâmetro, afinando para uma das extremidades; a oposta a esta tem a boca obturada por um couro de boi, bem esticado e pregado na madeira com tachas amarelas e alguns cravos pretos. O candongueiro é um atabaque menor do que o tambu, sendo mais funilado e, conseqüentemente, o seu som é mais agudo. A angóia é uma espécie de chocalho, uma cestinha de bambu, toda fechada, tendo numa parte um pedaço de folha-de-flandres. Dentro há pedrinhas e contas de rosário de capiá. Tem uma pequena alça pela qual é segurada.

Estava faltando uma puíta para completar o instrumental do jongo. A um canto o Júlio Cabrito gabava a sua angóia, porém estava triste porque não tem mais uma puíta. (Muitas vezes as nossas tradições morrem porque os que as cultuam não têm recursos para reformar ou comprar novos instrumentos.)

O tambu e o candongueiro são amarrados ao corpo do tocador por cordas que dão duas voltas. Apóiam uma ponta do instrumento no solo.

A pessoa que dirige a dança é popularmente chamada "o dono do jongo", e em geral ela é a proprietária dos instrumentos. Neste era Júlio Cabrito dos Santos, negro, de 70 anos de idade, nascido e criado em Taubaté, e que se diz filho de pais africanos. Sua profissão é servente de pedreiro. Pessoa acessível e simples, nunca bebe, o que lhe aumenta o prestígio entre os amigos. Recebeu-nos com grande afabilidade, deixando entrever em sua linguagem, na pronúncia de algumas palavras, uma grande dose de influência africana.

Às 20h30 já estavam algumas pessoas, umas 10 ou 12 apenas, e todas eram negras. Leôncio e mais um negrinho sorridente batiam o tambu e o candongueiro animadamente.

♩=152 Rápido

Inquiridos por que tocavam, se havia tão poucas pessoas ali para dançar, desde que as mulheres não estavam presentes, responderam: "o jongo é para já, tamo bateno é pra isquentá, é pró pessoar ouvi o sinar, eles foro cunvidado, mais iscuitando o tambu e o cunvite do candonguero, ninguém arresisti, vem mermo... As muié arrumum as cozinha dos patrão mais digero". E, em verdade, não demoraram muito. Cerca de 50 pessoas logo se moviam naquele terreiro. Formou-se um grande círculo, mais de 200 pessoas em volta comprimindo-se para olhar os jongueiros que dançavam animadamente no centro.

Um negro já idoso gritava estentoricamente:

"Ô povaria..."

(Sem compasso e com muito portamento):

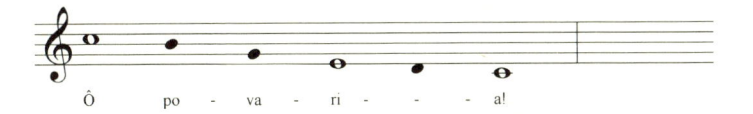

Ô po - va - ri - - - a!

Ouve-se uma voz gritar fortemente: "me dá licência... me dá licência..." é meio cantado, havendo um portamento, a voz começa alta e vai abaixando como que arrastando as sílabas finais. O "dono do jongo" balança a angóia e se aproxima dos instrumentos.

Canta um "ponto", e todos eles são improvisados, tanto a música como as palavras. Ao repetir o ponto, os instrumentos acompanham-no dando o ritmo. Dança e canto são acompanhados com a seguinte batida:

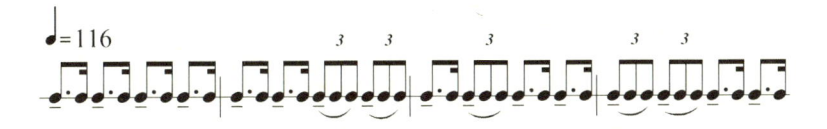

♩=116

Na segunda repetição, e às vezes já na primeira, os demais cantam fazendo coro. É admirável o senso musical dos jongueiros. Canta sozinho aquele que lançou o ponto e a seguir os demais jongueiros cantam com ele em coro. Assim vão alternando até o final. O lançador do ponto é o solista, e ao repetir o seu canto, fazendo a primeira voz, os demais cantam harmonizando. Alguns cantam em falsete. Mulheres cantam preferindo a dissonância. Vão cantando, cantando e, às vezes, quase chegam ao êxtase. A monotonia é convidativa. Uma vez afirmado o canto, iniciam a dança que somente pára quando a pessoa que lançou o ponto se aproxima do tambu e coloca a mão sobre ele e grita: "cachoera". Também quando outra pessoa deseja cantar, pede licença ao que lançou o ponto que estão cantando gritando "cachoera"! Todos param e se aproximam dos instrumentos. Assim, noite adentro, até o dealbar do dia.

Pequeno é o intervalo entre um canto e outro.

A música, quase sempre improvisada, tem ora acentos de cunho religioso, ora profano. Pode-se observar que os jongueiros mais velhos têm melodias mais agrestes, e as dos mais moços são mais adocicadas. Talvez alguns jongueiros sejam passíveis da influência destradicionalizadora do rádio.

A dança é realizada no centro do círculo. Homens e mulheres dançam. Aproximam-se, afastam-se, balanceando o corpo, fazem o gesto de dar uma umbigada, tão característica do batuque, porém apenas aproximam o corpo. O homem balanceia para a direita e se aproxima da mulher, esta por sua vez balanceia também para sua direita, aproximando-se do homem, portanto não se defrontam perfeitamente, ficam um pouco de lado. Agora repetem o mesmo movimento para a esquerda. Vão dando voltas em sentido contrário às do ponteiro do relógio, direção característica que temos encontrado nas danças de roda de origem africana. Os jongueiros ora estão dançando no centro, ora na periferia, os pares se movimentam balanceantemente. Alguns homens sem parceira, porque são poucas as mulheres, ficam dançando sozinhos, e o fazem mais na periferia que no centro da jongada. O jongo não é sapateado, mas sim balanceado, os pés são movimentados para frente e para trás, um pouco de lado, são quase arrastados, não os batem no solo, pisam com o pé inteiro, ao executar o movimento. As mulheres flexionam os braços quando dançam, mantendo as mãos na altura do peito. Quando estão dançando, todos os jongueiros cantam, fazendo coro. E é bem difícil tentar dançar com uma negra de voz esganiçada e estridente; cada vez que ela se aproxima da gente, dói-nos o ouvido.

Os tocadores ficam parados, não dançam nem se movimentam. Ao lado atrás do círculo de assistentes, estes não dançam; mais próximo dos instrumentos, há uma fogueira, onde, de vez em quando, vão esquentar o couro do tambu e do candongueiro para melhorar o som. Derramam (pinga) aguardente sobre o couro para tirar-lhe a "rouquidão". Esfregam "a branquinha" nas mãos para afirmar a batida e não doer... e "um bom gole para limpar a voz".

Em Taubaté, "ponto" é o texto-melodia, de caráter improvisado, usado para a dança. Pode ser de uma, de duas ou mais "voltas". Compreende-se por "uma volta" uma estância que é cantada e não tem mais que dois versos; por "duas voltas", quando há quatro versos. Júlio nos informou que primeiramente era costume cantar ponto de duas ou mais voltas, e que hoje somente cantam pontos de uma ou duas.

Exemplo de um ponto de uma volta:

♩=116

Eu sa - i de lá di ca - sa pra bi - rin - cá,

Eu saí de lá di casa pra brincá,
eu cheguei, topei carranca, eu vorto já.

(*Os lugares assinalados com asterisco eram executados com portamentos.*)
Exemplo de um ponto de duas voltas:

Ó morena suspende a tunda,
não deixa a tunda arrastá,
que a tunda custa dinhero,
dinhero custa ganhá.

Pequena não foi a dificuldade encontrada para musicografar[43] alguns pontos. Foram gravados alguns pelo Serviço de Documentação Cinematográfica

---

43 "A função improvisatória do solista é muito grande" (*O samba rural paulista*, Mário de Andrade, p. 39), principalmente quanto à música. Veja-se, por exemplo, o seguinte: cantou-se o "Vamo pô água no muinho". Vieram depois outros números. Pedimos que repetissem aquele "Vamo pô água...". De boa-vontade acederam, mas a música a que aplicaram as palavras foi totalmente diferente da primeira: na tonalidade, no tempo, no desenho melódico e rítmico etc.
O "texto-melodia" do ponto era repetido pelo coro, formando um conjunto não uníssono, mas de uma "polifonia miserável". Cada um cantava o que bem entendia. Para quem ouvia era uma sensação interessantíssima, impossível de ser registrada no papel e portanto não passível de descrição. "O que domina é o ritmo, o peso, a bulha violenta da percussão, as melodias primárias, e uma brutalidade insensível" (Mário de Andrade, *O samba rural paulista*, p. 13).
Impossível anotar com absoluta precisão a música do ponto no meio da algazarra, em ambiente pessimamente iluminado, sob a grita desajustada e frenética do mulherio e coro, capaz de des-

do DEI. Note-se que muitos pontos se referem ao governador Ademar de Barros, que no dia anterior estivera em Taubaté, inaugurando a 1ª. Exposição Circulante de Pintura, o que vem confirmar a maneira comum dos jongueiros de improvisar.

Os pontos musicografados são os seguintes:

[partitura musical]

Eu fui na capela,
visitá Nossa Senhora.
Fui lá, achei bonito,
não quiria vim'imbora.

[partitura musical]

---

concertar e perturbar qualquer memória auditiva. Por causa das circunstâncias, é possível que haja algumas falhas de grafia. Quanto à notação musical, diz Mário de Andrade: "não tem ser que o faça com rigor científico" (*O samba rural paulista*, p. 46). E é verdade. Às vezes, ocorre algum erro, escapa alguma coisa. Isso aconteceu até aos maiores especialistas do folclore.

Guaiá, matraca, quinjengue e tambu do batuque. Tietê.

As batuqueiras. Tietê.

Cenas de dança com umbigadas no batuque. Tietê.

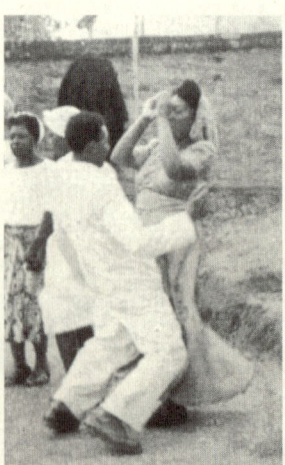

Acima, à direita: *fazendo o "grancheno" ou "canereno" no batuque.*

Quedê Helena,
quedê Maria,
quedê o bico
do balão da Madalena.

Eu sentei praça
no batalhão dos amô,
Eu sentei, amô
inda não jurei bandera,
já ganhei burquer di flô.

Morena quando mi olha
não olha pra mim chorando.
Por causa desse teus olho,
ando no mundo penando.

(Provavelmente a letra dessa quadrinha terá tido a mesma origem daquela outra citada por Mário Andrade no Ensaio sobre música brasileira, "Canoinha nova" [Capital Federal], p. 36).

Menina dos olhos grandes
não olha pra mim chorando,
que os teus olhos são a causa
de eu andar assim penando.

♩=116

Vi-va o do-tô vi-va meu a-mô Vi-va o do-tô vi-va meu a-mô, vi-va A-de-má di Bar-ro, qui ôn-ti mes-mo che-gô. Vi-va A-de-má di Bar-ro, qui ôn-ti mes-mo che-gô.

Viva o dotô
viva meu amô,
viva Ademá di Barro,
qui ônti mesmo chegô

O povo muitas vezes respondia, variando as notas (à vontade), porém sempre com o mesmo ritmo:

♩=116 (Solos)

Va-mo pô á-gu-a no mu-
(Côro)
i-nho, e de-xá a ro-da vi-rá.

Vamo pô água no muinho,
e dexá a roda virá.

Fato singular haver, em um pequeno trecho, uma mesma palavra executada de três modos diversos: cambará, câmbaraa e cambáraa, como veremos no ponto abaixo.

♩=116

É cam - ba - rá, é câm - ba - ra - a, não quei - ma cam - ba - rá, cam - bá - ra - a não é pau de le - nha.

É cambará, é câmbaraa, não queima cambará, cambáraa não é pau de lenha.

Com essa mesma letra os cantores também apresentaram ainda outra versão um pouco modificada. Aliás, as repetições alteradas quanto a melodia, tempos e acentos eram mais ou menos freqüentes. Muitas vezes, ao ser dado o sinal de término ("cachoera"), a execução não era mais do início do ponto; no decorrer da dança havia-se modificado gradativamente. Foi impossível anotar todas essas pequenas diferenças.

♩=116

Vi - va A - de - má di Bar - ro e a fa - mí - lia Gui - zar.

Viva Ademá di Barro
e a família Guizar.

♩=116

Can - ta a ci - gar - ri - nha tris - te no mor - ro da Pa - ci - ên - cia, um a - mô quan - do se a - par - ta, lo - go mos - tra a di - fe - rên - cia.

Canta a cigarrinha triste
no morro da Paciência,
um amô quando se aparta,
logo mostra a diferência.

*Meu bem mora, morava aqui,
agora não mora mais.
Ela mora atrais do morro,
onde o sereno cai.*

Note-se que para não prejudicar o elemento rítmico, não completavam, na primeira vez, a palavra "morava", cantando: "mora, morava aqui". Para adaptar as palavras, fizeram o penúltimo compasso de sete notas. É interessante a melodia ritmicamente variada em relação ao acompanhamento. Aliás, esses dois últimos exemplos são variantes de outros precedentes, principalmente: "Morena suspende a tunda". Essas descidas cromáticas são executadas com portamento, sem muita precisão.

          Mi chamaru di Maria,
          Maria num queru sê,
          Maria padeci muito,
          eu num quero padecê.

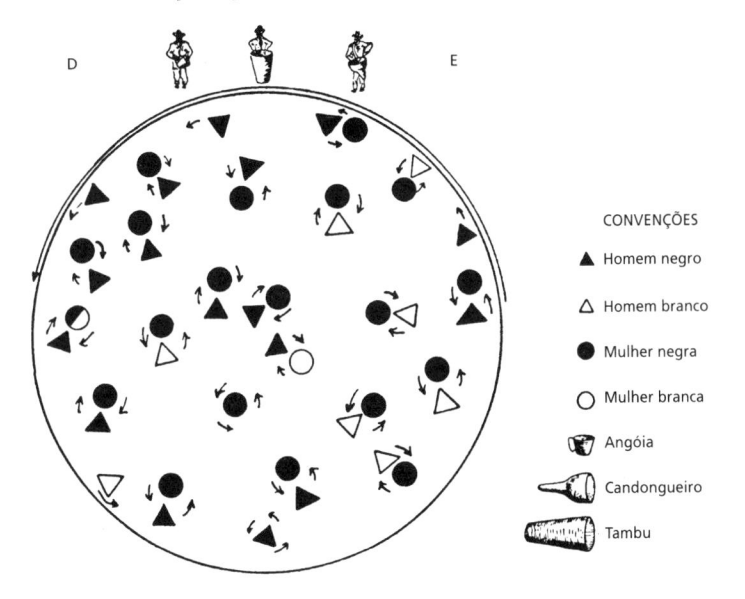

CONVENÇÕES

▲ Homem negro
△ Homem branco
● Mulher negra
○ Mulher branca
  Angóia
  Candongueiro
  Tambu

    Digno de nota foi o fato de uma mulher ter cantado esse ponto, e os homens presentes entrarem no coro... repetindo-o, não desejando o nome de Maria... E alguns homens diziam contrariados: "onde se viu muié cantá ponto?"
    Além dos pontos cujas melodias foram grafadas, recolhemos mais estes:

          No arto daquele morro
          tem uma garça voando,
          não é garça, num é nada, (meu povo)
          é meu amor qui vem penando.

          Vamu dá o viva,
          e o viva vamu dá,

vamu dá o viva
do povo deste lugá.

Todo mundo disse viva,
viva para quem?

Viva a cuzinhera

Jongo de Cunha

Um dos mais velhos jongueiros de Cunha narrou-nos que seu pai era africano, sabia o jongo e que o dançava em Angola. Afirmou também que, primeiramente, só os negros é que o dançavam, porém hoje alguns brancos o aprenderam e dançam.

No dia 20 de janeiro de 1945, na cidade paulista de Cunha, tomamos parte em um jongo que se realizava na praça fronteiriça ao Clube Cunhense. É um local tradicional para a dança do jongo desde os tempos da escravatura, e é popularmente chamado por "Largo de Dona Vavá".

Fizeram uma fogueira e, nas cinzas, assavam algumas batatas-doces. Uma velha, sobre uma mesa improvisada, tinha uma chaleira de quentão e vendia-o à razão de Cr$ 0,50 a xícara média. Sobre um fogão improvisado com pedras toscas, ali chamado tucuruva, numa lata de querosene cheia de água ferviam umas raízes de gengibre, preparo para o quentão. Ao redor, alguns negros e caboclos comiam batata-doce assada, mandioca cozida e bebericavam o quentão, dando estalidos com os lábios grossos, revelando imenso prazer. Prazenteiramente ofereciam, aos que se aproximavam, aquela bebida. Ali estavam mais ou menos umas 30 ou 40 pessoas. Eram negros, brancos, moradores da roça e da cidade, alguns já de idade, outros moços, algumas mulheres e alguns "zinhos"[44].

Às 21h30, chega o responsável pela dança, que é Augusto Rita[45]. Essa é a alcunha de Justino José dos Santos, negro de 67 anos de idade, valeiro de pro-

---

44 Zinhos – nome que dão ao menino quando pequeno; substitui também o substantivo "filho": "sou casado e tenho cinco zinhos". Notamos que em todas as danças a que assistimos em Cunha os meninos tomam parte. Na folia de Reis, o "tiple" é menino; o alferes da bandeira na folia do Divino; os netos do rei na dança do moçambique são exímios moçambiqueiros, e no jongo muitos meninos entram dançando, não cantam ponto, e não são hostilizados pelos adultos. Ali vão aprendendo, e com isso a tradição vai sendo transmitida às novas gerações.

45 Augusto Rita – notamos que muitos homens têm nome feminino. Assim: Augusto Rita, Zé Catarina, João Marica. Informaram-nos que esses nomes são devidos ao seguinte fato: quando aquela pessoa foi criança, começaram a chamá-la de "José filho da Catarina", e com o correr do tempo, acabou ficando Zé Catarina, sendo que muitos passaram a assinar o nome feminino, materno. Fato constatado quando fazíamos a leitura do registro do Racionamento do Açúcar.

A puíta está roncando...

fissão, e que se diz filho de pai africano. Vem com mais alguns companheiros. O festeiro, pessoa de destaque social em Cunha, que ficara encarregado das festas, pediu a Augusto Rita que dirigisse e organizasse o jongo. Como é de seu costume, e pelo fato de ser o dono dos instrumentos, desempenhou-se de bom grado dessa incumbência, o que há muitos anos faz.

Mais ou menos distante da fogueira uns 15 m, Augusto Rita coloca no chão um atabaque grande. Um menino, seu neto, traz uma cabaça cheia de água e uma puíta. Outro negro trouxe um atabaque menor e um caixão de querosene. Um velho manquejante traz um guaiá. Ao redor dos instrumentos forma-se uma roda. Dela participam homens e mulheres. Há muitas mulheres olhando, porém tomam parte na dança apenas duas negras e duas brancas, aliás essas caboclas claras não gozam de boa reputação. Não há ordem para a distribuição na roda, pois há apenas quatro mulheres e cerca de vinte homens dançando.

Logo que Augusto Rita coloca o atabaque no solo, antes de sentar-se sobre ele, tira o chapéu, ajoelha-se, faz o sinal-da-cruz. Dá uns toques no atabaque (ou tambu). O tocador do atabaque pequeno responde. Augusto Rita deixa o atabaque, outro tocador toma o seu lugar, então apóia a mão esquerda sobre o instrumento, segura o chapéu com a mão direita e, olhando para o céu, levanta o braço direito, e no meio de um silêncio absoluto, com uma voz pausada, grita estentoricamente:

Viva as almas...
Viva São Binidito...

Viva o Santo Cruzeiro...
Viva São José...
Viva nosso padroero...
Viva as autoridade...
Viva o povo de Cunha...
Viva a padroera...

Os presentes, sempre que Augusto Rita dá um viva, respondem com um viva lacônico. Depois do último viva à padroeira, Augusto Rita canta. No meio de seu canto há palavras africanas que não conseguimos entender. Uma que repete sempre é "ô karatá ... burundum". Canta e os dançantes repetem diversas vezes um verso, estribilhando. Foi um ponto[46] que A. Rita cantou e está à espera de que alguém desate, decifre o que ele cantou. Enquanto não desatam, repetem aquele estribilho e seguem dançando. Tomazinho, tipo popular, velho jongueiro, balança o guaiá e grita fanhosamente: "Cachoera". Cachoera é um termo usado no jongo que quer dizer "pare". Todos param. Ele balança novamente o guaiá que está em sua mão direita, tira o chapéu com a esquerda, e canta:

São Binidito me dá licência...
Nossa Senhora de Cunha me dá licência...
Me dá licência... me dá licência...
Nossa autoridade de Cunha me dá licência...

A seguir canta o seu ponto. Enquanto ele canta somente a puíta toca normalmente, o candongueiro e a angona ficam tocando em surdina até finalizar o canto. Depois de cantado o novo ponto ou desatado o anterior, recomeçam a tocar alto, todos começam novamente a dançar e a cantar o estribilho, rodando em torno dos instrumentos:

Dei um toque no tambu
deu alto no guaiá...

foi Tomasinho quem cantou, e os dançantes deram três voltas cantando:

---

46 Ponto – é uma pergunta versificada, cantada, que o adversário precisa adivinhar o que seja; se adivinha, ele "desata ou desamarra o ponto". Empregam figuras de metáfora difíceis de serem entendidas. No batuque (Tietê) o sentido da palavra "ponto" é diferente, embora haja nessa dança grande semelhança quanto aos instrumentos usados no jongo. Perguntamos certa vez a um negro que dizia ter 100 anos de idade e que conhecia um pouco da língua africana; disse que o "ponto" quer dizer "pergunta", e que em quimbanda ou magia negra era feitiçaria. Disse também que jongo quer dizer: "o que é que você está fazendo, vamos brincar". Perguntamos o que quer dizer batuque; apenas nos respondeu: "o batuque é uma dança forte".

com alegria, com alegria...

Para cada ponto cantado costumam dar três voltas dançando e cantando um estribilho, que sempre é o último verso do ponto, ou as duas palavras finais. No momento que balança o guaiá, todos se calam e param, porque ele gritou cachoera. Canta novo verso, outro jongueiro:

> Se soubesse que você vinha
> eu mandava le buscá
> num par de mula branca...

Qualquer pessoa pode cantar desatando o ponto. Sempre que um cantor vai cantar pela primeira vez, ele saúda os santos e padroeiros, autoridades e pede licença. Geralmente ficam porfiando somente dois jongueiros, e cada qual procura cantar coisas mais difíceis de serem desatadas. Os pontos são sempre feitos de improviso. Num jongo logo aparecem os dois jongueiros que se destacam e põem a porfiar. Ao jongueiro vencedor assiste o direito de tomar posse dos instrumentos do adversário que não conseguiu desatar seus pontos e, portanto, foi derrotado.

Bem difícil é desamarrar um ponto. Citemos um exemplo entre muitos recolhidos. Um jongueiro cantou:

♩=116

Bo - tei meu joe - lho em ter - ra. São Bi - ni - di - to me va - leu.

Botei meu joelho em terra, São Binidito me valeu.

A pessoa que desamarrou o ponto decifrou o canto. Depois foi obtida a confirmação do jongueiro que o cantou, acrescentando que foi fácil desamarrá-lo porque aquela pessoa sabia de sua caçada e dos apuros que passara. O ponto significava o seguinte: Augusto Rita foi caçar; de volta, já havia gasto toda sua munição quando, de repente, surge uma onça que mata seu cachorro. Vendo que seria atacado pelo felino, ajoelha-se e suplica o auxílio de São Benedito. Inesperadamente a onça toma outro rumo e ele se vê salvo.

É um episódio da vida que o jongueiro levou para o jongo, narrando-o sob a forma de ponto. E assim são quase todos os pontos.

Conseguimos notar que há uma correlação entre a adivinha e o ponto que os jongueiros cantam. A adivinha, como o ponto, toma geralmente a forma versificada, rimada, pois é a melhor forma de ser decorada, memorizada.

Por meio dos pontos os escravos combinavam fuga, marcavam encontros, criticavam seus senhores, e atualmente essa mesma verve resta aos jongueiros, pois ao pesquisador compararam-no a "galinha que come dado o milho", pelo fato de anotar os versos cantados, sem lhes pagar nada por "esse milho... da cultura espiritual".

Uma crítica feita a um chefe político:

> Tanto pau de lei
> que tem no mato,
> embaúva é coroné.

A explicação desse ponto é a seguinte: na cidade há tanta gente boa e de caráter, e justamente o "coronel" é que foi escolhido para um alto cargo. A gente boa é o "pau de lei", e a madeira oca, inaproveitável, a imbaúba (*cecropia palmata*) é a escolhida.

Havia um fazendeiro muito rico, porém sovina, fazia festas, mutirões, e dava pouca comida e bebida; foi criticado na roda de jongo:

> Ai é home rico,
> tem fazenda trabaiano,
> cum tanto escravo
> tá no açougue,
> comprano carne,
> de quilo em quilo.
> Por que num compra,
> um boi intero?

A filha do patrão tinha encontros escusos no pomar; não lhe faltou a crítica:

> Laranjeira tá tremeno,
> no pomar tem gurundi,

Um ponto que foi logo desamarrado foi este:

> No alto daquele morro,
> tem duas muié serrano,
> uma debaixo, outra de cima,
> Puera tá caíno embaixo...

É o moinho. As duas mulheres representam a mó, e a poeira é o fubá do milho que vai saindo.

O jongueiro mais idoso disse que há um ponto que até hoje ninguém desamarrou, e que foi feito há 50 anos:

Sapo qué sê dotô,
arubu repubricano,
gavião que é mais ladino,
no gaio fica mirano.

Nota-se que algumas palavras são de origem africana, e noutras a pronúncia sofre a influência africana; por exemplo: dizem "saravá" em lugar de salvar, saudar. Cantaram assim: "primero saravá a Deus para despois saravá o povo".

Outras palavras que se presume serem de origem africana são: "angona", nome que dão ao atabaque grande e, às vezes, à própria dança do jongo; "candongueiro", ao atabaque pequeno; "tambu", nome comum e mais usual do atabaque; "Guanazamba" é Deus do céu; "Zamba" é Deus; e "calunga", irmão. Quando falam em Deus o chapéu permanece na cabeça; porém, basta falar o nome de um santo, imediatamente eles se descobrem.

Instrumentos

No jongo são usados os seguintes instrumentos: três ou quatro atabaques, uma puíta e guaiá. Aos atabaques dão o nome de tambu, angona, candongueiro, cadete, guzunga, pai-joão, pai-toco, joão, guanazamba, joana. Ao atabaque grande chamam: pai-toco, pai-joão, joão, guanazamba e o mais comum de todos os nomes, tambu. Ao atabaque pouco menor do que este, chamam-no de joana, angona e, mais comumente, candongueiro. Ao menor do que este, chamam-no cadete. Ao pequeno, o menor de todos, guzunga. O tambu é tocado com as mãos batendo em cheio, candongueiro e cadete são tocados delicadamente, com as pontas dos dedos, o que os leva a dizerem "arranhando a angona".

O tambu, atabaque grande, é um pedaço de madeira em que por meio do fogo fizeram um buraco, de ponta a ponta. Esse toco tem mais ou menos uns 100 a 120 cm de comprimento, e um diâmetro aproximado de 40 cm. Numa das extremidades colocam um pedaço de couro de boi, e a outra fica livre. O tocador senta-se sobre o tambu que é colocado horizontalmente no solo, acavala o instrumento e bate com as mãos no couro, tirando sons cavos que são ouvidos a longa distância. Para afinar o tambu, levam-no próximo ao fogo, o que lhe dá um som mais limpo e mais agudo. Quando o couro está frio, dizem que o tambu está rouco.

O candongueiro, atabaque menor, é mais delicado e de menor dimensão, 80 a 100 cm, 30 cm de diâmetro, e o seu som é mais agudo, mais "mulher"; dão-lhe o nome de "joana".

O cadete é bem menor do que o tambu e candongueiro, seu som é mais agudo. O tocador senta-se sobre ele, não tendo mesmo mais do que 20 cm de diâmetro, 50 a 60 cm de comprimento.

Aos três primeiros, tambu, candongueiro e cadete, sentam-se sobre eles para tocar. O guzunga, que é pequeno, é carregado pelo tocador, por uma alça de couro que fica a tiracolo ou no ombro esquerdo. Tocam-no mais ou menos à altura do peito. Afirma Augusto Rita que "devido preguiça de fazer tambu e candongueiro, cuja voz alcança léguas de distância, estão agora só usando cadete e guzunga, pois são menores, mais fáceis de serem feitos e de serem carregados... e que trabalha alto o mesmo que seja uma buzina".

A puíta é um pau roliço, oco, de mais ou menos uns 30 cm de comprimento e 15 ou 20 cm de diâmetro. Uma das bocas é recoberta por um couro. No centro deste amarram uma haste de madeira, bem lisa, de 30 cm de comprimento. Ela é tocada da seguinte maneira: o tocador coloca o instrumento entre os joelhos pressionando-o, e com um pano molhado esfrega a haste tirando som. De vez em quando, coloca uma das mãos sobre o couro, externamente, o que faz tirar sons diferentes, ruídos que mais parecem grunhidos. Para conservar o pano molhado, trazem uma cabaça com água. Tomam um pouco de água e depois cuspindo-a na mão esfregam a haste. Há tocadores que não usam pano, somente a mão molhada, e assim conseguem tirar uma gama maior de sons do instrumento.

O guaiá é uma latinha que contém dentro chumbo, pedrinhas ou "conta de capiá", tendo uma alça para segurar. Assemelha-se a uma caneca fechada. É um chocalho com alça. É tocado somente para mudar de canto, para desatar o ponto que está sendo dançado. Toca o instrumento e grita a seguir: "Cachoera"!

Às vezes, na falta de tambu, batem num caixão de querosene, o que fatiga logo, e a mão fica doendo. Por isso seguidamente revezam-se os tocadores.

Música

O canto é monótono e cantam em dueto. Geralmente os negros têm voz boa. Há alguns de voz ótima. Algumas melodias são cantadas a três vozes. O comum é o dueto. Há negros tenores cuja voz tem admirável melodicidade. Outro fato que observamos é uma maneira especial de alguns negros cantarem em falsete. Uma negra canta somente em falsete. As mulheres somente cantam o estribilho, elas aqui não cantam ponto.

Cantam versos "linhados", isto é, um em seguida a outro, tirando o ponto. Por exemplo:

Como é bunito dois machado trabaiá,
um corta pau, outro chega pra lavrá...

Logo que o jongueiro canta o ponto, os que estão dançando em volta do instrumento repetem cantando e dançando o verso final. Por exemplo, deste somente cantam: "eu num só daqui, eu sô viajante":

Esta galinha come dado o mio
ela não é minha, ela não é minha,
eu num sô daqui, eu sô viajante...

Dança

Dançam em redor dos instrumentos, sendo o tambu e o candongueiro colocados no solo; sentam-se sobre eles com as pernas abertas, e o tocador de puíta senta-se sobre um caixão. É uma dança de roda que se movimenta em sentido contrário ao dos ponteiros de um relógio[47]. Os passos são deslizamentos para a frente com o pé esquerdo e direito, alternadamente. Ao finalizar cada deslizamento, há um pequeno pulinho ao aproximar o pé que está atrasado. De vez em quando os dançantes dão um giro com o corpo, principalmente aqueles que estão na frente das poucas mulheres que estão dançando.

---

47 Ponteiro do relógio – utilizamo-nos dessa referência para facilitar. Notamos que somente nas danças de negros, como o jongo, é que dançam em sentido inverso ao dos ponteiros de um relógio, pois várias danças de fandango, cururu, a que assistimos, os brancos dançam no sentido dos ponteiros do relógio. Tendo, na qualidade de *observador participante*, dançado umas cinco ou seis vezes o jongo, em épocas diferentes, na cidade de Cunha, todas as vezes a roda movimentou-se no sentido inverso ao dos ponteiros do relógio. Portanto, não é coincidência. O mesmo fato verificamos no jongo em Taubaté, São Luís do Paraitinga, São Pedro do Catuçaba, Natividade da Serra etc.

Estando na frente, vira e defronta-se com a mulher, e ambos mudam os passos ora para a frente, ora para trás, duas vezes, e depois giram. O homem ao girar fica novamente com as costas para a mulher. Também esta, às vezes, dá meia-volta, defronta-se com o homem que está atrás. Com este ela dá um passinho para a frente ao lado direito, balanceia para trás, depois balanceia para a esquerda, gira e dá-lhe novamente as costas.

Os dançantes, quando se cansam, saem da roda e descansam ou perto da fogueira ou sentados na sarjeta. A dança prossegue noite adentro, finda antes do nascer do sol, pois o jongo só é dançado à noite.

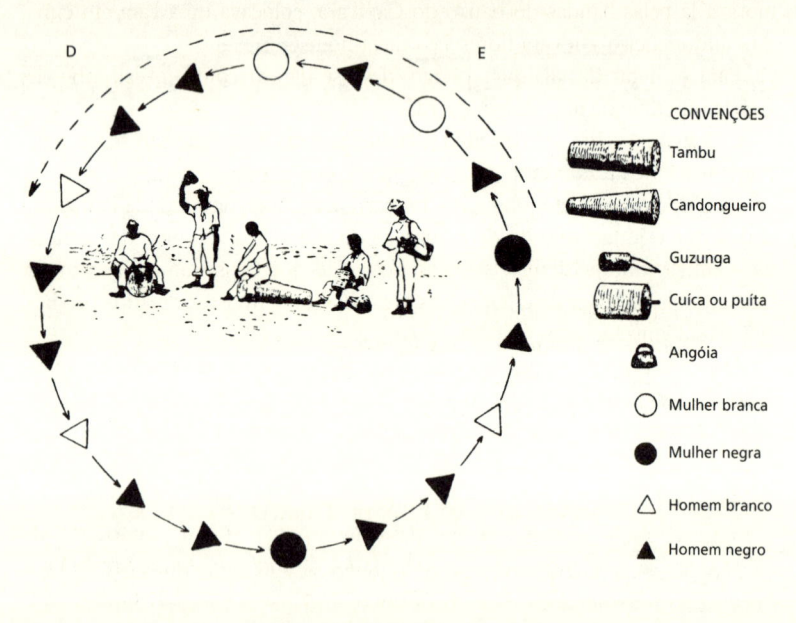

CONVENÇÕES
Tambu
Candongueiro
Guzunga
Cuíca ou puíta
Angóia
Mulher branca
Mulher negra
Homem branco
Homem negro

Magia

Há muitas práticas de feitiçaria ligadas ao jongo. Acreditam que ao jongueiro que é derrotado acontece-lhe uma desgraça. Quando vai enfrentar um adversário afamado é bom enfiar uma faca de ponta fina num pé de bananeira, fazendo assim "fundanga" para que ele não seja capaz de desatar o ponto.

Contam que Tomasinho, que é de fato fanhoso, criou bicheira no nariz porque não desatou um ponto, então apareceu ozena, pois ele ficou dormindo daquele momento em diante na cinza, até depois do raiar do sol, e aquilo ninguém cura porque foi "coisa feita".

Um jongueiro amarrou uma pessoa que estava zombando da dança dos negros, deixando-a com a frente virada para a parede até o amanhecer do dia. O jongueiro tem parte com o demônio, assim afirmam, e todos os bons jongueiros, já se pode saber, são também entendidos na arte da magia negra. Sabem "botá fundanga e ôio grande". "Havia um que era de fato bom, que de dentro de um corote vazio fazia escorrer pinga e dava para os presentes beberem, e esse mesmo jongueiro, de um tubo de taquara, tirava uma rama de batata, plantava, fazia crescer, colhia, colocava na cinza, assava e depois dava para os presentes comerem batata-doce assada. Outro jongueiro famanaz, que morava lá pelas bandas do bairro do Capivara, colocava uma vara em cima do 'candongueiro' e a vara florescia à meia-noite."

Para se livrar de qualquer perigo, deve-se dançar com um galhinho de arruda ou guiné na algibeira esquerda.

O jongo só deve ser dançado à noite, pois as artes que são feitas nele somente são realizadas enquanto não há sol.

Zé Crioulo, afamado jongueiro do bairro do Cume, da Fazenda Palmeira, afirma que o jongo vem desde o começo do mundo, que é uma das danças mais antigas que existem. Os jongueiros, pelo que constatamos, gozam de uma auréola de mágicos e feiticeiros, pessoas que têm determinados privilégios e têm amizade com o diabo.

Dançam o jongo porque ele traz muita alegria e é um divertimento aprovado por São Benedito, e que os leva a passar a noite distraídos dançando ou presenciando a disputa de jongueiros de fama. Há também libações alcoólicas.

Jongo de São Luís do Paraitinga

"Foi São Benedito quem inventou o jongo no tempo em que ele foi gente e era cativo", afirmou Luís Caié, de 65 anos de idade; "é dançado em São Luís do Paraitinga desde o tempo do cativeiro". No jongo os escravos podiam através dos pontos fazer suas combinações, contar suas amarguras e criticar seus senhores. Joaquim Honório dos Santos, afamado jongueiro são-luisense, roceiro, de 80 anos de idade, filho de pais africanos de Angola, afirmou que, na língua de seu pai, "jongo quer dizer divertimento".

Dança de terreiro, de roda da qual participam homens e mulheres, sendo sempre dançada à noite. Geralmente, as danças têm início às 21 horas e se prolongam até às 8 horas da manhã do dia seguinte. São usados instrumentos de percussão membranofônios, que vibram por golpe direto ao couro: tambu e candongueiro, sendo o primeiro a alma do jongo.

O tambu mede mais ou menos de 60 a 70 cm de comprimento e 20 cm de diâmetro. É uma peça de pau oco, sendo obturada por um couro numa das extremidades, tendo a outra livre para estar em contato com o ar. O candongueiro é uma peça de madeira oca, medindo mais ou menos 40 cm de comprimento, e um diâmetro de 15 a 20 cm, afunilando-se para uma das extremidades na qual a abertura não mede mais que 10 cm de diâmetro. Na extremidade de maior diâmetro é colocado um couro, no qual o tocador bate com as mãos, tirando sons dessa membrana estirada. Tanto no tambu como no candongueiro pregam alças de couro cru pelas quais passa uma corda que serve para prender o instrumento à cintura do tocador; assim, ele pode locomover-se, tocar e cantar, movimentando-se livremente dentro da roda. Outro instrumento empregado é um chocalho que denominam angóia ou anguaia. É todo feito de taquara, tendo numa das faces uma pequena chapa de latão; dentro desse chocalho colocam contas de rosário de capiá (*dorstenia multiformis*), chumbo ou pequenos seixos. Dizem que, sacudindo a anguaia, a inspiração para se cantar um ponto vem mais facilmente. Para a mudança de um texto-melodia e para a colocação de outro, os jongueiros sacodem a anguaia gritando: "Cachoera, cachoera!"; emitindo essa ordem convencional de cessar. O jongueiro que gritou põe o ponto, isto é, canta o texto-melodia e os demais companheiros "suspendem para cima", isto é, o coro repete até fixar o canto improvisado. Uma vez fixado, tambu e candongueiro são tocados animadamente.

Mui raro recusam um ponto, embora seja difícil a memorização da melodia "porque todos são ermão e têm dereito de ponhá o seu ponto", portanto não há recusa coletiva e sim de um ou outro jongueiro, menos musical, que se não dispõe a aprender aquela cantiga.

Ao ponto colocado, qualquer pessoa pode desatá-lo. Uma vez "desamarrado ou desatado o ponto", passa-se a cantar noutra linha.

Há dois tipos de linhas nas quais se pode cantar o ponto: de "visaria" e de "ingoromenta". A linha de visaria é aquela em que se canta o ponto sem o desejo de amarrar. É para saudar, para uma pequena disputa, para experimentar a "força da cabeça" do adversário. Nos pontos de visaria há muita poesia.

Há sempre no jongo dois jongueiros mais afamados que procuram disputar a primazia dos aplausos de todos os dançantes presentes. Essa disputa começa com pontos na linha de "visaria" e pode passar para a de "ingoromenta". É na linha de ingoromenta que se verifica quem é o "galo". O ser "galo" é o que desejam, isto é, ser o melhor de todos. Na linha de "ingoromenta" os pontos são feitos no intuito de "amarrar" o adversário, isto é, impossibilitá-lo de responder aquela "proposta". "Ingoromenta" talvez seja argumento.

Um ponto de ingoromenta:

> Eu caminho sete légua,
> E sô camarada de São Binidito,
> Meu coração me dói
> E minha goela como tá.

Um ponto como esse é cantado; se desamarrarem, muito bem; não desamarrando, a pessoa que o propôs tem que cantar a seguir um de visaria e outra pessoa qualquer poderá cantar outro, de acordo com o que foi cantado. Um ponto de ingoromenta cantado, e não tendo sido desamarrado, o seu autor poderá cantá-lo em todos os jongos de que participar, até que um dia venha a ser desamarrado. Devido aos pontos de ingoromenta é que os jongueiros ficam afamados.

Luís Caié, depois de ter cantado um ponto de ingoromenta, cantou este de visaria:

> Treis dia anti
> Comecei a imaginá,
> Perdi meu par de anguaia,
> Mai truxe meu saravá.

Luís Caié Filho pegou a linha de seu pai cantando outro de visaria, ficando "emparelhado" com ele:

> Meu saravá eu truxe,
> Na bandeirinha etc.

Quando vão dar início aos cantos de dança é necessário que o jongueiro saúde os santos, peça licença aos presentes para depois cantar o seu ponto. O dono dos instrumentos, antes de começar o jongo, faz a "reza"[48]: "Meu premero ponto é saravá a Deus que tá no céu, e despois nossa Mãi Maria Santís-

---

[48] Noutro jongo, em São Luís, conseguimos gravar em fita magnética esta reza feita antes da dança, por Joaquim Honório dos Santos: "Caxinguelê começu coroanda, macama não sabe como reza zumba mucaiuma angona. Tengo, tengo aruanda macama não sabe como reza meia-noite em ponto, caminha no campo de mana Rosa, Gisu cum meia hora de vorta. Não mi chama de pançurudu tecupica tá no campo, não me chame de maguerine, manguerine mais num é de fome, não me chama de cambreta que nega que angona que me indireita, não me chama de perna torto é cipó que tá no mato, tuda parte que eu chego saravá pau por pau, depois debaxo de tudo pau, saravá pau que sacudia e no fim saravo toco por toco e saravo foia que caiu."
Em 1948, gravamos esta reza: "Primeramente saravá Guananzamba, Guananzamba do céu, abaxo de Guananzamba, saravá santo por santo, abaxo de santo por santo, saravá santo cruzero, abaxo de santo cruzero, saravá santo que me troxe, debaxo de santo que me troxe, saravo galo por galo, pequeno, por pequeno que seja, saravo dono das casa, saravo festero, saravo tudo im geralmente."

sima e despois o Padriterno, agora por baxo do Padriterno saravá, piquininino, garande, agora saravá a terra qui comi nóis e saravá São Luís que é nosso padroero, e saravá Sun Binidito, agora saravá nosso Rei, saravá nossa Rainha, debaxo de tudo isso saravá nossa Princesa, e agora saravá tudo."

Após a reza, que é meio cantada e meio falada em tom declamatório, o jongueiro tira a mão esquerda que estava sobre o tambu e ajuda a arrumar o chapéu na cabeça, pois este, enquanto rezava, estava seguro com a direita e era mantido um pouco acima da cabeça descoberta. Durante todo o tempo da reza, olhava para um ponto distante lá no céu; agora, novamente de chapéu na cabeça, pigarreia e, no meio do silêncio de todos os presentes que reverenciaram com sua mudez aquele ato de religiosidade, ele põe o seu primeiro ponto:

> Dô lovado pá papai,
> E dô lovado, pá mamãi
> Pá quano chegá na Angona,
> Num me chamá macriado.

E o jongo prossegue, muitos pontos se sucedem. Até hoje a princesa Isabel não foi esquecida, e a libertadora é louvada num ponto de jongo pelo Joaquim Honório:

> Eu vou mimbora,
> Santinho leva eu,
> A boa vida
> Foi a Rainha que me deu.

O povo responde com a "suspendida" para firmar o ponto ou, como dizem, "acudir o ponto", cantando em coro:

> E lê, lê, lê, ai, lai, lai, (bis)
> Veja que vô mimbora,
> Mai a boa vida
> Foi a Rainha que me deu.

No decorrer da noite, muitos pontos são cantados; uns improvisados e outros repetições de pontos já cantados em jongadas anteriores.

As mulheres estão muito alvoroçadas, porque houve farta distribuição de cachaça que lhes foi oferecida pelo pesquisador. Luís Caié, por causa desse presente, põe um ponto de visaria:

> Pega fogo samambaia (solista)
> Dexa a luma serená (coro)

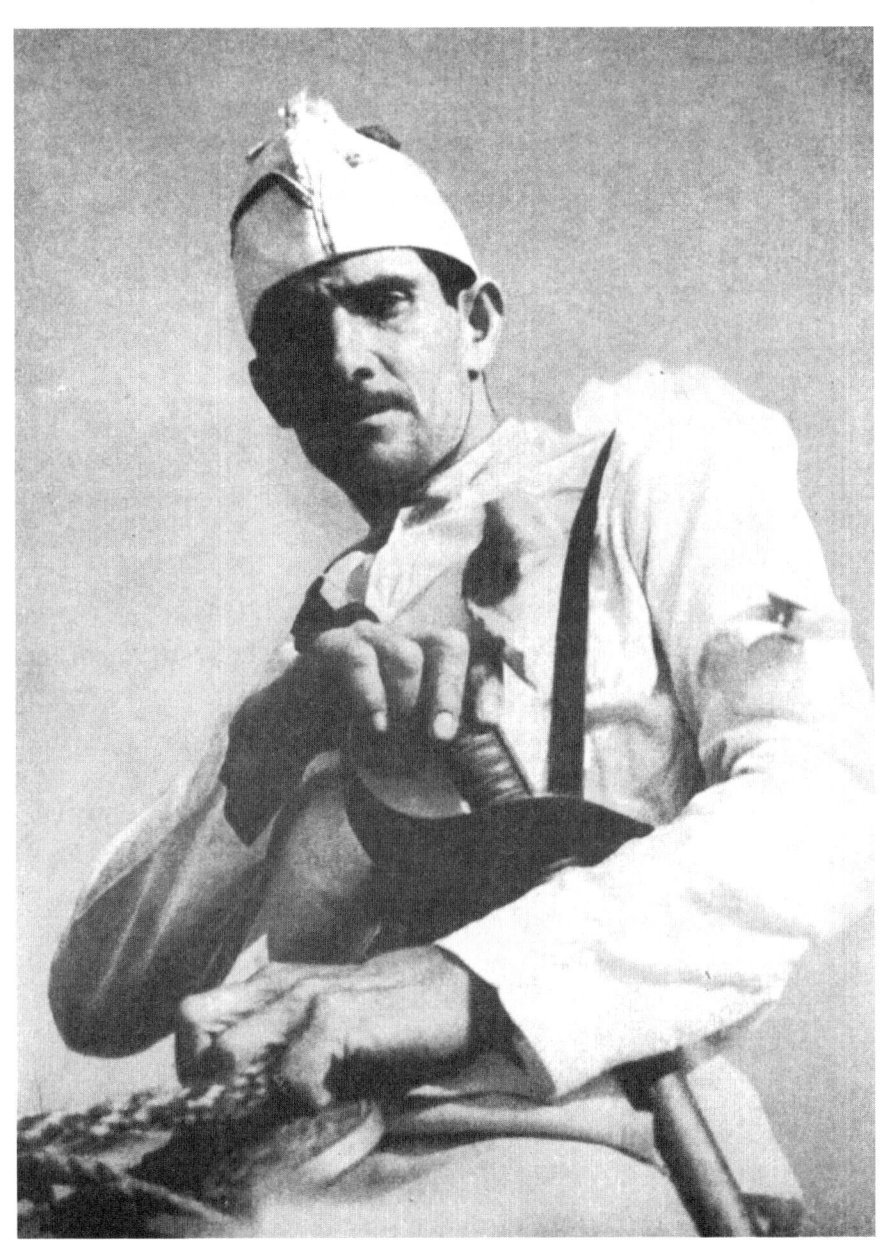

Rei cristão da cavalhada de São Luís do Paraitinga.

Cristãos e mouros confraternizam-se.

O "espia" mouro é morto pelos cristãos.

Tocadores de tambu, angóia e candongueiro.

A Lua é mulher, por isso não se deve preocupar com o seu alvoroço, é o significado do ponto anterior.

Um jongueiro aproveitou o saudar dos santos para fundamentar um ponto:

> Primero saravo Deus
> si você qué teimá comigo,
> arriba de Deus,
> maioriá quem?

Outro desatou cantando:

> Arriba de Deus
> só a coroa que tá
> só a coroa que tá
> na cabeça d'Ele.

Um jongueiro de Lagoinha cantou um ponto para desafiar:

> Todo galo desta terra,
> Num tem bico nem ispora

Como é que qué dá
Num galo que vem di fora?

As mulheres que estavam alvoroçadas porque o jongo não estava animado, e também porque estavam tolhidas com a presença de alguns brancos na dança, lançaram um ponto para os homens e foi cantado por Tia Teresa, negra centenária:

> Angona tá bunitinha, ô céu (bis)
> Vamo nóis saravá, saravá nesta angona,
> A rainha tá angona,
> Vamo serená ô Deus,
> Falta galo neste terrero,
> Este galo é garnisé.

Luís Caié, para sobressair o valor da rainha e mostrar que há "galo no terreiro", isto é, há jongueiros em São Luís, cantou:

> Ai o reis vale munto,
> rainha vale inguá,
> O reis vale dinhero im oro,
> E a rainha dinhero im pó.

Muitos brancos tomam parte no jongo, mas estes quase sempre se retiram logo depois da meia-noite ou 1 hora da madrugada, o mais tardar. O jongo fica animado depois das 2 horas da madrugada e os jongueiros afirmam: "a gente só dança dereito despois que bebe um poco". Dessa hora em diante permanecem somente os negros e, então, os pontos se sucedem com mais facilidade, acentua-se a coreografia, não há mais variações que alguns brancos introduzem por não saberem e por não terem aquela queda natural, "ginga" que só o negro tem para dançar. A dança torna-se com movimentos uniformes. É realmente um bonito espetáculo coreográfico quando só negros estão jongando.

Os pontos se sucedem rapidamente. Um canta, logo outro a seguir manda parar e canta. Às vezes, vão respondendo, falando, e as últimas palavras é que são cantadas. Joaquim Honório, neste ponto, os dois primeiros versos os disse falando em tom declamatório e os dois últimos ele os cantou:

> Sancristão bateu sino
> Padre vai pa sacristia,
> Nunca vi batizado
> im ponto de meio-dia.

Joaquim Honório parece ser o líder carismático, domina os demais jongueiros pela sugestão que exerce sobre todos e pelo prestígio que adquiriu por ser "entendido" nas artes da magia negra, de curandeiro, de rezador de rezas fortes, benzedor, capelão etc.

Outro jongueiro, para "ir na linha" de Joaquim Honório, põe um ponto de visaria procurando entrar no assunto que o antecessor puxara:

> Rosário que falta mistério,
> Num leva arma pro céu.

Luís Caié, vendo que há necessidade de alegria, cantou o ponto que desamarrado quer dizer: "Quero que todos me ajudem pois é a alegria que é a nossa necessidade."

> Oi me faça o favô
> Me ajudai por caridade,
> Tô na minha nicissidade,
> Que aminhã já vô mimbora.

A seguir cantou um ponto de ingoromenta para porfiar com o jongueiro de São Pedro de Catuçaba que apareceu depois da meia-noite, com ares de "galo velho", isto é, "Campeão":

> Com jeito de meia-noite,
> Meu galo não bebe água,
> Bamo dexá de afrorecê
> Pa andá, pa passiá
> Sô eu afalecido,
> Nesta grandeza,
> Pois sô istimado,
> Tenho sua razão.

Esse ponto de ingoromenta não foi desamarrado e, noutro dia, o pesquisador pediu-lhe explicação. Recusou-se a dar, porque "senão perderia sua força de 'maginação', num poderia mais ingoromentá si arrevelasse a verdade daquele ponto, nóis jonguero temo que tê os nossos segredos porque jongo é uma dança de religião".

Mas, em compensação, desamarrou o ponto das "sete léguas" (o primeiro citado), porque um jongueiro havia desatado. "Levantei de madrugada e fui tomá o meu café, fui comê peixe com farinha e uma espinha enroscou na minha garganta e fiquei impossibilitado de cantá, mas, tendo feito uma promessa pra São Benedito, trouxe o meu tambu que se ouve a sete léguas e me pus a cantá. Sarei da garganta ficando apenas um pouco rouco."

Coreografia

Quando em certas danças, como no fandango rufado, usam tamancos, no cateretê da zona pastoril usam botas com esporas tilintantes. O uso desses implementos reflete na coreografia, o que não se dá com o jongo, no qual os jongueiros ou dançam descalços, e é a grande maioria, ou com botinas de uso comum. Usam roupas comuns, alguns dançam com suas capas de boiadeiros, longas e rodadas, e de chapéu.

O jongo de São Luís do Paraitinga é uma dança de roda e os tocadores, um ao lado do outro, carregando seus candongueiros e tambus presos à cintura por tiras de couro cru e corda, andam em passo normal, dentro do círculo feito pelos jongueiros, seguindo a mesma direção dos dançantes do círculo. Os jongueiros no círculo dançam em sentido contrário ao do ponteiro de relógio, um atrás do outro, com passadas deslizantes, isto é, mudam os passos quase que arrastando os pés no solo. Giram o corpo ora à direita, ora à esquerda. Quando deslizam com o pé direito, giram mais ou menos noventa graus volvendo o corpo à direita, o mesmo fazendo à esquerda, quando dão um passo com o pé esquerdo. Deslocando sempre para a frente, e é muito raro jongueiro dar um giro em torno de si mesmo, fato só visto no início da jongada, quando havia alguns elementos brancos na dança. Ao parar de cantar uma melodia, o jongueiro que gritou "cachoera" fica na frente dos tocadores e, andando para trás, procura colocar uma nova melodia. Os tocadores continuam a andar, há como que uma desorganização geral; os jongueiros que estavam no círculo, em passo normal, seguem atrás dos tocadores, dando-nos a impressão de um batalhão que marcha atrás de uma fanfarra. No momento em que memorizam a melodia, voltam a dançar em círculo móvel, batendo animadamente seus instrumentos de percussão.

De quando em vez, um dos tocadores sai e vai até a fogueira para aquecer o couro do instrumento, "a fim de que ele fique com a voz mais declarada".

Assistência e participantes

No início do jongo há um número bem grande de assistentes, geralmente brancos, que ficam "sapeando", isto é, olhando, com vontade de entrar na dança; com receio, porém, de perderem o *status* social, dominam o primeiro impulso e não entram na jongada, cujo ritmo, apesar de monótono, é convidativo. Entre os assistentes há também alguns negros "bem vestidos" que se julgam superiores àquela "negrada velha e desajeitada" e, por isso, não se misturam; prevalece a marginalidade.

Depois de meia-noite, entretanto, os assistentes já são pouquíssimos, porque os que restam estão agora no meio da dança; não há mais preconceitos e marginalidade a serem preservados e é tão natural o tratamento dispensado entre todos os participantes do jongo que parecem uma só família. Aos negros idosos lhes é dispensado o carinhoso "meu pai", às negras velhas, "minha tia".

Dentre a meia centena de jongueiros destacava-se o octogenário Joaquim Honório, varão respeitado, com seu talhe de quase 2 m de altura, bastante ereto a despeito dos anos, e que desde o primeiro instante liderou os jongueiros.

Os participantes são pessoas simples, de condição econômica rudimentar, que se trajam modestamente e quase todos vindos da roça. A grande maioria é de pessoas idosas. Algumas negras entraram na roda do jongo, segurando seus filhos, envoltos em cueiros de baeta; outras puseram-nos dormindo, enrolados nos seus trapinhos, nas proximidades da grande fogueira que foi armada e sem a qual o jongo não se realizaria. O calor do borralho é também apreciado por alguns jongueiros que encheram o "caco de pinga", isto é, embriagaram-se. Somente são despertados ao dealbar do dia, para tomarem parte na "bandeira".

A "bandeira" – Nas jongadas assistidas em Cunha, Taubaté, Areias, Bananal, Barreiro, Silveiras, Paraibuna, Jambeiro, Redenção da Serra, Natividade da Serra, não encontramos o cerimonial da *bandeira*, que é, por assim dizer, o fecho da jongada. Nessas cidades, ouvimos apenas vagas referências a respeito desse cerimonial.

Em São Luís do Paraitinga, tivemos, porém, a oportunidade de participar da "bandeira", ponto final de uma jongada que ali se realizava no dia 13 de maio de 1947.

Quando já é dia claro, os jongueiros que amanheceram na roda do jongo fazem um grande retângulo ao redor dos instrumentos. Os organizadores da dança e pessoas que desejam homenagear são convidados para ficar no meio desse retângulo. Seguem cantando, andando em cadência quase marcial até a residência do promotor da festa que, sabendo desse costume, aparece bem cedinho na jongada, para que realizem a "bandeira".

Cada jongueiro, em vez de dar as mãos, como que fazendo um cordão de isolamento, pega nas pontas de lenços ou pedaços de fitas, ligando-os dois a dois; formam, assim, um grande retângulo. Só depois de chegarem defronte à casa do festeiro é que "soltam" de dentro da "bandeira" os homenageados. É o fim da jongada. Todos os presentes abraçam-se efusivamente; os afilhados dão "louvado" aos seus padrinhos, saudando-os assim: *suns Cristu, padrim* ou ajuntando as mãos, meneando a cabeça para frente, respeitosamente, dizendo engroladamente: "bença padim", e depois se retiram.

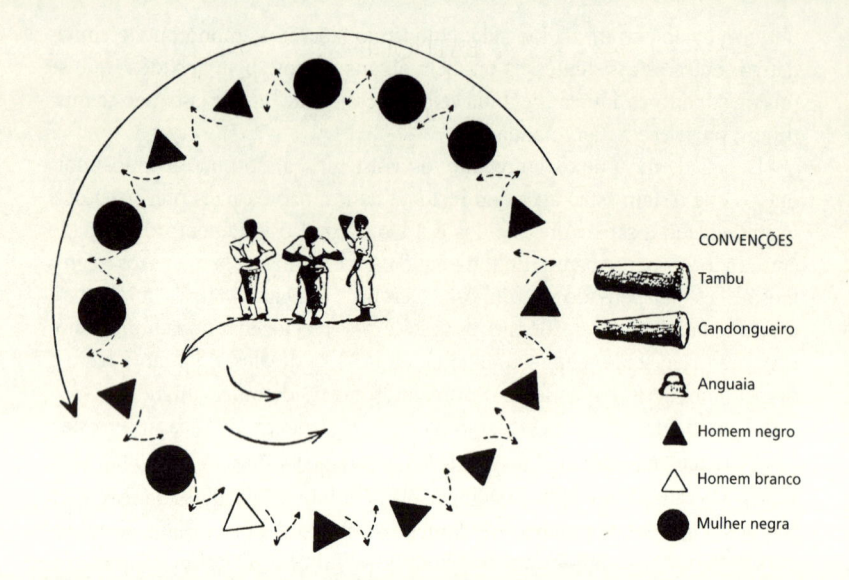

BATUQUE

Uma das mais sérias dificuldades encontradas em nosso país, com referência aos estudos da demopsicologia, é a denominação dada às danças, cerimônias religiosas populares, instrumentos musicais, pois variam de região para região. Por exemplo: fandango, aqui no Sul do país, é um conjunto de danças rurais; no Nordeste é um bailado popular tradicional, também conhecido por chegança de marujos, marujada, barca, catarineta. Um instrumento como o atabaque tem vários nomes, dependendo da região: tambu, caxambu, rum etc.

Batuque no Rio Grande do Sul, Porto Alegre, é uma cerimônia religiosa muito parecida com o candomblé baiano, xangô pernambucano e macumba carioca ou paulista. É realizado num salão (galpão).

Batuque no estado de São Paulo é dança de terreiro, onde estão presentes os membranofônios: tambu, quinjengue ou mulemba, e os idiofônios: matraca e guaiá; antigamente o cordofônio urucungo. A zona batuqueira paulista localiza-se no vale do Médio Tietê, abrangendo alguns municípios como Tietê (capital da zona batuqueira), Porto Feliz, Laranjal, Pereiras, Capivari, Botucatu, Piracicaba, Limeira, Rio Claro, São Pedro, Itu, Tatuí. Em Campinas era chamado caiumba, assim o registrou Carlos Gomes. Em Botucatu, até 1920 havia batuques no Largo do Rosário, no dia 13 de maio. Em São Carlos eram famosos os batuques do Cinzeiro, o bairro do Bola Preta, por causa da população negra e pobre que ali residia. Não passava mês sem batuque que de sábado ia a domingo quando o sol raiava.

É uma dança de origem africana. Não sabemos, porém, qual foi o estoque tribal negro que introduziu em nosso estado a dança do batuque; possivelmente é originário de Angola ou Congo. Se ao menos tivéssemos algumas

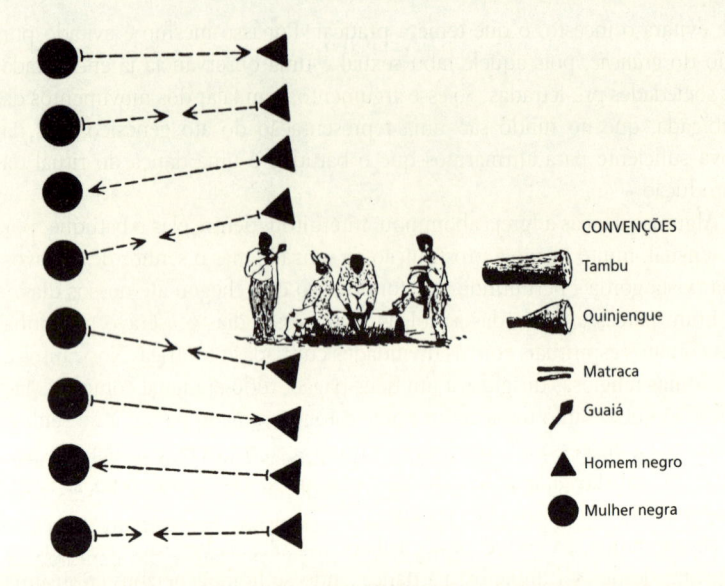

CONVENÇÕES
Tambu
Quinjengue
Matraca
Guaiá
Homem negro
Mulher negra

palavras de origem africana colhidas em seu canto, teríamos uma pista mais segura. Em geral as danças primitivas são de roda, por exemplo, o jongo, que é de origem angolesa. Já num estágio mais adiantado, do ponto de vista coreográfico, encontramos o batuque, dança não de roda, mas de duas colunas que se defrontam, e consiste exclusivamente em dar umbigadas.

É uma dança do ritual de procriação. Há mesmo uma figuração coreográfica chamada pelos batuqueiros de "granché", "grancheno" ou "canereno", na qual pai não dança com filha, porque é *falta de respeito dar umbigada*, então executam movimentos que nos fazem lembrar a coreografia da "grande *chaîne*" (grande corrente) do bailado clássico. (*Granché* é mesmo deturpação dos vocábulos franceses muito usados na dança da *quadrilha*.) Evitam o "incesto" executando o "cumprimento" ou *granché*, "pois é pecado (sic) dançar (e a dança só consiste em umbigadas) nos seguintes casos: pai com filha, padrinho com afilhada, compadre com comadre, madrinha com afilhado, avó com neto ou batuqueiro jovem". Se porventura, por um descuido, um batuqueiro bate uma umbigada na afilhada, esta lhe diz: "a bênção padrinho". O padrinho mais que depressa vem lhe dando as mãos alternadamente até perto da fileira onde estão os batuqueiros, sem batucar. Essa atitude tomada na dança do batuque, para os "folcloristas" sem preparação sociológica é traduzida apenas como "dança de respeito". Mas o "cumprimento" examinado à luz da antropologia cultural mostrará que os batuqueiros fazem o *granché* porque este evitará o incesto, o que temem praticar. Por isso mesmo é evitado por meio do *granché*, pois aquele tabu sexual é uma observância já encontrada nas sociedades pré-letradas.

Só esse argumento, sem falar dos movimentos da umbigada, que no fundo são uma representação do ato genésico, nos dá prova suficiente para afirmarmos que o batuque é uma dança do ritual da reprodução.

Algumas danças a Igreja abominou, interditou, dentre elas o batuque, por ser sensual, muito ligado à prostituição da senzala; mas o senhor de escravos fazia "vista gorda", permitindo-o, e foi por isso que chegou até nossos dias.

Eram parcas e espaçadas as folgas, mas nesses dias o escravo mantinha seus contatos espirituais com as divindades cultuadas na África. Nos cantos e cerimônias religiosas dirigidas a um deus pagão, tudo era igual como na Mãe África, só que o santo tomava um nome católico-romano para dar ao senhor da fazenda a impressão de que sua escravaria se convertera, e as danças continuavam, satisfazendo a religião dos patriarcas, um catolicismo sensual, antagônico ao catolicismo dos jesuítas.

Nos terreiros, os entrechoques tribais, as culturas heterogêneas, que se atritavam desde os tumbeiros, na dança, tudo se homogeneizou, criou uma nova forma de solidariedade negra e antibranca, solidariedade essa que serviu de escrínio para guardar traços culturais que chegaram até hoje. A dança sensual da senzala, com seus lôbregos volúteios, aí está. Algumas pequenas modificações se fizeram sentir. É óbvio, porque hoje não mais são os escravos que a dançam, mais sim os negros livres que avolumam as classes destituídas de nossa sociedade.

Dança

Uma coluna ou fileira é de homens, junto aos instrumentos musicais que ficam pousados no solo, e defrontando-a fica a de mulheres. Estão separadas uma da outra cerca de 10 a 15 metros, espaço no qual dançam, dando umbigadas. Um batuqueiro não dança sempre com a mesma batuqueira. Após três umbigadas procura batucar com outra.

No batuque não há batidas de pés, tão comuns nas danças de origem ameríndia. Há umbigadas. Quando um batuqueiro, defrontando sua dama, entre uma umbigada e outra, faz meneios de corpo, ajoelha-se, mas sempre dentro do ritmo ditado pelo tambu, a esses movimentos chamam de "jongar". Os batuqueiros mais jovens são habilíssimos nessas figurações, como o pião-parado, o corrupio.

Ao amanhecer, quando vai findando o batuque, a "dança saideira" é o "leva-e-traz". O cavalheiro faz vênia, não dá "batidas" ou umbigadas, vai levar a dama no seu lugar inicial.

Um batuqueiro "modista" faz "poesia" ou "décimas". Outras vezes, cantando em determinada "linha", em dado momento quando os demais encontram uma boa trova, "suspendem o ponto", isto é, começam a repetir aquela quadra ou "linhada dupla de versos". A consulta coletiva é finda quando "levantam o ponto" ou "sustentam", isto é, quando começam a repetir a melodia e palavras. A consulta coletiva é sempre feita defronte do instrumento fundamental do batuque, que é o tambu. O grupo de homens é levado pelo "modista" até onde estão as mulheres. Estas aprendem logo a melodia e palavras. Quando "afirmam o ponto", isto é, decoram, repetindo texto e música, o primeiro a dar umbigada é o "modista". Os demais batuqueiros começam a dançar. Dão umbigadas sempre presos ao ritmo do tambu. Quinjengue e matraca são tocados freneticamente. Os batuqueiros dão três umbigadas, voltando para seus lugares primitivos. Agora são as mulheres que vêm onde estão os homens para dar umbigadas. Um ponto cantado, isto é, uma quadrinha, é repetida durante 10 a 20 minutos; enquanto o cantam, dançam-no.

MODISTA E CARREIRISTA

Há diferença entre "modista" e "carreirista". Os bons batuqueiros são a um só tempo "modistas-carreiristas". O modista é o cantador de "décimas". Estas são as modas sobre um "fato acontecido". Quando um modista canta uma "décima", todos ficam parados ouvindo-o. *O cantador de "carreira"* em geral não canta "moda", *mas somente porfia com outro*. Canta uma quadra em determinada "carreira", ou "linha", e o adversário responde:

> Levantei de madrugada
> fui passeá no meu jardim,
> achei falta de uma rosa
> e um botão de alecrim.

Resposta do carreirista oponente:

> Amanhã alevante mais cedo
> antes do cuitelo vim,
> vá pegá o passarinho
> que feiz isso pra ti.

O modista, após a moda, coloca o ponto, motivo de canto e dança. Canta uma quadra, quando todos estão seguros, tanto nas letras como na melodia, o carreirista ou modista, pois qualquer um deles pode colocar o ponto, cantará dois versos e os demais batuqueiros cantarão os dois restantes da quadra fixada após a consulta coletiva. O solista canta:

> O amor que não é firme
> eu comparo que nem boi.

Os demais, em coro, completam:

> põe um homem na cadeia,
> ninguém sabe por que foi.

São repentistas e temas os mais variados possíveis.

No batuque o modista é o improvisador, especializado em musicar certos motivos nos intervalos das danças e colocar o ponto para canto e dança. Há muito de desabafo nos improvisos desses "órgãos da opinião pública".

Na dança do jongo, o ponto é uma pergunta ou adivinha versificada, cantada, que o adversário ou contendor precisa adivinhar o seu significado. Adivinhando, "desata ou desamarra" o ponto. Empregam figuras de metáfora difíceis de ser entendidas. Já no batuque, ponto é quadrinha cantada que motiva a dança.

Um batuque visto por Lourenço Ceciliato (Tatuí).

O cantador de "carreira fundamentada" faz porfia ou canto de visaria, no qual há desafio, disputa, referta. Usual tanto no jongo como no batuque. Certamente porque os contendores ficam *vis-à-vis* nessas disputas, principalmente no batuque, daí chamar-se de visaria.

À introdução ou prelúdio, canto para despertar e chamar a atenção dos demais, dão o nome de baixão. Cantar na "linha" e com "fundamento" entende-se que se deve obedecer a uma determinada rima (linha) e há certos mistérios ou conceitos quanto ao significado dos versos (fundamento). Uma das linhas mais importantes do batuque de Tietê é a do "tatu pombinho".

Tal qual no toré alagoano ou no torém cearense, no jongo e no batuque, o guaiá (idiofônio) e naqueles o maracá, a função é dar inspiração, é um excitante intelectual...

Enquanto aqueciam o tambu na fogueira, ouviu-se:

> Despois de grande não choro,
> boa noite meu colega Joaquim Honório,
> seu Afonso eu pregunto
> tudo do seu diretório.
> Eu pra diante já fui
> eu me chamo Rosa Preto
> raminho de bem querê,
> eu não me esqueço (bis)
> eu não posso esquecê
> da terra onde fui nascido,
> viva o povo de Tietê.
> O lugá onde fui nascido
> de Tietê sô naturá,
> eu não posso me esquecê
> do bataião do Laranjá,
> eu tenho colega Júlio,
> nós semo do mesmo lugá,
> mecê venha me demandá
> que eu hoje vô do seu lado,
> mecê fica meu sinhô,
> quero sê seu escravo.
> Mas colega, abra os óio,
> pra não tomá laço dobrado,
> ra-qua-qua-quá,
> meu pai era arto,

mamãi era pequeninha,
não sô eu que tenho a curpa
de saí tão pequeninho,
eu cantei na sua carreira,
mecê vai cantá na minha,
rica pareia bunita,
linha do expedicionaro,
quando chegaro da Oropa,
bandera brasileira hastearo,
a nossa bandera hastearo. (bis)
Sinhô colega Ogênio
pra nóis não falta ocasião,
ocê é amigo do meu peito,
eu sô do seu coração.

Essa quadrinha final foi a "moda de suspendida", motivo que os batuqueiros dançavam e a repetiam cantando.

Joaquim Honório respondeu, esta é a sua "poesia":

Não faça bem neste mundo
vô cortá o pão no meio,
e também não faça mar.
Povo escute o meu conseio,
home que tem dinhero
quando tem anda no seio
depois que o dinhero acaba,
até o rasto fica feio.

Não faça bem neste mundo,
vô cortá po meio o pão,
e também não faça mar,
isso, isso não, isso não,
o home que tem dinhero,
quando tem vive na mão,
quando o dinhero acaba
vive pegado no chão.

Vários temas sociais, políticos e administrativos são colocados na "suspendida" para ser cantados e dançados, como este:

> Nosso Laranjá endireita
> quano formá nova inleição,
> seu Mário entra pra prefeito
> pra acabá com os tubarão.

Outro tema verberando os costumes, pois a relação sexual entre compadre e comadre é por eles considerada um verdadeiro incesto, foi cantado nesta moda:

> Esses cumpadre de agora
> não tem mais inducação,
> é ca muié do cumpadre
> que fazem cavação,
> depois não querem que diga
> que existe assombração,
> é cumpadre cum comadre
> que estora que nem rojão.

Ia finalizando o batuque, no qual havia muitos batuqueiros da cidade de Laranjal Paulista, quando um negro idoso cantou, quem sabe foi "seu canto de cisne":

> Quando o negrinho morrê
> quero uma missa cantado,
> missa de corpo presente,
> pra sê bem recomendado.

Chamam de "batidas" os toques dados nos membranofônios do batuque, no tambu e no quinjengue. Com dois paus, cambitos, um tocador bate na cauda do tambu – é a matraca.

COCO

É a dança dos pobres, dos desprovidos da fortuna, daqueles que possuem apenas as mãos para dar ritmo, para suprir a falta do instrumento musical. E este quando existe é membranofônio ou idiofônio. O canto é acompanhado pelo bater de palmas, porém palmas com as mãos encovadas para que a batida seja mais grave, assemelhando-se mesmo ao ruído do quebrar a casca de um coco (*coco nucifera*), tão abundante em Alagoas, donde parece ser originária essa dança afro-ameríndia.

Fora de Alagoas, observamos que o coco pode tomar o nome do instrumento que o acompanha: coco-de-zambê, coco-de-canzá, coco-de-mugonguê.

Forma-se a roda de homens e mulheres, e ao centro vai o solista que põe o "argumento", isto é, a melodia e o texto. Logo sobressai o refrão cantado pelos demais da roda. Ainda no centro o solista executa requebros e sapateados, passos figurados e, ao finalizar, faz sua vênia ou reverência. Retira-se, entra outro.

Em alguns cocos predomina o canto sobre a dança, como no exemplo musical de "Minha cabocla", noutros, o canto é apenas de uma quadrinha e do refrão que é repetido interminavelmente.

Em quase todas as rodas de coco das quais participamos ou a que apenas assistimos no estado de Alagoas, infalivelmente ouvia-se:

> É Lampi, é Lampi, é Lampi,
> é Lampi, é Lampião
> meu nome é Virgulino
> apilido é Lampião.
>
> Papai me dê dinheiro
> pra comprá um cinturão,

que a vida de um soltero
é andá mais Lampião.

♩=112

É Lam - pi, é Lam - pi, é Lam - pi, é Lam - pi, é Lam - pi -
ão meu no - me é Vir - gu - li - no a - pi - li - do é Lam - pi - ão.

O cangaceiro Lampião foi largamente decantado nos cocos.

♩=112

Ó Lam - pi - ão, ca - dê su - a mu - lé o sol -
da - do car - re - gô foi dei - xá no Na - za - ré
Lam - pi - ão dis - se que tem um so - bra - do nim Prin -
ce - sa pa bo - tá a mo - ça ri - ca que é ne - ta da ba - ro - nesa.

Nas rodas-pagode alagoanas nunca faltam os bons cantadores, os sapateadores e o ritmo envolvente e convidativo do coco, como este cantado por Lourival Bandeira: "Minha cabocla".

Dança convidativa, envolvente, que poucos são os que resistem e deixam de entrar nela e cantar:

Rei cristão e demais cavaleiros de sua grei.

Rei mouro (E) *e rei cristão* (D).

Limpeza do campo: apanhando as cabeças de "turco" com a espada.

Venha vê como a coisa tá boa,
Venha,
É um coco lá das Alagoa.

♩=60

Ca - bo - cla, mi - nha ca - bo - cla tu és do meu co - ra -
ção Eu com u - ma vi - o - la vo - cê com um vi - o -
lão Eu can - to e vo - cê res - pon - de em u - ma be - la can -
ção ah! Ta - va na - mo - ran - do uma ca - bo - cla Do - ru - bai to - da vez que pas - so
lá ca - bo - cla tá na ji - ne - la, eu me ca - so com e - la pra e - la não pa - de -
cê eu can - so de o - fe - re - cê di - cio - na - ro a e - la é u - ma don - ze - la que pa - re - ce co u - ma es -
tre - la eu sem - pre gos - tei de vê - la não po - de ha - vê co - mo a - que - la é a - tra - en - te e
be - la que pa - re - ce pa - no - ra - ma é flô que nas - ce da ra - ma e o no - me de - la é Es - te - la.

Coco-Gavião

Cantado e dançado no Cariri (Ceará) por homens quando nos terreiros, já nas casas mulheres e homens dele participam. É de nítida influência alagoana, dos romeiros da Terra dos Marechais que se dirigiram a Juazeiro do Norte. Outra variante ali existente é o coco-bingolê. Tanto um coco como o outro tomaram a adjetivação do refrão final. No primeiro, cantam "o gavião peneirô-ê" e, no segundo, "bingolê, ô bongolê-á". A dança pequena diferença tem uma da outra. No coco-gavião as colunas se cruzam, no coco-bingolê, não.

Na exibição que presenciamos em Juazeiro do Norte, em junho de 1962, o único instrumento usado era um idiofônio – um ganzá.

BAIANÁ

Baianá ou grupo das baianas é um conjunto de moças da cidade, oriundas da classe destituída, filhas de beiradeiros pobres, que dançam nos "cercados" e "latadas" no Nordeste na região da jangada e na agrícola açucareira. Em Piaçabuçu (AL), em 1952, tivemos oportunidade de filmar e gravar essa atividade que para o folclorista Theo Brandão veio de Pernambuco para Alagoas. O etnólogo potiguar Hélio Galvão assinala sua presença em Goianinha, no estado do Rio Grande do Norte, e o escritor paulista Fausto Teixeira, em Torrinha.

A difusão do baianá no estado de São Paulo e mesmo no de Minas Gerais é explicável devido ao grande afluxo de nordestinos que migraram para os grandes centros urbanos e capitais desses dois estados brasileiros.

Segundo nos informaram em Piaçabuçu, o baianá é oriundo da Bahia. O seu valor musical é muito maior do que o coreográfico. Há muitas músicas, todas alegres, vivazes, cheias de verve, algumas com referências aos acontecimentos presentes, cunho nitidamente urbano.

Em Piaçabuçu, quando se aproxima a vacância agrícola, a atividade rítmica por excelência é o grupo do baianá ou das baianas. São doze mocinhas cuja idade varia entre 12 e 20 anos, que às noites dançam nos "cercados".

O grupo das baianas provavelmente é uma forma sincrética dos pastoris com outras danças populares. As baianas estão divididas em dois partidos: Azul e Encarnado. Há uma dirigente, a diretora, há uma mestra que usa um apito para dar as ordens, uma contramestra e uma embaixadora. Dançam dispostas em duas colunas. À frente de uma das colunas se encontra a diretora, e como cerra-fila, a embaixadora; noutra coluna, à testa está a mestra e à retaguarda, a contramestra. Outras vezes formam duas colunas de cinco baianas, diretora e mestra ficam no meio das colunas, a diretora à frente e a mestra na vanguarda. Enquanto bailam, nesse caso, essas duas trocam de posição. Uma das figurações mais repetidas é a evolução feita pelas cinco baianas de cada coluna, deslocando-se a contramestra e a embaixadora por dentro das colunas, vão trocando de lugares nas colunas: a embaixadora que estava atrás irá ocupar a testa de sua coluna, o mesmo fará a contramestra em sua fila. Dança e evoluções são simples. Enquanto dançam, cantam, requebram o corpo aproveitando o ritmo profano ditado pelo terno de zabumba, cujos músicos estão sentados em bancos, à frente do grupo de baianas.

Numa representação de baianas há três intervalos. Cantam uma "peça" – logo a seguir outra. Como o folguedo das baianas consiste mais em danças, precisam descansar, é quando então se dá o intervalo. Neste a mestra procura passear entre os assistentes. Os homens, em geral, aproximam-se, pedem-lhe um alfinete e pregam em seu vestido uma nota de dinheiro. Ela continua a dançar. No segundo intervalo, novo passeio entre os presentes e mais notas são pregadas. O dinheiro assim angariado é dividido entre os participantes, as baianas.

Quando a mestra apita, para mudar de uma "peça" para outra, o terno de música pára de tocar, ela coloca nova "peça", logo a seguir as demais baianas cantam "afirmando o canto" e o terno de zabumba toca sem cessar.

Um vendeiro ou bodegueiro contrata com o dirigente de um grupo de baianas ou de guerreiros ou de reisados, constrói um "cercado", em geral feito de paus roliços, medindo mais ou menos 8 m por 8 m, coloca enfeites de bandeirolas de papel colorido, para, todas as sextas e sábados à noite, dançar nesse local. É claro que o "cercado" feito pelo bodegueiro tem a finalidade de isolar o grupo de bailarinas e terno de zabumba, porém o chamarisco que proporciona tais reuniões é o que lhe interessa do ponto de vista comercial, quintuplicando-se sua freguesia. Mesmo por ocasião dos primeiros ensaios já se avoluma o seu lucro. As roleteiras de cana, as vendedoras de bananas, de manuê, trazem suas mesinhas e, com a luz bruxuleante de um candeeiro, permanecem vendendo sua mercadoria até que se finde a brincadeira.

O dono da bodega se torna o "chefe" geral: baianas, tocadores, prestam-lhe obediência e as vendedoras ambulantes de comezainas pedem-lhe licença para colocar suas mesas. O dono da bodega também chamado "dono do brinquedo", "dono da folgança", para cativar algumas pessoas de certo destaque social que por lá aparecem, oferece-lhes o "queimado", isto é, cachaça misturada com vermute ou quinado.

CANTOS DE BAIANÁ

BOA NOITE SEU RUFINO

♩=88

Bo-a noi-te seu Ru-fi-no bo-a noi-te eu ve-nho dá, que-ro que me dê li-cên-cia em seu ter-re-ro eu brin-cá.

Boa noite seu Rufino,
boa noite eu venho dá,
quero que me dê licência
em seu terrero eu brincá.

Minha gente me desculpe
qu'eu estô muito acanhada,
é de amanhã im diante
que eu estô exercitada.

Boa noite meus sinhores,
boa noite eu venho dá,
que as baianinhas da cuca
está pronta pra brincá.

Agora eu queimei os pés
botei o calçado fora,
aqui com pouca memória
baiana venha de dez.

Eu brincando nesta sede
eu brinco até fevereiro
que o nome de minha mestra
é Maria das Virge Ferreira.

OLHA O TOMBO DO NAVIO

♩=80

O-lha o tom-bo do na-vio o-lha o ba-lan-ço do má na ca-pi-tá que nós che-gá nós te-mo to-da que sal-tá.

Olha o tombo do navio
olha o balanço do má,
na capitá que nós chegá
nós temo toda que saltá.

Este navio de guerra
pelo som que nós já tinha,
arrequebra baianinha,
vai ao chão e torna voltá.

BAIANA QUEM TE BOTÔ

♩=80

Solo
Ba-i-a-na quem te bo-tô es-te lin-do a-nel em seu de-do?

Côro
Foi a mi-nha mes-tra no-va pra dan-çá bai-a-na sem me-do.

me-do. Ta-va em tom-ba-dô na fes-ta de ba-tu-que bai-a-na bo-tô

[lu - to na mor - te do Hei - tô, o va - pô a - pi - tô e o ma - qui - nis - ta des - ceu va - mo vê quem mor - reu de - bai - xo do va - pô.]

Baiana quem te botô
este lindo anel em seu dedo?
Foi a minha mestra nova
pra dançá baiana sem medo.

Tava em tombadô
na festa de batuque
baiana botô luto
na morte do Heitô,
o vapô apitô
e o maquinista desceu
vamo vê quem morreu
debaixo do vapô.

DOTÔ ALCEU

$\downarrow$ =112

[Do - tô Al - ceu si - nhô é o ma - ió, pa - re - ce a luz do sol qua - no vem cla - ri - a - no.]

Dotô Alceu
sinhô é o maió,
parece a luz do sol
quano vem clariano.

MAIS DANÇAS

Tarefa difícil ao pesquisador é reunir as muitas danças brasileiras ainda existentes "por esse mundo de meu Deus" e classificá-las, como procuramos fazer com o fandango. Há um grande número delas que ficariam fora de qualquer classificação que pretendêssemos fazer.

Seria erro imperdoável classificá-las pela origem. Quem pode afirmar com critério científico que uma determinada dança é originária de Portugal, da África ou herdamos dos nossos índios? Laboram nessa dificuldade a falta de documentação escrita e é muito comum esquecer-se da interação dos grupos sociais, dos grupos étnicos postos em contato na nova terra – o Brasil.

De pouquíssimas danças pode-se apontar-lhe a origem, como é o caso do torém. (Não confundir com toré, este é cerimônia; torém é dança.) É uma dança de *origem ameríndia*, foi o que constatamos recentemente no Ceará. A favor dessa afirmativa temos o estudo magistral feito pelo etnólogo Florival Seraine, da Universidade do Ceará. Mas de quantas outras isso seria possível? Por exemplo, o maculelê, de Santo Amaro da Purificação, do Recôncavo Baiano, só pelo fato de ser baiano é africano? É um erro muito generalizado este e não raro envolve precipitação. Nele há muito do moçambique bem como do jogo-da-porra português, há muito dos pauliteiros de Miranda, de Portugal. Só o fato de o chefe não ser derrotado pelos demais participantes do maculelê não lhe confere origem africana, entretanto diferencia-o do moçambique. A verdade é que o atual chefe, reorganizador da dança, conforme vimos em junho de 1961 naquela cidade, criou essa "disposição", "regulamentou" a sua "preponderância de direito e de fato" sobre os demais. Só pelo fato de ser dança guerreira também não se pode conferir-lhe origem africana, pois desse tipo de dança há também noutras culturas não negras.

Hoje o emprego de certas palavras a que imediatamente os "folcloristas" atribuem étimo africano nem sempre é exato, porque há, na Bahia, um esforço muito grande para se vender folclore aos turistas; há, por exemplo, muito candomblé "para inglês ver", ou melhor, "para americano ver e pagar bem", no qual os "brincantes" engrolam muitos vocábulos para dar o "sabor africano", dar essa "originalidade exportável", comprada por excursionistas ávidos de *originality*, de "original" na sua verdadeira acepção de primitivo, como nos julgam ser, isto é, "nativos".
Então o critério de classificação pelas origens foi abandonado. Outros seriam fastidiosos de serem iniciados; por causa da carência de tempo, o mais fácil é o da ordem alfabética.

SAIRÉ

Dança e canto de louvação religiosa da poranduba amazonense. Carregam em procissão um instrumento de madeira sairé – simbolizando a Arca de Noé, três cruzes da Santíssima Trindade. Conduzindo a sairé visitam depois a igreja, a casa do promotor da festa, do vigário e demais potentados econômicos do lugar, acompanhado pelo canto monótono ritmado pelo tamborim dando um cantochão caboclizado, cantado pelas mulheres, únicas participantes da sairé. É uma dança religiosa, cujo calendário é o da festa do Divino Espírito Santo, em algumas localidades da região amazônica, noutras é por ocasião de seus santos padroeiros.

CALANGO

A uma dança e a uma forma de canto de desafio (ver "Mutirão") dão o nome de calango. A dança se assemelha em muito ao samba urbano, pelo menos foi a impressão que tivemos ao vê-lo dançado em Oliveira, em Minas Gerais, aliás, segundo nos informaram, é muito difundida nessa região do estado.

O CALANGO DA LACRAIA
(Cantado por Nilton Guido, da fazenda
Rialto de Bananal, estado de São Paulo)

Calango tango
no calango da lacraia. } bis

1 – Eu me chamo Zé de Lima
   adomadô de Mambucaia,
   só gosto de fazê verso
   sô do jogo e da gandaia.

2 – Meu cavalo favorito
   empacô no meio da raia
   o azarão me passô,
   molecada me deu vaia.

3 – Sô sortero e vivo só
   me falta um rabo de saia
   quano me lembro da Rosa
   a saudade me escangaia.

4 – Fui pedi em casamento
   a fia do Chico Maia
   ele respondeu gritano
   moleque não me atrapaia.

5 – Minha fia não se casa
   com rapaz que não trabaia
   fica na porta da venda
   bebeno e jogano maia.

6 – O véio me mandô embora
   me xingano de canaia
   se olhá pra minha fia
   eu le corto de navaia.

7 – No meio da discussão
   lhe dei um rabo de arraia
   o véio caiu sentado
   e a véia quase desmaia.

8 – Já tenho meu plano feito
   tenho certeza que não faia,
   vô roubá essa morena
   e vô casá em Itatiaia.

9 – Já mandei fazê a casa
   Já comprei a minha traia,

duas panela de barro
   cama de corchão de paia.
10 – Quano cantá o galo
   me levanto e vô pra baia,
   ponho o lômbio no cavalo,
   na mula ponho a cangaia.
11 – Antes que o dia amanheça
   eu me escondo na tocaia,
   fico olhano pro terrero
   esperano que a Rosa saia.
12 – Vô casá alinhado
   quero que a notícia espaia
   vô calçado de alpergata
   e a noiva de sandaia.
13 – Convidei a sanfonera
   da Fazenda Samambaia,
   pra tocá a noite intera
   o calango da lacraia.

CARIMBÓ

Nome regional na Amazônia (estado do Pará) de uma dança de salão, realizada por ocasião dos festejos natalinos. Canto e música acompanhados por membranofônios – carimbó – (atabaque grande), idiofônios xeco-xeco – (reco-reco) e cordofônio (viola). Tal qual no batuque paulista, os tocadores de carimbó cavalgam-no para tocar, em percussão direta. Embora sejam membranofônios os instrumentos fundamentais do carimbó, essa dança não nos parece de origem africana, e sim tem muito é do fandango: os pares dançam no centro do salão, dança de roda, enquanto o cantador sola os versos, homens e mulheres, castanholam com os dedos. Os pares soltos, nos volteios no salão, ora as mãos nos quadris, ora castanholam, ora levantam os braços, os cavalheiros pegam nas abas das camisas imitando asas, giram em torno da dama fazendo meneios com o pescoço, soltando sons guturais, imitando aves, ora deslizam, ora aligeiram como se estivessem dando pequenos passos de rancheira.

A nosso ver, o carimbó é uma das danças do fandango desgarrada pela Amazônia. Dissemos desgarrada porque a região de maior concentração do fandango é na região da ubá. Mas tal não vem ao caso; aqui e lá, esteve presente o colonizador lusitano.

COQUINHOS

Dança de homens fantasiados, distribuídos em partidos cujas cores diferem. Cantam e a seguir dançam sob o castanholar de pequenos cocos. Encontrada no litoral sul fluminense e norte paulista (Picinguaba).

CORTA-JACA

Dança individual, ginástica por excelência. O dançador procura, sob o ritmo da música, executar movimentos rapidíssimos com os pés. O movimento dos braços é mais para manter o equilíbrio do corpo porque um dos pés ficando à frente, movido rapidamente, o de trás executando pequenos saltitamentos, ao trocar a função dos pés, há um pequeno desequilíbrio do corpo. Segundo o folclorista piracicabano João Chiarini, é "um trabalho que exige exercício e técnica especiais. Os pés movimentam-se como uma navalha, passando continuamente sobre um assentador de barbeiro. É como se faz o corte da jaca. Os pés marcam a melodia simultaneamente com o rasqueado e com o ponteio das violas. No corta-jaca, a música é mais ligeira, em *alegretto*. O corta-jaca continua 'serra abaixo', que finda com um salto por todo o grupo. Não sei qual é a origem dessa dança curiosa, se é hispânica ou se é criação local. É, porém, de belíssimo efeito".

DANÇA-DOS-VELHOS

Antigamente era dança de salão, cuja finalidade era provocar hilaridade. Hoje persiste esse elemento: os participantes vestem roupas mal-ajambradas ou antigos fraques e cartolas, empunham bastão à guisa de bengalas, longos cabelos brancos postiços, calçados desemparceirados, arrastam os pés sob o ritmo de velha valsa tocada em geral por concertina ou sanfona. Homens fantasiam-se de mulheres com batas, matinês e saias de tropeçar. Exibem-se nas ruas provocando risos. Segundo Roger Bastide, é uma dança da arqueocivilização européia, rica de significado psicanalítico. Sobrevive nas regiões da ubá e cafeicultora paulista (Parati, estado do Rio de Janeiro; Cunha e São Luís do Paraitinga, estado de São Paulo).

Espontão

Em junho de 1961, passando por Currais Novos, no Rio Grande do Norte, adquirimos de um dançador de espontão uma espécie de varapau embandeirado, medindo cerca de 2 m de comprimento, feito de madeira dura. João dos Queijos disse que haveria tempo de fazer outro, por isso vendia-o, porque as festas do Menino-Deus e Reis ainda estavam longe. Informou-nos também que na dança entram de doze a quinze negros, todos com espontões. São dirigidos por um chefe portador de uma "fina" lança. A "bandeira é de paz, mas nas casas dos ricaços e autoridades", afirmou João dos Queijos, "a gente faz dança de guerra". O acompanhamento é feito por três caixas surdas, percutidas por dois cambitos, podendo o tocador fazer repiques, mudar com versatilidade o ritmo, acelerando assim a parte final da dança. O trajo dos "soldados" é roupa branca comum, usando uma espécie de casquete, porque "é falta de respeito usar chapéu". "É uma dança só pra macho", informou João dos Queijos.

Frevo

Dança alucinatória do carnaval pernambucano, na qual, quer nos salões, quer nas ruas, o povo a ela se entrega de corpo e alma. Por ser individualista por excelência, tem a preferência do branco. A música, que se assemelha muito às marchinhas cariocas, dá oportunidade para que a coreografia se enriqueça ao máximo com o frenesi dos seus praticantes.

Na verdade é mais popular do que propriamente folclórica, mas não resta dúvida de que nasceu da capoeira. Irmã gêmea da capoeira é a *pernada carioca* levada ao teatro pelo poeta pernambucano Solano Trindade, nas suas aulas para incentivar o aproveitamento do folclore no teatro.

Segundo Waldemar de Oliveira, o frevo ganhou o povo nos albores deste século, portanto é recente, moderno. Esse teatrólogo pernambucano fez uma distinção coreográfica entre *passo* e *frevo*. O primeiro é dança individual e o segundo é dança coletiva. Daí se depreender que passista mais passista é igual a frevo. No entanto, para o povo, tudo é frevo, dança de caráter semibárbaro, primitivo, que ressumbra o tropicalismo em que teve o seu berço, despertando do torpor anual, só pelos dias do carnaval, grandes massas incultas de nordestinos que vivem nos mocambos das praias e gamboas – residência de 60% dos moradores do Recife. Povo que é atraído pelo frevo, sendo que a grande força dessa dança brasileira repousa na música em geral ditada por trombones e pistões, portanto música sem canto, e isso é popular e não folclórico.

Embora no frevo sua força repouse na música, esta não é o elemento mais atraente, não passa de marchinha urbana, o que interessa é a coreografia, principalmente o passo, criação individual, espontânea mas que já assumiu algumas características definidas, como sejam: a *tesoura*, a *dobradiça*, a *chã-de-barriguinha* (essa modalidade é bem alagoana), a *borboleta*, o *urubu-malandro*, o passo do caranguejo, o *corrupio* ou o *parafuso*, esta é uma das figurações de difícil execução, o passista parece até levitar, revelando primorosa forma física. Variedade grande de passos revela por outro lado estar o frevo ainda em fase de composição coreográfica, graças à sua natureza improvisatória.

Há uma figuração no frevo à qual dão o nome de *frevo-capoeira*, verdadeiro dueto de passistas, lutando com uma invisível faca-peixeira nas mãos, dando pulos de onça e de gato; aqueles para a frente e estes para trás.

A impressão que o frevo dá, mesmo quando há "onda", isto é, aquele frenesi coletivo, é que ele é uma dança de roda e o passista é o solista que vai ao centro desta, para as exibições.

O passista é logo distinguido por causa do seu guarda-chuva. Esse guarda-chuva, disse Mário de Andrade: "eu creio ver no guarda-chuva dos passistas uma desinência decadente (generalizada pelo auxílio de equilíbrio que isso pode dar) dos pálios dos reis africanos, até agora permanecidos noutras danças folclóricas nossas. Nos congos, por exemplo. O guarda-chuva do passista seria assim uma sobrevivência utilitária dum costume afro-negro permanecido entre nós".

GUARIBEIRA

Denominação regional capixaba da dança-de-caboclo que se realiza por ocasião das festas juninas.

JACUNDÁ

Dança de roda, conhecida na Amazônia, dançada por adultos, mas que se assemelha ao brinco infantil de um participante de dentro da roda procurar partir o cerco (da roda), tentando varar por baixo dos braços. Quem o deixar sair, irá para o centro da roda, será o "jacundá", peixe disputadíssimo nessa região pelo seu sabor.

MACULELÊ

Dança guerreira, praticada por negros baianos, jogo de bastões num ritmo vivaz marcado pelos tambores e agogô. O canto é individual e intercalado pelo coro, no qual se destacam as vozes infantis. Só homens participam dessa dança de agilidade e destreza. Ao centro, dança sempre o melhor do grupo, escolhendo o parceiro com o qual vai esgrimir.

MAXIXE

Antiga dança de salão que fez saracotear os provincianos brasileiros dos meados do século passado até antes da primeira grande guerra européia, quando seu lugar foi tomado na preferência do povo pelo samba urbano.

MAZURCA

Introduzida nos meados do século passado, foi largamente dançada. Teve um período de esquecimento, voltando a ressurgir, também temporariamente, com o nome de rancheira. É muito tocada por ocasião das festas juninas, nos bailes citadinos que grosseiramente procuram imitar o caipira, o matuto e suas álacres usanças.

MANEIRO-PAU

Dança viril que se assemelha ao moçambique dos piraquaras paulistas. É atualmente uma dança de roda, originariamente de duas colunas que porfiam simuladamente batendo os porretes tal como se fossem espadas usadas em ataque de prima primeiramente, depois ataques e defesas em posição de quarta e sexta, tal qual na esgrima de florete.

Nas batidas em prima, o que defende auxilia segurando o cacete de jucá com a outra mão, respondendo a seguir também em prima. Depois de várias batidas, atacam e contra-atacam naquelas outras posições mencionadas.

É uma forma gêmea da capoeira no que respeita ao canto. Há um solista ao lado cantando, sem instrumental, o incentivo ao jogo, e o coro, que se forma logo pelos curiosos ali presentes, repete: "maneiro-pau, maneiro-pau". O canto tem muito de baião.

A nosso ver o *maneiro-pau* (maneje o pau) é de origem árabe. Não resta dúvida de que teve uma finalidade no passado – o treinamento da capangada –, pois o cacete é uma arma de defesa que pode salvar em muitas circunstâncias aquele que tenha um bom "maneio do pau", anulando o efeito das "peixeiras agressivas". Hoje, porém (junho de 1962), é uma dança realmente folclórica do Cariri que alegra as festas juninas do Crato ou Juazeiro do Norte ou de outra época do ano. É uma dança máscula e dela só participam homens bem jovens, cuja destreza no bater dos cacetes é de admirar. É um espetáculo muito mais empolgante do que o maculelê baiano. Ambas, porém, são inferiores ao moçambique em coreografia, canto.

MILINDÔ

Dança que os alagoanos levaram para o Cariri, praticada ainda no Crato, no Ceará. Como todas as danças de pobres, não há instrumental, só canto. É uma dança de roda, os participantes dão as mãos e vão rodando enquanto um cantor solista improvisa uma quadrinha. A seguir ouve-se o estribilho cantado por todos os participantes, momento em que cantam e pateiam. O canto é um baião, e o estribilho é:

> Olê Milindô, olê Milindô,
> segura negra meu dandô.

Notável nessa dança é o interesse que as moças têm por dançá-la, e cada participante pode "tirar o seu verso".

Em Alagoas, e mesmo no Sul (Montes Claros, Minas Gerais), ouvimos:

> Olá Milindró, olé Milindró,
> quem de mim tem pena,
> quem de mim tem dó?...

MINEIRO-PAU

Uma das mais populares danças de pares soltos conhecida no Nordeste e Centro do Brasil, assemelha-se à cana-verde, por causa das viradas de um lado para outro, ao cateretê, por causa das batidas de palmas, e finalmente ao batuque paulista, no qual há ameaças de umbigada. Os participantes cantam o coro.

"Espias" (mascarados) mouro e cristão defrontam-se.

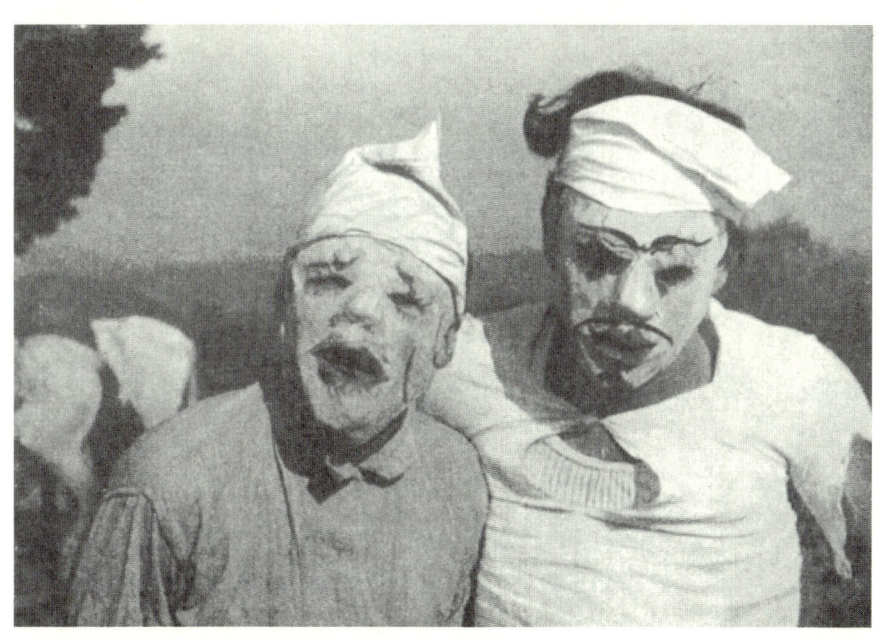

Os "espias".

Luta de espadas entre cavaleiros, mouro e cristão.

Xis de espadas.

MIUDINHO

Um dos entremeios do samba-de-roda, no qual os passos são ágeis, pequeninos, e os pés executam rápidos movimentos. É também um entremeio dançado nas danças-de-velho no litoral sul fluminense e vale do Paraíba do Sul, onde ainda é praticada.

PAU-DE-FITA

Dança ritualística no passado, na arqueocivilização ariana, comemorativa do renascimento da árvore. Em torno de um madeiro central, do seu topo partem fitas que os dançadores (em geral quatro ou seu múltiplo) tomam nas mãos a ponta solta, e desenhos coreográficos executados vão cruzando as fitas no poste central, trançando. Há muitos ensaios para a boa execução. Os cantos tradicionais são loas em louvor da natividade, época atual desses festejos, pois antigamente era em maio, daí a "Árvore de Maio." Encontrada em várias regiões brasileiras. Em São Paulo é conhecida por *dança-das-fitas* e se localiza nas festas do Divino Espírito Santo de algumas cidades tradicionais da região cafeicultora. Em Santa Catarina, também é praticada e antecedida pela *dança-da-jardineira*. Largamente praticada no Rio Grande do Sul. Na Amazônia é conhecida por "ching-ching". A dança-da-trança, na região mineira. No Ceará, conhecida por trancelim, dançada nas festas de São João pelas moças do Crato. Presenciamo-la em junho de 1962.

SAMBA

Dança originária da África: samba é umbigada. Invadiu os salões e hoje é dança de par enlaçado. Graças aos modernos meios de comunicação e divulgação (rádio, cinema, teatro e televisão), o samba cantado se subdividiu em samba-canção, samba-de-breque etc., mestiçando-se também com as músicas estrangeiras. Afirmam que o samba puro é o samba-de-morro, ainda folclórico, pois o samba atual é urbano, nada de folclórico. Folclórico é o *samba-lenço*, uma das modalidades do samba rural, dançado no estado de São Paulo, levado também para os salões onde é exibido; *samba-roda*, modalidade do samba rural paulista, já em sincretismo com o fandango.

Como nos referimos ao samba rural paulista, devemos lembrar que é a modalidade do samba campineiro (Campinas, estado de São Paulo), modalidade fixada por Mário de Andrade, que, juntamente com Mário Wagner Viei-

Um samba de caipiras, visto por Lourenço Ceciliato (Tatuí).

ra da Cunha, estudaram suas origens africanas. Esse tipo de samba rural sobrevive ainda na região cafeicultora paulista, dele fazendo régias exibições o Centro de Folclore de Piracicaba, sob direção de João Chiarini.

No Agreste nordestino e interior baiano, há a denominação regional da dança-do-coco, dançada sem cordofônios, só com idiofônios e na qual raramente aparece um membranofônio, chamam-na de *samba-de-matuto*.

O samba carioca é institucionalizado, não é folclórico e sim popular, daí não o incluirmos. Ao lado do samba carioca há o *partido-alto* e a *pernada-carioca*, esta sim é folclórica, é o que restou da capoeira que no começo da República foi drasticamente banida da então Capital Federal pelo paulista Sampaio Ferraz.

SARACURA

Há dois tipos de uma dança amazônica denominada saracura: a dançada em salão e a de terreiro. A de salão é cantada, a outra só com mímica.

SCHOTTISHE, OU MELHOR, XOTES

Dança européia que fez saracotear a Corte brasileira. De aristocrática passou para a plebe, recreação do povo, comandada em geral por uma sanfona resfolegante, no ritmo vivo de 2/4. No sul do país não há baile popular em que ele não esteja presente, quer como xotes ou com as novas denominações locais, mas sempre com o mesmo ritmo vibrante.

SIRIRI

E não ciriri, como erradamente é grafado. Siriri vem de siriricar, isto é, dar um puxão no anzol. Quando se forma a roda para dançar, ao escolher a parceira, o cavalheiro faz um gesto de pescador de anzol, "siriricando" sua dama. Em Mato Grosso (Cuiabá), nessa dança de roda de nítido sabor europeu, podendo ser inscrita entre as danças do fandango, e nada tem de africano (batuque), os pares bailam com balanceamentos de corpo para a direita e para a esquerda, batem palmas, avançam, recuam para o interior da roda e ao começar outra rodada, com a música monótona, novamente o cavalheiro siririca seu par para dançar o siriri.

SORONGO

Dança de roda, o solista é que faz o sorongo, isto é, os meneios, sarabandeios e requebros no centro. Dança que faz lembrar os sapateados espanhóis, embora a pratiquem caboclos, mulatos e negros do interior baiano. Até se poderia incluir entre as danças do fandango. Resto quem sabe da sarabanda voluptuosa originária da Espanha e que teve grande aceitação em Portugal, e por ser vibrante demais mereceu as iras inquisitoriais, antes de se vestir de dança nobre, entremeadora das suítes, concertos do século XVII. O sorongo também andou proibido no Brasil, pois, tal qual a sarabanda, é incitador da procriação.

TAPUIA

Em junho de 1955, em Araguari, Minas Gerais, São Benedito foi mais uma vez reverenciado pelos seus devotos que participaram dos ternos de moçambique, congo e tapuia.

Congos e moçambiques, cada terno dirigido por seu "capitão", apresentaram-se sob o ritmo ditado pela "musga" da zabumba, caixa, pandeiro, puíta, reco-reco, violões e cavaquinhos. Nesses dois grupos de bailado havia certa semelhança de instrumental, bem como no uniforme: os congos usavam saiotes sobre as calças brancas; os moçambiques, não. Uns e outros de camisa branca. Estranhos, porém, foram os guizos nas pernas dos congueiros e não nas dos moçambiqueiros. As danças, sim, eram diferentes. Congos marchavam, moçambiqueiros mais pinoteavam do que dançavam. Ambos cantavam loas a São Benedito.

Nos três ternos havia de semelhante o estandarte de São Benedito. Destacava-se dos dois outros, embora pobres e desataviados, a efígie do santo no estandarte dos tapuia, pela desproporção do menino no braço do padroeiro dos negros do Brasil.

Na tapuiada, todos de camisa branca e sobre a calça justa de um branco encardido, um saiote de saco de farinha, desfiado, dando a impressão de uma tanga. Paiás e cocares completavam a indumentária dos tapuia.

A pancadaria, composta de membranofônios e idiofônios (caixa surda, tamborim, pandeiro, reco-reco e tabuinhas percutidas), dava o ritmo para a dança, sem canto, ao redor de um grande bastão seguro pelo chefe da tapuiada, donde desciam do tope fitas de variadas cores. Dois a dois, segurando nas fitas, iam os tapuia dançando e trançando-as. Demorada é a dança da tapuiada porque, num bastão de 3 m, demora muito para cada par enrolar as fitas.

A tapuia não é bailado, é dança garrida com participantes uniformizados, é a dança de fita cujo mastro é móvel, acompanha o deslocamento da tapuiada em desfile pela rua da bucólica cidade das Alterosas.

No Ceará e Amazonas, *tapuia* é um romance que os seresteiros cantam ao violão.

TORÉM

Dança de terreiro de influência ameríndia, lúdico-imitativa. Formam uma grande roda, os participantes dão as mãos. Ao centro o tocador de aguaim (maracá) agita-o, solando a dança, que é imitada pelos demais participantes. Dança agitada, movimentos de corpo, requebros, batidas de pés no solo, imitação de animais do seu convívio: a cobra caninana, o graxinim, a jaçanã, conhecidíssimos no Ceará. Cantam em coro, no qual de permeio se ouvem vocábulos indígenas. Tomam mocororó, bebida fermentada de suco de caju.

TRAVESSÃO

Nos arredores de Barbalha, Crato e nos pés de serra de alguns municípios do Cariri do Ceará ainda dançam o travessão. Pares de dançadores que se defrontam quando cantam aproximam-se, fazendo o "travessão", o cavalheiro troca de lugar com a dama. Os participantes somente cantam o estribilho em coro. Há um cantador solista tirando quadrinhas. Não há instrumental, apenas canto.

XIBA

Denominação que na região da ubá, especialmente no litoral fluminense e paulista (Ubatuba até Caraguatatuba), dão ao cateretê. Não é a quadrilha rural, é o catira ou cateretê com o bater de pés e palmeio. Adotamos a grafia xiba e não chiba porque assim a grafou Rui Barbosa – "xiba".

* * *

Os dois centros mais ativos de reavivamento das danças antigas e folclóricas são os estados rio-grandenses do Norte e do Sul. Em Natal, estudiosos do

Passista do frevo.

folclore, membros da Sociedade Brasileira de Folclore, estão prestigiando grupos praticantes. Em junho de 1961, o inesquecível espetáculo a que assistimos nesses grupos levou-nos a dançar a famosa araruna, dança de pares, e em companhia de Veríssimo de Melo gravamos e filmamos tais manifestações. No Rio Grande do Sul, notadamente em Porto Alegre, os centros tradicionalistas e seu eficiente Instituto de Tradições e Folclore se tornaram organizações dignas de serem imitadas pelo Brasil afora pelos que pretendem defender do olvido as nossas tradições, o folclore, como no estado de São Paulo vem fazendo o Centro de Folclore de Piracicaba, o pioneiro no Brasil.

CAPÍTULO II
Recreação

> *Ita anima christiana ludat ut et ludus ipse eruditio sit.*
> (S. Jerônimo, ep. VII ad Laetam)

INTRODUÇÃO

A vida não é só trabalho. É também descanso, lazer. Como aproveitar as horas de lazer? "Mente desocupada é tenda do diabo", diz o velho ditado. Certamente foi por tal motivo que os catequistas colocaram em prática a recomendação de São Jerônimo: "recreie-se o cristão de tal maneira que o próprio divertimento seja construtivo", daí orientarem os catecúmenos nos folguedos, nos jogos. Estes tonificam a alma, dão saúde física, promovem a sociabilidade, a auto-expressão, trazem a alegria de viver. A recreação está para o homem (para seu corpo, alma e mente) assim como o alimento está para seu organismo. Se o alimento é para a unidade biológica, a recreação o é para a social também.

Os *folguedos populares e tradicionais* serviam para quando o povo, concentrado nas grandes festas religiosas ou não, tivesse nas formas espetaculares de uma cavalhada, por exemplo, uma lição objetiva do bem vencendo o mal, do "mouro infiel" vencido pelo cristão. Era o próprio divertimento contribuindo para a formação religiosa do povo. Uma forma de teatro popular, ribalta da praça pública que o jesuíta aproveitou na catequese.

Noutros tipos de folguedo há a catarse coletiva: o povo vibra quando passa um cortejo de maracatu ou aplaude e grita nas paliçadas da tourada, procedendo-se uma descarga que alivia os impulsos. Exerce, portanto, uma grande função catártica que os agrupamentos humanos necessitam. Função que os romanos decadentes exploraram no *panem et circenses* (Juvenal, *Sátiras*, X, 81) e hoje foi transferida em parte para o jogo do futebol.

Num *jogo popular e tradicional*, como aquele delicioso "Guerreiros de Jó", canta-se movimentando as pedras, exercitam-se as habilidades manual, musical e coordenadora de movimentos. Há um grande acervo de jogos tradicionais e populares, de brinquedos e brincos que desenvolvem outras habilidades, é mesmo "uma livre prossecução de fins fictícios". Sabiamente Baden Powell empregou-os no escotismo para a formação integral do caráter do escoteiro.

Propositadamente deixamos de incluir os jogos cantados e os jogos falados como as adivinhas, parlendas e outras formas. Daqueles trataremos em *Música e canto* e destes em *Linguagem popular*. Jogos estes que podem ser explorados com real proveito nos currículos escolares, no escotismo, enfim, onde se queira recrear sadiamente a criança... e adulto também.

Neste capítulo inserimos algumas das formas de recreação popular e tradicional comunal – os *folguedos*, e aquelas praticadas por pequenos grupos – os *jogos* ou, como os chamam particularmente, *brinquedos* e *brincos*.

No folguedo numerosa é a assistência, e esta também se recreia simplesmente assistindo a ele. No jogo em geral não há espectadores, quem se recreia são os participantes.

Os folguedos em geral são realizados em datas mais ou menos fixas, em determinadas festas. O maracatu tem a sua data certa. Ele é do período do carnaval, jamais apareceria na Semana Santa. Os jogos não estão jungidos à rigidez calendária, entretanto há alguns próprios de determinado ciclo. O jogo da peteca, por exemplo, é do solstício do inverno... no verão ninguém se lembra da peteca... A criança joga, brinca, a todo instante que possa. O adulto preenche suas horas de lazer jogando.

Atrás afirmamos serem só algumas formas de recreação popular que apresentaremos; sim, apenas algumas, porque nosso trabalho é baseado em pesquisas diretas que temos realizado nestas duas últimas décadas.

Embora tenhamos viajado pelo Brasil quase todo, é trabalho deveras árduo para um pesquisador só realizar, não sendo mesmo possível abarcar tudo. E o pesquisador rejubila-se porque contou com sua própria fazenda para melhor conhecer a terra e a gente brasílicas.

Folguedos, jogos e divertimentos que a tradição nos legou e que o povo brasileiro pratica como formas de recreação. Em folguedos temos: cavalhada, carreira de cavalos, rodeio, tourada, vaquejada, carreira de bois, maracatu, afoxé, briga de galos, briga de canários da terra, capoeira, dança do bate-coxa, entrevero de facão, vivório, mamulengo e pau-de-sebo. Em jogos: brinquedos e brincos. Finalmente em divertimentos: circo de cavalinhos ou bolantins, banda de música.

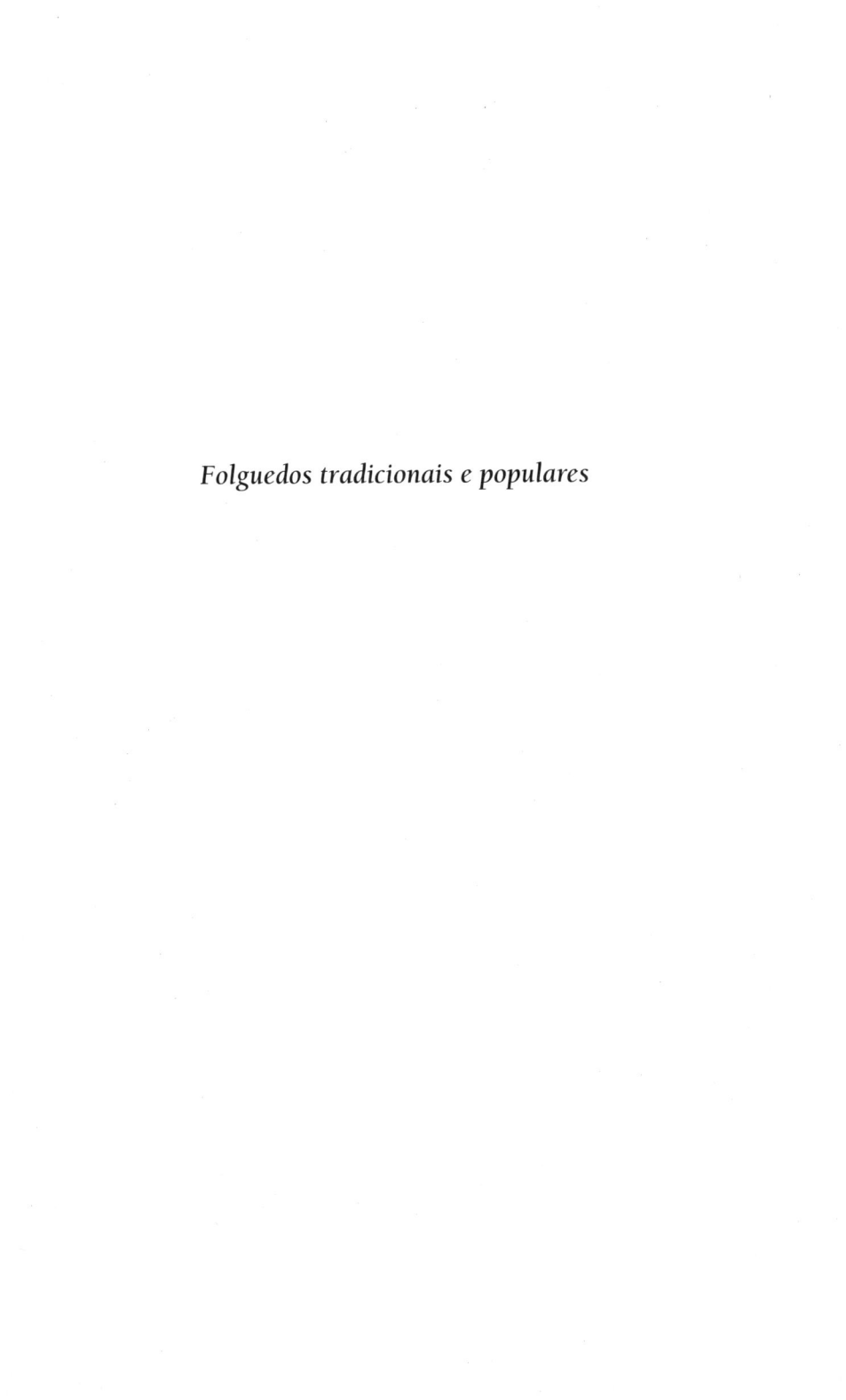

Folguedos tradicionais e populares

CAVALHADAS

Histórico

A cavalhada é uma reminiscência dos torneios da Idade Média, nos quais os aristocratas exibiam, em espetáculo público, sua destreza e valentia. Na época do feudalismo os torneios reviviam os combates de gladiadores dos circos romanos, agora, porém, nobres a cavalo. O combate individual chamava-se *justa*, e o coletivo, *torneio*. Estes eram uma forma de preparação para a cavalaria, instituição lendária cuja criação é atribuída ao rei Artur da Bretanha, fundador da Távola Redonda, ou a Carlos Magno, com seus legendários doze pares ou *paladius*.

No século XI, quando a península Ibérica estava em luta contra os mouros, os costumes feudais da cavalaria e, conseqüentemente, dos torneios – preparação violenta para formação de cavaleiros – são introduzidos na Espanha. As façanhas decantadas pelos trovadores e jograis de castelo a castelo assumiram formas lendárias, dando origem aos romances de cavalaria caídos em ridículo graças à pena de Cervantes. Desapareceu a cavalaria, porém o torneio não. Continuou; era um espetáculo que chamava a atenção do povo sempre falto de pão e farto de circo. Teodorico, rei dos godos, custeava espetáculos de cavalhada para desviar a atenção do povo de problemas mais importantes. Os torneios continuaram, tornaram-se as cavalhadas de hoje.

Perdendo a finalidade inicial de preparar cavaleiros adestrados para os combates, ganhou uma função dramático-religiosa, a de reviver a luta entre cristãos e mouros. A cavalhada brasileira por si só constituía no passado uma grande festa. Não sabemos se a parte lúdica de disputa entre guapos cavaleiros lutando no jogo das canas ou áquela reveladora também da destreza no jogo das argolinhas era mais importante ou atraente do que a outra, teatral, na qual rememoravam a conversão dos mouros ao cristianismo, assunto presente no folclore artificial criado e estimulado pelo clero católico romano que, em rememorando aquela fase histórica da entrada dos torneios, tão condenados pela Igreja, na península, quando ia acesa a luta contra os mouros, deu uma forma catequética a tão grandioso e popular espetáculo.

Na cavalhada brasileira estão presentes os dois elementos acima apontados: *lúdico* e *religioso*. O lúdico é o fundamental, consistindo em jogos atléticos de destreza, e o religioso, artificial, incrustação ibérica, isto é, a parte dramática. Constituía a cavalhada o elemento principal do programa das festas guerreiras, políticas e principalmente religiosas de Portugal, exibindo-se de preferência pelo São João.

Não se deve confundir cavalhada com carreira de cavalos. A cavalhada possui uma parte lúdica e outra dramática; a carreira de cavalos é tão-somente esportiva, uma disputa renhida, geralmente entre dois animais em pista, em cancha reta, não escondendo nunca o interesse pecuniário nas suas exibições.

Localização geográfica

A cavalhada foi praticada em todas as áreas culturais brasileiras, menos na amazônica. Nesta não conseguimos recolher referências que provassem a sua prática. Martius assinala-a na Bahia, A. St. Hilaire em Minas Gerais, Vieira Fazenda em São Gonçalo e Niterói, Afonso E. Taunay em São Paulo e Santana de Parnaíba. Ainda em São Paulo, Aureliano Leite, em *História da civilização paulista*: "Aos 1793, festejando o nascimento da Princesa da Beira, São Paulo realiza cavalhadas, touradas, danças de máscaras, paradas militares, espetáculos dramáticos, queima de fogos de artifício etc., repetindo-se tudo, daí a dois anos, quando nasceria o Príncipe da Beira." Hercules Florence, em 1830, pinta as cavalhadas de Sorocaba. Retrato não verdadeiro, porém, é feito por José de Alencar quando a descreve, o fausto não está de acordo com a época, é fictícia.

Até há pouco existiu no Ceará na região do vaqueiro; vigente na açucareira alagoana bem como na do boiadeiro de Minas Gerais, Goiás e Mato Grosso. Neste, em Cuiabá, no Jardim Alencastro e as melhores em Poconé. Em Goiás, em 1948, presenciamos pomposa cavalhada em São José de Moçâmedes. Na do minerador em Minas Gerais, em Montes Claros. Na campeira paulista, paranaense e gaúcha, permanece. Célebres são as cavalhadas da Lapa ou de Palmas, no Paraná. No Rio Grande do Sul é assinalada por vários escritores, destacando-se Walter Spalding em *As cavalhadas de Alegrete* e Ênio de Freitas e Castro em *As cavalhadas de Vacaria*.

Da cafeicultora paulista, além das pomposas, porém repleta de inovações, levadas em Franca, as que documentamos e são estudadas a seguir: de São Luís do Paraitinga, São José do Rio Preto, Guaratinguetá, Atibaia.

TIPOS DISTINTOS DA CAVALHADA BRASILEIRA

Embora se acentue o desaparecimento das cavalhadas no estado de São Paulo, podem-se assinalar três tipos distintos: a) *cavalhada teatral*; b) *sério-burlesca*; e c) *religiosa*. Não seriam fases pelas quais passam, mas tipos, sendo que o primeiro e o terceiro ainda existem e o segundo desapareceu completamente sob as rodas dos automóveis de passeio, desde que apareceu o corso carnavalesco motorizado.

A cavalhada teatral, herança portuguesa, é a forma mais antiga, introduzida no Brasil no século XVII. Compõe-se de duas partes distintas: a de jogos, igual aos torneios e justas, em que há disputa e evoluções, e outra – a *dramática* –, ostentosa, garrida.

Na disputa há os jogos de destreza, quais sejam o corta-cana, argolinhas, limpeza de lança e garrucha, atirando a "cabeças de turco" com pistola, espetando com a espada as máscaras espalhadas na liça, num árduo entrevero, arremesso de alcanzias, com flores silvestres ou não, às namoradas ou esposas e jogos de agilidade eqüestre, como sejam as manobras, as carreiras em "s" dobrado, em "x", quebra-garupa, quatro tornos, carreira pintada, findando sempre tais exibições com uma saudação aos mantenedores de cada grupo. Na outra parte, na teatral, há a "embaixada" ou a representação da luta entre cristãos e mouros, guerrilhas, ataque ao castelo, roubo da princesa Floripes, troca de embaixadas, escaramuças e despedida. Antigamente o espetáculo se dava em dois dias distintos e subseqüentes, hoje em apenas um, e a cavalhada faz parte de um programa, já não é mais uma festa independente.

O segundo tipo de cavalhada seria o sério-burlesco: compõe-se de um desfile no qual dois grupos distintos chamam a atenção do povo: um, pelo seu manifesto esmero no trajar; outro, pela chocarrice. Estão ali duas classes distintas: a dos aristocratas, sob máscaras de fino lavor, cavalgando animais de trato, os *homens bons* da cidade, e noutro grupo os plebeus representados pelos peões com seus molambos e jogralidades.

O terceiro tipo, o *religioso*, consiste apenas em um desfile de cavaleiros acompanhando procissão. Em geral, esse tipo de cavalhada é denominado "cavalaria de um determinado santo": Cavalaria de São Benedito (Guaratinguetá, São Luís do Paraitinga, Atibaia), Cavalaria de São Roque ou Cavalaria de São Jorge. Em geral, quando termina a procissão, os cavaleiros ou "corredores" de tal santo fazem algumas evoluções simples, a meia-lua, caramujo, manobra zero, como acontece com a Cavalaria de São Benedito por ocasião da festa da Coroação do Rei Congo em Guaratinguetá[1].

Na cavalhada de Atibaia, do tipo religioso, há um elemento lúdico – a procura do festeiro para chefiar o desfile. No dia 26 de dezembro de 1942, às 16 horas, magotes de cinco a seis cavaleiros passeavam num vaivém assanhado de dia de festança. Cavalos bem aperados dos brancos e negros, os destes, porém, destacavam-se pela garridice dos enfeites de flores vermelhas na cabeçada e até no rabicho. Os cavaleiros não usavam esporas para fustigar seus animais – "porque desagradaria o santo" –, mas sim talas ou chicotes.

Os cavaleiros passeavam de um lado para outro, aos magotes, procurando o "rei" ou festeiro. A busca continua até que às 17 horas é encontrado em "um lugar que ninguém sabia". Um emissário, ao descobrir o rei, dá um tiro de pistola para o ar e como prêmio da descoberta desfilará tendo como ordenança o rei Congo e um congueiro. Há então imediata concentração de todos os cavaleiros participantes da festa de Nossa Senhora do Rosário no local donde partiu aquela salva; agora ouvem-se várias, pois vai ter início o desfile da cavalhada, que percorrerá as principais ruas da cidade – é a procissão a cavalo.

São duas colunas de cavaleiros. À frente vem o corneteiro tocando clarim; atrás, dois cavaleiros: um com bandeira branca enfeitada de fitas amarelas e outro com bandeira amarela e branca em cujo tope do mastro havia uma centena de fitas vermelhas. Atrás dos porta-bandeiras, três cavaleiros: um em trajes civis (aquele que descobrir o esconderijo do rei, certamente será o festeiro do ano vindouro) e outros dois que o ladeavam, quais ajudantes de ordem, com os uniformes da congada, um era o rei Congo e outro um congueiro. Pouco atrás dos três cavaleiros descritos, vinha o rei ou festeiro, ladeado por dois cavaleiros de branco com suas espadas em guarda; a seguir, cerca de uma centena de cavaleiros. No intervalo entre as duas colunas de cavaleiros em desfile, em frente ao séquito do rei, dois cavaleiros empunhando espadas desembainhadas, iam e vinham como que arrumando as colunas – são os mantenedores. Fechando a retaguarda da cavalaria vinha a plebe a pé.

---

1 Dos participantes da Cavalaria de São Benedito nem todos possuem cavalos, pois a sua grande maioria é gente pobre, roceiros, e então pedem emprestado ao fazendeiro o melhor cavalo. Imediatamente lhes é cedido, porque caso negue, é crença geral de que o cavalo morrerá naquele ano, não alcançará o próximo dia de São Benedito. "O santo, dizem, se vinga de quem não quer homenageá-lo ou ajudar os pobres", segundo outra versão.

Em São Luís do Paraitinga faziam distinção entre a cavalhada *teatral*, ali também chamada Cavalhada de Carlos Magno, e a *religiosa* – Cavalhada de São Benedito. Naquela, trajes especiais para os "doze pares de França", nesta não; embora saíssem divididos em duas grandes filas, não havia uniforme, recomendavam apenas que na medida do possível os cavaleiros viessem de branco – "cor de roupa preferida pelo santo de cor – São Benedito".

A recente Cavalaria de São Jorge, organizada pelo monsenhor Silvestre Murari em Tatuí, também não exige traje especial, recomendou-se apenas o uso de trajes brancos pelos cavaleiros de São Jorge, e aqueles que possuíssem cavalos brancos sairiam à frente da procissão. Em Tatuí, no dia 16 de agosto de 1954, ressurge numa região pastoril, antigo caminho das tropas[2] que demandavam a feira de muares de Sorocaba, uma espetacular Cavalaria de São Jorge, na qual se exibem quase todos os eqüinos cavalgáveis do município, no Dia de São Roque – padroeiro dos animais domésticos. Num caminhão adrede preparado e enfeitado, segue à frente do cortejo a imagem eqüestre de São Jorge, de enormes proporções, seguida por cerca de cinco centenas de cavaleiros. Findo o desfile na Praça da Matriz, ainda montado num fogoso cavalo branco, monsenhor Murari aspergiu água benta sobre cavaleiros e cavalos que por ele demoradamente desfilaram.

MOBILIDADE FOLCLÓRICA

A presença das cavalhadas nas quatro grandes festas populares paulistas e o tipo dos elementos humanos, seus promotores e participantes, induziram-nos a meditar sobre a mobilidade folclórica que em nosso estado se apresenta sob dois aspectos: *mobilidade no tempo* e *étnica*.

Desde o início de nossas pesquisas no feudo folclórico paulista, vimos notando o gradual desaparecimento ou transformação das quatro grandes festas folclóricas: Natal, carnaval, São João e do Divino.

Acreditamos que algumas delas vêm resistindo mais fortemente aos vários fatores de desintegração, dentre eles o da industrialização, a rápida urbanização e o progresso, mesmo. É bem provável que maior resistência ofereçam aquelas que se localizam nos dois solstícios de inverno e de verão. Embora sua conti-

---

2 A presença de traços culturais deixados pelos tropeiros nas cidades por onde passavam a caminho da feira de Sorocaba é muito grande. Um estudo sociológico em Itapetininga ou Tatuí poderia demonstrá-los cabalmente. Nesta última, além do uso da bombacha, da bota sanfona, há muitos modinheiros que cantam as canções gaúchas e por elas têm predileção especial como a que assinalamos em *Canta Brasil!*, de autoria de V. Aricó Jr. e Alceu Maynard Araújo, São Paulo, Ricordi, 1957, p. 60.

nuidade esteja relacionada e dependa da proximidade do solstício, suas formas atuais já se encontram modificadas, pouco se parecendo com as de antanho.

Ao lado da mobilidade no tempo, existe a mobilidade étnica: o folclore passa de um grupo para outro. O folclore é marcado por uma cor: o branco tem uma e o negro, outro. O folclore não se mistura, se superpõe apenas entre as raças. Os brancos têm um folclore do presépio, do pastoril, do baile ou quadrilha dos cavaleiros como se fazia em Lorena no antigo Largo Imperial, da cavalhada de Santana de Parnaíba; os negros, o folclore do jongo, do batuque, da congada. O do índio é de pequena importância.

O folclore é autônomo, mas há certa mobilidade de um grupo para outro. O pastoril, a cavalhada, desaparecendo do grupo branco, foi para o grupo negro. O folclore se transforma, se urbaniza, como, por exemplo, o lundu passou para o branco, transformando-se. O desafio é do branco, existe entre todos os povos essa forma de referta. Aqui no Brasil, por exemplo, passou para os grupos africano e índio, tomando a forma de luta de raças. O desafio penetra no batuque paulista que se divide em duas partes: uma de dança do ritual de procriação, arqueocivilização negra, e outra de canto de décimas, artificialismo do folclore branco. Essa mobilidade étnica tem, às vezes, a função de ascensão social. Chegamos então a uma nova função do folclore, a de assimilação, como apontamos no caso do cururu em Piracicaba e Tietê, assimilando os filhos de estrangeiros.

Na cavalhada encontramos a mobilidade no tempo e a étnica. Em Atibaia ela se realiza no Dia de Nossa Senhora do Rosário ou São Benedito, após o Natal; em São Luís do Paraitinga, na festa do Divino; em São José do Rio Preto, no carnaval; em Guaratinguetá, a Cavalaria de São Benedito, no ciclo de São João. A pomposa cavalhada de Franca exibia seus possantes mangas-largas por ocasião das principais festas da terra do bom café.

Na cavalhada de São José do Rio Preto podiam-se ver dois tipos étnicos: o branco, representado pelos cavaleiros, e o negro, pelos peões. Aqueles cavalgando ginetes ricamente aperados e a peonada em azêmolas ou burros apalhaçados. Da cavalhada de antanho de São Luís do Paraitinga só participavam os fazendeiros ricos, os senhores da terra; hoje, porém, rudes roceiros, aqueles que exercem as profissões mais humildes, são os "doze pares de França comandados por Oliveiros e Roldão". Pode-se apontar a mobilidade étnica e mesmo de classe social na cavalhada: antigamente, no Império, os cavaleiros eram brancos e fazendeiros; hoje, caboclos, negros, mulatos, roceiros, que não raro tomam emprestado o cavalo para participar das cavalhadas já em vias de desaparecimento.

CAVALHADA DE ANTANHO

Os nossos antepassados preenchiam suas horas de lazer com jogos sadios, a saber, as carreiras de cavalos, a capoeiragem, nas quais os moços de boa família tomavam lições às escondidas, e com folguedos populares dramatizados, entre eles a cavalhada.

Em São Luís do Paraitinga a zona era propícia para a realização desse entretenimento, cujos participantes eram membros das mais destacadas famílias luisenses. Animais anafados, nédios, reluzentes e bem-cuidados eram conduzidos por fazendeiros e seus filhos que, nos dias festivos, exibiam suas perícias.

Os cavaleiros trajavam-se ricamente e seus animais vinham ajaezados com prataria nos estribos; ricas caçambas de prata, arreio de cabeção de prata, loros de couro marchetados de metal reluzente, ricas guampas presas por correntes argênteas, freios com bombilhas de metal reluzente, luxuosos mantos sobre os baixeiros e as patilhas dos animais recobertas de cetim vermelho ou azul, conforme o bando a que pertencesse. Para as festas, os cavaleiros treinavam suas montarias meses a fio. Os eqüinos eram levados para as cocheiras, recebendo trato especial. Cada fazendeiro procurava exibir o mais belo animal. No dia aprazado, os cavaleiros vinham para as comemorações e se dividiam em dois grupos: os de indumentária azul e os de vermelha. O azul era o símbolo dos cristãos e o vermelho, dos mouros.

Os cristãos trajavam calça ou bombacha branca, camiseta ou blusa azul-celeste, fita rosa a tiracolo, chapéu branco ricamente enfeitado de santinhos e medalhas e, na cinta, uma espada reta com punho e bainha de prata. Completando o traje, botas de couro preto e esporas de prata, mais conhecidas por "chilenas".

Os mouros trajavam calça preta, a maioria bombacha preta ou calções presos à altura do joelho, camisa vermelha, turbante branco com alfinete de pedras preciosas, uma faixa cor de vinho na cintura e espada curva. A espada curva é um distintivo dos mouros, e a espada reta, dos cristãos. Todos usavam esporas e botas pretas.

A cavalhada era realizada no Largo da Matriz, praça cercada por grandes sobrados coloniais, condizentes com seu título de "Imperial Cidade de São Luís do Paraitinga". Pelos balcões dos sobrados se debruçava a aristocracia rural, dos abastados fazendeiros, vinda especialmente para aplaudir seus parentes que iam exibir-se no esperado folguedo.

Não armavam palanques como faziam noutras cidades naquela época; os sobrados ficavam com suas janelas floridas pelas lindas moças debruçadas no peitoril, forrado com ricas colchas de damasco, tanto janelas como balcões. São Luís do Paraitinga era uma cidade muito rica: dela saíram barões e seus filhos foram senadores e deputados no tempo do Império. A escadaria da matriz ficava apinhada dos camaradas e peões, empregados das fazendas e de toda a gente pobre que não conseguia, por causa das barreiras sociais, um lugar nos balcões e nas janelas das casas que rodeiam a praça. Havia verdadeira separação entre as classes sociais – peão e fazendeiro. O peão não era escravo mas pertencia à classe média, ou melhor, intermediária, porque a inferior era a do negro escravo. No centro da praça, onde existia uma frondosa árvore, era erguido um castelo de madeira e papel e, ao redor, algumas arvorezinhas eram colocadas, simulando uma floresta. O castelo pertencia aos cristãos. Dentro dele colocavam boa quantidade de capim seco, a fim de arder com facilidade, ao desenrolar da parte dramática da cavalhada.

Os cavaleiros, antes do folguedo da praça, davam uma volta pela cidade. Numa das extremidades da praça, na rua pela qual se vai para Ubatuba, postavam-se os mouros e, noutra extremidade, na via pública, que é o término da estrada de Taubaté, postavam-se os cristãos.

Saindo do Beco da Ponte, uma sentinela cristã, mascarada, chegava até a "floresta", de quando em quando, para fazer observações. Era grande a ansiedade dos espectadores. Na terceira vez que o espia se aproximava da "floresta" era "morto" a tiro de pólvora seca por um mouro que ficara de tocaia com seu garruchão "lafucher".

A demora da volta da sentinela fazia com que o rei cristão enviasse um novo emissário, não mascarado, para verificar o que havia sucedido. Estava "morto" o espia. Ao voltar trazia essa triste notícia. Nesse interregno, os mouros atacavam a praça e ateavam fogo ao castelo dos cristãos. De nada valeu a "embaixada", o ataque dos "filhos de Mafoma" foi sutil, o fogo devorava o castelo em poucos minutos. Era um momento eletrizante. A ansiedade dos espectadores se manifestava ensurdecedoramente, através de gritos, principalmente daqueles que estavam nos balcões e janelas e que tinham parentes participando da cavalhada. Era tão viva a representação que, não raro, pessoas dos balcões desmaiavam de emoção.

O rei cristão determinava que se vingasse a morte do espia e enviava toda sua tropa, que se defrontava com os mouros na praça, havendo um combate simulado com retinir de espadas, tiros de pólvora seca, gritarias, volteio de animais, tropelia de ginetes.

Os mouros se retiravam da praça em direção ao lugar da sua partida e os cristãos iam em sua perseguição. Na rua, os mouros apeavam de seus cavalos,

Lança para tirar a argolinha.

A largada... Saíram no grito.

e a pé, puxando seus animais pelas rédeas, tal qual os "peões" (pajens) o fizeram no início do espetáculo, entravam cabisbaixos na praça, aproximando-se do castelo queimado, onde estava o rei cristão que havia pouco comandara o combate. Os cristãos, garbosos, vencedores, tangendo os vencidos, entravam na praça sob a ovação de todos, música de dobrados festivos, inflando seus peitos tão orgulhosos, que mais pareciam centauros, tamanho era o garbo.

Ao pé do castelo queimado, o rei mouro pedia clemência ao rei cristão, entregando-lhe sua espada. Estava vencido, vinha para tornar-se cristão com toda a sua gente. O batismo dos novos cristãos consistia na colocação da espada real no ombro direito dos vencidos. Estando ajoelhados, eram mouros pagãos; uma vez batizados com a espada, tornavam-se cristãos.

Agora, cristãos, cavalgavam novamente suas alimárias e, garbosos, em um só grupo, davam uma volta pelo pátio, recebendo ensurdecedores aplausos da assistência, isto é, de quase todos os moradores do município, que tradicional e costumeiramente nos dias de festa vinham para a cidade. Estava finda a parte dramática da cavalhada. Passavam então a exibir o aprimoramento de seu traquejo, na execução dos jogos eqüestres, das escaramuças. Dentre as evoluções mais interessantes destacava-se o "caramujo" e "meia-lua". Havia a escaramuça de um fio e de dois fios.

Pela praça eram espalhadas algumas cabeças de papelão, apresentando máscaras as mais bizarras. Os cavaleiros, numa corrida desenfreada, procuravam apanhá-las com suas espadas; era a limpeza ou sorte das cabeças. Sob um galho da grande árvore, amarrava-se um boneco de pano cheio de capim, para ser rudemente molestado pelos cavaleiros, em correria desabrida, com lanças ou espadas em riste. Algumas argolinhas, presas por fios de linha, também eram colocadas numa trave bem alta. Os cavaleiros, ao passar sob a trave, procuravam, com a lança, tirá-las. Conseguido tal feito, tomavam-na e, se solteiro, entregavam-na a sua namorada. Quando casado, levavam-na para sua esposa, beijando-a na face, entregando-lhe o prêmio de sua façanha.

O rei cristão, chefe geral da cavalhada, tomando alguns lenços brancos, deixava-os sobre a relva da praça e determinava que seus súditos os apanhassem sem apear dos animais, com seus ginetes galopando, num movimento rápido, atlético. Os moços solteiros, em geral nos bailes, davam esses lenços às suas namoradas. Era um troféu. Muitos lenços perfumados eram portadores de frases amorosas e mesmo versos inspirados. As exibições de agilidade, destreza, elegância e arrojo demonstravam o treinamento realizado durante meses.

Duas bandas tocavam na hora dos jogos eqüestres após a cavalhada. Quando o cavaleiro executava com perfeição seus manejos, postava-se num dos extremos da praça e, enquanto a banda rompia um dobrado ou marcha, vinha garbosamente até o lugar onde estava a pessoa que iria receber o prêmio alcançado; quando falhava, estava atenta a Banda Infernal, para tocar desafinadamente, vaiando. A Banda Infernal era composta de oito a dez pessoas que não sabiam tocar nenhum dos instrumentos, cuja função consistia apenas em ridicularizar.

Terminados esses jogos eqüestres, reuniam-se todos a um canto da praça e, colocando-se o rei cristão à frente, davam uma volta pela cidade, seguidos em procissão pelo povo. Os cavaleiros tinham por padroeiro São Jorge Guerreiro, cuja medalha figurava no peito de todos.

Depois de percorrerem a cidade, iam para um jantar na Casa da Festa e, à noite, o remate das festas consistia num baile, onde cristãos e mouros, na maior fraternidade, festejavam o acontecimento.

CAVALHADAS SÉRIAS E BURLESCAS

Nhô Tó, assim era tratado em casa nosso velho amigo Antônio Apolinário da Costa Neves. Há alguns anos passados, em Tatuí, num bate-papo amável, nos deu alguns dados sobre a cavalhada, tal qual era realizada na cidade paulista de São José do Rio Preto, lá por volta de 1918. Contou-nos que as cavalhadas duravam três dias, justamente os de entrudo. Todas as noites, após o passeio pela cidade e exibição que se dava numa praça, compareciam ao "baile masquê", como diziam, onde todos se apresentavam mascarados. Dançavam a noite toda, procurando não se dar a conhecer, só retirando a máscara a partir da meia-noite do último dia, na terça-feira gorda.

Havia rigorosa separação de classes sociais. Só participava desses bailes a fina flor da sociedade local. Nos salões do "baile masquê" não entravam os peões e ajudantes da cavalhada, ali só ingressavam os cavaleiros que eram cavalheiros ricamente fantasiados.

Os participantes da cavalhada eram quase cinqüenta, ou pouco menos. Trajavam-se com as cores mais diferentes, riquíssimas roupas de seda: calção de seda ou veludo pelos joelhos, camiseta de seda com ricos enfeites e fitas, chapéu fantasiado, alguns com gorro, todos com finas e reluzentes espadas. A indumentária dos cavaleiros, vista de longe, parecia um arco-íris, predominando porém as cores azul, verde, vermelha e branca.

Os animais eram adestrados semanas ou meses antes do carnaval para os torneios que se realizariam na praça. Treinavam em lugar apropriado as viradas em volta, atirar cabeças de papelão, limpar o campo, com o cavalo em corrida desenfreada retirar a argolinha com a lança e muitas outras manobras eqüestres, ora em filas, ora em conjunto, ora individuais.

Cavalos de fazendeiros da zona do café, bem tratados, nédios e reluzentes, nos dias de festa eram ricamente aperados: custosas mantas, rédeas trançadas com fitas de variegadas cores, arreios enfeitados e no "machinho" do animal, isto é, nas patas dianteiras, pouco acima dos cascos, usavam guizos metálicos ajustados numa correia, à moda de coleira ou, melhor, "munhequeira". O animal marchador fazia com os guizos um ruído espetacular.

A cavalgadura ficava irreconhecível debaixo de tão ricas mantas e enfeites – e isso era preciso, pois, alguém reconhecendo o animal, descobriria seu dono –, um destro e impecável cavaleiro que se manteria incógnito naqueles dias. Todos os participantes usavam máscaras, com exceção de dois, os chefes de grupos, pois dividiam os membros da cavalhada em duas filas. Havia dois grupos e também duas classes de participantes. Em cada grupo, duas classes: cavaleiros e peões ou ajudantes. Os cavaleiros eram moços (ou mesmo senhores) da classe abastada, dos fazendeiros, e os peões eram, em geral, camaradas das fazendas, pobretões assalariados. Os dois chefes dos grupos eram pessoas da mais alta consideração social de São José do Rio Preto.

Por ocasião dos torneios e desfile pelas ruas da cidade, à frente dos respectivos grupos, iam os dois imponentes chefes, alegres e joviais, recebendo cumprimentos e aplausos do povo. Atrás vinham os cavaleiros mascarados cujos animais, com o ruído característico dos guizos, faziam as janelas apinhar-se de assistentes. Mais atrás ainda vinham os peões, e cada grupo procurava ter os mais excêntricos e caricatos possíveis, também mascarados, montados *em burros*, com longas esporas para provocar risos com suas chocarrices. Cada grupo tinha na sua retaguarda essas criaturas burlescas. Distinguia-se perfeitamente um peão de um cavaleiro pela roupa e pela montaria. O cavaleiro, ricamente fantasiado, cavalgando sempre um cavalo; e o peão, com trajes grotescos, grandes chilenas, montando burros, espalhafatosamente enfeitados. Os burros traziam máscaras de elefantes, leões, girafas etc. Os cavaleiros desfilavam junto às calçadas e os peões mais ou menos no meio das ruas, fazendo palhaçadas. Quando um cavaleiro passava defronte de uma janela onde havia pessoas conhecidas, parava, falava, disfarçando a voz, e estas atiravam pétalas de flores sobre o "mascarado", certamente um amigo irreconhecível no momento, devido ao embuste. A voz era falseteada e de permeio ouviam-se palavras em francês... um francês muito estropiado: *bum ju, comantalê vu, passe vu... come formiga... come içá?* Os peões não paravam defronte das janelas, só faziam suas momices e "arruaças" para provocar o riso das crianças e dos adultos.

O tilintar de inúmeros guizos, de latas ou ramos de coqueiro amarrados nos rabos dos burros, completava o anúncio da passagem da cavalhada – o espetáculo mais divertido do carnaval, que durava três dias, e era "feriado" na cidade rio-pretana. Nas Cinzas poucos iam, não tinham muita religião, concluiu Nhô Tó. Certamente esse espetáculo foi substituído pelo "préstito carnavalesco de automóveis". É o carnaval que veio substituir o entrudo.

Após a passeata pela cidade, dirigiam-se para um largo. Nessa praça, no lado das sombras, apinhavam-se milhares de pessoas, que ali estavam para aplaudir o espetáculo dos cavaleiros e rir-se das "palhaçadas dos peões". Num pequeno coreto improvisado, já estavam duas bandas de música: a *séria* e a *infernal*. Aquela para aplaudir e esta para vaiar os cavaleiros menos felizes nas suas exibições. As bandas eram contratadas para tal fim.

A passeata, iniciada mais ou menos às 14 horas, finalizava às 16, quando na praça começavam os torneios, em manobras coletivas e individuais. A atenção maior não estava no exercício de limpeza de cabeças de papelão deixadas propositadamente no campo para o cavaleiro apanhá-las com a espada, mas, sim, na tirada das argolinhas. Estas eram de ouro, do calibre de uma pulseira, amarradas com linha num fio de arame atravessado de poste a poste, adrede colocado na praça. O cavaleiro de lança em riste, numa corrida veloz, passava para tirar a argolinha e levá-la depois para sua namorada ou esposa. Estas amarravam ricas fitas e flores na arma vitoriosa do cavaleiro presenteador. Terminadas as exibições de destreza, os peões faziam suas palhaçadas. Retiravam-se já ao anoitecer. Os cavaleiros iam vestir outra fantasia para o "baile masquê". Eram, como acima dissemos, os abastados fazendeiros da região os proporcionadores desse espetáculo e, para tal, selecionavam os participantes dos "dias da cavalhada", havendo contribuições para a festa e escolha dos dois diretores de grupos.

É uma tradição que desapareceu!

O nosso informante nenhuma vez sequer falou sobre a divisão de cristãos e mouros, em que é costume dividirem-se as duas facções na cavalhada, e, aliás, havíamos conversado sobre o assunto. Também não falou em combate no torneio. Não seria bem torneio, mas sim justa, pelo fato de ser exibição individual de destreza. A divisão era de grupos singulares que obedeciam a um chefe. Sendo todos fantasiados e com máscaras, cada um de *per se* reconhecia o chefe de seu respectivo grupo e a ele prestava obediência, procurando colocar-se no seu respectivo grupo, dando brilho a essa *cavalhada séria e burlesca* composta de duas frases distintas: passeata, isto é, desfile, e exibição de destreza e agilidade.

Findo o carnaval, terminavam as cavalhadas. Muitos carnavais transcorreram e essa tradição ficou no rol das coisas do passado e não voltou mais...

A CAVALHADA DE SÃO LUÍS DO PARAITINGA

Por ocasião das festas do Divino Espírito Santo e, às vezes, no Sábado de Aleluia ou no Dia de São Benedito, a segunda-feira após o domingo da Ressurreição, é hábito, em São Luís do Paraitinga, realizar a cavalhada, uma das partes do programa de festejos populares como: moçambique, jongo, passeio do casal João Paulino e Maria Angu etc.

Atualmente a cavalhada não possui as pompas de antanho, mas ainda guarda parte da tradição, realizando um ato dramatizado, conhecido por "embaixada", o que já não se dá noutras cidades onde tivemos oportunidade de pesquisar. O número de elementos da cavalhada é vinte e quatro, pois tal era "o número dos doze pares de França".

Dois partidos tomam parte na cavalhada: o Azul, ou dos cristãos, tendo por chefe o general, e o Vermelho, ou dos mouros, tendo por chefe o rei. Tanto o general como o rei são também chamados *mestres* e ambos têm seus contramestres. Cada partido possui o seu espia, também chamado palhaço, porque veste roupas de estopa, fantasia bizarra e grotesca, acrescida de uma máscara de papelão, feita por artista popular.

Os cavaleiros são-luisenses trajam-se com roupas de cores, formando dois batalhões uniformizados. O uniforme do grupo dos cristãos é blusa, ou paletó azul-claro, de pano acetinado, calças brancas e botas pretas. O grupo, "terno", como dizem, dos mouros traja blusa, camisa ou paletó vermelho, calças, bombachas ou culotes pretos, ou de pano escuro, polainas pretas. O general e o rei vestem roupas vistosas e se adereçam com alamares, faixas, cordões e fitas de diversas cores. O capacete do general é todo enfeitado de penas brancas, e o turbante do rei é de seda vermelha, enfeitado com vidrilhos coloridos.

Os cavaleiros, antes do início da cavalhada, fazem um passeio pela cidade. O toque de clarim anuncia que em breve se desenrolarão as corridas com manejos de animais, jogos eqüestres e a parte dramática no campo de futebol, à margem direita do rio Paraitinga.

O povo se aglomera a um canto do campo, num pequeno barranco. Ao chegar no local, os dois "ternos" ficam em extremidades opostas do campo, perto das traves do gol. Os cristãos a leste, os mouros a oeste.

A embaixada

Dentre os mouros destaca-se o espia, que envereda campo adentro. Pouco depois vem o espia dos cristãos, mas, antes que este chegue, um cavaleiro cristão "mata" o espia mouro. E o cavaleiro ajudante-de-ordens do general, de espada em riste, transpassa-a entre o corpo e braço do espia, caído no chão, fingindo estar morto. O soldado cristão finge fincar a espada perto da cabeça, como quem a quer separar do corpo. O contramestre do rei, sabendo que foi morto o seu espia, chega no centro do campo e diz:
– "Que busca nesta praça, cavalero embaxadô?"
O contramestre dos cristãos responde:
– "A embaixada do teu reis que vai ao generar cristão."
O general manda a embaixada ao rei e com voz estentórica diz:
– "Cavalero embaxadô, aqui estô, excelentríssimo sinhô, ouvindo as suas voz, pronto e armado pra escuitá os vossos mandado. Envie esta embaxada àquele reis brabo e soberbo, contesta contra nosso Deus mais fier, que aceite o partido de ser batizado, quano não serão passado aos fio de nossa importante e valerosa espada."
O rei dos mouros, quando ouve a embaixada, responde, de uma certa distância, também empinando o seu cavalo:

— "Atrevidamente se não tivesse o podê de sê o embaxadô, apartaria a cabeça do vosso corpo cos fio de minha cortante e valerosa espada, mandaria na torre mais arta do meu castelo. Vorte e diga ao teu generar que não me atemorizo com as suas valentia, meu peito é fórti, valênti, partido que não rende, hoje chegô os teu dia de vencê ou sê vencido, quano os mares enchê, e os sangue escorrê, hei de ti Mafã vencê."

Quando estão falando procuram empinar o animal para dar mais garbo e dramaticidade; mal se pode perceber o que dizem, porque, a despeito de falarem gritando, da "arquibancada" improvisada dificilmente se ouve a referta declamada dos cavaleiros.

Os mouros, a seguir, procuram aprisionar os cristãos; estes oferecem resistência, matam então o espia dos azuis. Há um pequeno combate simulado, retinir de espadas e uma luta na qual... já se sabe... o partido Vermelho sairá perdedor. São todos aprisionados, descem dos cavalos e, começando pelo rei, ajoelham-se frente ao general dos cristãos. Este, diante do mouro, coloca a espada no seu ombro, batizando-o. Os mouros levantam-se, tornam a cavalgar suas alimárias. Está finda a parte dramática, todos se congraçam, formando um só grupo: os "doze pares de França".

O torneio

O grupo dos vinte e quatro cavaleiros, chefiado pelo general, dará início às exibições de agilidade, acrobacia, perícia e habilidade de cavaleiros e guapos peões. Às manobras que executam, chamam de figurações ou figuras.

A primeira figura que desenham com seus animais no campo é o oito. Formada uma coluna de cavaleiros, encabeçada pelo general, atravessam o campo em diagonal, procurando, em marcha sinuosa, executar o "oito". A passagem dos cavaleiros, quando se cruzam, dá a impressão de um oito movediço.

A segunda evolução que executam é a "volta-garupa". Entram em coluna por um, no meio do campo, e, ao chegar na extremidade oposta, por onde vieram, o rei sai à esquerda e o general à direita. O mesmo fazem os cavaleiros, saindo um à esquerda outro à direita; quando o rei atinge o canto do campo, vira para a esquerda e segue depois paralelamente ao lado onde está o povo. Vem vagarosamente, até parar. O general, que saíra pela direita, ao chegar no canto vira-se para a direita e, ao voltar sobre a linha paralela à "arquibancada", foi também marchando devagar até parar; bem em frente da assistência, as duas colunas se defrontam. Entram a seguir, em coluna por dois, pelo centro do campo, ficando na extremidade oposta ao local onde está a assistência, finalizando aí a segunda evolução. Vão dar início à terceira figura, que chamam de "X (xis) de espada". Do local onde ficaram, da "volta-garupa", saem dois a dois, em direção à assistência. Vão em pequeno galope, com as espadas cruzadas em linha de quarta. Quando se aproximam do povo, um sai à esquerda e outro à direita, desengajando os ferros com uma batida firme. Voltando à parte inicial, repetem essa figura, chamada "xis de espada".

A "carreira avançada" é a quarta figura, executada com os animais em galope rápido. O que está atrás passa à frente do que vinha à sua frente, até que o último alcance o general, que estava à testa da coluna quando se iniciou a figuração, pois ele sempre sai à frente em todas as evoluções.

A quinta figura é uma das mais simples, mas de grande efeito. É a "carreira pintada". Vão, entremeados, um cavaleiro azul, um vermelho, um azul, e assim por diante. É uma coluna que tem à testa o general, a seguir o rei, depois o contramestre do general; atrás deste, o contramestre do rei, alternando cores os cavaleiros e, por fim, os dois palhaços, ou "espias ressuscitados". Saem em carreira desabalada ao redor do campo, dando duas voltas; a uma determinada voz do general, um sai à esquerda e outro prossegue, separando-se em dois grupos distintos: os vermelhos e os azuis. Esse fim de carreira é uma preparação para o "caramujo", a evolução mais apreciada por todos os assistentes, pois ficam aos gritos pedindo que se realize a marcação, não raro repetida duas ou mais vezes.

Os dois ternos formam dois círculos distintos: o rei à frente do terno vermelho e o general à frente do terno azul. A um sinal convencional, o rei e o general, que vêm à testa das suas colunas, vão apertando o círculo, formando uma espiral, fechando-a para o interior até que, quando está bem apertada, voltam os chefes de colunas, em sentido contrário, sendo secundados pelos demais de suas colunas. Uma vez feitos os dois caramujos de cores diferentes, formam um só terno para fazer o grande caramujo.

Finalizam as exibições de conjunto com uma figura chamada "S dobrado". O terno vermelho avança em sentido contrário ao terno azul. Quando se defrontam, batem as espadas, e ambos entram para sua direita. O par imediato, depois de bater espadas, entra para sua esquerda.

As justas

Finalizando as exibições de conjunto, há as individuais, de habilidade. Nestas, os mais moços nem sempre levam a palma aos mais velhos. Nos jogos eqüestres poucos são os cavaleiros destros, como o general, que, apesar dos seus 63 anos de idade, é de habilidade incrível, e de agilidade que faz inveja, quer manobrando a espada, quer cavalgando.

As máscaras de papelão, feitas por um dos artistas populares da "Imperial Cidade de São Luís do Paraitinga", são espalhadas pelo campo. O general determina que alguns cavaleiros, em corrida desembalada, procurem apanhá-las com suas espadas. E ele mesmo não se furta ao prazer de num gesto rápido, com galope certeiro, apanhar a máscara desejada, limpando o campo. Garboso, com a espada apoiada no ombro direito, tendo na ponta a máscara, atravessa num galope de "três pés", pela frente da assistência, que o ovaciona.

Numa trave colocam algumas argolinhas, presas por fios de barbante, e o cavaleiro designado procura apanhá-las numa corrida. Se conseguir fazê-lo, poderá executar a prova de maior sensação, que consiste em passar, galopando, por baixo da trave, arremessar a lança por cima desta e apanhá-la na frente. Essa é a prova mais emocionante, que fecha com chave de ouro a cavalhada. Antigamente, quando havia castelo, o rapto da princesa Floripes, a parte dramática, constituía a parte final da cavalhada. Hoje não. A lúdica precede à dramática.

Na cavalhada de São Luís do Paraitinga, o general é Benedito Custódio dos Santos, vulgo Cursino, de 63 anos de idade, branco, açougueiro, e que há 30 anos vem sendo o mestre-general das cavalhadas. O contramestre é Luís Bento Filho. No partido dos mouros, o rei é Luís Bento, e o contramestre, Gumercindo Coelho.

Quando termina a cavalhada, os cavaleiros, à frente do povo que os aplaudiu, atravessam a ponte sobre o rio Paraitinga, entram na cidade e dão uma volta pelas ruas principais.

Infelizmente, essa tradição da terra onde nasceu Osvaldo Cruz tende a desaparecer, como desapareceram a dança do caiapó, dança-dos-velhos, congadas, touradas, e tendem a se extinguir as folias de Reis, do Divino Espírito Santo, o bailado do moçambique e a dança do jongo.

CARREIRA DE CAVALOS

Histórico

O aparecimento desse folguedo perde-se no passado. Nas festas dos antigos persas, eram realizadas carreiras de cavalos dedicadas ao deus do Sol – Mitra. Foi Heracles o introdutor dessa modalidade de diversão na Hélade. Na Beócia, um dos meses do ano, o que correspondia ao mês ateniense Hecatombeon, se chamava Hipodrômio, isto é, o mês dedicado às corridas de cavalos. Não é de estranhar tais atividades entre os gregos, pois eram esportistas por excelência, embora fora de Tessália não houvesse pastagens apropriadas à criação de eqüinos.

Entre os romanos, duas eram as formas de carreiras de cavalos. Na primeira, que era um espetáculo popular (*cursus equorum*), os corredores, "cursores", corriam ora sobre um cavalo (*singulatores*), ora guiando dois ou três, saltando de um para outro na corrida (*dessultores*). A pista (*spatia*) tinha a forma de um "D", era uma reta e um semicírculo. Em cada carreira (*missus*) deviam os disputantes dar sete voltas na pista. Os "cursores", isto é, os jóqueis dessa época, eram escravos; só mais tarde é que os aristocratas começaram a correr.

A segunda forma de carreira foi instituída no tempo de Nero, chamada *corse dei barberi*. Não havia cursores. Amarravam umas bolas de madeira com pontas metálicas, pendentes, que acicatavam o cavalo; quanto mais movimento o animal fazia, mais se fustigava, lançando-se numa corrida pavorosa, desenfreada e extenuante.

Os germanos tinham um culto pagão em estreita relação com as carreiras. Mais tarde, a Igreja aboliu tais manifestações porque a forma pagã dessas corridas, feitas por ocasião das festas católicas romanas, podia comprometê-la.

Existiu, ainda, outra forma de corrida, a de cavalos atrelados a carros. Era um passatempo real ou da aristocracia e, ao mesmo tempo, um treinamento para a guerra, o saber conduzir as bigas e quadrigas. A carreira de cavalos passou a ser o esporte predileto dos bretões. Evoluiu, tomou formas diferentes e constitui hoje a tão conhecida corrida de cavalos. Em diversos países do mundo foram construídos ricos hipódromos, havendo especialização na criação e seleção de animais para tiro. Tal forma é muito comum no Brasil, e é de nítida influência inglesa. A terminologia, não traduzida, o demonstra, e os grã-finos, cultores quase exclusivos desse esporte, fazem questão de pronunciar, não raro estropiadamente: *starter, canter, rush, flyer* etc. Podemos mesmo dizer que existem atualmente dois universos de discurso entre os apreciadores das corridas de cavalo: um é o dos que assiste da *pelouse* e outro é o dos que apostam comprando *poules* dos *book-makers* (foras-da-lei) ou freqüentam a "geral" do hipódromo. Esse segundo grupo é dono de uma "gíria turfística"[3] que deixará qualquer "profano" (aquele que não vai às corridas) surpreendido.

Não nos deteremos a estudar essa forma atual de corrida, e sim a antiga – *a carreira de cavalos*.

Parece que no Brasil a carreira foi introduzida pelos portugueses, que a teriam recebido dos mouros. Em São Paulo, pelo menos, não há a forma de "carreira de penca" ou "califórnia", isto é, onde entram mais de dois animais. Esse tipo parece ter sofrido influência espanhola, o que vem reforçar o nosso ponto de vista: a carreira, isto é, corrida de dois animais apenas, parece ter vindo de Portugal.

UMA CARREIRA DE CAVALOS EM ITAPETININGA

No Brasil, carreira de cavalos é a corrida de porfia de dois animais em pista reta*. Encontramo-la com maior freqüência no sul do país. Em São

---

3 Reproduzimos a informação prestada por um conhecedor dessa gíria em voga em nossa capital, Carlos Rodrigues Macedo, médico, e que por muito tempo freqüentou o Jockey Club da Pauliceía: "O fracasso de um animal favorito é 'banho'. O jóquei que é inexperiente é 'anjinho' e o contrário é 'ligeirão'. Vitória certa é 'barbada'. 'Punga' é cavalo lerdo, 'doce-de-coco' é o bom, também chamado 'pinhão cozido'. 'Catedráticos' são os entendidos; os 'corujas' e 'olheiros', aqueles que de antemão 'palpitam na dura' sobre o vencedor, isto é, o cavalo que 'vai pra cabeça'. Tais conhecimentos podem orientar as 'paradinhas', pequenas apostas, ou as vultosas, 'tacadas', dando em resultado, no caso de ganhar, uma 'bolada' de alguns muitos 'cruzas' (cruzeiros), uns 'pulões'. E quando um erro é fatal é porque acreditou na 'fé de ofício' de um cavalo, sem saber que era 'azar', isto é, era um animal 'baleado', já fora de 'cartaz'. E um animal assim, quando vem 'encaixotado' numa corrida, precisa 'desgarrar' para vencer."

* Em São Paulo, há a Lei nº 4.096, de 18-3-1962, de autoria do deputado Ciro Albuquerque, que restabeleceu a prática desse esporte no meio rural paulista, regulamentada pelo Decreto nº 51.816, de 11-3-1963.

Paulo, há quarenta anos, tivemos oportunidade de assistir a uma na fazenda de meu bisavô materno, capitão José de Sousa Nogueira, nas Bicas, em Botucatu. Como éramos meninos nessa época, muitos termos não ficaram gravados, porém esta descrição baseia-se nas informações fornecidas por meu saudoso pai, Mário Araújo, que assistiu a carreiras de cavalos em Itapetininga, há cinqüenta anos. Procuramos também obter outros informes de Antônio Costa Teles (Nhô Tó), fazendeiro, carreirista, amante desse "antigo divertimento", que nos foi indicado por meu pai, pois há cinqüenta anos esse seu amigo era o mais afamado carreirista e criador de cavalos em Tatuí, promotor de célebres carreiras. Seus cavalos corriam nas raias de Itapetininga. Entrevistando os dois informantes ao mesmo tempo, foi possível colher dados seguros sobre a carreira de cavalos.

Chamava-se raia o local onde os cavalos corriam, geralmente construída num local plano. Capinava-se uma extensão de campo de mais ou menos três "quadras". Uma quadra mede 100 braças, isto é, 220 metros. A extensão comum de uma raia era de duas quadras, e a distância a ser corrida variava. Umas carreiras eram tratadas para quadra e meia, outras, duas e, mui raramente, três. Os fazendeiros promotores das carreiras incumbiam-se de preparar, limpar e conservar a raia. Os proprietários do terreno permitiam a instalação, nas proximidades, de um botequim, onde se vendiam bolinhos de frango e bebidas, inclusive o "quentão", sempre presente nas festas caipiras paulistas. Os botequins de raia constituíam o local para as reuniões dos violeiros da zona, que após as carreiras conduziam noite afora o cateretê bem palmeado e sapateado, arremate das reuniões da raia. Não raro, perto das raias, apareciam pequenas cruzes, sinal material das desavenças que o "calor das apostas, das bebidas, trazia aos contendores, infalivelmente armados de facão e garrucha, esta mais comumente chamada, por eles, de "rabo-de-égua".

Antigamente a raia era construída com duas trilhas: a esquerda e a direita. O povo costumeiramente chamava as trilhas de "trilhos" ou "trio". Entre uma trilha e outra havia uma divisão de terra fofa, à guisa de alfobre, que se chamava "talão". O talão tinha mais ou menos 40 cm de largura, feito propositadamente com terra fofa a fim de atrasar o animal que sobre ele corresse erradamente, "barranqueasse", como diziam. O talão também servia para alargar mais o intervalo entre os corredores porque, não raro, no curso da carreira, chicoteavam-se.

No local da partida havia um pequeno cercado de bambu, em semicírculo, dividido ao meio, que se chamava "xiringa", suficientemente espaçoso para permitir aos animais movimentarem-se. Quando a raia não possuía o cercado, davam o nome de viradouro ou "viradô" a esse local de partida.

Na extremidade oposta à "xiringa ou viradô" ficava o "fim do laço" ou "ponta do laço", lugar da chegada onde se aferia a vitória. A designação "fim do laço" provém, segundo uns, do costume que tinham antigamente de esticar um laço para averiguar a chegada; outros dão a seguinte versão: nas apostas de carreira, desde que não houvesse raia, mas apenas a planura do chão, as trilhas eram separadas por laços esticados, emendados, e a carreira se fazia de ponta a ponta.

Algumas pessoas, o gritador, o confirmador, o juiz da decisão e o juiz da confirmação desempenhavam importantes funções. O gritador ficava a 5 m de distância da raia, na linha divisória entre a "xiringa" e a "raia". Essa linha de partida era perpendicular à raia. A função do gritador era dar o sinal de partida com um "ah!" estentórico e rápido, quando os animais vinham "bico a bico", isto é, juntos. O confirmador ficava do lado oposto ao gritador, numa distância de mais ou menos 10 m. A função do confirmador era a de confirmar as partidas bem dadas, com um aceno afirmativo de cabeça, e anular as mal dadas disparando um tiro para o ar. Às vezes, falhavam as partidas, uma, duas vezes, mas em geral na terceira sempre saíam.

Na chegada ficavam dois juízes: um de decisão e outro de confirmação. Esses juízes defrontavam-se, numa distância de 8 a 10 m. A escolha destes sempre recaía sobre homens de coragem, ou melhor, valentões. Um julgava e outro confirmava desassombradamente. Muitas vezes a parcialidade das sentenças resultava em disputa, que, iniciada entre os juízes, espalhava-se pelos seus companheiros que permaneciam na "ramada". O resultado era briga. Garrucha e facão entravam em cena.

A ramada era a assistência; ficava de fora a fora na raia, havendo maior concentração próximo do "fim do laço". Para não perturbar a passagem dos animais, guardavam certa distância das trilhas. A ramada estava sempre dividida em dois grupos: os partidários e apostadores do cavalo que corria na trilha direita ficavam à direita, e os do cavalo da esquerda, ficavam desse lado. Como os juízes geralmente pertenciam a uma das facções da ramada, procuravam ter "as costas quentes", executando suas funções do lado onde estava a sua gente.

A assistência nessa época era numerosa e heterogênea, compreendendo homens, mulheres e crianças. A razão de tal concorrência à carreira residia no costume de ser largamente divulgada a data da sua realização nos sítios, fazendas e freguesias próximas. O aviso era feito verbalmente e para tal fim enviavam o "arauto", um capataz pago pelo fazendeiro ou o promotor da carreira. Essa propaganda, unida ao interesse geral, surtiu efeito: de léguas de distância vinha gente para assistir às "carrera". Era uma diversão concorridíssima. Os moradores do lugar, da fazenda onde se realizava a carreira, almoçavam e se dirigiam para a raia, para esperar pela hora das disputas.

Nas fazendas visitadas pelo arauto era costume indagar qual era o "atilho" da carreira, isto é, a importância apostada. As apostas, há cinqüenta anos, eram mais ou menos de um a dois contos de réis, às vezes cinco e dificilmente mais do que isso. Bastava o arauto dizer que o atilho era de "cinco pacotes" para assegurar uma grande ramada. Os assistentes faziam também suas apostazinhas, geralmente não iam além dos cinco "bagarotes" (cinco mil-réis). Nos dias que antecediam à carreira, algumas pessoas ficavam escondidas nas moitas, perto da raia, na hora do exercício do cavalo que ia correr. Faziam isso com o fito de verificar o tempo que durava a corrida e assim poder fazer com mais segurança as apostas. Havia vigilância para evitar tais fatos, mas não raro costumavam ocorrer.

Para a realização das carreiras, além do local – a raia – era necessário que se fizesse o contrato ou, como diziam, "atar" a carreira. Duas eram as formas de contrato. Uma, a de simples "atio": contratavam verbalmente a carreira, faziam suas apostas e depositavam a importância nas mãos de uma pessoa de confiança, o depositário. Outra era a do contrato passado em cartório. No contrato estipulavam que, se houvesse chuva, transferiam a aposta para outra data. A carreira não sendo realizada no dia marcado, a não ser por motivo de chuva, era anulada. A data escolhida era de preferência um domingo, e em geral às 16 horas, bem entendido, a carreira principal, porque havia outras de menor importância. Às vezes, por pândega, faziam carreiras preliminares de burros, naturalmente para encher o tempo.

As carreiras eram "atadas" com sessenta dias de antecedência. Os maiores apostadores eram os donos dos animais, apostas essas que ficavam "casadas" ou "depositadas". No dia, pouco antes da carreira, eram feitas na raia as pequenas apostas. Os apostadores depositavam o dinheiro nas mãos de pessoas de confiança de ambas as partes. "Casar dinheiro" era juntar de um e outro as importâncias e depositá-las na mão de um terceiro.

A escolha de trilhos também era estipulada no contrato e, no ato do mesmo, era feita a escolha livre ou sorteio: o cavalo "A" deveria correr na trilha direita, e o cavalo "B", na trilha esquerda. Dessa forma, podiam habituar o animal a correr somente na trilha escolhida, sem barranquear no talão da raia. Ficava estipulado ainda que o chicote usado seria do tipo tala, "rabo-de-tatu" ou "rebenque", como diziam. O que corresse na trilha esquerda só poderia chicotear com a mão sinistra, e o que ficasse na direita só com a destra. Essa imposição visava evitar que os corredores se agredissem.

Uma vez "atada" a carreira, começavam os preparativos e tratamentos a que deveriam ser submetidos animal e... corredor. Toda madrugada levavam o animal até ao poço do rio, e conservavam-no até meia barriga fora da água para "suspender", isto é, tirar a barriga. Treinavam das 5 às 7 horas, correndo pelas estradas e fazendo o animal suar. Não o lavavam por completo, porém era sempre muito bem escovado. O animal não ficava solto no pasto, mas fechado na cocheira. À tardinha, passeavam com ele até 7 ou 8 horas da noite; puxavam-no com uma faixa de 40 cm, amarrada na barriga, procurando estrada de areia para o animal fazer exercício, porque a areia é pesada. Levavam-no para a cocheira, limpavam-no, escovando-o para o pêlo ficar brilhante, e passavam o pano molhado para tirar as "gafeiras". O tratador também dormia na cocheira, a fim de impedir que alguém viesse "purgá-lo" à noite.

A alimentação do animal consistia em palha de coqueiro (folha nova), alfafa, milho e grama fina. A grama, por sua vez, era cortada e posta para murchar; somente depois de dois ou três dias é que o animal podia comê-la, porque estava, então, enxuta, não lhe daria "barriga grande". Evitavam o farelo pelo fato de ser alimento "fraco".

Duas vezes por semana, faziam um "tiro" na raia, correndo o animal em preparo com outro qualquer que servia para estimular o treinando.

A raça do animal de carreira era essa comum, isto é, nosso animal crioulo, "o peludo", e, às vezes, não eram garanhões, mas sim castrados. Os baguais eram sempre preferidos.

Para montar os animais, os carreiristas contratavam indivíduos que eram, em geral, desclassificados, raríssimos eram os corretos, "vendiam-se" facilmente ao carreirista adversário. Davam preferência a rapazolas e homens de pouco peso, em geral de menos de 60 quilos. Quando se aproximava o dia da carreira, os corredores tomavam vinagre para pesar menos. Era hábito igualarem-se os pesos dos dois corredores; assim, o menos pesado amarrava uma faixa com pesos de chumbo na cintura até atingir o peso do outro.

Quando vencia a carreira, o corredor ganhava alguma coisa do dono do animal vencedor, além do ordenado e porcentagem de 5 a 10% sobre o valor da carreira. Quando perdia, só ganhava o ordenado e, no caso de ter feito malandragem, era maltratado. Algumas vezes, até matavam o corredor "vendido"; isso acontecia quando o adversário comprava o corredor, e ele perdia propositadamente ou não vigiava o animal na véspera da carreira, deixando que o purgassem com salamargo, pinhão-paraguai (pinhão-de-purga, *Jatropha curcas* L.) ou outro purgante violento, que enfraquecia o animal consideravelmente.

Os corredores que tinham prática em geral usavam certas táticas para até anular a carreira quando percebiam que o seu cavalo iria fatalmente perdê-la. Quando o animal do adversário era bravo, ele procurava cansá-lo, não "vindo no grito", não chegando em condições de sair. O corredor, às vezes, segurava o animal antes de chegar no grito, por malandragem. Quando o corredor era arguto e bem entendido e percebia que o animal dele ia perder, não o trazia em condições de grito até a noite, para anular a carreira, pois o contrato era feito para aquele dia. Essa era uma das artimanhas empregadas que, freqüentemente, resultavam em sérias contendas.

Os dois corredores, depois de efetuados os movimentos na xiringa ou viradouro, vinham emparelhados até a linha de saída. Quando não estavam bem emparelhados, focinho com focinho, a partida podia ser dada até a distância máxima chamada "fiador com paleta" (fiador é o focinho do animal e paleta é a parte mais grossa das pernas dianteiras do animal, na junção da omoplata e pescoço). Se falhava a partida, diziam: "negô a partida". Quando o gritador dava a saída e o confirmador "confirmava o grito", estava válida a carreira. Se o animal se desviava da trilha, "abriu raia", perdia a carreira; barranquear o talão não era motivo para desclassificação, porém atrasava sensivelmente o animal.

Na chegada, era difícil decidir-se quando chegavam "bico a bico", o melhor seria dar por empatada, mas às vezes surgiam divergências. O juiz da decisão dizia que um "apontou o bico primeiro", e o juiz da confirmação dizia que foi o outro.

Se a vitória era visível, por um corpo, dizia-se que "dava luz". "Luz aberta" é mais de um corpo na frente do perdedor, isto é, um intervalo, uma "fresta" entre a "cola" (o rabo) do animal ganhador e o focinho do animal perdedor; às vezes ganhavam por meio corpo. Quando o cavalo perdedor chegava muito atrasado, a ramada vaiava o montador e chamava o animal de "carregadô de abóbora".

Por ocasião dos "atios", em que se apresentavam animais mais fracos, então se apostava da seguinte maneira: "solto na cola e jogo na luz". O animal para ser o vencedor teria que chegar com mais de dois corpos de diferença, porque saía na "cola" e teria que "dar luz", isto é, passar um corpo na frente.

Alguns apostadores apelavam para o sobrenatural, para auxiliá-los a ganhar; faziam "mandingas" como, por exemplo, enterrar Santo Antônio no trilho do cavalo adversário: "o animal ao chegar aí fatalmente cairia". Pagavam para feiticeiros "fazerem mal" e impedir que um cavalo corresse e, desse modo, o não-comparecimento implicava carreira perdida. Faziam certa mandinga com dois copos de água, para adivinhar qual dos dois cavalos chegaria primeiro. Contava-se de um negro velho, entendido em artes, que certa vez avisou que o cavalo X, ao passar em frente de uma árvore de "criuvinha", iria quebrar a paleta e perder a carreira; foi o que aconteceu! Para se tirar o mal de um cavalo enfeitiçado bastava surrá-lo com fumo de corda.

FATORES DO DESAPARECIMENTO

Alguns fatores contribuíram para o desaparecimento das carreiras de cavalos, afirmou Nhô Tó. Parece que a entrada dos automóveis e caminhões, substituindo o até então meio de transporte usado – o cavalo –, foi um dos fatores decisivos para o desaparecimento dessa modalidade de diversão popular de nosso meio rural. O cavalo hoje não tem a importância que tinha há cinqüenta anos passados. Sitiantes, meeiros e agregados que ainda os possuem, utilizam-nos para o trabalho. Por sua vez, as horas de lazer de nosso rurícola são hoje preenchidas com outras atividades recreativas, dentre as quais se destaca o futebol. Nos mais longínquos rincões de nosso país encontramos campos de futebol, prática esportiva que se tornou preferida, e relegou para o plano das coisas passadas as carreiras de cavalos. Podemos mesmo dizer que um processo de substituição das formas recreativas das populações rurais foi provocado sem dúvida pelo progresso acentuado dos novos meios de transporte, encarecimento dos animais e empobrecimento de nossos camponeses.

RODEIO

Os lidadores das fainas pastoris encontram, além das formas tradicionais e consagradas de recreação popular da tourada (Centro e Sul) e vaquejada (Nordeste), aquela que na região cafeicultora é conhecida por *rodeio*. É uma nova acepção desse vocábulo, porque ele significa o trabalho que os homens dos criatórios de gado têm de reunir os animais para contar, curar, marcar, dar sal etc.

O rodeio em São Paulo é a doma festiva, é a oportunidade na qual os peões, domadores, pealadores, boiadeiros, tropeiros, enfim, os que lidam e usam animais de montaria, eqüino ou muar possam, publicamente, mostrar seus dotes e habilidades de bons e guapos cavaleiros, capazes de permanecer cavalgando o animal xucro, sobre seu lombo e sob os aplausos da assistência.

Antigamente, antes de as touradas serem proibidas, a primeira parte destas consistia na *doma*, ou melhor, alguns burros e cavalos xucros e mesmo redomões eram encilhados para o primeiro galope, para o "acerto".

Hoje o rodeio deixou de ser parte do programa da tourada e se tornou um acontecimento notável, autônomo, consagrador do peão de boiadeiro, dos domadores. O rodeio é uma das formas de folguedo popular praticado em geral logo depois do término das longas caminhadas da "comitiva" que após as muitas "marchas" (paradas que durante a viagem a boiada é obrigada a fazer para pouso e contagem) chega ao ponto de entrega da manada. Quando o chefe da "comitiva" vai encostar o "berrante" e o "culatreiro", não vai mais comer pó, porque o seu serviço é o de arrebanhar as reses desgarradas, e o laço que viajou na garupa vai ficar bem ensebado ao sol, para acompanhá-lo depois em muitas outras viagens, ou para que possa demonstrar suas habilidades no rodeio como laçador, pealador.

Enquanto era apenas "doma", o espetáculo era realizado no ambiente acanhado da arena da tourada; hoje, o rodeio se desenrola em praças amplas, em estádios de esportes, campos de futebol. Não é cópia de rodeio norte-americano, é brasileiríssimo, como a gineteada gaúcha.

O rodeio em geral se inicia com o desfile dos participantes cavalgando animais ricamente aperados, muito bem ajaezados, e os cavaleiros vestidos a caráter. Não raro se apresentam alguns meninos que são bons cavaleiros trajando-se à moda gaúcha; sim, esse é o traje do nosso peão: bombacha, botasanfona, "sombrero" com barbicacho preso sob o queixo. É o traje que o gaúcho nos legou desde o tempo em que as tropas vinham para as feiras de Sorocaba. Desfilam garbosos pelo local do rodeio, saudando assim a assistência.

O espetáculo consiste em demonstrações de perícia de laçar a pé ou a cavalo, de pealar, isto é, laçar uma das patas do animal em corrida desenfreada.

Algumas vezes há concurso de "berrantes". Apresentam belíssimas buzinas de chifre com as quais emitem o "berro". Ao vencedor em geral é conferido um prêmio.

Segue-se o espetáculo da montaria. Esta pode ser em pêlo, o peão segura apenas no sorfete com as mãos e trança as esporas no sovaco do animal e, nesse caso, não usa rédeas. O animal é laçado, preparam-no com o sorfete, depois o peão monta quando o soltam para velhacar a vontade, pinotear. O

Os parelheiros.

animal luta para se desvencilhar do cavaleiro e não raro mimoseia-o com um par de coices quando o faz "cuspir" do seu lombo, porque a sela aí é comprida demais, vai desde as "orelhas até ao rabo do bicho brabo".

A contagem de pontos do peão competidor é feita, ora levando-se em conta o tempo que agüentou desde a "solta" até o momento em que "beija o chão", ora quando o animal exausto não reage mais.

Outra forma de doma é aquela em que se coloca no lombo do animal o arreio e nesse caso usam-se freios e rédeas. Então o domador poderá usar, além da espora, um vigoroso rabo-de-tatu que entra em ação quando o animal pára de corcovear, excitando-o para continuar a exibição.

Vários animais são "trabalhados" num rodeio, uma vintena mais ou menos, nesse espetáculo másculo que diz muito da coragem de seus participantes. Há rodeios em que os bovinos também são "trabalhados", mas isso acontece quando o local oferece condições de segurança para a assistência.

Carreira de cavalos em cancha reta.

Várias provas campeiras são disputadas: pealo a pé, tiro de laço a cavalo, rédeas para potros e cavalos feitos, e, ultimamente estão incluindo a corrida de argolinhas, revivendo-a nas gineteadas, tirando-a do olvido que sofreu nas cavalhadas.

Após o rodeio, não raro soltam um leitão ensebado para aqueles que ajudaram anonimamente para o bom êxito dessa demonstração de coragem e destreza da doma, para que possam divertir-se correndo para pegá-lo e depois jantar um leitão assado.

À noite, para arrematar o rodeio, não faltará o cateretê.

O rodeio é praticado no Centro-Oeste e Sul do país, principalmente no Rio Grande do Sul. Em São Paulo duas cidades disputam a primazia para ver qual delas realiza o mais empolgante rodeio, e por serem cidades paulistas – Barretos e Pinhal – é que não se esquecem do cateretê (ou, como lá o chamam, de catira) para fechar com chave de ouro o espetáculo dos peões de boiadeiro.

No rodeio paulista até vaca é cavalgada pelos peões de boiadeiro.

O rodeio em São Paulo nessa atual forma aparatosa é recente; deixou de ser apenas parte de um programa, para ser todo ele um dos mais populares e agradáveis folguedos das regiões campeira e boiadeira, presente também na cafeicultora.

O rodeio atual é uma prova de que a tradição não se extinguiu, ela se renovou, se revitalizou: transformaram uma parte de um folguedo (a tourada, atualmente proibida) em um programa cheio de atrativos, de lances espetaculares, não copiando o rodeio norte-americano tantas vezes visto nas telas de cinema.

No rodeio deve-se ter pena apenas dos rocinantes – cavalos de segunda e das sobras – que entram na doma só para provocar hilaridade.

Tão nosso é o rodeio que no Rio Grande do Sul não houve solução de continuidade na prática gauchesca das gineteadas há muito ali realizadas, porém os centros tradicionalistas e seu operoso Instituto de Tradições e Folclore estão incentivando, repetindo esses jogos recreativos; além de distrair sadiamente, lançam na "fogueira uns gravetos e, de joelhos, sopram-se com força as cinzas do fogão gaúcho, para manter acesa a chama da Tradição."

O rodeio é a festa coroadora dos esforços desse tipo humano que está a merecer um estudo – o peão de boiadeiro[4], indispensável nas lides pastoris quer na região do campeiro, do boiadeiro, quer na cafeicultora paulista.

---

4 No Mato Grosso, entre os peões de boiadeiro, há uma distração generalizada que assume a forma de referta em versos e quadrinhas. Os disputantes encarnam bichos conhecidos: boi, cão, urubu, papagaio etc., vão proferindo seus desafios e assim passam as noites de vigília. Quando o bochorno os obriga à sesta, cada qual na sua rede, esperando que o calor abrande, repete versos tradicionais dessa peleja oral, forma lúdica da literatura oral... distração "de tempo quente"...

TOURADA

Histórico

No ritual bárbaro do *aigizein*, no culto a Dionísios, os moços, os iniciados, pegavam um touro e despedaçavam-no, comendo suas entranhas, sua carne crua. Era a omofagia. No grego, *omos* é cru e *fagein* é comer. Anteriormente era mais cruel, uma forma canibalesca na qual em honra de Baco Omádio ofereciam-se sacrifícios humanos diante de seu altar. Para invocar os deuses Omestes, Omádios e Antroporraistes era necessário o holocausto de seres humanos. Daí a lenda de Teseu, o herói do labirinto. Esse costume foi saindo da moda e substituído o homem pelo touro. Dionísios Zagreus era mesmo um deus envolvido numa pele de touro. A cerimônia de apanhar o touro e despedaçá-lo, recordava a lenda de uma divindade que fora desgarrada e devorada. (O boi-na-vara[5] em Santa Catarina é uma reminiscência desse ritual. O boi-na-vara e o boi-no-campo terminam sempre com o sacrifício do boi, que é apanhado e sacrificado pelos pujantes jovens barrigas-verdes.)

Esse ritual foi evoluindo, passou mais tarde a ser uma arte e não mais um culto – é a tauromaquia, a difícil e perigosa arte de correr touros na praça, na arena. Nela, na atualidade, são exímios e afamados os espanhóis. E sejamos realistas, nós brasileiros não ficamos atrás e cremos mesmo que vamos além

---

5 Boi-na-vara – espécie de tourada praticada pelos santa-catarinenses. É a mais notável sobrevivência da omofagia no Brasil. Revive em parte o *aigizein* grego. Um boi, preso em uma vara, investe contra um manipanço até o esgotamento. Outras vezes, soltam-no, e os moços em correria derrubam-no e despedaçam-no. O interessante é que tal festejo se dá por ocasião da Semana Santa, no Sábado de Aleluia. Aqueles que na Semana Santa se abstêm da carne de vaca, nesse dia liquidam com o totem e fazem um banquete ruidoso. Revivem o culto de Omádio da arqueocivilização helênica. O boi-na-vara também é conhecido por: boi-na-corda, boi-no-campo, boi-no-mato ou farra do boi.

em arrojo e sangue-frio nos espetáculos de verdadeira coreografia diante dos tucuras, zebus ou mestiços.

Não há concordância entre os historiadores acerca da introdução da tourada na península Ibérica: uns afirmam terem sido os romanos ou cartagineses, outros apontam os mouros, no século IX, oferecendo espetáculos de tauromaquia, que não apenas se tornou popular, mas consistiu verdadeiro divertimento dos nobres.

Nas touradas reais que a Espanha primava em organizr, afirmam que Carlos V e mesmo Filipe IV certa feita desceram até a arena... e a história não é explícita se foram enfrentar "touros" ou... bezerros... Enfim, era uma demonstração de coragem e paixão por tal divertimento.

Ao grande esplendor sucedeu um período em que a tourada obnubilou-se; porém, no dealbar do século XVIII, retorna a sua prática na Espanha, ainda com mais brilho do que no passado, chegando mesmo até nossos dias o fausto de tais espetáculos.

Nessa época, tornou-se verdadeiramente popular, e o povo, sem o saber, repetia o culto de Dionísios: acabado o espetáculo, entrava na arena e matava o touro. Era uma cena brutal repetidora do *aigizein*.

No início do século XIX, para açular mais o touro, Francisco Romero, famanaz toureiro nascido em Andaluzia, introduz o uso das bandarilhas, aquelas varetas com pontas de aço que se encravam no dorso do animal. A Romero, Pepe e Castillo se devem as regras atuais da tourada na Espanha.

Certamente nós a recebemos dos portugueses, que, além do tipo "castelhano de trabalhar os touros na praça", têm outro, como seja o das "corridas a vara larga", em praças improvisadas, muito semelhantes àquela praticada na região sudeste da França, quando, em determinadas festas anuais, soltam o touro na aldeia e o povo se diverte a valer, ora correndo o touro, ora, as mais das vezes, correndo dele...

Tourada e vaquejada, duas formas diferentes e que se não confundem, de "lidar" sensacional e festivamente com o bovino bravio ou arisco, formas distintas de folguedo popular, recebidas da Espanha, via Portugal.

O Decreto Federal n.º 24.645, de 10 de julho de 1934, que estabelece medidas de proteção aos animais, em seu artigo 10 considera maus-tratos, no item XXIX, "realizar ou promover lutas entre animais de mesma espécie ou de espécie diferente, touradas e simulacros de touradas, ainda mesmo em lugar privado", e com tal lei hoje são raros os espetáculos de "sangue e sol" das touradas. Antigamente não havia festa do Divino em que não estivesse na praça principal da vila, da freguesia, da cidade o "Circo de Touros", e os nomes dos afamados toureiros eram proferidos com respeito por todos: Ferrugem, Antônio Corajoso, João Moela, Pega-Boi, Pingo D'Água, Parafuso... Ainda há muita tourada por esses "Brasis afora...". Em 1948, em dezembro, foi realizada uma das mais interessantes a que temos assistido, na cidade de Itapetininga. Em 1949, em Tatuí, Tietê e São Roque. Ela é bem diferente da espanhola, com os famosos touros de Miúra.

Na tourada à moda brasileira não há sangue, não há morte do boi, nem cavalos com as tripas de fora, por causa da imperícia do picador. De quando em vez um toureiro menos prático e mais afoito é espetado nas guampas, mas os demais companheiros o acodem logo, e tudo não passa de um susto. "Caramba, que susto!"

Nosso toureiro é só toureiro e não "espada", como acontece na Espanha, porque o nosso não mata o animal. O capinha espanhol é o nosso "capeador", que apenas excita o "bicho brabo", fazendo fusquinhas com a capa, até cansá-lo. Não temos *bandarilheiros* nem *picadores*. Também não há estratificação de classes entre os toureiros, como acontece na Espanha, onde um "capinha" é sempre "capinha". Aqui um toureiro faz de tudo, toureia, passa capa, escorneia, prega estrelas na testa do animal, pega à unha e... pode até ser palhaço.

Felizmente não temos *bandarilheiros*. A bandarilha é uma lança de madeira enfeitada de papel de seda, tendo numa extremidade um enrosco de aço, como anzol para espetar no cangote do touro, açulando-o. Em vez de bandarilhas cruéis, o toureiro paulista gruda estrelas de papel dourado na testa do touro bravio, que muitas vezes é vaca, pois no Brasil as vacas também entram na dança, isto é, na tourada. E nem por isso é tourada avacalhada... Dizem que é muito mais difícil "capear" uma vaca "porque ela investe com os olhos abertos", ao passo que o touro os fecha. "A vaca vê tudo."

Não temos picadores que entram a cavalo no picadeiro. No final da tourada é costume trazerem burros xucros para uma exibição de montaria. Em geral esses animais são cavalgados pelos filhos de fazendeiros que gostam de mostrar sua perícia de peões e domadores; é a *doma* ou *rodeio*.

Aqui temos o "palhaço", que na *tierra de los toros* não existe. Ele, além de ágil e destro toureiro, faz muitas piruetas e palhaçadas, levando a assistência "dependurada" na geral ou arquibancada a rir, rir a bandeiras despregadas. Ele toma parte na pantomima, que consiste em soltar do "curro" ou "xiringa", local onde ficam presos quatro ou cinco animais que serão trabalhados numa exibição, um bezerro já garrote desmamado. O palhaço, vestido com uma roupa recheada de palha de milho ou capim, protege-se das marradas que o garrote lhe dá, brinca muito com o bezerro, provocando muita risada. É costume atirar níqueis, moedas ao palhaço.

Não temos "chicana" para o toureiro esconder-se das investidas "desembaladas", pois a paliçada é feita de pau roliço amarrado com cipó. De comum temos a canastra. Toureiros espanhóis e também os nossos "pegadores" crioulos guardam suas roupas nas canastras de couro enfeitadas com pregos dourados. A canastra é um traço ibero que perdura até hoje. Outro traço é o religioso, tanto lá como cá, antes de entrar na liça, fazem o "sinal-da-cruz". Os nossos toureiros sabem também a oração de Santo Amâncio e São Marcos, que os livra de gado bravo. Alguns até a usam num patuá.

O "TRABALHO"

O animal que fica preso no "curro", levantada a porta em guilhotina, entra no picadeiro "investindo até na sombra". A bandinha musical, a "furiosa", quando começa o trabalho dos toureiros, capeadores e palhaço, pára o seu dobrado festivo, executado por uma dezena de instrumentos musicais, se tantos há... Foi a "furiosa" que percorreu as ruas principais da cidade, antes do espetáculo, atrás dos toureiros que desfilaram garbosamente sob o ritmo marcial de suas músicas. É um chamariz para o espetáculo.

A tourada é um espetáculo de agilidade, destreza, sangue-frio e arrojo, e é incrível que um toureiro faça tantas e arriscadas pegas, fintas, escorneie, derrube o touro (ou vaca) só para ganhar a "sorte". Sorte é o que um fazendeiro ou "graudão" oferece pela façanha que vai fazer, dá-lhes uns 50 ou 100 cruzeiros. Finda a proeza, vai o toureiro até a arquibancada para receber a "sorte". Quando é um homem que oferece, ele estende o chapéu (ou melhor gorro); quando é uma senhora, ele entrega um lenço, outro traço espanhol que perdura, não só em nossas danças, mas também na tourada. O palhaço ganha apenas os níqueis que atiram no picadeiro... e como se arrisca para ajuntá-los.

Tourear, fintar, passar a capa, pegar a unha, pregar estrelas, escornear, montar é o espetáculo másculo e inofensivo que nos proporciona a tourada brasileira.

Para proteção dos toureiros, às vezes colocam "garrochas" nos chifres, isto é, capas de couro. Fazem o mesmo quando finda a tourada de um animal, colocam garrochas e passam uma corda com lugar para o montador afirmar as mãos – é o "sorfete". A prova da montaria é um espetáculo de arrojo porque o touro procura desvencilhar-se do cavaleiro, velhacando, saltando... e, quando não é bom cavaleiro, toma conhecimento da pequena maciez do solo, e se acontece o touro chifrá-lo... as garrochas protegem o peão apeado tão bruscamente.

VAQUEJADA

Histórico

No passado, a vaquejada constituiu a "festa mais tradicional no ciclo do gado nordestino", segundo Luís da Câmara Cascudo. Hoje, é folguedo popular dos mais atraentes do nordeste oriental brasileiro, realizado geralmente no fim do inverno.

Antigamente era uma espécie de mutirão dos vaqueiros. Ajuda e diversão ao mesmo tempo, congregando vaqueiros das ribeiras vizinhas, enchendo de alegria o coração de muitos curumbas.

Escritores cuja opinião respeitamos afirmam ser a vaquejada de origem espanhola por causa da derrubada pela cauda, prática correntia entre os iberos. Discordamos; não nos parece ser espanhola, embora a nordestina se assemelhe à venezuelana. O povoamento nordestino não foi feito por espanhóis e o lidador do gado, o vaqueiro, é mestiço, é caboclo: filho de índio e português, ajudadores do povoamento dos sertões, porque os currais de gado, os criatórios, constituíram a trincheira da conquista das caatingas nordestinas.

É bem provável que a ausência do laço ou das boleadeiras, porém, com a observação que o caboclo fez "mucicando", dando uma puxada no rabo da rês, esta se desequilibrava e caía no solo se estatelando, deu-lhe então esse meio, essa técnica de captura. Não aprendeu com ninguém. Tornou seu uso: não precisava de implementos. O aparecimento do "esteira" só veio a acontecer na vaquejada, isto é, no divertimento do solstício do inverno, quando há fartura no sertão. Aconteceu com a "diversão de correr o boi", porque na lida, a queda pelo rabo era mais prática. A mucica é o estilo que a vaquejada consagrou.

A domesticação dos animais não apareceu em diversos lugares sobre a face da terra sem que houvesse herança da técnica de como domesticar?

Por que no Brasil, nos pampas gaúchos ou nos pantanais mato-grossenses, onde brasileiros estão mais próximos e até em contato diuturno com espanhóis e seus descendentes, não existe a derrubada pela cauda? Por que nem no estado de São Paulo, onde o número de espanhóis imigrantes que vive no pastoreio é sensível, muito maior do que os italianos, pois estes preferiram a agricultura, não influiu esse fato para a adoção de tal uso, de tal técnica de derrubada da rês? Essa usança tivemos oportunidade de assisti-la numa vaquejada na zona pioneira paulista, porém feita por nordestinos, vaqueiros do agreste, dois irmãos nascidos na Baixa Verde e um outro caboclo de Garanhuns, chegado no último "pau-de-arara", como fazia questão de afirmar. Não é uso corrente em São Paulo, onde o folguedo popular ligado ao pastoreio é a tourada ou rodeio e concurso de "berrantes", e não a vaquejada. Esta não se confunde com a tourada.

LOCALIZAÇÃO GEOGRÁFICA

A vaquejada, belíssimo espetáculo de precisão, agilidade, habilidade e arrojo, é diversão típica do Nordeste oriental, da zona que o curral conquistou para a civilização brasileira. Integra programa de festas, festanças, festarias e até festejos cívicos.

O ESPETÁCULO

Descreveremos a que se realizou em Caruaru – capital do agreste pernambucano – no dia 7 de setembro de 1952, complementando uma festa cívica promovida por um chefe político local. Não houve, portanto, "apartação"[6] nem era dia de "partilha"[7]. Era uma parte do programa – o folguedo popular que certamente iria dar maior número de votos ao seu promotor.

---

[6] Apartação – oportunidade festiva congregadora dos vaqueiros para separar o gado nascido durante o ano, quando se dava, então, a vaquejada. Era a "festa da apartação". Sem festa é a partilha, ajuste singular entre vaqueiro e patrão.

[7] Partilha – à divisão do gado nascido durante o período de um ano dão o nome de partilha. É também na partilha que se faz o ajuste de contas entre o empregado (vaqueiro) e o patrão (fazendeiro, proprietário), recebendo aquele um quinto em pagamento dos trabalhos de cuidar do rebanho no criatório. Geralmente a época escolhida para o processamento da partilha é em janeiro ou setembro. A razão da escolha dessa época para a partilha se funda no fato de que no gado, após receber a marca a fogo, aparecerá uma chaga; esta não arruinará ou apanhará bichos provenientes da desova da mosca varejeira (ou vareja) (*cochliomyia macellaria*) caso seja feita nas épocas indicadas, pois noutras estão sujeitas a tais perigos, que podem não apenas causar estragos no couro do bovino ou mesmo trazer a morte da criação por tal motivo. Processando, portanto, a partilha em meses de

Nas cercanias da cidade, caminho de Carapotós, preparou-se o cercado, o local onde prenderiam os animais para a lida, e onde a assistência iria aplaudir a perícia dos "homens encourados". Reservou-se o lugar para os cantadores e para a infalível bandinha de música.

Correram nesse dia vinte e poucos bovinos: garrotes, barbatões, marruás espantadiços e uma "vaca para a panelada".

Intensa gritaria precede a saída do animal do curro; dois cavaleiros correm ao seu lado. O barbatão arisco fica no centro. Um dos cavaleiros é o "esteira", que mantém a direção do boi, outro é o ágil vaqueiro. Como por encanto, há silêncio absoluto, só se ouve o resfolegar dos três animais em disparada; num dado momento, o vaqueiro segura a cauda do touro, dá-lhe uma puxada firme, o animal se desequilibra e se estatela no chão. Numa rapidez incrível, o vaqueiro salta de seu cavalo e escorneia o touro no solo, imobilizando-o. A assistência aplaude freneticamente. O herói, que será cantado pelos poetas do sertão e poderá ter um ABC, "virou o boi nos mocotós". A banda toca, espoucam foguetes. O alarido é geral, infernal, consagrador.

O vaqueiro, que pouco antes da corrida prendera o chapéu com o barbicacho no queixo, cavalgando novamente seu corcel, aproxima-se da "tribuna" onde está o promotor da vaquejada que lhe amarra no braço uma fita e é convidado para participar do lauto jantar que será oferecido ao fim do folguedo.

---

setembro ou janeiro, estarão, vaqueiro e patrão, salvos de tais prejuízos, pois no inverno não se faz "para não criar mal" ou bernes (*dermatobia cyaneiventris*).

Assim se processa a partilha: num determinado dia, o vaqueiro reúne os animais na mangueira (curral), estando presente o patrão. Há uma combinação que é tradicional: cabe ao patrão escolher o primeiro animal e ao vaqueiro, o quinto. Acontece, porém, que o vaqueiro é obrigado a levar um animal do mesmo sexo daquele que foi escolhido em primeiro lugar pelo patrão. Dessa maneira o patrão escolherá em primeiro lugar um bezerro (ou garrote) e o vaqueiro fica obrigado a aceitar um bezerro. Tendo o patrão escolhido um animal do sexo masculino, jamais ele poderá optar por um animal do sexo feminino. Conforme a combinação tradicional da partilha, o patrão escolherá um bezerro, depois a seguir três novilhas, e o quinto animal será escolhido pelo vaqueiro. Este forçosamente terá que escolher um macho. A partilha prossegue. Nova escolha pelo patrão: um bezerro, a segunda, terceira e quarta escolhidas serão fêmeas e, na vez do vaqueiro, escolherá um quinto animal – um bezerro. A partilha prossegue e raramente o vaqueiro consegue ficar com uma novilha. Aliás, a partilha quase sempre veda ao vaqueiro escolher uma fêmea, pois estas aumentarão os animais dele, ao passo que, sendo macho, se vê obrigado a vender logo para não estragar o pasto do patrão – do fazendeiro.

O patrão escolhe os quatro primeiros animais, imediatamente são "ferrados", isto é, marcados com o ferro em brasa. Ferrar é pirogravar no animal as suas iniciais, marcando-o. O vaqueiro também possui a sua marca. Ao escolher o quinto animal, ferra-o. E a partilha prossegue: escolhidos outros quatro animais pelo patrão, o vaqueiro irá escolher o quinto, até que sejam escolhidos e ferrados todos os que nasceram naquele ano.

A "partilha" é uma instituição criada pelo dono da terra, pelo fazendeiro, uma forma de escravização do vaqueiro – tão amante da liberdade que o convívio com os campos abertos lhe inspira –, mas preso ao compromisso da palavra empenhada e partilha – forma tradicional de sujeição e exploração que tacitamente aceita.

A mucica.

Correm os animais restantes. Quando o vaqueiro é infeliz e não consegue derrubar o garrote, é vaiado porque "botô o boi no mato", "deu-o pras urtigas e cansação"...
   Um dos mais jovens vaqueiros, correndo em seu cavalo a toda brida, depois de ter dado uma mucica espetacular num marruá, saltando de sua montaria, prende-o com seus próprios chifres na terra, calmamente retira do arreio um guizo e um tapa-olho de couro, à guisa de máscara, atando-os, e o belo animal saiu tangido, "envergonhado" da pista.
   Propositadamente soltaram uma vaca nédia. O "esteira" e vaqueiro emparedaram-na. Com uma violência inenarrável o animal é derrubado e com a queda quebra a perna. O aplauso foi ensurdecedor, certamente porque era "carne para a panelada". O promotor da vaquejada, com visível imponência, e num "gesto de amabilidade eleiçoeira", ofereceu aos presentes aquela rês para a "panelada". Gesto que nos induziu a pensar em "banquete totêmico", em *pottlatch* ou na própria omofagia de Dionísios...
   Terminada a vaquejada, jantar na casa do seu promotor, onde, além das autoridades civis, militares e religiosas, anotamos a presença de vaqueiros com fitas no braço. Lá no local da vaquejada, carnearam a vaca e o povo comeu que se arregalou... porque outros animais foram também sacrificados nessa "filantropia" eleitoral.

CARREIRA DE BOIS

Sobre carreiras de bois das quais tínhamos notícias orais de sua existência no Rio Grande do Sul e uns poucos dados sobre o assunto, em correspondência com o folclorista gaúcho Othelo Rosa, em carta que nos enviou obtivemos seu depoimento, o qual transcrevemos nestas páginas, com um preito de saudade àquele escritor.

"O depoimento que posso prestar sobre a 'carreira de bois' é o seguinte: na região à margem direita e esquerda do rio Taquari (município de Santo Amaro, compreendendo o que hoje se chama Venâncio Aires, à esquerda, e município de Taquari, à direita), havia o uso de 'atar' carreiras de bois, à semelhança das carreiras de cavalo. Para esse efeito eram *treinadas* certas juntas de bois que nos trabalhos comuns, como a lavração de terras, o transporte em carretos etc., revelaram melhores qualidades de força e resistência. 'Atada' a carreira, por uma certa e determinada *parada*, marcado o dia e escolhido o local, aí se reunia o vizindário. Apostava-se nas juntas de bois como se apostava nos 'parelheiros', na carreira de cavalos, em cancha reta. Os presentes se definiam por uma ou outra das competidoras, entusiasmavam-se e *arriscavam* o dinheiro.

Nas duas vezes que assisti à diversão, ela se processou assim: em local plano, previamente preparado, era colocado um toro de madeira, pesado e resistente; nesse local, era traçado um raio máximo de oscilação, durante a luta, ficando vitoriosa a junta de bois que conseguisse ultrapassá-lo, de modo claro, insuscetível de dúvida, proclamado pelo juiz da carreira, anteriormente designado. Colocadas as duas juntas rivais, em sentido inverso e ligados por correntes de ferro ao toro de madeira, os proprietários, ou pessoas de confiança deles, empunhavam as aguilhadas e, ao sinal dado pelo juiz, picavam os bois, estimulando-os ainda com os gritos peculiares aos carreteiros. A cena, então, animava-se, pois os assistentes e apostadores seguiam interessadamente o desenrolar da luta, soltavam exclamações e corriam em torno da arena, acompanhando diretamente as peripécias da competição que terminava, como disse, quando uma das juntas conseguia, dominando a contrária, ultrapassar o limite da raia.

A *carreira de bois* era uma festa. A ela acorriam homens e mulheres da vizinhança, e mesmo de distâncias maiores. Praticamente, durava todo o dia, pois, como nas carreiras de cavalo, quase nunca era uma só: corria-se a carreira 'principal' e outras menores, algumas 'atadas' no próprio local. Reunião de agricultores, apesar do entusiasmo que às vezes despertava, tinha um cunho de pacatez que a diferençava da carreira de cavalos, em cujas *canchas* eram freqüentes as desordens e conflitos.

Creio que a carreira de bois tem origem genuinamente portuguesa. A região em que ela se fez tradicional – existindo ainda agora, se bem que menos freqüentemente – foi de colonização açoriana. Foram os casais de ilhéus que fundaram Taquari e Santo Amaro."

Além dos informes de Othelo Rosa, do Rio Grande do Sul (fora de lá, não há notícia em nenhum outro estado brasileiro), conseguimos apenas mais alguns detalhes sobre a carreira de bois: chama-se "zorra" o atrelo de couro ou de correntes que vai da tora de madeira à junta de bois, tomando forma triangular: a tora e as duas pontas da zorra.

No local da disputa, chegavam as juntas porfiadoras, os carreiros recebiam das mãos dos juízes as zorras e a partir desse momento, até a chegada ao final da carreira, estavam em disputa. Aquele que atrelasse melhor e mais rapidamente na certa venceria a carreira.

Outra variante era a de iniciar a carreira só depois do juiz de partida ter verificado se as zorras estavam em ordem, determinando com um tiro de garrucha ou apenas com um estalo de relho a partida das duas juntas disputantes. Nesse caso as toras eram maiores, necessitando especial cuidado com a colocação da zorra, porque, muitas vezes, disso dependia a vitória. Caso escapasse ou fosse mal colocada, redundaria na derrota. Essa forma de iniciar a carreira só após terem sido colocadas as zorras estava reservada para as disputas mais importantes desse dia das carreiras de bois.

MARACATU

Histórico

A formação e os caracteres do folclore africano foram determinados, sem dúvida, pelas condições sociais do negro no período colonial e império.

Desde a captura na África, as agruras nos tumbeiros e depois o jugo na senzala e no eito, todos esses penares somados dariam como resultante a destribalização. Negros todos eram, mas não da mesma etnia, daí não terem podido conservar as civilizações tradicionais. Houve um momento de confusão, mas a dor uniu os indivíduos das mais díspares origens étnicas. E eles poderiam voltar-se contra o branco dominador, menor em número, maior, porém, em crueldade.

Forças antagônicas atuavam nesses grupos negros. Era preciso que se odiassem mutuamente para que não volvessem contra o branco; perpetuava-se assim o espírito das "nações", cuja rivalidade era acirrada pelo senhor. E essa política promovida pela oligarquia escravocrata e pela Igreja Católica perdurou. Dela melhor se pode conhecer é na região do massapê, dos canaviais, onde a fixação do braço servil do ábrego continente foi a mais remota em terras brasileiras.

No entanto, o sofrimento, sendo maior, conseguiu que duas forças antagônicas – destribalização e luta entre "nações" – se compusessem, formando um refúgio – canto e dança –, fatos do folclore afro-brasileiro.

A fuga do negro para esse refúgio se dava nas poucas horas de folga que o branco, parcimoniosamente dispensava-lhe.

E o negro se entregava assim às danças e às cerimônias religiosas como lenitivo. Estas constituíam uma afronta aos princípios da Igreja e ao próprio branco, porque a direção delas estava nas mãos dos líderes negros. Para aquela era a perpetuação do paganismo e para este poderia ser a revolta. A Igreja preparou então novos bailados aproveitando a arqueocivilização negra, e o senhor branco permitia certas danças eróticas – como o batuque – para aumentar-lhe o capital braço-humano, multiplicar-se a mão-de-obra no enlevo genésico que a batucada sugeria e efetuava.

Nesse folclore artificial inclui-se o maracatu que se apresenta por ocasião do carnaval, esse grande catalisador de diversos folclores. O maracatu é análogo à congada, preparada para catequizar o negro, passou de religioso, das irmandades de xangôs, saindo dos átrios, dos terreiros, para penetrar no carnaval como folguedo popular.

Função

Os maracatus tinham no passado um cunho altamente religioso, dançavam primeiro diante das igrejas. É resto de culto religioso; a dama-do-paço com a boneca (calunga) é resquício de culto fetichista, é símbolo de mando ou sacerdotal. Maracatu hoje é mistura de música primitiva e teatro.

Há, além do desfile desse cortejo real, algo mais que lhe empresta o sentido de apreciado folguedo popular. Como cortejo real, fixam-se as linhas do matriarcado, tão do gosto africano, porque a principal figura é a rainha. Nesse quase-bailado, os cantos, as danças, são em louvor ou estão relacionadas com a boneca (calunga), a qual centraliza as atenções de todos os participantes. Rei do maracatu, índio Tupi, são figuras apagadas ante a rainha.

LOCALIZAÇÃO GEOGRÁFICA

O maracatu parece ser praticado em Pernambuco, onde é o seu berço, no Ceará, e vimo-lo, também, na cidade de Penedo, em Alagoas, em 1953.

No Recife, no carnaval de 1952 desfilaram *clubes, blocos, troças, cabocolinhos, ursos* e *maracatus*. Enquanto filmávamos tais manifestações procuramos conhecer o porquê das denominações populares daqueles vários grupos que passavam no frenesi da dança sob o ritmo quente das músicas.

Clubes revivem as antigas corporações de ofício. Tal qual no passado medieval europeu, esses clubes pernambucanos digladiavam-se, defendendo o seu estandarte, daí ter corrido muito sangue no Recife, nesses embates. Do período dessas lutas profligadas pela polícia ainda existe o Vassourinhas – Clube Carnavalesco Misto Vassourinhas – 1819 –, cujo estandarte nesse ano teria ficado em 30 mil cruzeiros. São as mais antigas instituições de recreação conhecidas. Em muitas, embora os regulamentos sejam datados do século passado, possivelmente o regimento folclórico, isto é, oral, venha de período anterior.

Cultivam o frevo, dança individualista por excelência, quando o dançador – o passista –, comandado pelos instrumentos musicais, executa os movimentos mais complexos. À noite, numa rua do Recife, quando tocam o frevo, a massa humana freneticamente comandada pela música, no vaivém dos passos, dá-nos impressão de ondas que vêm e vão.

Dentre os clubes, o mais famoso é o Vassourinhas, formado por varredores de rua; seguem-se os Toureiros, Lenhadores, Touro Novo do Campo Grande (açougueiros).

Os grandes clubes só desfilam depois de meia-noite; já os de menor importância vão passando pelas ruas logo que anoitece, e pode-se ler seus estandartes: Toureiros de Santo Antônio, Timbu Coroado, Verdureiros de Santo Antônio, Beliscada de São José, Papagaio Falador, Cariongo de Água Fria, Guaiamum na Vara, Coqueirinhos em Folia, Banhistas do Pina, Camelo de Ouro, Teimoso da Mustardinha, Tudo Serve, Pão-Duro, O Bagaço é Meu, Se tem Bote, Os Garotos Desamparados etc.

Nos estandartes dos clubes há figuras de touros, caranguejos, camelos, ao que remotamente alguém poderia atribuir algo de totêmico ou zoolátrico. É problema a ser estudado... ainda mais que é difícil de se aceitar o caranguejo como totem... embora seja o prato diário de milhares de recifenses, dos moradores dos mocambos.

Os *blocos*, conforme nos informou Almeida Castro, da Rádio Tamandaré, nosso cicerone, são compostos de gente mais clara, ou melhor, de brancos, e há o predomínio de cordofônios, destacadamente do violão e cavaquinhos. Dentre os poucos *blocos*, sem dúvida o Lira da Noite era o mais garrido.

Muito próximo da configuração dos blocos estão os ursos, em que um domador faz dançar um plantígrado ou um homem fantasiado desse animal, não nos foi possível distinguir devido à distância e ainda mais porque várias moçoilas de pandeiretas rodeavam o "urso". Acreditamos que a maior razão foi a de termos nossa atenção voltada exclusivamente para um passista, um maninguera no porte, mas um gigante no frevo, um tal Doca, mais do que fabuloso, um espetáculo à parte que nossa câmara cinematográfica registrou.

Aos grupos em que há predominância de instrumental membranofônio, isto é, caixas, zabumbas, pandeiros e poucos instrumentos de metal, dão o nome de troças, segundo afirmou nosso cicerone. São ensurdecedoras as troças quando passam: Linguarudos (havia muito mais "linguarudas" do que homens), Pão-Duro, Miçangueiras da Boa Vista e outras.

Os cabocolinhos freqüentam o carnaval recifense. Lá estavam os "carijós", os "taperanguases" ou "taperanguás" e os "canindés". Este com estandarte pobre, menor pompa, mas que na "dança do fogo" foi mais espetacular do que a "dança do sapo" com a qual os "carijós" brindaram nossa reportagem cinematográfica. Em matéria de canto o taperanguá superaram os demais que desfilaram.

O bumba-meu-boi, natalino em quase todo o Nordeste, agoniza no carnaval recifense.

Propositadamente, em nossa enumeração dos fatos carnavalescos deixamos o maracatu, manifestação pomposa à qual é atribuída origem sudanesa por causa da presença de crescentes lunares nos seus estandartes, bem como em razão da presença de certos animais africanos como o elefante, o leão, que ajudam a confirmar tais hipóteses. Há os que afirmam que a palavra maracatu significa procissão e, para Gonçalves Fernandes, "maracatucá" quer dizer "vamos debandar", segundo recolheu do informante Adão[8].

---

8 Gonçalves Fernandes, "A origem religiosa do maracatu", in *Xangôs do Nordeste*, Biblioteca de Divulgação Científica, Rio de Janeiro, Civilização Brasileira, v. XIII, 1937, p. 68.

Procissão ou cortejo real

No maracatu há um símbolo – o estandarte –, e a ele todas as reverências dos participantes, que se contam às dezenas.

Desfilaram os maracatus, as muitas "nações": Estrela Brilhante, Coroa Imperial, Cambinda Estrela, Cambinda Velha, Porto Rico da Água Fria, Leão Coroado com um estandarte riquíssimo bordado em ouro e prata e o famosíssimo do Elefante, fundado no século XIX, defronte da antiga Ribeira da Boa Vista. Chama a atenção a rainha do maracatu, "Dona Santa", como é popularmente conhecida no Recife a senhora Maria Júlia do Nascimento. A negra septuagenária saiu à rua cercada pelas suas "meninas" para o grande desfile do maracatu. Ela se ufana (e com justa razão) de ser a mais antiga rainha do maracatu do Brasil, foi coroada na Igreja do Rosário de Santo Antônio e diz (sic) "ter sido seu irmão o fundador do maracatu do Recife, numa senzala, em 1800". Dona Santa, imponente e garbosa, há cinqüenta anos, ininterruptamente, vem saindo em todos os carnavais, empunhando seu espadim prateado, espécie de cetro regente do carnaval folclórico do Recife.

Há os que afirmam haver três grupos distintos de maracatus. O antigo, com estandarte, rainha, rei, príncipe D. Henrique (que vêm sob vistoso guarda-sol), dama-do-paço e a inseparável calunga (boneca ricamente vestida), com a qual angaria dádivas e óbolos, transporta os símbolos africanos como o elefante e o leão. Músicas monótonas e predomínio de instrumentos membranofônios. Outro grupo é o que não leva estandarte, e começa a haver gradual substituição de membranofônios por aereofônios metálicos e, finalmente, o *maracatu pobre*, terceiro grupo, no qual não há estandarte e o instrumental é o mais pobre possível, reco-recos, maracás ou chocalhos de latinhas e apitos. Pode-se dizer que estes cultivam apenas a música do maracatu, a nosso ver único traço de semelhança.

No maracatu legítimo ou antigo é que se pode apreciar, além da indumentária garrida de seus componentes, da presença dos tuxaus com suas lanças repletas de fitas, da dama-do-paço, da imponente rainha e sua corte e do estandarte (Cambinda Estrela e Estrela Brilhante).

Aos porta-estandartes dos grupos carnavalescos está confiado o êxito de seu grupo. Seu grande momento se dará justamente no palanque, em que se exibirá procurando vencer os demais concorrentes. Glória fugaz esta que se conquista anualmente, mas os porta-estandartes pernambucanos sabem cultivar o efêmero mais do que filosoficamente, cultivam-no na prática sob os aplausos, nos palanques onde tudo é transitório.

Dona Santa, saudosa rainha do maracatu.

    À primeira vista julgamos que os tuxaus pertencessem ao séquito do maracatu, depois explicaram-nos que esses índios apenas rodeiam a rainha do maracatu ao chegar ou descer do trono. Outras vezes, os tuxaus acompanham os cabocolinhos.
    Os tuxaus são uma nota ameríndia no carnaval recifense. Cocares abundantemente recheados de penas enormes formando tufos variegadamente coloridos presos a um turbante que serve para fixar tão vasto enfeite; outros com tufos na cabeça, uma maçaroca de papel e fitas coloridos. Abundância de fitas que se esparramam da cabeça por sobre o saiote axadrezado.
    À guisa de anquinhas colocam sobre as nádegas panos de lã para avolumá-la exageradamente. Sobre isso tudo, chocalhos, ou melhor, cincerros. Mas o que caracteriza os tuxaus é a enorme lança toda enfeitada de fitas que trazem nas mãos em atitude belicosa.
    Descrever o maracatu é o mesmo que narrar a página mais efusiva do carnaval recifense, o verdadeiro carnaval folclórico: carnaval do negro no qual se

sente o coletivo e cooperação presentes nos maracatus, carnaval do branco em que há o individualismo que se sente no frevo. Brancos e negros, saindo dos mocambos, se unem formando os blocos, troças, ursos, clubes etc.

O frevo, embora dança individualista, tem necessidade de um incentivo da massa criando o próprio ritmo. O frevo apareceu há pouco tempo. Parece ser uma transformação da capoeira de Angola que no Recife deu o frevo e no Rio, a pernada carioca.

O carnaval se desenvolveu tanto no Brasil porque falta aqui a superestrutura de ritmos da vida agrícola. Aqui só subsiste como período de condensação – na qual se estabelece o equilíbrio entre a dispersão.

A presença do maracatu no carnaval se justifica, ele é o próprio xangô sem elementos estáticos, místicos, porém os mesmos cantos e os mesmos instrumentos musicais. Uma diferença, porém – seu templo é a praça pública, o altar é o palanque.

ARUENDA

Semelhante ao maracatu é o folguedo popular da aruenda, praticado por ocasião do carnaval em Goiana, em Pernambuco, do qual participam negros descendentes de escravos vindos de São Paulo de Loanda.

Dançam primeiramente defronte de um templo católico romano, e só depois de ter cumprido esta obrigação religiosa, os grupos da Aruenda se apresentam no tríduo carnavalesco, trazendo à frente do séqüito as bandeiras vistosas, representativas de suas "nações".

Tal qual no maracatu, na aruenda se apresentam: a dama-do-paço, o leão ou rei e as bandeiras, símbolos de cada hoste ou "nação".

Grafamos "paço" (e não "passo") porque esse personagem representa uma acompanhante de honra da rainha, portanto é "dama-do-paço", palaciana.

A dama-do-paço é muitas vezes representada por um homem. É a portadora da "boneca Erondina", para quem dirigem cantos laudatórios.

Logo depois da bandeira, vem a efígie de um leão sobre um carrinho de quatro rodas conduzido por um fâmulo. O leão é feito de papelão ou massa, cuidadosamente pintado, trazendo na cabeça uma coroa – é o Leão Coroado.

As "nações", cada qual adotou uma igreja da cidade para prestar homenagem antes de "sair na praça" para cantar e são grupos de folguedo que conservaram nomes de sabor africano: Cambinda Brilhante, Cambinda do Porto, Oriente Pequeno, Iaiá Menina, Iaiá Pequena. Esta é a única sobrevivente das demais aruendas. Embora tenha havido entre elas grande animosidade que em vez de facilitar a perpetuação, graças a essa forma de emulação, trouxe o aniquilamento, desapareceram. Só ficou a aruenda de Iaiá Pequena para contar a história do que foi esse folguedo em Goiana, uma das mais antigas cidades do Brasil, terra de Nunes Machado – herói da Praieira, cidade onde os escravos foram libertos antes da Lei Áurea.

AFOXÉ OU AFUXÉ

Histórico

O afoxé baiano tem origem semelhante à do maracatu pernambucano. Ambos vêm da arqueocivilização negra. No presente encontra-se maior número de traços sagrados no afoxé do que no maracatu, cuja secularização dia a dia se torna maior. Seria o sagrado participando do profano no carnaval, porque o afoxé é uma obrigação religiosa que os membros dos candomblés, principalmente os de origem jeje-nagôs, terão que cumprir, cuja saída no período momístico será feita "nem que seja por perto do terreiro".

O afoxé ao sair no carnaval baiano não se mistura com a roda de samba, com as embaixadas, a capoeira, o bumba-meu-boi, com as batucadas alucinantes, porque ele tem características inconfundíveis e dentre elas se destaca a preparação, sem dúvida um ritual religioso; os trajes de cetim e arminho em profusão, caboclas de penachos empunhando arco e flecha de mistura com as filhas-de-santo na sua indumentária típica, saias rodadas e brancas, blusas rendadas, panos da Costa, turbantes, colares de contas. Estas fazem a maioria dos grupos carnavalescos. Conduzem ricos símbolos sagrados: o estandarte vermelho onde recebem as espórtulas (notas em cruzeiros) que ali vão sendo pregadas com alfinete; Babalotim, uma boneca negra nagô com um colar de contas brancas, muito bem vestida, com aqueles olhos arregalados e com riscos paralelos e profundos na face. Essa boneca é o verdadeiro pivô do afoxé. Além da boneca, a Babalotim tem a sua efígie bordada no estandarte. Afirmam que ela representa os Ibeji, isto é, dióscuros Cosme e Damião, médicos anárgiros, orixás meninos que "descem" nos candomblés. São os famosos Dois-Dois, e a boneca Babalotim representam-nos no afoxé, daí ser conduzi-

Toureiro e palhaço com a burrinha, antes do espetáculo da tourada.

Palhaço e toureiros na arena.

Toureiro brasileiro até dentada dá no focinho do touro... que é vaca.

Capeando.

Pegando à unha...

da por um menino de 8 a 10 anos de idade, já bom dançarino, executando passos de coreografia complicadíssima do ritual.

O estandarte mais rico dos afoxés baianos é sem dúvida o do "Afoxé Congo d'África", que vem lá do Engenho Velho de Brotas, um dos muitos bairros pobres das cercanias do Dique, local de águas sagradas segundo os babalorixás da Baía de Todos os Santos e dos mil e um candomblés.

O afoxé tem muito de africano: canto em língua nagô, música de ritmo contagiante que enreda o simples espectador de rua a acompanhar com o corpo, quando desfilam pelas vielas, ruas e avenidas da capital baiana. Quando não se segue um afoxé que passa, pelo menos batem-se palmas, como fazem as filhas-de-santo, ao som do instrumental: as engomas (geralmente três atabaques) ou o bimembranofônio "ilu", os "gam" ou agogô, um ou dois "xerê", piano de cuia, que é uma cabaça coberta por uma rede de contas de rosário de capiá. Aliás, esse instrumento é também chamado "afoxé" noutras regiões do Brasil. Os alabés – tocadores de instrumento –, quase todos, usam turbantes muçulmanos.

Antes de "entrar na dança" há uma preparação ritualística que os afoxés realizam, mostrando-nos o caráter religioso dessa dança que se torna profana ao partilhar do carnaval. Pode-se mesmo perceber uma mudança sensível nas músicas: quando ainda no terreiro para o "padé de Exu", elas são tristes; logo que passam a desfilar pelas ruas, são alegres, vivas, contagiantes.

O afoxé em conclusão é um candomblé adequado ao carnaval, iniciando com um sacrifício, um despacho para que Exu não interrompa as festividades carnavalescas, é o que pedem nesse "padé de Exu" quando, no centro do terreiro, está o que ele mais aprecia: farofa com azeite-de-dendê. Em alguns afoxés imolam um bode para Omulu, isto é, São Roque.

Nesse cerimonial do padé de Exu se encontram os principais elementos do afoxé, cantando, tocando o instrumental sagrado, até que um orixá tome uma das filhas-de-santo. Canta o mestre e as baianas respondem em coro. Canto tristonho, ritualístico, monótono, inicia o solista:

> Exu ta tá,
> mi lorê,
> Elebará
> O bê.

Respondem as baianas em coro:

> Exu ta tá,
> mi lorê.

A seguir novo canto numa louvação para Ogum – o deus da guerra:

Abá logum
iá corô iô,
iá manguera, manguera
um dá.

Repetem as filhas-de-santo:

Iá manguera, manguera
um dá.

Outros santos são louvados, depois louvam seus rei e rainha do afoxé; porém, dirigem-se com especial atenção e reverência a Babalotim, e o menino que a representa e conduz dança freneticamente. Finda essa dança encerra-se a parte primeira do afoxé. Religiosa por excelência. Agora todos saem procissionalmente pelas ruas.

No cortejo carnavalesco, à frente está o Babalotim, depois o rei e rainha, pouco mais atrás o Quimboto, isto é, o feiticeiro com um maracá na mão. Alguns afoxés não têm o Quimboto e dão especial atenção ao Obá, o rei.

A rainha traz na fronte uma "Estrela-d'Alva", porém o que a distingue das demais é a rica roupa de cetim toda enfeitada de arminho branco, azul e vermelho. O rei não larga de seu espadim, espécie de cetro real.

E todo o grupo do afoxé, depois de ter feito a obrigação religiosa, cai no carnaval até que chegue a Quarta-Feira de Cinzas. E os afoxés monopolizam a atenção de todos e isso já acontecia em 1807, conforme lemos em Nina Rodrigues[9]: "Os escravos nesta cidade (Bahia), escrevia em 1807 o Conde da Ponte, não tinham sujeição alguma... nos arraiais e festas eram eles só os que se senhoreavam do terreno, interrompendo quaisquer outros toques e cantos."

E os afoxés baianos continuarão a atrair a atenção de todos, principalmente dos turistas, já é "carnaval para inglês ver", ou melhor, para americano, pois o estandarte em que fomos colocar nossos raquíticos cruzeiros já estava enfeitado com vários dólares...

---

9 Nina Rodrigues, *Os africanos no Brasil*, São Paulo, Nacional, 1945, p. 254, v. 9 da Brasiliana.

BRIGA DE GALO

Histórico

Os romanos, acostumados aos jogos sanguinários de gladiadores que não raro deixavam seus anfiteatros mortos, habituados a ver espetáculos de sangue, consideravam as brigas de galo como diversão para crianças. Certamente é por tal razão que nos vasos encontrados em Pompéia são adolescentes ou meninos que estão segurando os galos brigadores.

Em Esparta, os adolescentes presenciavam as brigas de galo com a finalidade de incutir-lhes coragem. Na culta Atenas havia um espetáculo anual obrigatoriamente assistido por jovens que ali iam para aprender com os galos como se deve lutar até ao fim, até extenuar-se.

Na mitologia grega o galo foi consagrado a Marte, devido, talvez, ao seu instinto pugnaz e anunciador da vitória. É no grego que encontramos dois vocábulos: *alectoromancia* e *alectoromaquia*. O primeiro significando as sortes tiradas com o galo. A alectoromaquia (*alektor* – galo e *make* – luta) é a briga de galos. Bem nos indica o quanto é velho esse "esporte" sádico.

Aqui é muito antiga essa forma de "divertimento". Parece que foram os portugueses os introdutores dessa modalidade de "distração só para homens" no Brasil. É bem possível que do intercâmbio dos lusos, com povos do Oriente provenham os primeiros galos brigadores, pois tal ave, quando é briguenta, é popularmente conhecida por "galo índio" (o certo seria hindu).

Há diversas raças de galos brigadores: prata, boné, indiano, calcutá, japonês, crioulo etc. Procuram mestiçá-los para se obter melhor resultado. É por isso que cruzam os de melhor raça, como seja o indiano, calcutá, que chegam a brigar oito a dez horas sem se entregar; "afinar" com o japonês que é rápido, porém abandona logo a briga. O cruzamento destes dá o resultado esperado, porque os puros são resistentes e lerdos como os primeiros, ou rápidos porém sem persistência como o segundo. É claro que com as novas facilidades de transporte e as possibilidades econômicas dos galistas apaixonados, "viciados", como dizem, novas raças e tipos têm vindo doutros países e novas seleções têm sido tentadas a fim de se obter um galo pugnaz por excelência.

A DISPUTA

O local apropriado para as brigas de galo é a rinha. No Nordeste é rinhadeiro. Há uma sociedade civil cujo regulamento está sempre exposto em lugar visível e é obedecido. Elegem anualmente um presidente, vice-presidente, secretário, tesoureiro, juízes de rebolo e juiz de rinha. As reclamações que podem surgir por causa das decisões de brigas são feitas diretamente ao presidente ou à Diretoria, por ofício.

O secretário faz o livro das atas e responde a correspondência. O tesoureiro guarda a renda da rinha, pois em geral cobram 10% sobre cada aposta. O juiz de rinha recebe as apostas das duas primeiras partes, que são geralmente os donos dos galos. As demais apostas são anotadas num caderno; cada qual anota, não há atrapalhações, pois em geral sempre é gente de responsabilidade que está presente. As apostas são feitas sob a base de 100 cruzeiros para cima (isso em 1952). Geralmente o amador aposta pouco, mas o profissional joga bastante porque sabe controlar o jogo.

O juiz de rinha lima os batoques (esporas) e verifica se estão em condições, recusando os galos engraxados, que é uma tática maliciosa de passar graxa ou óleo no galo, assim o adversário bicará e não segurará.

Os juízes de rebolo funcionam para verificar os galos no "rebolo", após o prazo-limite de luta na rinha. De 15 em 15 minutos verificam as condições em que estão os brigadores.

Além desses personagens "oficiais" aparecem os "tratadores", os encarregados de cuidar dos galos. São também às vezes os "encostadores". Nas brigas de 45 minutos, os tratadores de 15 em 15 minutos dão banho de "refrescos" nos galos, numa bacia com água fria, limpam o sangue e os enxugam com toalha. Já no rebolo não dão banho e sim, no final das quatro horas, fazem uma lavagem, se nenhum dos galos tiver corrido. Após quatro horas de rebolo, a briga que estiver na rinha, lavam-se os que estavam no rebolo, fazendo-se a conterência final. Se ambos reagirem está empate à luta. Caso um corra, perdeu.

Os donos dos galos fazem suas apostas e os colocam, após as verificações preliminares feitas pelo juiz da rinha, na cancha para a luta. Há um medidor de batoque com quatro furos para avaliar os tamanhos das esporas: 1 e 2 são finos, 3 médios e 4 grossos. Os batoques dos galos são igualados com uma lima, pelo juiz de rinha, que os manda lavar e soltá-los, marcando num cronômetro o início da peleja. O linguajar é especial, a gíria é pouco entendida pelos "profanos", os que são de fora. Depois do tempo de 45 ou 60 minutos, os galos vão para o rebolo, uma espécie de barrica, onde brigam até à decisão, pelo prazo de quatro horas. No final destas, não havendo nenhum corrido, é dada por empatada. Caso o galo perca, "chora". Quando não "chora" há decisão por reação ou pode perder por corrida. Em geral numa reunião há de dez a quatorze brigas. Às vezes a rinha funciona de sábado até segunda-feira. A temporada começa em março e termina em dezembro. É nesse mês que os galos começam a mudar as penas.

A boa época para um galo brigar é de 18 a 24 meses de idade. Alguns galos chegam até três anos, raríssimo o que chega até quatro. Galo que perdeu já não presta mais para brigar, é "galo corrido".

O tratador tem vários trabalhos a executar, pois a ração alimentar dos galos é coisa de alta significação. "Galo bem tratado, meia vitória ganha"; o lavar o galo, tosar as penas das pernas, banhar as pernas e pescoço com tinguaciba, friccionando-os. A tinguaciba é cortida na pinga. As pálpebras inferiores dos olhos são operadas porque caso caia sangue não perturba a visão; às vezes as barbelas, cristas, orelhas, são operadas. Cuidam das esporas, pois elas é que machucam o adversário, sendo um dos fatores da vitória. Empenam o galo para não perder o equilíbrio, pois perdendo as penas das asas, cai facilmente, machucando-se. Todas as noites, cobrem os viveiros com cortinados para evitar pernilongos que, não o deixando dormir, enfraquecem o lutador. Pela manhã o tratador faz o galo caminhar no "passeador" para exercitar as pernas. Galo que ao brigar começa a bambear as pernas é porque tem "pouca lida", é preciso treiná-lo no passeador.

Cena verdadeiramente nauseante é aquela em que o tratador, ou o lavador de galos na rinha, lambe os olhos do galo para limpar-lhe a crosta de sangue coagulado, após o combate.

Galo que perde espora, a vista, "sabugo" do bico, já não presta mais para brigar. Sendo de boa raça fica para pastor, não sendo, matam. É por isso que na porta da rinha há sempre pobres que ficam ali para levar para casa o galo corrido. Como ele é de carne muito dura, comem-no fazendo paçoca.

Uma das coisas que os galistas não gostam de ouvir, e acreditam que dá azar, é alguém que está na porta da rinha dizer, quando entram com um galo: "se correr me dá para minha panela".

Embora proibida, possivelmente é uma das distrações mais praticadas em todo o Brasil. Cidades há que se tornaram célebres por causa de suas rinhas e, dentre elas, justo é que se destaque Botucatu, no estado de São Paulo, onde em dias de reunião afluíam milhares de "galistas", de entusiastas da briga de galos, vindos até de outros estados brasileiros.

Felizmente tais espetáculos tendem ao desaparecimento, não só pela proibição oficial, como a que vigora em São Paulo, bem como está exarado na Lei das Contravenções Penais, Decreto-Lei n° 3.688, de 3 de outubro de 1941, artigo 64, que pune quem tratar animal com crueldade, e tendo como agravante se o ato se verificar em espetáculo ou exibição pública, tal qual se dá nas rinhas, onde também impera a jogatina desenfreada.

BRIGA DE CANÁRIOS

Função social

A necessidade da recreação no meio rural brasileiro e mesmo urbano leva os homens a criar ou recriar certas formas de divertimento para preencher suas horas de lazer. Uma delas é a briga de galos. Acontece que esta se torna dispendiosa e principalmente em se tratando da alimentação a ser dada aos galos porfiadores, aves de raça apurada, selecionada. Na seleção e alimentação reside boa parte da vitória em tais disputas, daí os galos de raça pugnace serem de manutenção caríssima, divertimento para as classes mais aquinhoadas de nossa sociedade.

Muito menos dispendioso do que o galo, com tratamento mais ou menos barato de alpiste e um ovo cozido uma vez por semana, ocupando pequena área, que é a da gaiola, se acha o canário-da-terra ou canário do Ceará (*Sicalis flaveola*, Li.), de pugnacidade impressionante, sendo largamente procurado pelo homem para saciar a sua necessidade de recreação e, muito mais, saciar seus instintos bestiais comprazendo-se no esfrangalhamento de dois fringílidas que se digladiam até sangrar. O ver correr sangue nas brigas de galo ou de canários (porque no Brasil não temos tourada com a morte do touro) satisfaz o instinto dos homens, da posse da virgem, que se contenta e ufana com o sangue que procede. Apostadores em brigas de galo e de canário afirmam sentir como que uma espécie de excitação genésica quando assistem a tais disputas.

O canário, nos poucos minutos de luta contra seu adversário, oferece momentos de intensa vibração, desempenha certamente função catártica, preenche os momentos de lazer de seus possuidores e proporciona aos jogadores e assistentes oportunidade para apostar. Já não é apenas função lúdica, mas favorece essa torpeza ou compensação que a alma humana desorientada busca na sensação do jogo, da aposta.

Artesanato da gaiola

Em torno das brigas de canários há toda uma preparação e surge, pelo menos no Ceará, um artesanato dos mais curiosos, que é o da manufatura das gaiolas para canários de briga. De região para região varia o material empregado na confecção da gaiola: taquara, carnaúba, cedro etc. Em Pacajus, por exemplo, as gaiolas de canário são feitas de talo de carnaúba e palito de coqueiro. Algumas, para reforço, têm os cantos feitos de cedro e o fundo é geralmente feito de pinho, aproveitando-se as tábuas dos caixões que vêm do sul.

A armação, de talo de carnaúba, é perfurada a fogo e as grades são feitas de palito de coqueiro. Geralmente de quatro "alturas" ou "travessas". Cada travessa dista uma da outra pouco mais de meio palmo; as gaiolas terão mais ou menos dois palmos de altura pelo dobro de comprimento.

Além das gaiolas de madeira, de taquara, há as feitas de arame, também manufaturadas. Os "esportistas" ou "passarinheiros" continuam a preferir as gaiolas de talo de carnaúba. Talvez resida nisso a continuidade desse artesanato, havendo gaiolas primorosamente feitas de talo da palmácea. Afirmaram os entrevistados preferir as gaiolas de madeira porque o canário gozará mais saúde nela, machucando-se menos quando bravio e espantadiço ao bater-se de encontro às grades de palito roliço do que em arame, mais fino. Outros aduziram mais um argumento em favor da gaiola de madeira: é mais leve.

As gaiolas de briga diferem das comuns por serem divididas ao meio por uma grade móvel que ora é introduzida, ora tirada.

Os cochos para alimentação (alpiste) das aves são dois. Ora colocados ao centro, ora nas extremidades ou "testeiras", porém sempre na parte de baixo, na base da gaiola – no forro.

As gaiolas de briga têm na frente duas portas. Estas podem ser de "arrasto", isto é, de abrir para fora, e "corredeira", que sobe e desce junto às grades. Na "testeira", na oposta, onde fica a "oqueira", há uma porta corredeira usada no momento da briga; por ali penetra ou sai o brigador na hora aprazada.

Para o canário de briga é preciso ter "oqueira", que nada mais é do que um pequeno caixão, na parte superior da testeira, onde, por uma pequena porta corredeira, o casal de canários entra para viajar, para mais facilmente seu proprietário conduzir o brigador sem se bater e espantar. É também na oqueira que a fêmea é apartada do seu macho na hora da briga. A oqueira é uma espécie de oco de pau munido de uma porta corredeira.

Em algumas brigas, há fêmeas tão lutadoras que ajudam o seu companheiro e, conforme o trato entre os seus proprietários-apostadores, não ficam presas na oqueira e são mantidas na gaiola dividida ao meio para a briga, quando quatro aves embolam-se a um só tempo. Dois casais em luta. Então o que caracteriza a gaiola de briga é ser maior do que a comum e dividida por uma grade móvel.

As gaiolas do artesanato cearense têm preços os mais variados de uma região para a outra. Em Pacajus, há gaiolas desde vinte e cinco cruzeiros até dois mil e poucos. Em Fortaleza, há até de vinte mil cruzeiros. No Mercado de São Sebastião, na capital cearense, uma gaiola de "barba-de-bode" (tipo de madeira), primorosamente acabada, custava mil e duzentos cruzeiros em maio de 1962.

O mercado é suprido por gaioleiros que residem pouco além de Caucaia. É um grupo de mais ou menos umas vinte famílias que vive no bairro do Capuã, às margens do rio Tapeba, descendentes de índios, daí chamarem-nos de "caboclos" ou de "tapebistas", que se dedicam exclusivamente a fazer gaiolas de madeira, de talo de carnaúba, de taquara, e à caça de aves canoras: corrupião (sofrê), cabeço (galo-da-campina), cardeal, canário, xexéu, graúna e do barulhento cancão. As gaiolas de taquara por eles construídas são bem-feitas, sólidas. Infelizmente são vendidas por preços ínfimos (Cr$ 30,00 ou 50,00) e os revendedores as vendem por quinhentos e mil e tantos cruzeiros, em Fortaleza.

Há várias gerações que os tapebistas se dedicam a esse mister de fazer gaiolas, notando-se que os pais procuram ensinar seus filhos a continuar no artesanato que lhes dá parco pábulo porque o "atravessador" compra semanalmente, ou de quinze em quinze dias, todo o produto, por um preço que mal dá para comprar a farinha... e a cachaça que vem dizimando o pouco que ainda resta dessa tribo "civilizada".

O artesanato das gaiolas de aves canoras no Ceará é florescente, foi o que a pesquisa in loco nos apontou, graças primeiramente à briga de canários. Em segundo lugar anotamos que é bem rara a casa onde não se vejam aves canoras cativas. E é fácil reconhecer-se a presença do canário por causa das gaiolas de tipo especial, apropriadas para briga, uma das recreações populares que congrega grande número de "passarinheiros" em todo o Brasil.

Preparação

A preparação do canário para a briga demanda muito cuidado; é necessário manter as gaiolas muito asseadas, trocar água e dar vitamina ou uma gema de ovo seca, misturada com comida, uma vez por semana. Não olvidando de lhe dar couve, evitando-se a alface, que tirará o espírito combativo do fringilo cativo. A alface dá-lhes uma espécie de entorpecimento para as brigas e pode "esfriar" o canário: "alface é como cachaça para canário brigador".

Pouco antes da luta é necessário tratar o canário, deixando-o solteiro durante um mês ou mais. Na noite que antecede a briga, acasala-se com a canária conhecida, aquela com a qual está acostumado, assim ficará fogoso, querendo brigar.

Durante o período de preparação é necessário, além de ficar isolado da fêmea, não ver outro canário, o que poderá "esfriar", diminuirá o "fogo" para brigar.

A "temporada" é o período de nidificação. Quando canário procura aninhar-se, serve para brigar e tal coincide com o inverno. Nessa estação os canários chegam a fazer até dois ninhos. No verão não se fazem brigas, portanto as apostas para as brigas são feitas na temporada.

Embora isso seja regra geral, há canários ótimos para briga que abrem "fogo" primeiro no inverno, quando começam a fazer ninho, e durante um largo período continuam aptos para brigar. Na seleção dos canários bons para briga é preciso observar: os canários que andam em bando não prestam, somente aqueles que não se imiscuem no bando, andam "de casal". O comum é andarem de bando no verão, e os que não prestam continuam no inverno também. No verão os canários estão "frios" para briga.

Quando no inverno se vai pegar um canário, deve-se escolher aquele que está pegando palhas. Deve-se pegar macho e fêmea. Logo após capturados, há alguns que com apenas quinze dias, ainda xucros, fazem brigas. Outros custam muito tempo.

Canário com "pena do mato", isto é, aquele que não fez muda na gaiola, é mais forte, mais brigador. A prisão os enfraquece muito e aqueles nascidos em cativeiro são muito fracos, não servem para brigar. Quando estes começam a pegar palha, o melhor é desacasalar, porque são fracos, deles nada se pode esperar numa luta.

Canário ainda com "pena do mato" geralmente pesa 28 gramas, já depois de ter mudado pena na gaiola pesará no máximo 24 gramas. Tal diferença de peso pesa muito numa briga.

Para a briga é muito importante o tratamento da ave. Dá-se alpiste, painço, ovo cozido, couve, porém o primordial é manter a água sempre limpa. A ave com bom tratamento se torna muito forte, e então na briga "fura" logo. Furar é pegar com o bico até sair sangue do oponente.

No Ceará ou São Paulo, os "passarinheiros" afirmam que o que caracteriza o canário brigador são: olhos pequenos, canela escura, pernas longas e unhas compridas.

A BRIGA

Os canários são conduzidos dentro da oqueira para que não se machuquem. Ao chegar no local onde foi adrede tratado o encontro, encostam-se as duas gaiolas, a seguir abrem-se as oqueiras das duas gaiolas simultaneamente. Imediatamente, os dois machos partem para brigar. Quando a canária é valente, avança ajudando o seu companheiro. Caso uma delas não se apreste para a luta, então procura-se separá-las de seus respectivos machos, deixando-as isoladas no lado da oqueira, colocando-se o separador, fazendo então dois compartimentos em cada gaiola.

Abrem-se então novamente as portas corredeiras ao mesmo tempo. (O apostador inexperiente abre a sua primeiramente e o seu canário penetra na outra gaiola para brigar, o que é sempre desvantagem para o que briga fora da sua própria gaiola.) Os canários se atracam enfurecidos. Há canários com "pena do mato", portanto plenamente vigorosos, que liquidam a luta em apenas oito ou menos minutos, vencendo o adversário que desiste desesperado, esvoaçando.

Logo que um corre desistindo da briga, separa-se imediatamente para evitar que o canário chie (cante de rabequinha, como dizem no sul do Brasil, por exemplo, em São Paulo). Faz-se voltar o perdedor novamente com a sua fêmea. É necessário que se tenham cuidados especiais, não permitindo que brigue antes de passar no mínimo dez dias. Mesmo sendo o ganhador, deve descansar e refazer-se. Há canários que saem tão cortados, feridos, que é necessário pensá-los.

A "presa de oveira" é quando o canário segura o adversário pelo ânus. É vitória certa daquele que assim fez. Há outra pegada conhecida por "cabresto", quando segura com as garras na cabeça do adversário. A "presa" ou "ferra" é feita com o bico e o cabresto, com os pés.

Outro tipo de ataque é "brigar na travessa", aquele que briga atravessado tem mais vantagens sobre o adversário.

Em Pacajus não aceitam a briga de canário "roxo", isto é, de oito meses, portanto muito novo, sem ter feito a primeira muda, porque é depois desta que o canário se torna amarelo, com aquela cor característica e cabeça com algumas penas avermelhadas. Canário "apanhado" ("corrido", como dizem no sul do Brasil) solta-se. Há passarinheiros desalmados que os matam quando correm após uma briga, fazem essa judiação, arrancando-lhe a cabeça. Outros criadores, nesse caso, soltam-no com sua respectiva fêmea. Os praticantes dessa modalidade de recreação popular em todo o país conhecem os canários "corridos", "apanhados", bem como a própria idade deles: os mais velhos têm as penas amarelas no peito e as da cabeça um tom avermelhado. Há passarinheiros que dão pimentão vermelho para o canário comer na época da muda; pouco antes desta iniciam tal tratamento, para parecer que o canário já tem mais idade.

Há um regulamento verbal que rege as disputas. Há um direito consuetudinário presente, no qual todos se baseiam, invocado quer por apostadores, quer por assistentes.

CAPOEIRA

Histórico

O excelente esporte de ataque e defesa, trazido pelos negros de Angola, foi largamente praticado no Brasil, onde estiveram presentes os escravos daquele estoque racial africano – o banto –, sofreu depois implacável perseguição e recentemente parece renascer. Poucos cultivam a arte da capoeira – poesia de movimentos, uma coreografia ímpar na qual a ginga do corpo dos exímios contorcionistas dá idéia de que são plumas dançando ao som do berimbau. Infelizmente exíguo é o número dos conhecedores e praticantes dessa luta, camuflada em dança, por causa das perseguições policiais que recebeu no início da República.

No Rio de Janeiro, então metrópole imperial, onde a praticavam largamente, os famosos capoeiras se individualizavam pelo traje. Eram capangas, guarda-costas de políticos do Império, tornando-se um verdadeiro perigo público, pelas arruaças que promoviam – transformavam as festas em festanças... Foi o paulista Sampaio Ferraz, decididamente apoiado pelo marechal-presidente Deodoro da Fonseca, que liquidou com eles, trancafiando-os na cadeia, deportando-os para a ilha de Fernando Noronha, soltando-os nas pontas de trilhos, noutros estados.

Quando Botucatu (estado de São Paulo) ainda era ponto final de trilhos da Sorocabana, algumas levas de capoeiras foram ali desembarcadas, provenientes do Rio de Janeiro. Um jornal da capital paulista, da situação, aplaudiu, outro da oposição condenou veementemente, em candentes editoriais. Ajustaram-se ordeiramente ao laborioso povo botucatuense. Muitos anos mais tarde, lá por 1927, quando foi criado o "Atlético Bloco Pedotríbico Orfeu", um famoso capoeira carioca – Menê – iniciou um grupo de estudantes nesse esporte, "desenferrujando-se" para ensinar as rasteiras, rabo-de-arraia etc.; entre seus alunos figurava o Autor. Menê era um dos "deportados", fazia parte de uma das levas soltas nas pontas de trilhos.

A opinião dos administradores sobre a capoeira modificou-se. Um dos mais lúcidos e dinâmicos presidentes do estado de São Paulo, Júlio Prestes de Albuquerque (governou São Paulo de 14-7-1927 a 24-10-1930), considerando que as várias nações têm seu esporte nacional (a Inglaterra, o box; o Japão, o jiu-jitsu; Portugal, o jogo-da-porra etc.), incentivou o ensino da capoeira entre os alunos do sexo masculino das Escolas Normais do Estado, como salutar esporte nacional de ataque e defesa. Com o Estado Novo e a desorganização que implantou no ensino secundário e normal, saiu dos programas escolares. (Esperamos que um dia ainda volte.)

A capoeira bem poderia ser adotada como a luta típica brasileira. Foi ela que elevou rapidamente de *status* social o mulato, antes de ter este se intrometido noutras esferas sociais, através da luta ingente contra vários obstáculos e dentre eles o mais alcantilado – o preconceito racial. O mulato, mais poupado nos serviços pesados e daí mais flexível que o negro, mais audacioso do que o branco e de tipo somático mais elástico do que o de seus formadores, teve na capoeira a sua melhor arma de ascensão, cujo clímax de satisfação pessoal se encontrava no uso de uma arrecada na orelha esquerda,

A capoeira, vista por Hoover A. Sampaio.

"como símbolo de valentia que merecia respeito", como afirmou Manuel Querino, em *A Bahia de outrora*.

A capoeira, sob certo aspecto, foi a arma de desforra que o mulato, portanto o brasileiro, usou contra a prepotência do português colonizador. A noite do mata-galego simboliza essa desforra. Revide com o qual o mulato conquistou a cabeçadas e rabo-de-arraia um lugar ao sol, desde então se firmando na política e sociedade brasileiras, primeiro como capanga no tempo do Império, depois na República como cabo eleitoral, depois deputado, senador e até presidente da República.

O ESTEREÓTIPO DO CAPOEIRA

Não há melhor descrição do capoeira do passado do que as páginas de Luís Edmundo em *O Rio de Janeiro no tempo dos vice-reis*, onde fixou seu estereótipo: "À porta do estanco de tabaco está um homem diante de um frade nédio e rubicundo. Mostra um capote vasto de mil dobras, onde a sua figura escanifrada mergulha e desaparece, deixando ver apenas, de fora, além de dois cânulos finos de ave pernalta, uma vasta, uma hirsuta cabeleira onde naufraga em ondas tumultuosas alto feltro espanhol."

"Fala forte. Gargalha. Cheira a aguardente e discute. É o capoeira."

"Sem ter do negro a compleição atlética ou sequer o ar rijo e sadio do reinol, é, no entanto, um ser que toda gente teme e o próprio quadrilheiro da justiça, por cautela respeita."

"Encarna o espírito da aventura, da malandragem e da fraude; é sereno e arrojado, e na hora da refrega ou da contenda, antes de pensar na choupa ou na navalha sempre ao manto cosida, vale-se de sua esplêndida destreza, com ela confundindo e vencendo os mais armados e fortes contendores. Nessa hora o homem franzino e leve transfigura-se. Atira longe o seu feltro chamorro, seu manto de saragoça e aos saltos, como um símio, como um gato, corre, recua, avança e rodopia, ágil, astuto, cauto e decidido. Nesse manejo inopinado e célere, a criatura é um ser que não se toca ou não se pega, um fluido, o imponderável. Pensamento. Relâmpago. Surge e desaparece. Mostra-se de novo e logo se tresmalha. Toda a sua força reside nessa destreza elástica que assombra, e diante da qual o tardo europeu vacila e, atônito, o africano se trastoca."

E Luís Edmundo prossegue descrevendo-o na luta contra três ou cinco, quando em hora de paz ama a música, de suas relações com os falsários e outros abjetos da sociedade, aponta sua religiosidade, "batendo no peito, beijando humildemente o chão, em prece, diante de um nicho iluminado, numa esquina qualquer. Está rezando pela alma do que sumiu do mundo, do que matou".

Na atualidade, o capoeira não é mais o mulato frajola como a transcrição nos informou, há nas escolas de capoeira, como a que existe em Salvador, dirigida por Mestre Bimba, brancos, negros e mulatos freqüentando-a. Em várias esferas onde se pratica a educação física, quer nas escolas oficiais, quer nos clubes desportivos, há interesse de reviver sua prática, cultivando-a como esporte salutar. Sem dúvida, parte desse avivamento da prática oficial da capoeira se deve ao incansável professor Inezil Pena Marinho – apóstolo do ensino da capoeira –, introduzindo-a no currículo da educação física da juventude brasileira.

Graças à soma desses esforços, está se passando um fenômeno digno de nota: há os capoeiras baianos, com berimbaus e caxixis, consistindo em atração folclórica para turistas, e há os capoeiras filhos de gente da elite, que, ao lado do judô, do boxe, cultivam-na. Capoeira – sobrevivência e vivência.

A "BRINCADEIRA"

É comum nos lugares onde a praticam, à moda antiga, isto é, fora dos "ringues" de luta desportiva, apelidarem-na de "a brincadeira". Assim é na Bahia, no interior de Alagoas.

Num local espaçoso, em geral um canto de praça pública, reúnem-se os capoeiras em semicírculo e, dois a dois, entram no "meio da roda" para dar início à "brincadeira".

Além dos disputantes há os instrumentistas: berimbau-de-barriga ou urucungo, caxixi, reco-reco. Entre dança, ou melhor, exibição, há um perfeito entrosamento com a música. Só existem quando ambos estão em função. Um não prescinde do outro...

Em alguns lugares cada par que entra para "vadiar" na capoeira persigna-se primeiramente. Noutros não. Começa o canto cuja linha melódica é paupérrima. Imediatamente iniciam a movimentar-se. O ritmo, único valor da música, dá ênfase aos movimentos. Há perfeita sincronização entre ambos. O capoeira começa a desembaraçar-se melhor, seus movimentos parecem atingir um paroxismo, a música também.

Às diversas atitudes tomadas na "brincadeira", ao ataque e defesa dão nomes, muitos deles regionais, isto é, conhecidos apenas entre os praticantes daquele grupo, outros são amplamente conhecidos: rabo-de-arraia, rasteira, corta-capim ou tosa-capim, aú, chibata etc.

Os golpes mais conhecidos da capoeira são: arrasto ou arrastão, aú, baiana ou baianada ou chincha, balão, baú, banda: de frente, amarrada, forçada e jogada; bananeira, cabeçada, calço ou tombo-de-ladeira, chapa-de-pé, chibata simples e armada, corta-capim ou tosa-capim, dourado, escorão, espada, encruzilhada ou passo X, facão, fecha-beco, lambida-de-sardinha, meia-lua comum e rápida, me-esquece, passo-da-cegonha, peneirar ou pentear, pião, queixada, rabo-de-arraia: de frente, com as duas pernas, com uma perna de lado; rapa, rasteira, sacudida, suicídio, tesoura, tranco, trave, tronco simples e de pescoço, vassourada, vôo-do-morcego e chulipa.

Para os golpes há contragolpes ou defesas, ou salto-de-gato. Para o golpe da rasteira, o contragolpe ou defesa é não saltar; para o tosa-capim é saltar para trás, do rabo-de-arraia é abaixar-se, do facão é abrir as pernas, do rapa é abrir os pés, da tesoura é saltar para trás, fechando as pernas, da cabeçada é procurar proteger-se com a mão. E outros mais que só a prática dará ao capoeirista.

Entre os praticantes da capoeira há uma série de observâncias, de rituais e crenças, como a de ter o "corpo fechado" contra tiros e facadas, mais atuantes num grupo do que noutro. Quando filmamos a escola de capoeira de Mestre Bimba, em Salvador, na Bahia, anotamos a ordem de saudação e reverências antes de iniciar a "vadiação" ou brincadeira. Em 1952, quando estivemos fazendo o estudo sociológico de uma comunidade ribeirinha do Baixo São Francisco, em Piaçabuçu, em Alagoas, anotamos que aí foi praticada a capoeira e numa casa da Paciência de Cima estava, num canto, um berimbau-de-barriga, um caxixi e um pandeiro rasgado. "De uns tempo para cá", disse Antônio Grande, "esses crioulo num qué mais vadiá na capuera, o que quere é encostá barriga no balcão da budega e vivê caneado. No meu tempo não, ó xentes, vê lá si um perna-preta (soldado de polícia) me botava a mão em cima. Minino, virava o cão, mas ninguém me pegava não, uma chibata, um aú bem amergulado, um rabo-de-arraia, botava o mundo a corrê." Foi sem dúvida com o abandono do cultivo dessa luta típica dos negros fugidos, embrenhados nas matas, que os instrumentos da capoeira ficaram abandonados também... e um berimbau-de-beiço, pela falta de uso, se enferrujou. Tal instrumento é peça de museu.

PERNADA CARIOCA

A capoeira, por causa da severa repressão policial que sofreu no despontar da República brasileira, transformou-se, para que pudessem praticá-la, em duas formas nas quais o espírito de luta, de disputa, é superado pelo ritmo, acolitado pela música, dando o *frevo* em Pernambuco e a *pernada carioca* no Rio de Janeiro.

A pernada carioca é, no ano civil, de vida mais longa do que o frevo. Este é praticamente do carnaval, desse período. A pernada carioca é também do carnaval, porém não há sábado de sol em que ela não esteja presente nas favelas, nos bairros pobres cariocas, consistindo uma forma de recreação popular muito saudável pelo exercício que leva seus praticantes a executar, poema de movimentos a animar os morros cariocas.

A pernada carioca tem muito da capoeira baiana, sem berimbau-de-barriga, que foi substituído por uma caixa de engraxate, uma frigideira velha ou uma lata qualquer com a qual dão o ritmo. Ritmo inimitável que só mesmo o negro e seus descendentes sabem ditar e executar. E a pernada se casa perfeitamente com o ritmo e com o canto.

Quando, em 1962, o poeta Solano Trindade apresentou uma exibição autêntica de alguns cariocas exímios na *pernada*, enquanto dois executavam o mais complicado espetáculo coreográfico da pernada carioca, um deles "plantado", o outro gingando, os demais componentes do grupo do teatro experimental cantavam:

Cai, cai bananeira, } (bis)
a bananeira caiu.
O facão bateu embaixo,
a bananeira caiu.

CAMBAPÉ

O banho no rio São Francisco, e isso acontece também noutros rios do Nordeste, em certa época do ano, na vacância agrícola, é uma verdadeira instituição. Homens e meninos brincam, e pouco mais afastados o grupo feminino. As brincadeiras, porém, são constatadas apenas no grupo masculino. É o *cambapé*, a cambalhota brusca na água, que nos faz lembrar o rabo-de-arraia da capoeira e a disputa de quem mergulha mais distante e por mais tempo. Na margem medem forças, brincam de derrubar, às vezes a queda de corpo é violenta, mas sempre há apaziguador. Algumas raras vezes essas brincadeiras no rio já foram empanadas pelo infausto de um afogamento.

Esse banho no rio não é o de limpeza propriamente dito, mas o banho de verão, o banho recreativo.

Alguns chamam o cambapé de cangapé ou pernada.

DANÇA DO BATE-COXA

Dessa modalidade de recreação, além da recoltada no Baixo São Francisco, na cidade de Piaçabuçu, em Alagoas, não tivemos notícia da existência de tal folguedo noutros lugares por nós pesquisados. Não o encontramos mesmo naqueles onde a percentagem do elemento negro é marcante na população, o que poderia ter influído para deixar esse traço folclórico. Na citada comunidade alagoana é praticada exclusivamente por negros, tanto no passado como no presente. Sob certo aspecto se assemelha em parte ao batuque da Bahia.

Embora a dança do bate-coxa não se confunda com a capoeira tal qual é exibida atualmente em Salvador, na Bahia, pode ser que seja uma das variações mais violentas dessa luta que o negro nos ensinou.

Além dos informes sobre sua prática no passado, quando famosos dançadores vadiavam, e depois seu nome era repetido de boca em boca, dois irmãos, Sabino e Porfírio, se dispuseram a dançar para que pudéssemos documentá-la.

Os dois contendores, sem camisa, só de calção, amarraram os testículos para trás, aproximaram-se, colocaram peito com peito, apoiando-se mais nos ombros, direito com direito e depois esquerdo com esquerdo. Uma vez apoiados os ombros, ao som do canto de um grupo que está próximo, ao ouvir o "ê, boi", ambos os contendores afastaram a coxa o mais que puderam e chocaram-se num golpe rápido. Depois da batida a coxa direita com a direita, repetiram à esquerda, chocando bruscamente ao ouvir o "ê, boi" do estribilho. A dança prosseguiu até que um dos contendores desistiu e se deu por vencido. O que leva uma queda após a batida é considerado perdedor.

Outras vezes, combinavam ou sorteavam qual devia bater primeiro, então o que perdia na sorte esperava firme a pancada que ia receber. Depois então cabia-lhe dar sua batida.

Escorneou o touro e sentou-se na sua cabeça.

O toureiro tira as "sortes" na arquibancada.

Palhaço da tourada na sua burrinha.

Examinando o "brigão". *Aposto no...*

No ninhadeiro: luta que o sadismo dos homens propicia aos galos de briga.

Como na capoeira, na dança do bate-coxa formam uma roda para cantar. Nesta o acompanhamento é feito apenas por um tocador de ganzá. Os versos cantados pelo grupo ao som do ganzá são:

São horas de eu virá negro,
êh! boi.

Minha gente venha vê
com meu mano vadiá,
êh! boi, são horas de eu virá negro.
Tanto faz daqui pra lá
como dali pra acolá,
êh! boi... São horas de eu virá negro.

ENTREVERO DE FACÃO

Histórico

Antes do uso da arma de fogo, antes de aparecer a garrucha de dois canos, mais conhecida por "rabo-de-égua", nos "entreveros", nas disputas, entrava em função o "enterçado" ou "terçado", espécie de facão sorocabano (feito em Sorocaba, São Paulo), muito resistente, de cabo de osso, lâmina curva, leve, de fácil manejo, também chamado "facão aparelhado".

Essa arma branca, feita com ferro nacional, certamente das antigas forjas de Ipanema, manipulada pelos fabriqueiros, especialistas no tempero da lâmina, assemelhava-se ao "réfe", forma popular de "refle", pequena espada usada pelos soldados da polícia paulista. Como se assemelhava ao "terçado", em muitas disputas este mediu forças com o "réfe". Ambos eram apropriados para um "cotejo-de-facão".

O facão aparelhado não era apenas para o uso habitual de abrir picadas em capoeiras de mato fino, para mil e uma utilidades na vida campeira, era também arma de defesa.

A disputa

Segundo a tradição oral correntia em nosso lar paterno, duas eram as formas de disputa com a arma branca que se fazia. A de simples desafio que seria a de "enterçar" as armas: somente mediam forças para verificar a habilidade no manejo do facão, chamavam o "enterçado". Era uma exibição de destreza, entre amigos. Outra forma era o "entrevero de facão" ou o "cotejo-de-facão". Nesse caso, os disputantes podiam usar na outra mão um pedaço de madeira, geralmente o cabo de relho. Não era lá muito amistoso...

O cotejo-de-facão era uma luta de arma branca que teve largo curso no interior paulista, na região do Peabiru, principalmente por onde andaram os tropeiros, na época do Império. Itararé, Itapetininga, Botucatu, pontos de parada de tropeiros, foram teatro de muitos cotejos. Nesse tipo de luta, os tropeiros paranaenses eram cueras, reviviam, sem o saber, as lutas de espada da tradição medieval.

Rastreando suas origens, possivelmente chegaremos no Rio Grande do Sul. Poucos escritores se ocuparam do cotejo-de-facão, revivência dos espadachins medievais: Frederico Lane, num saboroso conto publicado no *Correio Paulistano*, intitulado "Bonito facão pra tirá um cotejo", e o botucatuense Sebastião de Almeida Pinto, publicou na *Revista Cruzada Brasileira*, em 1930, os episódios de um "paranista macanudo", Lourenço Maynard (tio-avô do autor), que, em Botucatu, ainda no tempo do Império, depois de uma reunião na raia, numa carreira de cavalos atrás do "Cemitério Velho" (onde hoje é o Forum), debandou, certa vez, o destacamento policial de meia dúzia de "cabeças-secas", como eram então chamados os soldados de polícia, armados de rifle.

Quer no desafio de enterçado, quer no entrevero ou cotejo-de-facão, não se tem notícia de que houvesse mortes. O contendor vitorioso contentava-se com a derrota de seu oponente. A derrota moral é, muitas vezes, mais dura do que a morte.

VIVÓRIO

Em algumas cidades paulistas localizadas no vale do Paraíba do Sul, por ocasião das festas principais da comunidade (hoje reduzidas a um número exíguo: as de fim de ano e Espírito Santo ou Páscoa), há oportunidade para reunir parentes, compadres e amigos. Em geral é nas casas das famílias ricas onde tais comemorações jubilosas se dão, e é hábito, durante a lauta refeição oferecida aos convivas, uma das pessoas presentes dirigir uma saudação ao anfitrião e aos demais participantes do ágape. Tal saudação é popularmente chamada vivório. Este, em geral, é feito por pessoa de condição econômica precária ou muito inferior à daqueles que ofereceram o almoço.

Um dos presentes levanta-se, toma em suas mãos uma vasilha qualquer onde esteja a bebida, tigela ou copo e, esfregando o fundo da mesma na toalha da mesa, diz uns versos em homenagem ao "dono da festa" e convivas. Terminada a saudação, ingere de um sorvo só a bebida. Senta-se e os homenageados agradecem sem bater palmas.

A esse ato de efusão e agradecimento, algumas pessoas chamam de vivório, outros de "fazer o viva". Conhecido também por "vivório de almoço da cidade" ou "vivório da cidade", diferente do que é feito no final de um mutirão, na hora da despedida, um agradecimento coletivo, chamado vivório ou "vivório de mutirão".

O "vivório da cidade" difere do "vivório de mutirão". Aquele é individual, só de versos e sem resposta dos homenageados; este é coletivo, e nele todos cantam enquanto prestam auxílio à "tarefa do patrão", após terminadas as suas. O vivório no mutirão é a parte mais alegre dessa forma de ajuda vicinal a caminho do desaparecimento.

UM "VIVÓRIO DA CIDADE"

No domingo da Ressurreição o almoço foi em casa do fazendeiro Jaime Pinto dos Santos; uma senhora de 90 anos de idade, Delfina Maria de Jesus, branca, nascida em São Luís do Paraitinga, residindo atualmente em Taubaté, pedindo licença ao "pajé" que oferecera o lauto almoço, fez o *vivório*:

Viva o povo desta mesa
e tudo quanto nela estão,
salvano o dono da casa
que é da nossa obrigação.

Viva o povo que aqui estão,
que tudo me querem bem,
salvano a Dona Carolina
e o seu Jaime também.

Tudo povo que aqui está
mostra me querê bem,
salvano a Dona Ita
e o marido também.

Viva o povo que aqui está
que tudo me querem bem,
salvano a Dona Cidinha
e o seu Alceu também.

Si eu trouxesse a certeza
que vóis me queria bem
eu te dava a minha vida
e o meu coração também.

Senhor me dê a sua vida
e o seu coração também,
eu juro por Jesuis Cristo,
por Deus que lhe quero bem.

Vai-te carta benturosa
não conte quem escreveu,
adiante vai a carta
atrás da carta vô eu.

O til por sê pequeno
me pusero a cravadô
pra escrevê a escrevania
no peito do meu amô.

Vai-te carta benturosa
por este mundo sem fim,
vai carta, põe de joelho,
dê mil abraço por mim.

Quando vê a garça branca
pelo ar i avuando,
isto são saudade minha
que aqui vai acompanhando.

Eu plantei a sempre-viva,
sempre-viva não nasceu,
tomara que sempre viva
o meu coração com o seu.

Uma vez distinguido "vivório de mutirão" de "vivório da cidade", ou de "dar o viva", podemos afirmar que este não tem nenhuma relação com o costume obsoleto hoje; porém, obrigação protocolar no Império, de se darem três vivas, nas solenidades, pela principal figura administrativa da cidade ou freguesia, vivas que seguiam a seguinte ordem: à religião oficial, à Constituição Imperial e finalmente ao Imperador.

O vivório dos piraquaras revela-nos a existência de mais um tema da arqueocivilização em nosso folclore. O almoço em comum, onde encontramos o vivório, revela-nos a persistência daquela usança hebraica do "comer no mesmo prato", reveladora da fraternidade. Na refeição revelamos nossa personalidade, assim diz o velho provérbio: "Nada melhor para se conhecer uma pessoa do que o comer junto uma carga de sal." O almoço oferecido pelos "grandes da terra", pelos "economicamente poderosos", reunindo além dos membros da família o compadrio, torna-se uma notória oportunidade para que possam revelar, pelo menos em um dia do ano ou nas poucas vezes que o promovem, o "espírito de solidariedade humana", de "simpatia para com o pobre", pois nessa ocasião primam em ter à mesa, também, algumas pessoas reconhecidamente necessitadas e sobejamente conhecidas pelos demais membros da comunidade como tal. Agindo assim terão ensejo de revelar aos demais o "seu alto espírito filantrópico" de "rico sem orgulho".

A comida em comum restabelece os vínculos de amizade, assume-se tacitamente a obrigação de auxílio mútuo, evita-se conseqüentemente a agressão. Para aqueles que possuem muitos compadres pobres, esse almoço terá também a finalidade de solidificar melhor os liames de compadrio, e o compadre pobre é sempre um "voto na boca da urna".

Um dos fenômenos políticos que influiu grandemente para o desaparecimento de tal usança, em certo período de nossa vida social, foi a ditadura que anquilosou o Brasil durante alguns anos. Em vários lugares o "vivório da cidade" desapareceu. Mas quem está habituado a estudar os fenômenos sociopolíticos não se surpreendeu ao constatar o ressurgimento do "vivório da cidade" graças ao funcionamento da democracia, das eleições, da necessidade de se contar novamente com o "voto do compadre, que é mais certo do que dois e dois são quatro".

MAMULENGO

Histórico

A presença dos fantoches, dos títeres, é assinalada desde a mais remota Antiguidade. Alguns estudiosos afirmam tenham se originado na Índia, outros asseguram serem oriundos do Egito, onde foram encontrados bonecos de ouro, marfim, barro. A verdade é que o títere ou fantoche – *neuro-spata* – freqüentava as feiras da Grécia. Daí mudou-se com armas e bagagens para a Roma dominadora, onde se tornou o *simulacra* depois *barattini* ou *pupazzi*.

Da Itália, na Idade Média, os títeres caminharam pelas mãos de artistas anônimos para vários países da Europa, fazendo a alegria das crianças e dos adultos também. Da Europa um dia saltou o Atlântico e veio morar no México, no Brasil. Aliás, no Brasil ele aportou no Nordeste e depois, em 1824, no Rio Grande do Sul, viajando certamente no fundo da mala dos colonos germânicos.

O títere, em suas viagens pela Europa, ao transpor as fronteiras trocava de nome: na França é Guignol, na Alemanha é Kasperle ou Hans Wurst, na Inglaterra é Mr. Punch, em Portugal é Ricardo, na Espanha é Don Cristobal, na Holanda é Jan Pickel-Herringe ou Jan Pikelharinge.

Durante muitos anos na Europa os fantoches trabalharam nas cenas religiosas para ensinar a história bíblica, principalmente nas do Natal do Menino Jesus. Posteriormente é que se deu a sua "secularização", passaram a representar outros temas e principalmente aqueles que provocam a hilaridade.

À Itália também se deve, a um de seus filhos, Vitório Podrecca, a "humanização" dos personagens. Esse artista percorreu o mundo com o seu teatrinho de fantoches, os famosos "Piccoli de Podrecca".

Os fantoches são feitos de madeira, metal, papel, pano, palha, barro etc. São vestidos a caráter. Geralmente cada boneco tem seu nome, a sua "personalidade". Em todas as representações nunca saem de uma determinada "linha de conduta". Assim, o *chorão*, o *briguento*, o *valente*, o *bondoso*, sempre se apresentam com os seus predicados, pelos quais se tornam conhecidos. Além desses personagens "humanos" há também alguns bichos, destacando-se entre nós o brasileiríssimo jacaré.

Com o perpassar do tempo os bonecos foram adquirindo caráter diferente graças à maneira de serem manejados pelo artista; assim é que hoje podemos classificá-los em três grupos distintos: *a)* os de varinha, *b)* os que são movimentados por várias cordinhas, e *c)* os "guignol", isto é, aqueles que são movimentados pela mão do artista que é introduzida dentro do fantoche: o polegar vai a um dos braços, o indicador ao orifício da cabeça e o médio faz os movimentos do outro braço. A voz é de quem o maneja.

LOCALIZAÇÃO GEOGRÁFICA

O títere, como atrás afirmamos, aportou no Brasil em dois pontos diferentes e século e meio separam a chegada.

Supõe-se que o títere pernambucano, portador do saboroso nome de *mamulengo*, tenha chegado com os flamengos. Ainda não se conseguiu explicação para o seu étimo, que alguns grafam "mamolengo" e forçam sua significação dizendo originar-se de *mão molenga*.

Quando os holandeses se fixaram na Mauritânia, em Holanda estava em grande voga o Jan Pickel-Herringe. É bem provável que tenha aqui chegado com os colonizadores batavos e acabou se naturalizando *mamulengo*. Este teve como artistas exponenciais um Doutor Babau e o fabuloso Chico Cheiroso, aquele em Olinda, este ainda no Recife.

Encontramos o mamulengo em algumas feiras nordestinas fazendo gargalhar crianças e adultos que se aproximam desses "camelôs", que deles se aproveitam para vender os produtos que proclamam.

FUNÇÃO EDUCATIVA

No Rio Grande do Sul, o etnólogo Carlos Galvão Krebs rastreou a chegada do Kasperle com os alemães, e depois de ter alegrado a colônia durante um século nos Kaspertheater, naturalizou-se brasileiro e "se assina Gaspar" para contar as lendas brasileiras, encenar a brasileiríssima "Negrinho do Pastoreio". Não ficou aí o folclorista gaúcho: ele provocou o encontro, em Porto Alegre, do mamulengo trazido por Augusto Rodrigues e do Gaspar manejado por d. Marta Baumgart, e ambos, de mãos dadas, estão fazendo a alegria da criançada brasileira, porque o teatro de fantoches é uma distração sadia, uma forma de recreação que se inscreve entre os mais elevados meios para educar a infância.

Carlos Galvão Krebs, em 1950, saudou tal encontro com as seguintes palavras: "Foi um encontro histórico o do mamolengo pernambucano, rude, cheio de malícia, e o do Kasperle, mais finório e não menos malicioso. Felizmente, por essa época, o Kasperle já aprendera a falar o português, e não foi necessário lançar mão da ajuda de intérprete. Desse primeiro encontro nasceu uma cordial amizade, que já começou a dar frutos."

Recentemente a televisão vem divulgando largamente o teatro de fantoches. Em São Paulo e Rio de Janeiro a criançada conhece o mamulengo pelo nome de João Minhoca.

PAU-DE-SEBO

Nas festas de comunidades é muito comum, quer nas de cunho religioso, profano ou cívico, aparecer uma das mais populares formas de recreação – o pau-de-sebo –, implemento das diversões, das festanças provincianas.

Bem cedo, no dia da festa, um dos últimos retoques da aprontação é o levantamento do pau-de-sebo. Sua altura varia de 5 m para cima. É cuidadosamente preparado, tirados todos os nódulos que possam existir, alguns lixam-no, sendo depois, por último, revestido com sebo de boi, derretido. No topo colocam um triângulo de madeira quando é em festa do Divino, e neste amarram notas de dinheiro. Noutros tipos de festa, é pregada uma tábua no topo, sobre a qual fixam prêmios os mais variados, sendo, porém, as notas de dinheiro as de mais fácil colocação.

Na hora determinada, em prosseguimento do programa de entretenimento do povo reunido, aparecem os "valientes", que tentarão subir no pau-de-sebo. Apresentam-se com roupas velhas porque depois da prova ficarão com elas em mísero estado de ensebamento... Alguns mais experimentados enchem as algibeiras de areia e a cada conquista de altura no madeiro escorregadio vão usando-a aos punhadinhos, que ajuda a segurar melhor, escorregar menos.

Muito raro um atingir sozinho o topo e apanhar o prêmio. Tenta, sobe até a uma determinada altura, volta. E a assistência grita: "aí batuta, quase chegô", outros: "quase no céu e vortô pra terra", a gritaria continua, um ou outro solta um dichote: "tá liso que nem sabão", "eta que é pior do que quiabo", "mais escorregadio do que muçum ensaboado"...

Depois das tentativas individuais frustradas, sem êxito, começam a subir um apoiando no ombro do outro. E quando assim conseguem, dividem o prêmio entre os companheiros.

As tentativas de subir no pau-de-sebo, a dificuldade de se conquistar o prêmio, subindo muitas vezes até perto do topo e depois escorregando para o pé do mastro ensebado, nos dá bem a medida do que o pau-de-sebo simboliza – a ligação entre a terra e o céu. O pau-de-sebo é uma sobrevivência dessa tentativa humana de estabelecer uma ligação, de atingir o paraíso. Aquela que os babilônios tentaram realizar com a Torre de Babel (Gênesis, XI, 1-9), que os arianos reviveram anualmente na "árvore de maio" quando ao seu redor dançam o "pau-de-fita", ou o ixé de xangô que Mestre Roger Bastide encontrou nos mastros centrais dos terreiros de candomblé jejê-nagô, ao pé do qual está enterrado o axê, símbolo cósmico para os negros baianos.

Sem o saber, a assistência revive o significado dessa ligação entre a terra e o céu que o pau-de-sebo proporciona, ao incentivar os que desejam alcançar o prêmio lá do topo, gritando: "quase chegô no céu..."

Jogos tradicionais e populares

BRINQUEDOS E BRINCOS

Nas primeiras páginas deste capítulo procuramos definir as formas da recreação popular apresentando a dicotomia de *folguedos* e *jogos*[10].

A moderna pedagogia consagrou o jogo e conseguiu afastar dele aquela idéia antiga que a simples enunciação desse vocábulo evocava – jogo de azar –, coisa realmente abominável. Hoje, quando se fala em jogo, é para designar essa poderosa e salutar arma educativa, uma das mais completas formas de preparação para a vida real, um dos melhores meios para a formação do caráter integral da criança, do adolescente, enfim, do educando. Entretanto, o jogo não é privilégio da criança. Os adultos também jogam. Jogam para retemperar as energias.

Nos jogos populares e tradicionais *infantis*, segundo observações feitas em várias regiões brasileiras, acreditamos que se possa fazer uma dicotomia: *brinquedos* e *brincos* ou *brincadeiras*. Adotaremos essa divisão para dar uma ordem didática ao acervo de jogos infantis recolhidos, dos quais alguns serão publicados. Seriam *brinquedos* aqueles em que não há disputa, brinca-se por brincar, joga-se por jogar: brincar com boneca, perna-de-pau, catavento, papagaio, peteca, passar o filipe, quebra-pote etc. Outra acepção de brinquedo é "objeto com o qual se realiza o jogo, o entretenimento". *Brincos* (ou brincadeira) seriam aqueles jogos em que há disputa, provocam o desejo de ganhar, de vencer: bolinha de gude, jogo da castanha ou pinhão ou fava, futebol de

---

10 No Brasil, dois folcloristas apresentam classificações dos jogos infantis. O pioneiro é Nicanor Miranda que no manual prático para instrutores de parques infantis (*200 jogos infantis*) apresentou-a sob os critérios da idade, sexo, jogos individuais etc. Veríssimo de Melo, da Universidade do Rio Grande do Norte (jogos populares do Brasil), classificou os jogos populares e tradicionais em: fórmulas de escolha, jogos gráficos, jogos de competição, jogos de sorte ou de salão e jogos com música. Ver também *Recreação*, de Ruth Gouvêa.

meia linha, acusado, unha-na-mula (um na mula, dois relou, três Filipe Salandré...). O brinquedo, às vezes, uma só criança pode realizá-lo, já o brinco ou brincadeira requer no mínimo duas ou três. O brinquedo pode gerar crianças tímidas, porém jamais a brincadeira, porque esta provoca a socialização, realiza contatos humanos, porque ela só existe quando crianças se associam para jogar. Brinquedo pode ser individual, brinco é coletivo.

Essa tentativa de divisão deixa muito a desejar porque quanto a alguns jogos haverá certa dificuldade para classificá-lo como brinquedo ou brinco, embora em brinquedo quase sempre esteja presente um elemento material com o qual se brinca (até sozinho): bruxa, bodoque, catavento etc., no brinco é prescindível um implemento qualquer, a maioria das vezes, porém a companhia de outros não, a brincadeira a requer. A distinção que se percebe entre os praticantes dessas atividades recreativas, parece no entanto estar mais acentuadamente na *disputa* ou *não disputa*. Na presença ou não do *animus pugnandi*.

Os meninos brasileiros, em suas regiões, aproveitam certos frutos ou sementes com as quais jogam. No Sul é o pinhão, em São Paulo é o pinhão ou a fava do guapuruvu (*Schizolobium excelsum*, Vog), no Nordeste é a castanha de caju. Em cada região de acordo com a época de tal fruto aparece o brinco: o pinhão no inverno, a fava no outono e o caju no verão, de novembro a janeiro.

Enquanto a fava (*ficha*, como os meninos paulistas a chamam) é jogada geralmente batendo numa parede, os demais, pinhão e castanha, só no chão. Aliás, há um jogo, o *encosto*, que com o pinhão e castanha joga-se para se ver qual se aproxima mais da parede. Encostar e não bater, como no caso da fava. Joga-se o *buraco*, o *toque*, *ponta* ou *cabeça* (é idêntico ao cara ou coroa da moeda), o *castelo*, a *cova*, *caixeta* é um jogo feito com um piãozinho de quatro faces onde estão as letras: P, D, T, R. No Sul, as letras significam: ponha, deixe, tire e rape. Tirar é um só, rapar é tirar todos. Esse jogo de piãozinho, no Nordeste, é chamado o *caipira*. Em Cabedelo, na Paraíba, informaram-nos que há outras maneiras de jogar castanha, o *curre-curre* e *sapatinho-de-judeu*. Tanto um como outro é baseado na adivinhação do número de castanhas que a pessoa terá escondido na mão, apresentando as duas fechadas; no sapatinho-de-judeu, elas ficam superpostas: "o de baixo é meu, o de cima é do judeu".

Jogam a fava, o pinhão ou castanha, as crianças mais pobres da população, principalmente as do Nordeste que sabem valorizar a castanha do caju, por ser um dos seus alimentos preferidos na época das aperturas.

Os adultos também gostam de jogar. Antigamente, antes do cinema e outras formas pagas de distração, havia os "assustados", um baileco de última hora, as reuniões sociais nas casas de família onde se praticava um número enorme de jogos tranqüilos: berlinda, disparate, enfim, entretenimentos que hoje vivem na memória da "geração dos cinqüentões", dos que nasceram antes das duas guerras. E o truco e a víspora? Jogado muitas vezes mais por mera distração do que a dinheiro.

De quando em vez ressurge um jogo como esse atualíssimo do *palitinho*, que era infantil, porém hoje é da preferência dos adultos.

Teríamos que nos delongar por demais em arrolar aqui os muitos jogos praticados pelo povo. Preciso seria também que incluíssemos as novas contribuições que os imigrantes trouxeram. Ocuparia lugar de destaque o famoso e barulhento jogo praticado pelos italianos, conhecido em São Paulo, merecendo há algum tempo passado drástica proibição policial porque no Jardim da Luz não raro saía um "tempo quente" quando se tornava disputadíssimo o "morra".

Morra – Jogo feito com a contagem dos dedos que, somados, daria um número qualquer de zero a dez, e este coincidindo com o que os contendores diziam antes de colocar a mão na frente, lhe daria ganho. Joga-se com a direita e a mão esquerda serve para contar os pontos ganhos. A disputa é portanto em cinco pontos.

A área de presença do morra é pequena, entretanto ampla é a dos tradicionais como a *víspora*, o *truco*.

Truco – É nome popular de *truque*, jogo de baralho praticado em Portugal e largamente conhecido no Brasil, onde há outras modalidades originárias dele, como o *douradão*, *douradinha*, *deizão*. No truco usam baralho de quarenta cartas do qual tiram os 8, 9 e 10. Seus valores têm nomes: *zape* é o quatro de paus, *setinho* é o sete de ouros e *espadilha* ou ás de espadas; *corocócó* é o sete de copas. Em geral jogam quatro pessoas, formando dois pares de parceiros ou *parceiragem*. Iniciam o jogo sorteando, colocando o baralho sobre a mesa. Aquele que tirar um número mais alto, dará as cartas, iniciando a distribuição a partir de sua esquerda.

Em São Paulo, nas trilhas do Peabiru – "nessa via primitiva de penetração que convidava o homem a desbravar o sertão" –, ele foi largamente disseminado. Era a distração dos desbravadores do sertão. Francisco Marins, em *Clarão na serra*, reproduz parte do palavreado correntio nesse jogo: "De vez em quando, ouvia-se uma punhada seca na mesa de cedro: 'Truco mesmo!' O parceiro confirmava: 'Na frente e atrás!'

A resposta vinha num repente, gritada em tom ameaçador: 'Toma seis, papudo, reboque de igreja velha...'

– Sapicuá de lazareto!

O trucador não se intimidava e dobrava a dose: 'Os seis mais treis, pra o que dé e vié.'"

E não falta jogador que goste de "trucar em falso", termo que se popularizou, que saiu da órbita da *trucada* para se tornar linguagem popular significando mentir, falsear, intimidar.

Víspora – É outro jogo conhecido e praticado pelo Brasil afora. Em cada região há uma metáfora para os números que vão de um a noventa. Ora se referem a fatos locais e pessoas da comunidade, outras vezes até datas históricas, como o 42 que, na região de Sorocaba e alhures, dizem: a nossa Revolução (a de 1842). Por analogia, ainda no estado de São Paulo, quando sai o número 32, logo "cantam" "Revolução Constitucionalista" e o 24 é "Revolução do Isidoro, ou morro ou mato". No Ceará, como o povo é muito religioso, há muita metáfora com "cheiro de sacristia", como diz Eduardo Campos.

Os participantes recebem as cartelas com os números e, com milho ou feijão, vão marcando os números "cantados" por uma pessoa idônea que vai tirando de um sapicuá as pedrinhas numeradas. Este é chamado ora "cantador", "corneta", "trombeteiro", "professor", "corrupaco", "sacristão de sótão" etc. O proferir o número é "cantar", e constituem um capítulo do folclore as variantes nacionais das denominações dos números e do "cantador" das pedras em todo o território nacional – sua área de extensão. A víspora em Portugal é conhecida por loto.

Cada região tem a sua metáfora relacionada a fatos conhecidos por todos, pertencentes ao mesmo universo de discurso dos que se recreiam jogando víspora "a leite de pato", isto é, sem apostar dinheiro ou "arriscando os nicolaus", isto é, apostando. Eis alguns dos números e suas metáforas:

1 – Sozinho e sem carinho; solteiro; pau; 2 – casal; 3 – metade do meu violão; Santíssima Trindade; 4 – pé-de-galinha; o que um bêbado não faz com as pernas; 5 – tira tudo; mão da gente; lenço de cinco pontas; 6 – cabeça embaixo e os pés pra riba; 7 – um machado; número do mentiroso; é de quem mente; 8 – violão sem braço; 9 – pingo no pé; 10 – magro e gordo; pau e bola; 13 – azar; 22 – dois patinhos na lagoa; 24 – Revolução do Isidoro ou morro ou mato; 33 – idade de Cristo; maioral dos bodes-pretos; 44 – quaraquaquá; justiça de Mato Grosso (revólver calibre 44); 55 – dois cartolas; 66 – falta um para o número da besta (apocalíptica?); 69 – de todo jeito; pra baixo e pra riba; 77 – dois machados; 80 – óculos do careca; 90 – fim da picada; fecha porteira; ponto final.

Menos popular do que esses dois primeiros jogos citados (truco e víspora) há a sueca, denominação de antigo jogo de cartas de baralho, hoje mais conhecida por *bisca*, e suas modalidades.

Dentre os jogos nos quais os adultos encontram satisfação em sua prática, arrolamos: malhas, osso ou taba, que, além do exercício físico, requerem controle neuromuscular; outros há que têm a preferência dos que estão na idade núbil: o malmequer, correio-elegante.

Malhas – Ou "maias", são quatro peças chatas do tamanho e formato de um pires de xícara de café, em geral de ferro, usadas para o jogo que tomou o mesmo nome desse implemento. Raramente hoje é encontrada a denominação antiga de "jogo do quebra-vinte". Atualmente há até campeonatos de malha. Podem jogar dois ou quatro disputantes. Quando são quatro, diz-se duas duplas. Colocam um pino de madeira no chão, chamado "vinte". Cada pino fica separado um do outro cerca de vinte a mais metros. Ao lado dos pinos ficam os jogadores, quando dupla. Cada jogador arremessa as suas duas malhas procurando derrubar o "vinte" ou ficar mais próximo dele. A contagem dos pontos é feita pelas malhas mais próximas e cada derrubada do "vinte" vale maior número de pontos. A partida é jogada geralmente em vinte pontos. Ganha aquele que fizer primeiro maior número de pontos.

Taba – Ou jogo do osso, praticado nas campanhas gaúchas, recreação da peonada. Além do nome taba, é conhecido no Rio Grande do Sul por jogo do osso, porque se usa como implemento indispensável o osso do garrão do boi. A posição em que ele cair é que dá a contagem para o vencedor. E, por causa dessa contagem, muitas vezes dá cada "bochincho"...

Malmequer – Quem está amando tem uma preocupação muito grande com o futuro. Quando então não se tem certeza de que o amor é correspondido, há um jogo que, distraindo, inspira esperança... ou aumenta as incertezas, é o do *malmequer*. Utilizam-se de um malmequer (*calendula arvensis*), cujas pétalas brancas e amarelas são tiradas uma a uma enquanto a pessoa vai dizendo: malmequer, bem-me-quer, malmequer, alternadamente, até acabarem-se. A última pétala dirá do bem ou mal-querer. Como essa flor é mais comum nos campos, nas cidades é substituída pela margarida.

Correio-elegante – É um costume tradicional do interior brasileiro. Em várias comunidades interioranas paulistas, por ocasião das festas religiosas, nas quermesses, as moças e moços trocam bilhetes portadores de mensagens, em geral em versos, declaração de amor, não raro, ou apenas brincadeiras inocentes.

Alguns brincos infantis

Daremos primeiramente alguns dos brincos infantis recolhidos em Piaçabuçu, em Alagoas.

Nas noites claras de luar, enquanto as meninas cantam e jogam as suas rondas, os meninos, mais taludinhos (porque os bem pequenos até sete anos em geral acompanham as meninas), que já freqüentam o grupo escolar, fazem os seus grupos de jogos. As atividades recreativas em geral preferidas pelos meninos são aquelas em que há desforço físico, formas que são de preparação para a vida.

Passei-te

Reunido um grupo de meninos, todos vão se esconder, com exceção de um, que é o "manjeiro", isto é, o pegador. Este, quando vê um dos escondidos e o reconhece, grita: "tengo no fulano". Todos, saindo de seus esconderijos, aparecem, e o que foi visto ocupará o lugar do "manjeiro". E o brinco continua...

Bota

Fazem um risco no chão, uma barra, como chamam. O "manjeiro" fica a alguma distância da mesma. Ao redor da barra de ambos os lados ficam meninos, divididos em números iguais. Dado o sinal, o "manjeiro" passa para uma das extremidades da barra, tendo início o jogo. Com a continuação os meninos têm que trocar de lugar e o "manjeiro" disputa para tomar um deles. O que ficar sem lugar, vai ocupar o posto de "manjeiro".

Manja

É escolhido um "manjeiro", isto é, o pegador, para iniciar o jogo. Estabelece-se então entre o "manjeiro" (A) e os demais participantes (B) um diálogo:
A – Manja...
B – Manjaré...
A – Farinha de coco, papai Mané, valeu, valeu, pegue eu que sou eu.
B – Farinha no pote, seu pai é um garrote.
A – Farinha no chão, seu pai é um pilão.
B – Farinha na cuia, sua mãe é uma perua.
Ao ser proferida essa última frase, correm todos. O primeiro a chegar na "manja" está livre e o último vai gritar a "manja"; ele será o "manjeiro".

Uma variante desse jogo, no Amazonas, é conhecido por manjolé ou manja.

Galinha

Escolhido um para dialogar com os demais, sendo a "galinha".
A – Galinha gorda.
B – Gorda (respondem em coro os demais participantes).
A – Vamos comer?
B – Vamos.
A – Assada ou cozida?
B – Quedê os temperos?
A – Tá na feira.
B – Pra cima, pra baixo, pro meio...
A – Pra baixo.
Todos correm para o lado indicado para pegar a galinha.

Boca-de-forno

Jogo preferido pelos meninos. A mesma disposição do brinco anterior.
A – Boca-de-forno.
B – Forno.
A – Cara xis.
B – Xis.
A – Fizeste tudo o que eu fiz?
B – Fiz.
A – Remando, remando, vá onde está fulano e puxe o casaco, puxe a orelha etc.
Todos saem correndo.

Bimbarra ou rouba-bandeira

Consiste também de uma barra ao redor da qual ficam os meninos. São plantadas duas bandeiras defendidas, de cada lado, pelo grupo de meninos, divididos em números iguais. De cada lado, um dos meninos sai procurando no lado oposto roubar a bandeira. Caso ele não consiga, e sendo tocado por um, fica preso. No final, o lado que tiver, no outro, mais meninos presos perde e o outro partido consegue finalmente roubar a bandeira.

Gata-parida ou pari-gata

É um jogo violento feito só entre meninos. Sentam-se em um banco e vão apertando-se, apertando-se, até que alguns desistam do aperto, saindo fora do jogo. Os dois últimos são os vencedores, disputando então o banco todo, empurrando até que um caia fora.

Tata

Jogo infantil conhecido em todo o Brasil, variando a denominação regional. Os meninos combinam ficar de tata, o que significa ficar de posse de tudo que seu companheiro tenha. Para que não perca, antes de ser "tatado", precisa "pedir licença". Seguem a regra livremente aceita, entregando o que foi pedido no "tata".

Chimbra

Nome popular do jogo de bolinhas de vidro em Alagoas. Os meninos cavam pequenos buracos na terra – biroca – e com habilidade, impulsionando com o polegar a bola que repousa no indicador encurvado, atiram-na com o fito de aninhá-la na pequena cova. Outras vezes, violentamente atirada sobre a bolinha do adversário, visando colocá-lo em dificuldade, isto é, maior distância para acertar na "biroca".

Estes são os brincos preferidos pelas meninas:

Veadinho

Jogo de roda. Meninas de mãos dadas formando uma roda. Ao centro uma criança, que é o veadinho. [Hoje, pelas implicações óbvias do nome do jogo, é impraticável.]
Coro – Veadinho, veadinho, vem comê feijão.
Solo – Feijão verde, feijão verde, eu não quero, não. (bis)
Coro – Chô, veado.
Sem cantar, falando, estabelece-se um diálogo entre o veadinho e uma outra criança que está no jogo de roda, de mãos dadas, cercando o "veadinho". Solo e coro falam como se estivessem recitando, compassadamente, enunciando bem as palavras.
– Vamos prender o veado!

– Veadinho quer comer?
– Coma aí.
– Veadinho quer comer?
– Aí.
– Veadinho quer lavar prato?
– Que pau é este?
– Ferro.
– Pode comigo?
– Muito forte.
– Pode.
– Veadinho sai. (Repete-se três vezes.)
– Não sai.
– Veadinho saiu.
Rompe-se a roda, todos correm ao grito de:
– Pega o veadinho!

Lua, luá

Jogo infantil praticado por ocasião da *lua cheia*. O luar é convidativo por causa da claridade, as crianças demoram-se mais para ir dormir, então colocam uma esteira no chão, sentam-se fazendo uma roda. Uma das crianças é escolhida e começa. Depois de todos haverem cantado:

Lua, luá
me dê pão cum farinha
pá dá meus pintinhos
que tá preso na cozinha.

Levanta-se e sai beliscando as mãos das demais dizendo: "Pinta la inha, de cana vintinha, mingorra, tire esta que está forra". Tal criança retira a mão. O brinquedo continua, repetindo o canto e os beliscões até que todas tenham retirado as mãos. A seguir, ajuntam novamente as mãos e começam a passar um anel. A criança que está com o anel entre suas mãos vai-o passando de mão em mão, até deixar o anel na mão de uma delas. Depois disso, pergunta a uma das meninas:
– Quando fui para a Bahia, onde deixei o meu anel?
– Na mão de Suzana.
– Gorou.
– Gorou.
– Quando fui a Bahia, onde deixei o meu anel?

– Na mão da Diva.
– Acertou.
Diva toma conta do anel e recomeça o jogo.

Bolinha de cabra

Jogo de roda, dialogado.
A – Bolinha de cabra.
Todas – Senhor meu amo.
A – Quantas bolinhas têm queimado?
Todas – Trinta e uma e duas...
A – Quem queimou?
Todas – Foi a Altina.
A – Altina, você lembra quando você estava chupando o dedo e eu cheguei e disse: Altina, tire o dedo da boca? Você chegou, disse: ah!... pois entre pro nó que hoje é o dia da vovó.
Finalizam o jogo dando o "nó", isto é, uma palmada na menina que estava no centro da roda, dialogando com as demais. A que bate primeiro é escolhida para ficar no centro.

Pega-pega

Em todo o Brasil é muito comum o jogo de *pega-pega*. Vários jogos infantis são fundamentalmente "jogo de pega-pega". Há um "pique" (lugar determinado pelo consenso comum das crianças participantes, para figurar como o ponto de chegada) onde se posta o pegador, e os demais participantes escondem-se. A um sinal adrede combinado, procuram chegar no pique, o que for tocado será o novo pegador, continuando assim o jogo. Outras modalidades de jogos não precisam de pique, basta ser tocado para se tornar o pegador. O *galinha-gorda* é de pega-pega, bem como o *picolê*. O *toque* não precisa pique.
Para escolha do pique:
"An-tan, tuta-mé, fin-fan, aris-toris, comba-toris, zigue-zague, zé." Em quem cair o "zé", esse foi o escolhido.

Prenda

É muito comum um jogo ter sido praticado antigamente por adultos e agora ser só encontrado entre as crianças. O jogo de prendas é um deles. Era uma forma lúdica que outrora foi largamente empregada para entretenimen-

Cordão dos bichos no carnaval de Tatuí.

O "zoológico" carnavalesco de Tatuí em desfile.

Girafa e elefante comandam o cordão dos bichos de Tatuí.

Roda pião... Meninos de Lima Campos (CE), 1962.

Roleta de jogo do bicho – Senador Pompeu (CE).

Jogo do buzo.

to da mocidade em idade núbil, jogo de salão do Brasil Colônia, hoje é freqüente apenas nas rodas infantis. Por meio de sorte ou pela não-execução de uma determinada atividade, fica a pessoa obrigada a pagar prenda. Irá então ao centro da roda ou do local onde estejam brincando e pagará, recitando, cantando, de acordo com a pena imposta para ser paga.

Um barquinho carregado de

Outro jogo infantil que outrora os adultos adotavam em reuniões sociais é o "Um barquinho carregado de". Forma-se uma grande roda, uma pessoa lança um lenço ou outro pequeno objeto, dizendo: "Lá vai um barquinho carregado de A". A, que o recebe, terá que dizer uma palavra iniciada por A: amor, abóbora etc. Outro ao passar o barquinho proferirá outra letra. Quem errar, pagará prenda.

Forma semelhante desse jogo está no de *resgate*, pagando-se prenda para resgatar.

Coco-de-mim

Graças ao resgate do jogo coco-de-mim, pode-se atribuir-lhe origem portuguesa, pois as moedas para a compra do namorado são os mil-réis e o marfim, empregadas pelo mercador luso. O namorado dá chapéu de presente, este se relaciona com o coco, pois na linguagem infantil coco é cabeça, daí coco-de-mim.

Há muitos jogos que são cantados e as meninas se dividem em dois grupos, formam duas colunas que se defrontam, como acontece, por exemplo, no *temposerá*. Outras vezes formam rodas, como no conhecidíssimo gatinha parda.

Gatinha parda

Uma criança veda os olhos e vai ao centro da roda. As demais cantam rodando. A do centro manda parar e, através do miado de uma delas, procura identificá-la. Acertando, a descoberta ficará no centro da roda e o jogo prosseguirá.

João Bobão

Esse era outro jogo de roda largamente conhecido na região cafeicultora. As crianças formavam uma roda e de acordo com o seu tamanho faziam um círculo com um barbante que passou por dentro de um anel. Todas seguravam no barbante e procuravam passar o anel ocultamente de uma para outra. Ao centro uma que precisava encontrar o anel. As da roda cantavam:

> Fulano que está na roda,
> parece um bobão, toleirão.

A do centro apontava uma das que estavam na roda. "O anel está com fulano." Caso estivesse, iria para o centro da roda, seria o João Bobão; caso não, cantaria mostrando as mãos:

> Aqui não está, por aqui já passou,
> foi à praia do peixe
> para buscar seu amor.

Tempo-será

É um jogo infantil de pique ou de pegador. Escolhido um participante para ser o pegador, este estabelece com os demais um diálogo, findo o qual procura um que o substitua no pique (ou o último que chegar ficará sendo o que dialogará com os demais).

Registramos duas versões: uma de Botucatu, outra de Areias, ambas cidades paulistas. A primeira na região do lendário Peabiru, a segunda nos caminhos das Gerais, das tropas que descem das Alterosas para o porto de Parati.

– Tempo será.
– De cericecó.
– Laranja da China?
– Pimenta em pó.
– Pinto que pia?
– Pi-pi-ri-pi.
– Galo que canta?
– Co-co-ro-co-có!
– Quem é o durão?
– Só eu só.
– Olha que le pego.
– Não é capaz.
– Olha que le pego.
– Se for capaz...
    (de Botucatu).

– Tempo será.
– De mi sio có.
– Banana da China?
– Tabaco em pó.
– Rapé pra quem?
– Lá i vem a tropa.
– A tropa vem?
– Cincerro fazendo tem-tem.
– Café não tem?
– Desça a bruaca.
– Olha qu'eu te pego.
– Isso é que não.
– E se eu pegar?
– Não pega é pataca...
   (Areias).

Sinhô Lobo

É um jogo de roda, sem canto, notando-se, porém, um ritmo constante para a enunciação das perguntas e respostas.

Uma das participantes fica fora da roda, circundando-a, caminhando a passos normais, respondendo em voz alta às perguntas feitas em coro pelas demais jogadoras. Quando diz que o Lobo está descendo a escada, ela (que é o Lobo) sai correndo, e quem a apanhar em primeiro lugar, será o Lobo.

– Sinhô Lobo está em casa?
– Não.
– Onde está?
– Está lavando o rosto.
– O que está fazendo?
– Escovando os dentes.
– O que está fazendo?
– Penteando o cabelo.
– O que está fazendo?
– Vestindo a roupa.
– O que está fazendo?
– Calçando as botas.
– O que está fazendo?
– Apanhando o guarda-chuva.

– Sinhô Lobo está pronto?
– Está descendo o primeiro degrau da escada...

Cabra-cega

Há jogos com um mesmo nome e podem ser jogados de formas diferentes. Bom exemplo é o conhecidíssimo cabra-cega, do qual há três modalidades. Uma delas não é a de roda. Vendam-se os olhos da "cabra", daí cabra-cega. Ela terá que reconhecer uma outra jogadora. Reconhecendo, será substituída. Depois de vendar os olhos, iniciam um diálogo entre a cabra-cega e as demais participantes: "Cabra-cega de onde vem?" A cabra-cega diz o local."Que traz nesse saco das costas?" O diálogo vai se prolongando e, quando termina, a cabra-cega procura, às apalpadelas, pegar uma das companheirinhas. Outra é a de roda: formam-se ao redor da cabra-cega. Cantam e a cabra-cega terá que reconhecer por meio de um abraço. A terceira versão da cabra-cega é um jogo de adulto, vigente ainda na região do Peabiru e nos caminhos das tropas do sul até Sorocaba. Escolhida a cabra-cega (que em geral é um homem), coloca-se uma venda sobre seus olhos. Na casa onde estão folgando, escondem um objeto qualquer e o violeiro canta uma quadrinha e depois fica tangendo a viola. Quando a cabra-cega "esquenta", isto é, mais se aproxima do objeto escondido, ele dedilha com entusiasmo, aumentando o som da viola, quanto mais ela se acerca; diminui quando distancia. Há também, em Itararé (São Paulo), o costume de recitar em vez de cantar:

> A minha cabrinha-cega
> parece um bocó de mola,
> tá campeando meu cachimbo
> na batida da viola.

As rodas infantis constituem a forma mais elementar das danças de roda primitivas. Entre os pré-letrados, quando giravam no sentido dos ponteiros do relógio, estavam executando o giro no sentido solar ou positivo; no sentido inverso, o lunar ou negativo. Naquele para adquirir forças, neste para expelir os males. É comum hoje no folclore brasileiro serem as danças de roda dos negros no sentido lunar e as dos brancos no solar.

As rodas infantis podem ser consideradas jogo cantado. Já se está divulgando, entre nós, para denominá-las, o vocábulo de origem castelhana *ronda*, para designar as danças de roda infantis, aquelas que constituem propriamente jogo cantado. Noutro capítulo inseriremos algumas "rondas".

Adoro São Roque

Estão voltando os jogos de mímica, agora com o sentido de adivinhação. Antigamente, um dos jogos de mímica, principalmente de se fazer caretas, micagens, era o Adoro São Roque. Uma criança é escolhida para ser o "São Roque". Um a um os participantes vão se ajoelhando diante do "santo", que faz todas as caretas e micagens possíveis com o fito de provocar riso. Enquanto o "santo" faz os trejeitos, a pessoa genuflexa vai dizendo repetidas vezes: "Adoro São Roque, sem rir e sem chorar." Caso ria, substituirá o "São Roque"; caso permaneça sem rir, será substituído por outro "adorador".

BRINQUEDOS

Bruxa

A palavra *bruxa* pode designar pelo menos duas coisas distintas no folclore brasileiro: uma é o duende que pega as crianças, tipificado numa velha feia que chupa o sangue dos recém-nascidos que ainda não foram batizadas e dormem sem uma luz acesa no quarto, luz que só se poderá apagar depois do dia do batizado.

A velha magérrima, maltrapilha, que povoa a mente dos brasileiros, não cavalga a vassoura tal qual os europeus a pintam; ela traz apenas, na cabeça, uma trouxinha de roupa. A bruxa da vassoura para os adultos é o símbolo da feiticeira, da feitiçaria. Bruxa para criança brasileira não usa vassoura, mas é desgrenhada também, magra, hórrida e talvez até de voz cavernosa... caso alguém a tenha ouvido.

Essa bruxa, segundo a crendice popular, origina-se da sétima filha de um casal, caso os pais não a façam batizar pela irmã mais velha. Por isso, antigamente (e só antigamente porque os casais eram prolíferos), quando nasciam sete filhas seguidas, sem que nascesse um menino, a primeira era madrinha da última. Estava assim livre de aparecer mais uma bruxa no mundo.

Esse primeiro tipo de bruxa vive também na angústia infantil, nos acalantos aterradores. Isso no tempo em que as mães tinham tempo de embalar as crianças no seu regaço e estas dormiam ouvindo um "dorme-nenê" tão conhecido das antigas gerações brasileiras: "durma nenê / que a cuca (ou bruxa) aí vem / papai foi na roça / e mamãe foi também (ou logo vem)".

A outra bruxa é uma boneca de pano, de trapo, objeto da recreação infantil. Toda boneca de pano que não saísse bem feita era a *bruxa*. E foi fazendo bruxas de trapo que muitas meninas passaram a fazer artísticas bonecas de pano, substituídas pelas de papelão, celulóide, *biscuit* e, hoje, plástico. Indústria esta que matou o correspondente artesanato popular porque o que verdadeiramente tipifica a *bruxa* é ser feita pela própria criança para brincar. É a sua boneca de pano. E qual a criança que não fez sua boneca ou boneco de trapo?

Quanta bruxa de pano não foi agasalhada pela ternura das meninas brasileiras nesse jogo de preparação para a maternidade, para o lar, que é o brinquedo de bonecas, de brincar com bonecas de trapo, com as bruxas.

Nos mercados e feiras dos mais distantes municípios do *hinterland* brasileiro, ainda hoje são encontradas à venda bonecas de pano.

Pica-pau

Dobra-se a quarta parte de uma folha de papel de carta, fazendo-se numa das extremidades a tradicional dobra para barquinho ou chapéu. Depois, segura-se na ponta que não foi dobrada, assopra-se dentro do "chapéu", que baterá repetidas vezes sobre uma superfície, imitando as batidas do pica-pau. Assoprando-se mais depressa, aumentará o número de batidas. Tamborila-se o "pica-pau" à vontade, de acordo com o maior ou menor sopro. Os irmãos mais velhos fazem para os mais novos esse brinquedo.

Pedrinhas

As pedrinhas em geral são cinco e constituem os elementos únicos de interessante jogo infantil conhecido por jogo-das-pedrinhas, praticado desde a Antiguidade Clássica. Jogo de habilidade e destreza que desenvolve na criança a coordenação motora. Muitas e muitas vezes, vimos crianças tristes e sozinhas passarem horas e horas entretidas jogando pedrinhas: atirando uma para cima, depois duas e assim sucessivamente, reunindo-as depois, fazendo as mais variadas combinações.

Cata-vento

Corta-se em forma de quadrado uma folha de cartolina ou de papel encorpado. Em cada canto, bem pela bissetriz dos ângulos, faz-se um talho em direção ao centro que atinja quase a metade do papel. As pontas são dobradas e presas, alternadamente, por um alfinete de cabeça, no centro do papel.

O alfinete é colocado na ponta de um pauzinho do tamanho de um lápis. Não se deve esquecer de colocar entre o fundo do cata-vento (ou papa-vento) e a ponta do bastãozinho, enfiado no alfinete, um pequeno tubo. Geralmente as crianças colocam um pedacinho de macarrão cru ou um talo de taquari bem fino. Esse tubinho facilita ao cata-vento girar.

Há os que gostam de pintar as "voltas" do papa-vento, uma de cada cor ou alternando as cores.

Mês de agosto, mês de ventania, mês dos papagaios empinados ganhando linha e altura, pelos meninos já taludinhos; nas janelas, nas portas das casas ou correndo pelas calçadas, meninos menores empunhando cata-ventos que a dedicação do pai preparou para dar mais um gosto e alegria aos filhos.

Perna de pau

Toda criança deseja ser grande e nada melhor lhes anima esse sonho do que brincar com pernas de pau.

Em duas ripas fortes ou cabos de vassoura, prega-se um pequeno taco em altura igual em cada uma delas. Esse taco é o "pedal" onde se coloca o *pé*. Outros o chamam de "apoio", "peanho".

As alturas das pernas de pau variam. Geralmente nas primeiras que se fazem, os "pedais" são colocados a uma altura de mais ou menos 20 cm do solo. Depois, vai-se aumentando a altura, à medida que aumenta a prática de andar com as pernas de pau.

Para se subir nas pernas de pau, encosta-se numa parede e coloca-se cada pé no seu respectivo "peanho". Com jeito vai-se afastando da parede, procurando equilibrar-se nas pernas de pau. Além do equilíbrio que se adquire com o treinamento, necessário é que se segure com firmeza a ponta superior das "pernas". Alguns meninos preferem apoiar essa ponta sob as axilas, outros não, pois julgam ter mais liberdade de movimentos quando apenas seguram as pernas de pau com as mãos sem apoiá-las sob os braços.

Basta aparecer um menino brincando com pernas de pau, logo os outros o imitam. Com a mesma intensidade de imitação que veio... vai-se também a época da perna de pau.

Paga-filipe

Desde as priscas eras da humanidade, o gêmeo é símbolo de força sobrenatural, cujo mito vem ligado aos mistérios da fecundação e da própria conservação da espécie; presente na mitologia grega através de seus deuses Eros-Anteros, Júpiter-Juno e no lendário romano de Rômulo-Remo, posteriormente o hagiológio católico romano agasalhou-o em Crispim e Crispiniano, e nesse nosso conhecidíssimo Cosme-Damião, hoje fora dos altares porque os cultos afro-brasileiros – o candomblé – deles se assenhorearam, e os fizeram mudar das edículas das igrejas e capelas para serem entronizados nos "terreiros", sendo os Ibeji – orixás jeje-nagôs, cultuados há milênios na África, porque, segundo reza a sua hierografia, trazem a fecundidade.

Algumas pessoas acreditam que o encontro de um fruto incõe ou inconho de café, isto é, cujos grãos são naturalmente ligados entre si, é um acontecimerto que traz sorte ao achador.

De Portugal nos veio o costume, ainda correntio em alguns lugares do Brasil, de saudar a amêndoa quando ela é de caroço duplo, pelo seu feliz achador: "bom dia, filipina!" Tal encontro dá o direito de reclamar um presente da outra pessoa, caso estejam duas quebrando amêndoas. Velho costume de que possivelmente muita gente no tempo de cuja infância as amêndoas não eram tão caras como agora, ainda hoje se recorda.

No Brasil, dois frutos de café assim gêmeos são conhecidos por *filipe*. Não temos amendoeiras e o costume passou para a paulistânia adotando o café como símbolo dessa forma milenar de trocar presentes. E é claro que, em se tratando de café, masculinizaram seu nome – é o filipe, e a prática em torno de seu achamento tomou forma pouco diferente. Ao achador do filipe cabe o direito de passá-lo e quem o receber ficará na obrigação de dar um presente. É o *paga-filipe* – um costume generalizado no interior paulista, principalmente na região cafeicultora. Em nossa infância, em Botucatu – terra do café amarelo –, muitas vezes passamos o filipe entre familiares e amigos.

Passar filipe consiste em o seu achador trazê-lo oculto na mão direita e, ao cumprimentar uma pessoa de sua relação de amizade, deixá-lo na que foi estendida ao responder o cumprimento. A que passou o filipe, diz vitoriosa ao que recebeu: *paga-filipe!* Este, além de ficar com o compromisso de dar um presente, terá também que devolver o filipe, para novas passagens. O que recebe, tacitamente pagará a prenda, daí ter-se talvez originado o dito popular: "agüenta-filipe!"

Velha usança que na terra do café consagrou seu fruto, quando inconho, como motivo provocador da troca de presentes, sem dúvida pondo à prova os laços de amizade, porque só onde esta existe é que tem curso o *paga-filipe* – hoje apenas um tema do folclore do café.

Pião

Histórico

O pião é um pequeno objeto feito de madeira, de preferência a brejaúva, tendo na ponta um prego – "ferrão" –, implemento, da lúdica infantil, do jogo de pião, atividade recreativa introduzida no Brasil pelo povoador branco. Desde os mais remotos tempos da humanidade sabe-se da sua existência. Na Grécia é o *strombos*, em Roma, *turbo* e até os dias que correm vem o pião distraindo a infância, quer daquela que vive cercada do conforto dos palácios, quer a dos mocambos e favelas.

Localização geográfica

Popular e conhecido em todo o Brasil geralmente por pião ou jogo do pião. Regionalmente é conhecido por pinhão (Nordeste). Tal qual noutros jogos infantis, é uma atividade lúdica estacional que chama a atenção das crianças durante um período do ano e é praticada por muitos ou quase todos os meninos de uma determinada idade. Não seria apenas a imitação a influir na prática dessa atividade na estação própria, mas a vigência dos ciclos agrícolas, ou melhor, o período do inverno. O maior e o menor afastamento do Sol em relação à Terra, dando as estações, determina certas atividades dos homens, também as lúdicas, recreativas. No verão não se joga peteca, no inverno não se brinca de cambapé. O Sol rege as atividades naturais e espontâneas. No Ceará, o jogo do pião é praticado no inverno. Foi no fim do inverno de 1962 que fomos surpreender em Orós, Lima Campos, Crato e Barbalha, o jogo do pião. Grupos de meninos jogavam pião em Lima Campos.

Função

A idade do praticante do jogo do pião vai mais ou menos dos nove aos quatorze anos. Pode haver alguma variação, sendo que em alguns lugares até "marmanjos" de dezesseis anos jogam pião. O comum se enquadra naquele ciclo de idade citado e não raro até a partir de sete anos.

É uma atividade recreativa típica dos meninos. E a prática é incentivada pelos pais, que geralmente são os artífices dos piões. Numa hora de lazer prepara o implemento de jogo para o filho, nada mais fazendo do que repetir aquilo que com ele mesmo aconteceu: foi seu pai quem lhe fez o primeiro pião que rodou na vida. Esse fato, porém, não exclui o de alguns meninos também fazerem o seu próprio implemento lúdico.

Maneira de fazer

A madeira preferida, acreditamos que em todo Brasil, é a raiz de goiabeira, por ser muito dura, bem como fruteira disseminada em todos os quadrantes de nossa terra. Ela tem a preferência no Amazonas, em São Paulo e no Ceará também. Aliás, neste estado utilizam largamente o pereiro, ao passo que em São Paulo, além da raiz daquela fruteira, fazem piões de laranjeira, jacarandá, guarucaia e canela. Bem, o de canela com seu cheiro característico é para ser dado ao adversário quando perde na disputa. Não há quem queira ficar com ele.

À parte superior do pião, onde prendem a ponta da cordinha, que lhe imprime o giro, dão o nome de *castelo* (no sul do país é *cabeça*), que geralmente é feito com uma cápsula de bala de revólver, ali encravada. À parte mais volumosa do pião dão o nome de *costela* (no sul é corpo ou barriga) e à inferior, onde está a ponta de ferro, chamam bico (no sul, ferrão).

O bico ou ferrão é um prego colocado na parte inferior do pião ou um parafuso, quando se quer coisa bem-feita. Lima-se a ponta do bico ou, como fazem os meninos, afinam esfregando-o nas pedras da calçada.

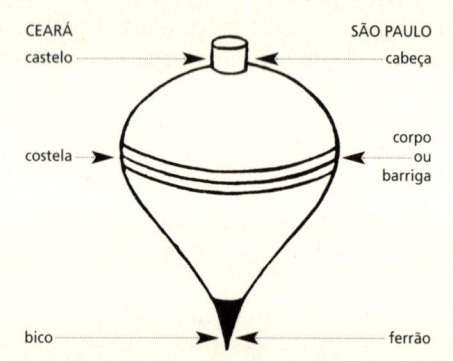

```
         CEARÁ                    SÃO PAULO
         castelo                  cabeça

                                  corpo
         costela                  ou
                                  barriga

         bico                     ferrão
```

O pião é lançado na terra e não o fazem na calçada ou pedra, porque além de lascar-se logo, estraga-o, fazendo o pião não rodar mais tranqüilo ou "dormir" no lugar onde foi lançado, mas sim dar saltos, isto é, fica pulando, "perereca", como dizem os meninos paulistas. E pião perereca só serve para levar pontaço, para ficar "morto" no meio da roda de pião, que os meninos paulistas chamam de "curriola" ou jogo da curriola, e no Ceará, jogo do bico.

Os meninos costumam pintar seus piões para que fiquem mais bonitos. Há uma flor encarnada que, esfregada no pião, empresta-lhe cor azulão escura. Outros passam tinta vermelha, que é uma das cores preferidas.

Uma vez pronto o pião, é necessário a corda para que ele rode. No Ceará ela é conhecida por *ponteira*, em São Paulo é *fieira*. A medida comum da ponteira ou fieira é de dois metros. Para não desfiar a fieira leva um nó em cada ponta. É também nó de apoio.

"Roda pião"

Prende-se uma ponta da cordinha no castelo do pião, fazendo-se o cabresto simples ou cabresto duplo, prendendo na cabeça e indo até ao bico, onde se começa a enrolar a cordinha, espiralando-a até certa altura, isto é, na parte mais grossa, na costela. A ponta livre da fieira é segura entre os dedos do jogador e a seguir lança-se o pião com certa força ao solo. Só a prática ensina a dosar a força de se lançar o pião, bem como a própria distância a que deve ser lançado. Principiantes jogam puxando a fieira, mais habilidosos "malham" no chão, é a jogada do "malhão".

O pião rodando no solo é *aparado*, como dizem no Ceará, ou caçado, como dizem no sul. Caça-se o pião entre os dedos indicador e médio, fazendo-o ir para a palma da mão, onde ele "ronca" ou "dorme". Os mais habilidosos caçam na "unha", isto é, apanham-no com o indicador e o polegar, fazendo-o rodar na unha deste.

Esta é a forma individual de se brincar com o pião: lança-se ao chão, caça-se na palma da mão ou da unha. Joga-se sem puxar a ponteira; é o malhão; ou, puxando-a, regionalmente chamado tal estilo, em São Paulo, de puxa-fieira. Joga-se para cima o pião, não o deixando cair no solo, apara-se com a palma da mão – jogada que só é feita por aqueles que têm grande habilidade ou preparação demorada.

O jogo

Há o jogo em conjunto, a disputa. No sul, as crianças paulistas chamam a essa modalidade de "roda de pião", já no Ceará é o *deitar* o pião; consiste no seguinte: faz-se um círculo no chão. Os disputantes vão lançando o pião. Aquele que não acertar dentro do círculo é obrigado a colocar ali o seu próprio ou outro. É o *deitar* o pião, como dizem os meninos cearenses, e os paulistas, "dar carne".

Conforme o combinado, além de *deitar* um outro pião qualquer, o jogador é obrigado deixar o seu "tope" para levar um furo do pião do adversário, que é lançado sobre ele para a "bicada". Por outro lado, conforme o tipo de jogo combinado, faz-se um círculo maior e deitam-se piões no centro. Cada jogador lança o seu pião sobre esse amontoado, visando acertar sobre o pião do adversário e depois, quando o seu está girando, caça-o e bate sobre o seu que está deitado, bate de lado, procurando tirá-lo da roda. Assim vai fazendo até tirá-lo. Caso erre, e seu pião não rode, é obrigado a deitá-lo na roda. Não tendo um para colocar, coloca o com que está jogando e aguarda até que ele saia da roda.

Há também a combinação de se dar um determinado número de bicadas ou "ducadas" no pião do perdedor. Pode ser a "ducada" simples, dada com o pião seguro pelo jogador e batendo sobre a "carne" ou batida da "machadinha". Prepara-se a "machadinha" prendendo-se a ponteira na cabeça (castelo) e no bico, de tal forma que possa desferir um golpe violento sobre o pião adversário, não raro tirando-lhe lascas, danificando-o.

No Ceará não encontramos a modalidade paulista chamada curriola, que consiste no fazer um pequeno buraco no solo e depois, tendo a fieira por compasso, riscar um círculo maior. Disputa-se quem acerta com maior precisão o pião em um determinado ponto. O perdedor terá que *selar* com o seu pião, isto é, colocá-lo naquele buraco onde receberá os pontaços; é o "tope". Conforme a combinação é de "jogo malhado" ou o ganhador, pegando seu pião, coloca-o a altura do peito e derruba-o sobre "o carne", ou "carniça", que está na cova no centro da curriola, para fazer o seu castigo – um furo. Dono de pião cravejado de pontaços tem esse sinal de que é mau jogador.

Artesanato

O pião em vários lugares do Brasil é feito em série, industrializado; no Ceará, é quase sempre o resultado de um trabalho paterno, doméstico. Alguns exemplares são rústicos; há, porém, peças verdadeiramente artísticas em que os pais colocaram todo o empenho em realizá-las. De simples trabalho para contentar o filho, bem como oportunidade para o pai fazer rápida viagem pelos bons tempos da infância ensinando o filho a rodar o pião e prepará-lo, tem nascido pequeno artesanato como o de Lima Campos e o de São Luís do Curu, que, de fazer pião no torno, passou depois para pilões. Aquele produto só é procurado pelos meninos na estação das chuvas, de inverno, mas o pilãozinho encontrou o turista que passa continuamente no ônibus, adquirindo-o na parada para o café, na viagem de Sobral a Fortaleza e vice-versa.

Quando o pião é feito apenas para contentar o filho, não é objeto de artesania porque artesanato é uma instituição econômica na qual o produto acabado é realizado por um indivíduo que transmite, na sua pequena e tosca oficina, pelo manualismo, algo de artístico à matéria-prima que tem, embora repita os modelos, fazendo disso uma técnica de subsistência ou complementação de seu meio de vida.

O pequeno objeto piriforme de madeira usado na lúdica do menino, nos informa que no Ceará existe um *artesanato estacional* – o do pião. Implemento de jogo infantil que se parece com o pião é a piorra. Ela é oca para provocar, ao ser tocada, um assobio. A piorra é geralmente feita de pequenas porungas, cujo formato já se assemelha ao pião.

Disparate

Antigamente não eram apenas os "assustados", isto é, bailes familiares arrumados às pressas, que congregavam os amigos, principalmente a mocidade núbil, "as moças e rapazes no ponto de se casar"; eram também as reuniões sociais nas casas de família – as *brincadeiras*.

Ainda o cinema não era o ímã poderoso, a forma de "recreação", ou melhor, de distração, atraidora de multidões que nos levou a colocar no olvido aquele convívio cimentador de amizades.

Dentre as brincadeiras de salão havia o *disparate*, animador de qualquer reunião.

Para o disparate: uma folha de papel, um lápis e o "disparateiro". Este dobra o papel, geralmente em quatro partes iguais. Na primeira, escreve uma lista de nomes masculinos (só dos presentes); na segunda, nomes femininos; na terceira, uma ação que está sendo praticada; na última, o local onde se realiza a ação. É vedada a leitura de qualquer uma das listas antes do "disparateiro" as ter completado. O que desperta interesse é que ninguém tenha conhecimento da ordem dos nomes, ações e locais, para que realmente haja graça no *disparate*.

O "disparateiro" pede, em geral, a lista dos nomes masculinos às moças, dos femininos aos rapazes, a ação e local a duas pessoas diferentes. Tudo pronto, chama a atenção dos presentes, começando a leitura do *disparate*. As gargalhadas abafam, em geral, a leitura, porque aparecem os "casais" mais desencontrados, praticando ações hilariantes, nos locais os menos indicados.

Palitinho

O hábito bem brasileiro dos paulistanos de tomar um cafezinho a todo momento incentivou a prática de um antigo jogo feito com pedrinhas ou sementes, hoje chamado de palito-de-fósforo ou apenas de palitinho.

As regras consuetudinárias do "palitinho" são várias; uma, porém, é universal – cada jogador disputará com três palitinhos. O número de disputantes varia entre dois e cinco. Raramente além de cinco, porque sendo, por exemplo, seis, fazem dois jogos de três, disputando depois os dois vencedores. Vejamos um exemplo em que entrem quatro jogadores: A, B, C e D. A primeira rodada é apenas para ver a ordem que deve seguir na "rodinha" de disputantes. Foi B o ganhador. Então será o último a jogar.

Todos os disputantes procuram ocultar a mão, na algibeira ou atrás, nenhum palito colocando nela ou colocando de um a três palitos. Fecha-a e todos colocam as mãos fechadas na frente, uma ao lado da outra, geralmente com as unhas voltadas para baixo. Então C dirá um número, a seguir D, depois A e, por último, B. Aquele que ficou por último levará mais tempo para dizer porque procura calcular mediante os números dados pelos demais jogadores. Todos deram o "palpite". Abrem então a mão e contam o número de palitos. Pode ser que um acerte. Caso não, recomeça, agora o primeiro a dizer será B, depois C, D e A. Coincidindo com o palpite de um dos disputantes, esse é o ganhador, que passará então a disputar com um palito a menos. Cada vez que acertar, jogará com um a menos, até sair do jogo quando perfizer três. É vencedor. Os demais irão jogando até que um fique o perdedor. Este pagará o cafezinho...

Essa é uma das formas que dificulta a disputa porque é necessário guardar de memória o número de palitos com que cada jogador pode disputar.

Os disputantes acordam sobre as maneiras de conduzir o jogo e a seleção do perdedor: exclusão imediata do vencedor (quando se tem pressa); não disputará mais o que tiver duas vitórias seguidas. Quando há apenas dois disputantes, e há tempo de sobra, jogam a "melhor das cinco" ou outra combinação qualquer.

O jogo generalizou-se não só na Paulicéia mas em várias cidades e capitais brasileiras. É, além de boa distração, uma forma acalentadora dessa verdadeira fobia que o homem tem de "arriscar a sorte para ganhar".

Na paisagem citadina é comum ver-se nas calçadas ou nas portas de bares, restaurantes, cafés, quatro ou mais homens com a mão fechada e estendida para o centro da roda que formaram, calados e com "cara de quem está pensando". São "barbados" jogando o *palitinho*, disputando, quase sempre, qual deles pagará o cafezinho...

Nas rodas boêmias e de freqüentadores de bares no Rio de Janeiro um jornalista chegou a organizar um "campeonato de palitinho", vencido por um tal "Doutor Zuzu", que afirmou: "Desde que apareceu o jogo do palitinho, nunca mais paguei um cafezinho. Convido os amigos, mas no palitinho eles é que pagam... quando muito na quinta rodada já estou fora, mais de fora do que joelho de escoteiro..."

BRINQUEDOS DE MINHA INFÂNCIA

A transmissão das atividades lúdicas infantis de uma geração para outra é realizada muitas vezes pelos companheiros de jogos – os coevos – ou aqueles cuja diferença de idade é pequena, outras vezes pelos progenitores ou "os mais velhos". Apresentamos um depoimento pessoal desta última forma de transmissão.

Em nossa infância feliz, passada numa cidade do interior de São Paulo, em Botucatu, praticamos talvez todos os jogos comuns a essa fase de nossa vida. Lembramo-nos dos papagaios que empinávamos, das arapucas, laços, mundéus, fojo, alçapões de rede, gaiola com vara de visgo, bodoques, fundas, estilingues, xipocas, das petecas e "assombrações" que fazíamos.

Aprendemos a fazer todos esses implementos da lúdica infantil com nosso querido e saudoso pai. Eu e os manos aprendemos com o "Velho" um punhado de coisas úteis... e também os brinquedos do tempo de garotos. De velho é que papai não tinha nada. Era um moço, um companheirão que nos ensinava a praticar ginástica, saltos com vara, exercícios em barras e paralelas, participando ele mesmo de todas essas provas. Ele era naquela época um companheiro mais velho e sabíamos que tinha sido um bom moleque na sua infância, em Itapetininga.

O melhor gancho para um estilingue só papai sabia escolher. Só ele sabia afinar a taquarinha para armação de papagaio de varetas levíssimas! Em Botucatu, onde nasceram os três irmãos mais moços e onde fomos criados, "os filhos de Mário" (eu, Mário, Rubem, Levi, Virgílio e Coriolano), assim nos chamavam os companheiros de brincadeiras, na época de determinados brincos, eram os que possuíam os papagaios, gaiolas, estilingues, xipocas, bodoques, invejados pelos demais meninos de nosso tempo. O segredo de tudo estava na capacidade realizadora do nosso querido pai. Fazia todos os brinquedos para nós e com ele aprendíamos como se devia fazer. A única coisa proibida era brincar ou fazer "ronqueira"... É por isso que, às escondidas, fazíamos nossas garruchinhas de cano de guarda-chuva ou de metal sem emenda, cano de bronze que o Zé Poceiro nos vendia... e que dava uma ótima garrucha.

Fomos com papai certa noite ao cinema. Lá apareceu um artista (Rod la Roque, já faz 40 anos) atirando uma peça de madeira. Na fita chamavam-no de "chicote australiano". Quando mais tarde estudávamos antropologia, um dia lendo Montandon, encontramos o nosso "chicote australiano", nosso velho conhecido, nada mais do que o bumerangue.

Papai fez-nos caprichosamente um "chicote australiano". No quintal enorme de nossa casa, fazíamos o treinamento. Primeiramente os alvos eram as laranjas espetadas no quintal, e, quando papai não estava conosco, eram as cabeças das pobres galinhas do vizinho... Ficamos uns *cueras*, uns *batutas* no manejo do tal "chicote". Mas somente papai é que sabia fazer como o moço da fita: arremessar o bumerangue, que dava uma volta e caía onde ele estava. Nenhum "filho de Mário" conseguia fazer tal. O "Velho" tinha tantas habilidades que ainda agora admiramos!

Balão de duas bocas, de vários tipos: almofada, charuto, avião, pomba, cruz, peixe etc. ... papagaio com rabo ou sem rabo, com roncador, com lanterna para soltar à noite; assombração feita com vela dentro de uma cabeça (purungo) onde eram escavados os buracos oculares, nasal e oral, à moda de caveira, e um mundão de coisas, papai é que fazia pra nós. Com ele aprendíamos a fazer tudo isso. E os piões? E as piorras de porunga?

Vamos descrever algumas coisas que antes fazia para os filhos e depois fez para os netos.

Estilingue

Sempre o conhecemos por esse nome. Lembramo-nos que uns meninos que chegaram doutro estado e foram morar em Botucatu, chamavam-no de "seta" ou "setra", "baladeira" e "atiradeira". Um menino sulista chamava-o de "chilóida".

O estilingue é composto de três partes distintas: o gancho ou forquilha (cabo), o elástico e a malha.

Papai fazia um estilingue cujo cabo não era de gancho. Era um pau, em que prendia duas alcinhas de couro, nas quais amarrava o elástico.

A forquilha preferida era de laranjeira, goiabeira ou jabuticabeira. Quando o ângulo da forquilha era muito aberto, papai amarrava-o com arame e levava-a ao fogo para secar, tal qual fazia com as varas para pescar (de bambu cana-do-reino). Depois de seco, estava pronto. Tirava o arame e conservava o ângulo desejado. Nas extremidades das duas hastes da forquilha, fazia um pique para ajustar aí melhor o elástico ou as alças de couro. Pode-se prender o elástico diretamente à madeira. Há quem prefira assim. Nós preferíamos os que possuíam alças de couro, onde seriam amarrados os elásticos.

O elástico usado era de câmaras de ar de automóveis. Uma vez riscado a lápis, duas paralelas, tirávamos duas tiras longas, de mais ou menos 30 cm de comprimento. A largura nunca superior a 1 cm. O elástico era cuidadosamente cortado com a "tesorona" da vovó Olímpia. (Às escondidas, porque o elástico tira o corte da tesoura.)

A malha é a parte do couro em que vai o projetil: pedra, mamona verde ou pelota de barro cozido. De vez em quando aparecia uma botina sem "língua". Não era difícil encontrá-la. Lá estava numa das malhas de nossos estilingues. A malha tem forma retangular, medindo mais ou menos 10 por 3 cm. Faz-se um pequeno furo nas duas extremidades, onde se prendem os elásticos. Para amarrar os elásticos, não usávamos barbante nem linha, pois estes cortavam-nos logo. Papai nos ensinou a amarrar com elástico. Para isso cortava umas tiras bem fininhas. Assim amarrado, tinha-se estilingue para uma porção de tempo.

Às vezes, num dos elásticos, começava um pequeno corte. Era um "dente". Sempre pelo dente é que se partia o elástico. Tínhamos, então, que substituir essa "perna" do estilingue, porque assim chamávamos cada uma das tiras que compunham o par de elástico.

Nossa crendice infantil! O primeiro passarinho que matássemos com um estilingue novo deveria dar seu sangue para passarmos no cabo, para que, com ele, não errássemos uma pedrada sequer. Essa crendice não aprendemos com papai, mas com moleques de nosso tempo. Outra coisa que fazíamos a canivete era um pique no gancho, para assinalar o número de pássaros que havíamos matado com aquele estilingue. O mano Marinho tinha um estilingue em cujo cabo não havia mais lugar para assinalar, tantos eram os piques. Estes iam subindo nas hastes da forquilha. Da empunhadura, passavam para os ganchos. O cabo de seu estilingue era um verdadeiro reco-reco. Tinha uma pontaria! Melhor do que a de Assis Brasil no revólver... Eu e Rubem éramos dois pexotes! Um ou dois piques assinalavam nossa empunhadura do estilingue. Levi, Virgílio e Coriolano tinham boa pontaria, mas "cuera" mesmo era o Marinho.

Bodoque

Uma vara de marmeleiro de boa grossura, ressecada ao fogo, cuja flexibilidade não ficasse prejudicada. Nas extremidades, fazia-se o "ganzepe", encaixe para aí se amarrar a corda. Mais ou menos no centro, metade do arco, deixava-se a madeira afinada, o que lhe dava maior flexibilidade. Tomava-se o cuidado de não tirar a casca da empunhadura ou "pega-mão". O motivo era o seguinte: aí é que se pegava, e a casca ficava para proteção contra a umidade da mão. O suor contribui para tirar a flexibilidade do arco. Outro cuidado que se tomava era passar cera no bodoque para conservá-lo. A cera evita a umidade que lhe rouba a flexibilidade ideal.

A corda era feita de barbante torcido e depois encerado para aumentar-lhe a resistência e durabilidade. Tomava-se o arco e fazia-se a seguinte operação para completar o bodoque: amarrava-se o barbante numa das extremidades; noutra ele passava sem ser amarrado, ficando, então, duas cordas bem esticadas e justapostas; depois colocavam-se dois pauzinhos, chamados "espeques" ou "canários", para afastar as duas cordas, a uma distância de dois a quatro centímetros. (Os "espeques" eram envolvidos com barbante mais fino, ficando bem seguros às cordas.) Na metade da corda, coincidindo com a empunhadura do arco, fazia-se um trançado, chamado "malha", "rede" ou "sanga", a qual formava uma redinha de malhas bem pequenas (é aí que se colocam os projetis, que, geralmente, eram pelotas de barro cozido).

Numa das extremidades do arco a corda não é amarrada. Todas as vezes que o bodoque é usado, desprende-se a corda para guardá-lo a fim de que ele não fique "viciado", isto é, arcado, mas se conserve sempre reto, principalmente quando se usa a madeira chamada sapuva ou embira-de-sapo.

As pelotas eram feitas de barro especial, saibro, que íamos buscar no Tanquinho. Feitas as pelotas, deixávamos que elas enxugassem à sombra. Eram adrede colocadas sobre uma folha de zinco. Uma vez enxutas, fazíamos fogo debaixo do zinco. Assim obtínhamos pelotas regulares e duras, que eram postas num sapicuá logo que esfriassem. Ali estava a "munição".

Carregávamos também nossa "munição" no bolso da calça. Era vovó Olímpia quem fazia as nossas roupas. Ela muito bondosamente executava o nosso pedido, fazendo as algibeiras das calças tão fundas, que davam para carregar muita "munição". Eram algibeiras reforçadas, porque na época do jogo de bolinhas de gude elas ficavam abarrotadas.

Usávamos bodoque para matar ratos no paiol de milho, quando íamos passar férias na fazenda do vovô Zeca de Sousa Nogueira, ou quando caçávamos coelho (preá) do brejo, no Tanquinho, na chácara do Capucho ou no "Calipiá" do Bispo.

Nas primeiras bodocadas que demos, o projetil não acertou no alvo, e sim na unha do polegar esquerdo. É por isso que... sempre demos preferência ao estilingue... o "dedão" estava protegido...

Só mais tarde, lendo Nordenskiold e Alfred Metraux, é que ficamos sabendo que foi o português que trouxe o bodoque da Índia, e não os ameríndios que no-lo legaram.

Jogo de cartas em plena rua. Piaçabuçu (AL).

Barrufo.

Estilingue.

Empinando papagaio.

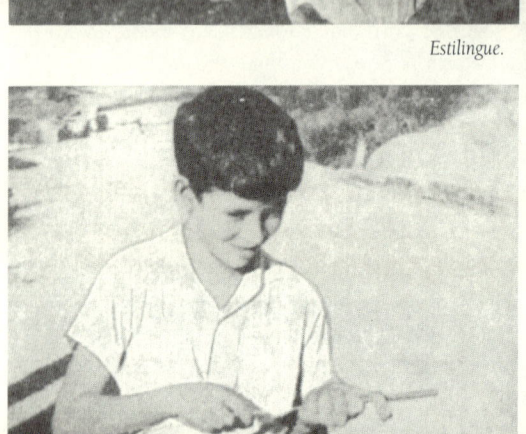

Xipoca.

Peteca de palha de milho.

Bodoque.

Funda

Um dos primeiros livros que lemos foi a Bíblia. Mamãe abriu um dia no capítulo que contava a história de Davi. Como nos fascinou a coragem daquele pastorzinho, que enfrentou o gigante Golias. Para nós, naquele tempo, o gigante Golias era muito mais alto do que "tio Antônio de Sousa Nogueira", um primo de vovó, que chamávamos de tio (velho costume mineiro) e que media 2 m de altura e era muito mais gordo do que o Eduardo Pacheco, outro aparentado nosso, que pesava mais de 150 quilos. Davi nos fascinava! Perguntamos a mamãe o que era a funda. O "tio" Antônio nos explicou. Foi uma boa explicação. Porém, fazê-la e manejá-la aprendemos com papai. Era uma faixa de 1 m mais ou menos de algodãozinho cru. Numa das pontas ele amarrava uma tira que enroscava e segurava entre os dedos desde o médio até o mínimo. A outra extremidade da faixa, a que ficava livre, era presa entre o polegar e o indicador. Feitos os giros necessários, soltava-se a ponta presa entre o "dedão" e o "fura-bolo", e o projetil voava.

Um dia, quase aconteceu conosco o que sucedeu a Golias. Meu mano Levi, loiro e pequeno como o pastorzinho bíblico, erra a meta e o projetil prostrou-me com a cabeça ensangüentada. A nossa sorte foi que passou de raspão. Tal pedrada foi o decreto que proibiu terminantemente o uso das fundas pelos "filhos de Mário".

Xipoca

Estamos falando em "armas"... Havia outra que também usávamos para atirar projetis. Era a xipoca. O projetil era inofensivo; pasta de papel molhado. Não causava grande estrago com o seu impacto. O alvo era sempre alguma pessoa. Fazíamos as nossas "guerras" com a xipoca.

Dois grupos. Um ficava distante do outro cerca de 5 a 8 m. O projetil de uma boa xipoca atinge o dobro de distância. E a da mal feita não vai além de 4 m. A munição era um jornal. Tínhamos também em nossa "trincheira" uma vasilha com água para molhar o papel. E, quando esta faltava, chegávamos até a mascá-lo. As "trincheiras" eram as barras que riscávamos no chão. A "terra de ninguém" era, como dissemos, de mais ou menos 5 a 8 m. Só podíamos invadir a trincheira adversária quando tivéssemos acertado maior número de "balaços"... e a munição do adversário tivesse acabado.

A xipoca era feita da seguinte maneira: um canudo de taquara de mais ou menos 30 cm de comprimento e um êmbolo feito de madeira resistente e pouco maior do que o tamanho do tubo. Ele devia correr não muito folgadamente dentro do cano.

O preparo da xipoca era feito cuidadosamente, pois do seu perfeito acabamento resultava bom êxito na "guerra". Quanto maior a pressão, mais distante era lançado o projetil.

Municiávamos assim a xipoca: tomávamos um pedaço de papel, bem amassado e umedecido, que, em seguida, era colocado no tubo. Com a vareta (êmbolo) socávamos o papel até atingir a extremidade oposta. (Deve-se socar bem e depois colocar nova "bucha" e procurar socar de novo. Com a introdução dessa bucha o ar no tubo comprime-se, aumentando a pressão.) O preparo está pronto. A xipoca está carregada... só falta disparar.

Para lançar o projetil fazia-se da seguinte maneira: com a mão esquerda segurava-se o tubo, com o polegar sobre o tampão de papel. Encostava-se a vareta apoiada no peito e empurrava-se. No momento que estivesse bem comprimido o ar, tirava-se o polegar esquerdo e o projetil de papel saltava, dando um pequeno estampido. Recomeçava-se então o municiamento...

Papagaio

É conhecido por pandorga (Rio Grande do Sul e Santa Catarina); cafifa, pipa, raia e quadrado noutros estados. Nós o conhecemos por papagaio. Para nossos filhos Marcos e Ricardo faremos também papagaios, e ensiná-lo-emos a chamá-los por esse nome, que é regional do estado de São Paulo. Não é papa-vento. Esse é outro implemento da lúdica infantil.

Fazíamos de hastes de taquara bem trabalhada. Havia o papagaio simples, feito com duas varetas cruzadas. Ficava quadrado ou retangular. O papagaio "redondo" era feito com três hastes. Era hexagonal, mas nós o chamávamos de redondo. Havia também o "estrela", feito com maior número de varetas.

Preparadas as hastes, eram amarradas firmemente, passando-se uma linha nas pontas das varetas. Estava pronta a armação. Depois colocava-se o papel de seda. Para que ficasse bonito, usavam-se duas ou três cores. As prediletas eram: verde e amarelo. Sempre aprendemos a amar as cores nacionais. (Infelizmente os meninos de hoje fazem questão das cores de seus times de futebol.)

Quando a cola estava seca, dávamos os retoques finais: cabresto e suporte para o rabo.

O cabresto era feito de linha mais resistente (*cordonet*). Amarravam-se as duas pontas superiores, e a linha mestra saía do centro do papagaio, justamente do ponto de inserção das varetas. O suporte para o rabo era um pedaço de linha, amarrado nas extremidades inferiores, opostas às do cabresto. Pregado o rabo de pano, estava pronto o papagaio.

Esperava-se um ventinho[11] e lá se ia o nosso carretel de linha número 24 todo desenrolado. Empinava-se o papagaio. Uma das coisas de que mais gostávamos era de mandar "telegrama" e "carta-recibo". Pequenos pedaços de papel, enfiados na linha. Íamos "tenteando" até que ele, impelido pelo vento, chegasse ao cabresto do papagaio, lá nas alturas.

Nossos papagaios não tinham mais do que meio metro de tamanho. Papai fazia uns enormes com um metro e pouco, para soltar à noite, com lanterna no rabo. Era um espetáculo! Uma lanterninha japonesa, pairando tão alto! E naquele tempo julgávamos que ela estava próxima das estrelas...

Havia um tipo de papagaio sem rabo. Também não tinha linhas ligando as pontas das hastes. Era levíssimo. Uma haste arqueada, ficava mesmo como um arco e corda. Amarrava-se uma outra haste transversalmente. Ficava um quadrado. Colocava-se o papel. O cabresto era mais simples. Nos lados, pregava-se papel de seda, preparado como anéis de uma corrente. Com qualquer ventinho era empinado. Era pouco resistente e podia-se usar linha n.º 40, mais fina, para soltá-lo.

O tipo comum de papagaio, logo que se começava a empinar, dava "cabeçadas", isto é, desequilibrava-se, tendendo a cair. Logo sabíamos por que isso acontecia: precisava de rabo maior. Emendávamos mais um pedaço de tira de pano e tudo ficava sanado, o papagaio subia sem dar "cabeçadas"...

Outras vezes, no rabo, amarrávamos pedaços de lâmina de lata. Quando víamos um papagaio, procurávamos empinar o nosso na proximidade, até que se aproximasse do outro no ar. "Tenteando", dando linha ou recolhendo, procurávamos fazer com que o rabo do nosso papagaio se enroscasse na linha do outro. Era um combate. Sempre fazíamos assim.

Achávamos indispensável a "maquininha" de recolher linha de papagaio. Sobre uma tábua pregávamos duas varetas cruzadas, perfuradas por uma manivela. A linha era amarrada numa das pontas do quadrado de madeira (formado pelas varetas cruzadas). Virando-se a manivela, a linha ia-se enrolando, pois o quadrado ia rodando. Sentávamos no chão, firmávamos com os pés as pontas da tábua, com a mão esquerda uma das hastes ("virgem") e com a direita o cabo da manivela.

---

11 Em Botucatu, agosto é o mês dos papagaios. Em cada lugar ou estado a época varia. Assim é que no Espírito Santo é abril o mês das raias. Para os meninos capixabas há concurso de raia e papagaio promovido por Guilherme dos Santos Neves e Renato Costa Pacheco.

Peteca[12]

Chegava o inverno e com ele vinha também a palha do milho há pouco colhido. Os sabugos eram transformados pela habilidade de papai em boizinhos para os carrinhos dos irmãos menores, porém a palha era aproveitada para fazer petecas. Era a temporada das petecas. Ao entardecer, naqueles bons tempos, nas ruas de Botucatu, de quarteirão em quarteirão, viam-se grupos de crianças, mocinhas e até adultos jogando peteca. Poucos eram os automóveis que poderiam perturbá-los: do Tonico Musa, do Bernardino, do Curimbatá, do Caetano, do Targa... e só.

Geralmente no miolo da peteca colocava-se um pequeno caco de telha para peso. Depois as palhas iam sendo colocadas cada uma cruzada sobre a outra. Quando a peteca atingia bom tamanho para ser empalmada, amarrava-se-lhe fortemente o pescoço e depois cortavam-se as pontas das palhas. Ainda faltavam as penas. Estas em geral existiam, pois mamãe tomava cuidado de guardá-las para nós porque, na falta, ouvia-se uma galinha e outra e mais outra a pedir socorro... era um "filho de Mário" querendo concluir sua peteca, que recorria à pobre ave.

Estava pronta a peteca com um número sempre par de penas para que tivesse bom equilíbrio. Fazia-se a roda de jogadores e começava-se o jogo. Depois de algum tempo as mãos estavam até inchadas de tanto petecar. Era um bom exercício, próprio mesmo do inverno. O ideal dos "filhos de Mário" foi sempre o de "não deixar a peteca cair do seu lado". Só mais tarde é que ficam sabendo que o "jogo é uma livre prossecução de fins fictícios".

Os jogos infantis sempre aparecem em uma determinada época. Os meninos não pulam "sela-corrente" o ano todo. É um jogo do inverno. Os papagaios também têm a sua estação. Agosto é o mês dos ventos. Logo que aparecem os primeiros, a moda pega. Numa determinada estação do ano, jogávamos bolinha de gude, jogo a que dávamos o nome de "biroca"; noutra, fazíamos as brincadeiras de "quadrilha", em que tomava parte o nosso bando. Sempre tínhamos conta a ajustar com a gangue de outro bairro. Nas férias escolares de verão, entretínhamo-nos a caçar passarinhos com gaiola e alçapão. Lá íamos com as gaiolas e as "negaças", varas de visgo, vários tipos de alçapão. Afamado era o alçapão de rede que papai fazia.

---

12 Em Alagoas, a peteca é chamada peula. É um jogo de origem indígena. Uma bola feita de palha de milho, tendo em um lado penas de galinha enfiadas, para, ao cair, a parte pesada ficar para baixo e as penas para cima. A época desse jogo obedece em parte às estações; é o jogo estacional da época do inverno, que por outro lado coincide com a colheita do milho e festas juninas. "É um jogo que ajuda a esquentar", dizem os jogadores.

Outros jogos tinham sua época, porém constante era o uso do estilingue. Como era uma "arma", nas algibeiras dos "filhos de Mário" o ano todo eram encontrados pedregulhos e um estilingue.

"Eta molecada terrível!"

"Os filhos de Mário" nunca leram gibi nem histórias em quadrinhos, mas souberam aproveitar a infância como bons moleques que foram, usando esses implementos tradicionais da lúdica da infância brasileira: estilingue, bodoque, funda, xipoca etc. ... e desde cedo aprenderam a amar as cores da bandeira nacional, porque nos seus brinquedos elas já figuravam pela livre escolha dos "filhos de Mário".

Divertimentos

CIRCO DE BOLANTINS

Uma das mais antigas formas de distração de que o povo sempre gostou foi a do "circo de bolantins", "circo de cavalinhos", nomes populares dados a essa esplêndida distração que é a instituição circense, percorrendo as cidades, enfeitando as noites com acrobacias, luzes, ribaltas improvisadas, canto, teatro, animais domesticados, enfim, tudo aquilo que oferece um espetáculo não raro inesquecível.

Dizem que o circo morreu. Não é verdade. Basta revê-lo agora nos vídeos das televisões para se aquilatar da sua vitalidade. Ele teve que assumir outras formas, abandonar os picadeiros, os barracões de lona, para retomar a sua alta finalidade educativa e provocadora de *suspense* e hilaridade noutro local – nos estúdios de televisão.

Ainda pelo interior do Brasil algumas companhias circenses nesse afã heróico percorrem cidade por cidade. Estávamos em Piaçabuçu, Alagoas, em agosto de 1952, quando por lá apareceu um "Circo de Bolantins", conforme o povo o chamava. Há muito que um circo não aparecia naquela comunidade do vale do rio São Francisco. Era uma coisa paupérrima o tal circo. Não tinha cobertura e as cadeiras deviam ser trazidas das casas pelos próprios espectadores. Havia um cercado circular, depois uma lona para vedar a vista dos que ficassem fora. Bem no centro fizeram um pequeno picadeiro onde armaram dois postes para os trapézios, nos quais trabalharam dois acrobatas: um moço cabeludo e um menino. O elenco contava ainda com um palhaço e sua companheira que fazia as vezes de *clown*. Apareceu também uma bailarina que nos corrupios mostrava as pernas, e isso era uma alegria para a homenzarrada presente, que a aclamava intensamente.

O palhaço possuía, além de bastante presença de espírito, algo de humor. O português era muito estropiado, mas provocava gargalhadas.

Tomando parte no espetáculo também havia um bom cantor de emboladas. A assistência era composta só de gente pobre da cidade. Muitos homens e mulheres das classes populares.

É costume, após algum número, vir o artista ou a artista com um laço de fita e o colocar no ombro de um assistente. O homem que assim fosse distinguido teria que dar um "agrado", geralmente uma nota de Cr$ 10,00 ou mais.

Muitas pessoas que passariam a noite de sexta-feira para sábado, por exemplo, por causa da feira, assistiram ao espetáculo. O circo estava literalmente cheio. E houve muita gente que o "varou", principalmente os moleques. A entrada era de Cr$ 2,00; trazendo-se cadeira, Cr$ 1,00 apenas.

Saiu pela rua, à tarde, um palhaço, acompanhado pela criançada, um magote de quinze meninos. O palhaço ia anunciando o espetáculo, cantando e a "rabacuada" respondendo:

– Eu vi a negra na janela; respondem os meninos em coro:
– Tinha cara de panela.
Solo – Eu vi a negra no portão.
Coro – Tinha cara de tição.
Solo – Hoje tem espetáculo?
Coro – Tem, sim, senhor.
Solo – Hoje tem marmelada?
Coro – Tem, sim, senhô.

....
Solo – Hoje tem forrobodó?
Coro – Tem, sim, senhor.
Solo – Na casa da sua avó?
Coro – Na sua!... Na sua!...

Os moleques que saíram a cantar pela rua atrás do palhaço receberam no braço uma marca de tinta-óleo. Tal marca seria mostrada à noite ao porteiro do circo, assim o portador teria ingresso gratuito ao espetáculo. É a recompensa do trabalho de sair gritando pela rua, acompanhando o palhaço.

– O palhaço, que é?
– É ladrão de mulé!
– O palhaço é bão?
– Pra comê feijão.
– O raio de sol suspende a lua...
– Brabo palhaço que tá na rua...

A farândola álacre passa e mal se ouve o resto da propaganda do espetáculo que à noite reunirá os "amarra-cachorro" mal-ajambrados nos dólmãs ou "casaca-de-ferro", a correr de um canto para outro ou imóveis quando a companhia entra triunfal para a apresentação inicial no picadeiro: barristas, mágicos, bailarinas, cantores, equilibristas, palhaços, trapezistas. E lá no "poleiro", na arquibancada, daremos a melhor das gargalhadas com as piadas dos palhaços e bateremos palma hoje à noite *porque o circo não morreu!!!*

– Hoje tem espetáculo?

– Tem, sim, senhor.

BANDA DE MÚSICA

Pelo Brasil afora, as "furiosas", nome popular das bandas de música, encheram e ainda enchem de encantamento, alegria e entusiasmo os momentos de *dolce far niente* da vida das comunidades interioranas e de algumas capitais também, por ocasião das festas em datas cívicas nacionais, festas religiosas calendárias ou do santo padroeiro local, nas procissões, nas vitórias eleitorais e hoje nas do time de futebol que venceu o quadro da cidade vizinha com a qual há sempre rivalidade insopitável, bem como também se apresenta aos sábados ou domingos à noite. A banda de música, quer exista ou não coreto na pracinha, está presente, está junto ao coração de milhares de brasileiros, ritmando o seu pulsar com o seu rá-tá-tchim-tchim festivo.

A banda de música do coreto da pracinha é um retalho da alegria bem brasileira vivida pela gente das comunidades rurais, portanto por mais de 90% da população do Brasil.

O leitor, ao finalizar a leitura desta página, com a qual concluímos a *Recreação popular*, transportar-se-á em pensamento para a pracinha ajardinada de uma cidadezinha qualquer do Brasil, onde exista um jardim que é o centro da cidade, e neste um coreto. Ao redor deste o passeio público apinhado de gente endomingada, os moços dando volta num sentido e as moçoilas em sentido contrário. Assim, em cada volta há possibilidades para duas olhadelas, dois pares de olhos que se cruzam fazendo brotar milhares de esperanças nos corações. Ao redor da praça, nas ruas que a margeiam, muita gente conversando, nos poucos bancos existentes na pracinha, namorados aconchegados... É um sábado ou domingo, pouco importa, é uma noite alegre, pois ali no coreto está a "furiosa", a lira "que é a melhor do Brasil", de acordo com o etnocentrismo local. Ela vai entrar em ação; no programa há marchas, dobrados, valsas e outras, nunca faltando uma composição de um músico local, reveladora da fértil inspiração musical do povo brasileiro.

Quantos luminares da música brasileira não regeram banda de música? Ela é, sem dúvida, a que tem realizado a mais ampla educação musical do povo brasileiro.

Muitos leitores volverão seu pensamento e dirão o nome de um maestro lá do passado. O paulistano certamente evocará comovido o nome de Joaquim Fernandes Antão, notável maestro, conhecido por Major Antão, que cerca de meio século dirigiu a inigualável banda de música da gloriosa Força Pública do Estado de São Paulo, dando concertos no Jardim da Luz e depois na esplanada do Teatro Municipal.

Há também aqueles que se recordarão do apelido desses músicos que recrearam e educaram musicalmente as gerações brasileiras: um Pedro Músico, um Maneco Pistão, um Nhonhô Pica-Pau, um Capitão Caçula e quantos e quantos. Recordarão dos nomes das corporações musicais em geral com o de santos, e nunca faltará o de Santa Cecília – a padroeira da música, ou outros pomposos de pequenas liras musicais, todas elas capítulos de folclore.

A FARMÁCIA, AREÓPAGO PROVINCIANO DO BRASIL

Antes dessa inquietude que se apoderou dos homens na atualidade, antes da invasão do cinema e doutras formas novas de divertimento, nas cidades tradicionais brasileiras o lugar de conversa onde eles se reuniam para se distrair, para trocar idéias, para exercitar a comunicabilidade, era a farmácia.

A farmácia desses bons tempos podia ser classificada como o areópago da comunidade rurbana (comunidade que é ao mesmo tempo rural e urbana, segundo Gilberto Freyre) onde se reuniam os "homens bons da terra" para a tertúlia vespertina. Caso fosse pequena a cidade, com uma só farmácia, ali se encontravam invariavelmente para o bate-papo cotidiano as pessoas representativas da administração municipal, o padre, funcionários públicos. O farmacêutico, geralmente um prático que noutras horas era o carimbamba (curandeiro), receitando e medicando, ao cair da tarde, depois das "Ave-Marias", era o anfitrião solícito.

Quando o progresso bafejava a cidade permitindo a existência de duas farmácias, cindiam-se os conversadores, formando dois grupos que passavam a freqüentar a "rodinha de conversa" preferida, onde todos os temas eram debatidos e comentados. Não resta dúvida de que a cisão era muitas vezes provocada pelo facciosismo político, mas as farmácias continuavam sendo o ponto de reunião para a conversa da boca da noite. A farmácia foi, sem dúvida, o embrião de clubes, de sociedades literárias, de partidos políticos etc.

Nas cidades interioranas é comum também encontrar-se outros grupos de conversa reunidos em botecos, porém sem aquele feitio tradicional de boa e selecionada freqüência que a farmácia proporciona. Esses outros são as "panelinhas" de conversa, de muito diz-que-diz-que, freqüentadas pelos elementos não destacados da comunidade. Ultimamente, tais "panelinhas", por causa dessa inovação das siglas, passaram a ser denominadas "DIVA", isto é, Departamento de Investigação da Vida Alheia.

O hábito de se distrair, de participar da conversa vespertina das farmácias, está em franca decadência, bem merecendo um estudo esse capítulo do folclore das relações humanas. Com rara felicidade o aquarelista Diógenes Duarte Paes fixou uma conversa de farmácia. As figuras do premiado pintor paulista estereotipam o chefe político, o promotor público todo janota, o farmacêutico com sua tez lívida de quem não toma sol e o "sapo", um zé-ninguém que procura freqüentar a Farmácia do Seu Firmino visando melhorar seu *status* social, estando e sendo sempre visto na roda de conversa dos "importantões" da terra. É este o único documento iconográfico do qual temos conhecimento sobre o areópago provinciano do Brasil.

Na "Pharmacia da Boa Prosa".

CAPÍTULO III
Música

INTRODUÇÃO

Não se deve perder de vista a importância que a música e o canto tiveram na obra catequética no Brasil, cujo povoamento se deu na época do barroco, época das grandes festas da Igreja, razão pela qual as festas de grande pompa foram aqui usadas para se impor aos povos do Novo Mundo a religião católica romana.

Na Europa a Igreja já havia obtido grandes vitórias sobre a arqueocivilização, sobre o folclore pagão, substituindo-o, transformando suas datas de festas relacionadas com os solstícios pelas do hagiológio católico romano, batizando-as com novos nomes cristãos. A festa do fogo dos germanos tornou-se a do nascimento de Cristo, a dendrolatria se tornou em árvore de Natal.

Pelo fato de não ser possível uma completa substituição é que ainda na França, Espanha e Portugal, os folclores pagão e cristão são autônomos, principalmente na França.

No Brasil havia na época da catequese três civilizações arcaicas contra as quais o catolicismo romano teria que lutar: portuguesa, ameríndia e africana. Os soldados de Loiola lutaram e, entre outras armas usadas, as principais foram a música e o canto.

A Igreja Católica Romana destruiu o folclore ameríndio e o substituiu pelo folclore católico, artificial. Os jesuítas fixaram os indígenas em vilas, *reduções*. Conseguiram sustar o nomadismo dos índios, desapareceu conseqüentemente esse modo de vida que fazia parte de seus costumes. A disciplinação foi férrea; aqueles que não se acostumavam e tinham nostalgia do nomadismo, fugiam.

Nas reduções, nas vilas se concentravam os elementos de várias tribos. Essa heterogeneidade de membros de tribos diferentes coabitando contribuiu para a destruição de suas tradições. Para que a tradição se conserve é necessário, entre outros fatores, que haja o precípuo – a homogeneidade. Entretanto, o que de maior relevância existe na catequese é o interesse que o jesuíta mostrou pelas gerações novas. Foi pela plasticidade desses caracteres em formação que o catequista se interessou para moldá-los a seu gosto. Nas crianças das tribos indígenas podiam inculcar o catolicismo romano. Foi o curumi o coroamento da catequese em terras brasílicas porque o indiozinho foi a solução de continuidade – elo partido da civilização arcaica ameríndia.

Os colégios foram feitos para albergar os piás. As crianças foram afastadas da influência dos pajés, dos mais velhos, desgarradas, portanto, da civilização tradicional ameríndia.

E como atraí-las? Como convertê-las?

Os jesuítas lançaram mão da música e do canto.

Os próprios jesuítas mantiveram muitas vezes certas particularidades da arqueocivilização que julgaram convenientes. Conservaram muitas danças indígenas com melodias católicas romanas, as quais os brasilíndios dançavam nos ofícios religiosos. Já era um folclore transformado, cristianizado.

Talvez seja por isso que, ainda hoje, muitos cantos do rurícola brasileiro fazem lembrar um cantochão acaipirado.

Foram, portanto, música e canto fatores importantes na catequese.

MÚSICA FOLCLÓRICA

Mário de Andrade, que era por excelência um pedagogo, para que nós, seus discípulos de folclore, não cometêssemos enganos, aconselhava chamar a música popular de *popularesca*, para que não houvesse confusão com a folclórica.

A popularesca vive, como dizia o saudoso mestre, "em função da moda; logo que esta passa, só arquivo as guarda".

A música folclórica é conservada no escrínio da alma do povo. Foi aceita por este porque se afinou espontaneamente com o seu sentir, pensar, agir e reagir. Nasceu do povo e é para o povo e este a utiliza porque ela tem uma destinação certa.

A popularesca tem autor, intérpretes e para sua transmissão comercial usa os mais modernos meios: rádio, televisão, discos, gravadores etc.

A música folclórica pode ou não ter autor conhecido. Este, caso exista, acaba desaparecendo na aceitação que a coletividade dá a sua criação. Isso porque tal música foi justamente dirigida à coletividade com uma finalidade, com uma função. Já não interessa a autoria porque a oralidade se encarregou de difundi-la, criou-se uma aceitação coletiva. A própria persistência que se louva na repetição é facilitada graças à sua extensão, que em geral se comporta em 8, 12 ou 16 compassos.

A música folclórica co-participa do sentir de cada indivíduo e do consenso coletivo. Ela está presente e pode ser facilmente observada nos jogos infantis, nos cantos ritualísticos das religiões, nos ritos de morte, nas danças, nos bailados, nos folguedos. Música folclórica da alegria e da dor, manifesta-se quer no canto solista, no falso-bordão, nos cantos responsoriais, nos acompanhamentos instrumentais dos bailados, danças, dos cantos de seresteiros.

Oneyda Alvarenga, a maior autoridade brasileira em música folclórica, assim se expressou sobre música folclórica e música popular, cuja valiosa definição, *data venia*, transcrevemos:

"*Música folclórica* é a música que, sendo usada anônima e coletivamente pelas classes incultas das nações civilizadas, provém de criação também anônima e coletiva delas mesmas ou da adoção e comodação de obras populares ou cultas que perderam o uso vital nos meios onde se originaram. Essa música deriva de processos técnicos formadores muito simples, não subordinados a qualquer teorização. Transmite-se por meios práticos e orais. Nasce e vive intrinsecamente ligada a atividades e interesses sociais. Condiciona-se às tendências mais gerais e profundas da sensibilidade, inteligência e índole coletivas, o que lhe confere um elevado grau de representatividade nacional. E ao mesmo tempo que possui a capacidade de variar, transformar e substituir as obras criadas ou aceitas, revela uma tendência acentuada para ajustar essas mudanças a uma continuidade de processos formadores específicos, que, além de lhe darem uma relativa estabilidade, lhe conferem estrutura e caráter próprios.

Música popular é a música que, sendo composta por autor conhecido, se difunde e é usada, com maior ou menor amplitude, por todas as camadas de uma coletividade.

Essa música usa os recursos mais simples ou mesmo rudimentares da teoria e técnica musicais cultas. Transmite-se por meios teóricos convencionais ou por processos técnico-científicos de divulgação intensiva: grafia e imprensa musicais, fonografia, radiodifusão. Tem o seu nascimento, difusão e uso geralmente condicionados às modas, tanto nacionais quanto internacionais. E ao mesmo tempo que revela por isso um grau de permeabilidade e mobilidade que a tornam campo permanentemente aberto às mais várias influências, possui um certo lastro de conformidade com as tendências musicais mais espontâneas, profundas e características da coletividade, que lhe confere a capacidade virtual de folclorizar-se."

Em *Música e canto* procuramos dar uma pequena amostra da música folclórica registrada em nossas pesquisas de campo. Contamos com o aparelhamento de gravação sonora.

O gravador de pilha ou de corrente elétrica resolveu em parte as dificuldades para coleta da música folclórica brasileira. Nesse campo de pesquisas, razão tem Luís Carlos Barbosa Lessa que a registrou em várias regiões brasileiras, ao afirmar: "O grande e verdadeiro informante no *Arquivo de danças brasileiras* é o povo: a coletividade viva, atuante, sem nome, sem idade e sem local de nascimento." O gravador aberto em praça pública, não nos palanques oficiais onde há sofisticação, mas junto ao povo, eliminou as deficiências da coleta musical por processos não mecânicos, dando por meio da fita imantada a gravação fiel, precisa, justa e perfeita.

Graças ao gravador recolhemos considerável acervo de música folclórica. Para a musicografia contamos com a valiosa colaboração dos maestros Martin Braunwieser e Vicente Aricó Júnior.

Nos cantos monódicos temos pregão, acalanto, ou melhor, dorme-nenê, modinhas. No falso-bordão ou canto em terças, as modas de viola dos milhares de modinheiros anônimos, os cantos de folias de Reis ou do Divino, cururu e descante dos "puetas do certam do Nordeste". No canto responsorial, no qual solista e coro dialogam barrocamente, como na congada, no moçambique, na marujada, nos bumba-meu-boi, no maracatu; geralmente nos bailados é que o canto responsorial tem maiores oportunidades.

No final deste capítulo inserimos ligeiro estudo sobre instrumentos musicais. Nosso ponto de partida desse estudo da cultura material foi o da descrição do instrumental folclórico colhido no estado de São Paulo para a nossa iconoteca particular.

RONDAS INFANTIS DE CANANÉIA

Quando planejávamos este trabalho sobre o folclore nacional fizemos várias tentativas para dividir em capítulos o acervo recolhido em nossas pesquisas diretas nas quais muitas vezes fomos observador participante. Por vezes, tínhamos quinze ou mais capítulos. Procuramos então títulos mais gerais até que chegamos a dez. Mostramos que não era e nem poderia ser uma divisão estanque, é de ordem didática, um mero instrumento de trabalho.

As rondas infantis tanto poderiam figurar no capítulo *Recreação* como neste. Elas são jogos cantados. Há jogos que além de cantados são dançados, então poderiam ser incluídos noutro capítulo, das danças. Entretanto, deixamos as rondas infantis de Cananéia para este capítulo porque o motivo fundamental desses jogos cantados é a música, a melodia suave que fica cantando em nossos ouvidos, porque a maioria delas é vivência para nós; quando não, sobrevivem em nossa saudade, saudade dos tempos de criança...

Brincar é uma felicidade!

Essa felicidade não é apenas da alma, mas do corpo também. É euforia! Acreditamos na triplicidade do ser humano: alma, corpo e mente. Pelo jogo estes são ativados. O jogo produz uma excitação mental e conseqüentemente uma influência tonificante total.

O jogo é alegria, atividade, auto-expressão, induz a criança à socialização, desenvolve o físico, a mente, a parte emocional, a nervosa.

Eminentes sábios estudaram o jogo. Johan Huizinga, o sábio holandês que escreveu *Homo ludens*; Karl Groos, cuja paciência germânica o levou a vida toda observando o jogo do animal e do homem; Édouard Claparède, o célebre psicólogo e educador suíço; Joseph Lee, nos Estados Unidos; Clark Hetherington, o autor da classificação das atividades lúdicas, por nós adota-

Na vetusta Cananéia, uma ronda infantil.

da no Clube de Menores Operários da Prefeitura Municipal de São Paulo, quando em 1937 o organizamos. No Brasil é indiscutível o pioneirismo do educador paulista Nicanor Teixeira de Miranda nos estudos da recreação. O autor de *Os jogos do homem* teve o *approach* da estética para estudar o jogo. O psicólogo e esteta alemão Karl Gross, como verdadeiro cientista, deixou muitas de suas questões para conclusões posteriores, para reexaminá-las mais detidamente, o que infelizmente não fez.

Se Huizinga tratou o jogo como fenômeno cultural, Groos tratou-o através de sua função de psicólogo, e, ao expor sua teoria, encarou-o sob os prismas: psicológico, biológico, fisiológico, sociológico, estético e pedagógico. Para Groos é sem dúvida a função catártica do jogo que mais interessa, do que a "livre prossecução de fins fictícios" de Claparède, porque a compreensão biológica do jogo oferece um mais amplo conhecimento do problema. E o jogo depende mesmo de certos instintos, cuja satisfação, conforme diz Groos, passa por três fases distintas: da preparação, do treinamento ou prática e do exercício.

O jogo não tem apenas preocupado aos psicólogos, educadores, sociólogos, antropólogos, como também aos folclorólogos, razão de as rondas serem inseridas neste livro.

Retirantes, e atualmente os "paus-de-arara", são do grupo propagador.

    Tarde nos traz a idéia de que o inferior imita o superior. O povo copia a burguesia e esta, a aristocracia. A aristocracia cria então para reagir. A criação é uma forma de reação.

    Há três grupos distintos: o *criador*, o *conservador* e o *propagador*. O grupo *criador* é constituído pela elite, aristocracia, "o grupo" masculino, os adultos. O grupo *conservador*: mulher, criança e povo. O grupo *propagador*: o soldado, o "pau-de-arara", o comerciante (viajante – os saudosos *cometas*), os escravos, os bandeirantes. Estes dois últimos, é óbvio, antigamente. Cada grupo tem, portanto, uma ação sobre o folclore.

    No folclore domina a tradição, ele se mantém à custa da mulher, da criança e do povo. As mulheres são mais conservadoras do que os homens. Aí estão os acalantos como prova. As crianças são também conservadoras. Seus jogos são formas que se mantêm dos antigos costumes, ritos matrimoniais etc. Elas se servem também de certos implementos que hoje não são mais usados pelos adultos, como o bodoque, o arco e a flecha, a funda etc. Através dos jogos

Cegos pedintes das feiras nordestinas.

Terno de zabumba: dois pifanos, caixa e zabumba (Nordeste).

Viola piracicabana (Coleção João Chiarini).

Na vara, ou melhor, no "pombo", está estirada a única corda do urucungo. À direita: guaiá – batuque de Tietê.

infantis é de interesse verificar quais são as culturas passadas, as sobrevivências que ficaram nestes. A cabra-cega, por exemplo, era um jogo místico e religioso. Os jogos de esconder recordam-nos a lenda de Teseu no Labirinto. Jogos em que se usam chifres como buzina, se relacionam com o totem touro. Segundo o antropólogo britânico James G. Frazer, o jogo da balança, entre os gregos, simbolizava a fertilização das plantas. Os jogos de roda são do rito religioso da cerimônia da iniciação. Conforme o sentido em que girassem a roda, o fim atingido diferia: no lunar, expelir a força mágica e no inverso, isto é, no solar (que segue a direção dos ponteiros do relógio), guardar e acumular essas forças.

As crianças conservam o que os adultos perderam. E há mesmo uma separação entre adultos e crianças. Estas formam um mundo à parte. E isso se deve aos adultos.

As crianças também inventam seus jogos, mas não têm grande extensão no tempo e no espaço. Inventam o jogo que fica no seu grupo e desaparece logo. Perde-se. Ficam, porém, os jogos tradicionais, como as rodas infantis desta recolta.

Os jogos das crianças são ritos religiosos e estão de acordo com as estações do ano. Eles aparecem em épocas certas. São efeitos do calendário religioso? Provavelmente se relacionam com os ritos de passagem, porque estes, segundo Arnold van Gennep, são cerimônias relacionadas com o calendário agrícola. Quais são os jogos preferidos no inverno? Quais no verão? Na Quaresma, as meninas não cantam, mas pulam corda e brincam de esconder. Nem sempre os meninos pulam selas (carniça repetida), mas empinam papagaios (quadrados, pipas, pandorgas). Quando jogam bolinhas (gude), a época não é a do estilingue e do bodoque.

A roda não é um fenômeno do ano todo. Erradamente nos parques infantis e mesmo nas escolas primárias elas são feitas em qualquer época do ano. É atividade dirigida e não espontânea, neste caso. Mas o jogo deve ser espontâneo. Quando se aproxima o verão, de agosto em diante, pelo menos no estado bandeirante, começam as rodas, e as crianças enchem de canto e alegria suas horas de lazer. É a concordância do calendário religioso com o agrícola. Repetimos, os jogos das crianças são ritos religiosos vindos da arqueocivilização e estão de acordo com as estações do ano.

Foi em agosto, nos dias que antecederam à grande festa de Nossa Senhora dos Navegantes (que substituiu a festa do Divino Espírito Santo), que as rodas infantis estavam se iniciando em Cananéia. Naquelas noites de luar incomparavelmente belo, meninas enchiam de cantares e de alegria aquele recanto pitoresco do litoral do sul paulista.

Fizemos a recolta desse material precioso, filmamos e gravamos suas rodas. Infelizmente esse vivo material folclórico, com a extinção do DEI[1], ficou perdido. Não podendo contar com esse material precioso, recorremos à boa vontade das professoras Sílvia Pary e Jandira de Araújo Paiva, que, auxiliadas pelo então prefeito, Armando Lisboa Veiga, musicista cuidadoso, musicografaram as rondas. Posteriormente, o maestro Martin Braunwieser fez, a nosso pedido, a revisão das melodias.

Possivelmente a influência dos colonizadores açoritas se pode perceber não só em algumas das rondas, bem como na própria denominação de alguns desses jogos infantis cantados, recolhidos em 1947.

Conservamos esse hispanismo, *ronda*, porque é assim chamada a roda infantil em Cananéia.

A CANOA VIROU

As crianças dão-se as mãos, formando uma roda. Iniciam o canto e ao mesmo tempo começam a girar, geralmente no sentido solar, isto é, dos ponteiros do relógio. Todas cantam a ronda:

A canoa virou
por deixá ela virá,
foi por causa da Cecília
que não soube arremá.

Adeus, Maranhão,
adeus, felicidade,

---

[1] Em 1947, o jornalista Carlos Rizzini convidou o autor para organizar e chefiar a Equipe de Pesquisas Folclóricas da Divisão de Turismo e Expansão Cultural do Departamento Estadual de Informações. Essa equipe percorreu as zonas velhas do estado. Com a saída daquele diretor, foram suspensos os trabalhos de pesquisa. O material não pôde ser elaborado e com o desaparecimento daquele órgão oficial, é triste confessar, os filmes em 35 mm, gravações musicais, fotografias, diagramas etc. tomaram o destino comum das liquidações de institutos públicos – o lixo.

adeus, dona Cecília
do meu coração!

A menina cujo nome fora pronunciado muda de posição na roda, ficando de costas para o centro. O canto vai sendo repetido até que todas mudem de posição. Quando todas estiverem com as costas voltadas para o interior da roda, cantam:

Se eu fosse um peixinho
e soubesse nadá
eu tirava a Diva
do fundo do mar.

A criança cujo nome foi enunciado tem, então, o direito de retornar à primitiva posição. Essa quadrinha é repetida até que todas as crianças voltem à posição, isto é, com a frente para o interior da roda.

Eu sou pobre

As crianças se dividem em duas filas que se defrontam, guardando uma pequena distância de mais ou menos seis a sete passos.

Uma das meninas, a primeira da fila, caminha até perto da fila oposta e se afasta, enquanto as crianças cantam:

Eu sou pobre, pobre, pobre,
de marré, marré, marré.

A fila oposta movimentando-se responde:

Eu sou rica, rica, rica,
de marré, de si.

A primeira menina que se destacou de seu grupo canta:

> O que é que a senhora deseja,
> de marré, marré, marré? (bis)

Cantam as crianças da fila oposta:

> Desejo uma de vossas filhas,
> de marré, marré. (bis)

A primeira menina canta:

> A qual delas que deseja,
> de marré, marré, marré. (bis)

Em resposta, a menina de outra fila canta:

> Eu desejo a Olímpia,
> de marré, marré, marré. (bis)

A primeira menina, destacando-se das demais companheiras, movimentando-se, num vai-e-vem ritmado pelo canto, canta:

> Que ofício dará a ela
> de marré, marré, marré. (bis)

A menina da fila oposta, que desde o início vem solando, canta:

> Darei o ofício de costureira (bis)
> de marré, marré, marré. (bis)

A primeira que foi designada responde às companheiras de jogo, aproximando-se mais da que a escolheu:

> Este ofício me agrada,
> de marré, marré, marré. (bis)

Uma vez dado o ofício, fazem uma roda em torno da escolhida e todas cantam mais alto e mais efusivamente:

> E faremos a festa juntos
> para o dia de Natal. (bis)

BALEIA

Jogo de roda. Quando o nome da companheirinha é anunciado, ela entra no centro da roda, fazendo uma mesura, saúda a todas, voltando novamente para seu lugar.

A baleia é um peixe grande,
com tamanha barbatana,
quem quiser moça bonita
vá no campo de Santana.   (bis)

(Estribilho)

O A, o B, o C,
vamos todas aprender,
soletrando o bê-á-bá,
na cartilha do ABC.   (bis)

O A é uma letra
que se escreve no ABC,
ó Altina você não sabe,
quanto eu gosto de você.

O B é uma letra
que se escreve no ABC,
ó Belmira você não sabe,
quanto eu gosto de você.

O C é uma letra
que se escreve no ABC,
ó Cecília você não sabe,
quanto eu gosto de você.

 Dessa forma continuam jogando até que sejam citadas as letras iniciais dos nomes das participantes do brinco infantil.
 Enquanto cantam, aquelas cujo nome é mencionado na quadrinha é que entram na roda e retornam: "A baleia é um peixe grande etc."

A MÃO DIREITA

Dando as mãos, formam uma roda e cantam para a menina que irá ao centro:

> 1 – A mão direita tem a roseira   (bis)
> que dá flor na primavera.   (bis)
>
> 2 – Entrai na roda, (bis) linda roseira
> e abraçai, (bis) a mais faceira.   (bis)

Uma das meninas vai para o centro da roda e canta a seguir:

> 3 – A mais faceira, (bis) eu não abraço   (bis)
> abraço a boa (bis) companheira.   (bis)

Dirigindo-se depois a uma das companheiras, canta, solando, enquanto as demais param de rodar:

> Que lindos olhos   (bis)
> tem Cecília,
> que agora há pouco   (bis)
> eu reparei.
>
> Se eu reparasse   (bis)
> há mais tempo,
> eu não amava   (bis)
> a quem amei.

Ao cantar essas quadrinhas, abraça a menina escolhida e sai do centro da roda, enquanto a outra a substitui, a fim de ser repetida a ronda. Há uma rigorosa vigilância da parte de todas para que uma não vá duas vezes ao centro, no decorrer do jogo.

MARGARIDA ESTÁ NO CASTELO

Dentre todas as crianças que desejam brincar, uma é escolhida para ser a "Margarida", outra é escolhida para comandar os "Cavaleiros".

As demais crianças formam um círculo ao redor da "Margarida", segurando-lhe o vestido pela fímbria, e cantam:

Margarida está no castelo,
olé, olé, olá.
Margarida está no castelo
olé, seus cavaleiros.

A criança escolhida para comandar os cavaleiros responde:

Eu queria vê-la,
olé, olé, olá,
eu queria vê-la,
olé, seus cavaleiros.

Todas respondem:

Mas o muro está muito alto,
olé, olé, olá.
mas o muro está muito alto,
olé, seus cavaleiros.

A outra replica:

Tirando-se uma pedra,
olé, olé, olá.
Tirando-se uma pedra,
olé, seus cavaleiros.

Ao cantar esse verso, a menina tira uma daquelas que seguravam o vestido da "Margarida", enquanto as outras respondem:

Uma pedra não faz falta,
olé, olé, olá.
Uma pedra não faz falta,
olé, seus cavaleiros.

As duas replicam:

Tirando-se duas pedras,
olé, olé, olá.

Tirando-se duas pedras,
olé, seus cavaleiros.

Ao cantar esse trecho, a comandante tira mais uma das meninas que seguravam o vestido da "Margarida". As demais meninas respondem:

Duas pedras não faz falta,
olé, olé, olá,
Duas pedras não faz falta
olé, seus cavaleiros.

Vão cantando até que tenham sido retiradas todas as meninas que estavam segurando a fímbria do vestido de "Margarida". Todas a seguir cantam, batendo palmas:

Apareceu a Margarida,
olé, olé, olá,
apareceu a Margarida,
olé, seus cavaleiros.

Enquanto estão cantando essa última quadrinha todas as meninas que estão tomando parte nessa tradicional ronda infantil ressaltam o ritmo com batidas de palmas, e a "Margarida" baila no centro da roda, finalizando o jogo cantado.

Agulha

Jogo de roda. Uma das meninas fica no centro. Feita a escolha é a do centro substituída pela escolhida.

Coro Quem é aquela menina
    que vem de tão longe, tão longe,
    debaixo da manjerona
    fazendo ton-ton. (bis)

Solo Eu ando por aqui
       por aqui assim, assim,
       à procura de uma agulha
       que eu aqui perdi.

Coro Menina vai pr'a casa
       vai dizer a teu pai, teu pai,
       que uma agulha que se perde
       não se acha mais.

Solo Eu tenho um cachorrinho
       chamado Totó,
       ele é malhadinho
       de um lado só.

LÉO, OLÉ DO CARANGUEJO

Jogo de roda. Fazem a roda e vão cantando. No estribilho, quando cantam "léo, olé" etc., batem palmas e imitam o fincar o pé na areia da praia quando cantam "finca o pé na vazante da maré."

Léo, olé, catolé finca o pé
na vazante da maré,   (bis)
léo, olé, olé, olé.

Caranguejo não é peixe,
caranguejo peixe é,
caranguejo só é peixe,
na vazante da maré.

Batuquinho, batuquinho,
batuquinho do sertão,
por causa do batuquinho
maltratei meu coração.

Pula machadinha

É um jogo cantado. Uma criança fica no centro da roda e as demais, girando, cantam:

Rom, rom, rom,
minha machadinha   (bis)
pula machadinha
no meio da roda.   (bis)

A criança do centro responde:

No meio da roda
não hei de pular   (bis)
porque tenho Sucica
para ser meu par.

Abraça o menino (ou menina) cujo nome mencionou, saindo da roda, deixando no centro a criança escolhida.

Bela pastora

Formam uma roda e no centro fica uma das participantes que é a "bela pastora". As crianças, rodando, cantam:

Lá em cima daquela montanha,
avistei uma bela pastora
que dizia em sua linguagem
que queria se casar.   (bis)

Bela pastora entrai na roda
para ver como se dança,
uma roda, roda e meia,
abraçai o vosso amor.

A criança do centro (a bela pastora) abraça uma das companheiras, pondo-a no centro da roda e saindo logo a seguir.
O jogo se repete até que todas tenham sido a bela pastora.

LÁ VEM VINDO UM ANJO

Jogo de roda. Uma criança fica no centro. As demais cantam:

Lá vem vindo um anjo,
um anjo de lá do céu.
não é anjo, é uma virgem
porque traz grinalda e véu.

A criança que está no centro responde:

Eu ando por aqui
por aqui ando eu,
à procura de uma de vocês
para beijar os pés de Deus.

Esta sim, esta não,
esta sim, esta não,
esta é do coração.

Enquanto canta, faz a escolha olhando para uma, para outra e, quando o último verso é cantado, escolhe a companheira que deverá substituí-la no centro da roda.

PAI FRANCISCO

Jogo de roda. Quando uma das crianças é escolhida, entra no centro da roda, imita o gesto de tocar violão, depois requebra-requebra o corpo, imitando o ciscar da terra como fazem os pintinhos. Esse personagem cessa com suas imitações quando cantam: "olha lá, seu delegado", porque ele pressuroso aponta para um dos participantes do brinco cantado.

Quando a roda movimenta-se novamente, compete à criança apontada entrar no centro e repetir as imitações preferivelmente com mais jocosidade.

Pai Francisco entrai na roda
tocando seu violão, seu violão,
como ele faz seu requebrado,
parece um pinto
que caiu no melado,
olha (ou grita) lá, seu delegado.

SENHORA BELA CONDESSA

É um jogo de roda para escolha de noiva. No centro da roda fica uma das crianças que é o emissário do rei. Escolhida a primeira noiva, vai ela para o centro da roda. O jogo continua até que todas as crianças sejam escolhidas para noiva do príncipe. Chega um momento em que o número de meninas que fazem a roda, embora abram bem os braços, já não podem mais circundar as que estão no interior.

Jogam também doutra maneira. Ficam todas numa fila. Vem o emissário para buscar a noiva. Este vem até onde estão as noivas. Cada vez que uma é escolhida, emissário e noiva dão uns passos à retaguarda. Escolhe, escolhe até que todas passem para seu lado, finalizando assim o jogo cantado.

Enquanto se processa a escolha, cantam:

Senhora bela condessa,
vinda de França onde nasceste,
que queres, bela condessa,
vinda de França onde nasceste?

O emissário canta:

– Nosso rei mandou buscar
uma de vossas filhas
a qual for mais boazinha (ou bonitinha)
esta é que me convém.

Em resposta cantam:

– Minhas filhas não vão lá,
porque são do coração,
nem por ouro, nem por prata,
nem por sangue do aratá.

Alternando:

– Tão alegres que viemos,
para tão tristes voltá,
sabendo que a filha
da Condessa vai casá.

O emissário, cantando, procedendo a escolha:

– Esta quero, esta não quero
porque come o pão da cesta.
Esta quero, esta não quero não,
porque come o requeijão.

QUE LINDO BONECO

Dando as mãos, formam roda e uma das crianças vai para o centro. Todas as demais cantam:

Que lindo boneco na roda entrou,   (bis)
Deixá-lo roubar que'inda não roubou,
Ladrão, ladrãozinho tirai seu pezinho   (bis)
não queira ficar na roda sozinho.

A criança que está na roda responde:

Sozinho eu não fico,   (bis)
nem hei de ficar,
porque tenho a Dalva   (bis)
para ser meu par.

Todas as crianças em coro:

> Tira, tira o seu pezinho,
> bem juntinho do meu,
> depois não vá dizer   (bis)
> que você se arrependeu.
> (outra versão: que seu pai se arrependeu.)

BANDOR

Todas as crianças formam uma fila. Duas se afastam e escolhem, em silêncio, dois objetos, ou duas frutas ou flores, para com isso simbolizar o "céu" e o "inferno".

Exemplo: pêra (inferno) e laranja (céu), ou garfo (céu) e colher (inferno). Depois de estabelecidos os símbolos, essas duas crianças formam, segurando as mãos, um arco, e a fila das demais começa a passar sob ele, cantando:

O bandor, viva o bandor,
o bandor de nós também,
passaremos, não passaremos,
algum dia ficaremos.

(Estribilho)

– Passa, passa, três vezes,
a última há de ficá,
tenho mulhé e filhos
já me custa assustentá.

II

O bandor me dá licença
que eu também quero passá,
eu já tenho mulhé e filhos
já me custa assustentá.
Passa, passa, três vezes etc.

A última criança da fila é aprisionada pelas duas meninas que formaram o arco, as quais, descendo simplesmente os braços, estabelecem a cadeia e perguntam ao prisioneiro:
– O que você quer: pêra ou laranja? Se o prisioneiro responder: "pêra", irá para trás da menina que se intitulou pêra, o mesmo acontecendo ao que responder "laranja", irá para atrás da outra.

E a fila, sempre cantando, torna a passar, ficando a última criança como prisioneira. Assim vai-se repetindo até que todas sejam interrogadas.

A seguir a criança intitulada "pêra", como estava simbolizando o inferno, vira-se para as companheirinhas e diz: "inferno, inferno, inferno", e a outra, por sua vez, diz: "céu, céu, céu...", finalizando o jogo.

BE-LIM-BE-QUE-LIM

As crianças se dividem em dois partidos que se defrontam. Riscam no chão uma barra de uma calçada a outra, linha divisória entre os dois grupos. Todas as crianças ficam com um pé sobre a barra.
Um grupo canta:

Be-lim, be-que-lim,
beque, beque, beque-lá...

Enquanto cantam caminham para a retaguarda a passos mais ou menos largos, acompanhando o ritmo do canto. Na última sílaba todas param e agora o grupo oposto canta caminhando para trás:

Minha mãe mandou buscá
um presente de Natal.

O outro grupo repete o:

> Be-lim, be-que-lim,
> beque, beque, beque-lá

e caminhando para trás enquanto dura o canto. O mesmo faz o grupo oposto quando torna a cantar: minha mãe mandou buscar etc. Logo que finaliza o canto, todas as crianças param, e uma delas anuncia: "um, dois, três".

Ao dizer "três", todas as crianças de ambos os grupos correm em direção à barra para impedir que elementos de um grupo consigam invadir o terreno do grupo oposto.

CIRANDINHA

É um tradicional jogo de roda, oriundo de uma dança popular de adultos. Os grupos infantis são ótimos guardadores de nossas tradições.

As crianças, dando as mãos, fazem uma grande roda e cantam:

> Oh! ciranda, cirandinha,
> vamos todos cirandá,
> vamos dá a meia-volta,   (bis)
> volta e meia vamos dá.   (bis)
>
> O anel que tu me deste,
> era vidro e se quebrô;
> o amor que tu me tinha,   (bis)
> era pouco e se acabô.   (bis)
>
> Por isso, dona Cecília
> entre dentro desta roda,
> diga um verso bem bonito   (bis)
> diga adeus e vá s'imbora   (bis)

Depois de cantarem essas três quadrinhas a menina escolhida canta solando:

A ciranda diz que tem
duas filhas pra casá
uma tem a perna torta   (bis)
outra não sabe falá.   (bis)

A seguir, as demais meninas cantam novamente as três quadrinhas e escolhem outra companheira que vai para o centro da roda, onde canta sozinha:

Lá em cima daquele morro
tem um pé de abricó.
quem quisé casá comigo   (bis)
vai pedi pra minha avó.   (bis)

Novamente as demais cantam as três quadrinhas iniciais e a companheira escolhida canta:

Lá em cima daquele morro
tem um pé de melancia,
quem quisé casá comigo   (bis)
vai pedi pra minha tia.   (bis)

Nova repetição pelo coro das primeiras quadrinhas, e aquela que se encontra no centro da roda canta:

Minha gente venha vê
coisa que nunca se viu,
o tição brigô coa brasa   (bis)
e a panelinha caiu.   (bis)

A menina do centro canta uma quadrinha após as demais companheiras terem cantado as três (quadrinhas) primeiras.

Meu amor está mal comigo
e eu não sei qual é a razão,
se é falta de carinho,   (bis)
eu lhe dô meu coração.   (bis)

Siriri-sirirá

As crianças organizam-se em dois grupos, tendo cada qual o seu chefe. Sentam-se no chão. Os grupos se defrontam, ficando distante um do outro cerca de seis a dez passos.

O chefe de um grupo se intitula "rei", e a criança chefe do outro grupo é a "rainha". Os chefes escolhem secretamente nomes de flores, frutas, talheres ou de países para os componentes de seus grupos.

O rei anuncia:

– "O príncipe dos cravos (ou qualquer outro nome de país) quer casar-se com a... A rainha completa a frase dizendo: "Princesa das camélias".

O príncipe dos cravos então se levanta e se dirige à criança que ele desconfia ser a princesa das camélias. Se errar a criança, lhe vira o rosto. Todas as demais lhe dão uma vaia e o príncipe retorna vexado ao seu lugar, aguardando nova oportunidade de procurar a sua noiva. Se, porém, acerta, a princesa se levanta, o príncipe dá-lhe o braço direito, ambos fazem uma cortesia e caminham satisfeitos pelos arredores do lugar onde estão jogando, até que todos os príncipes adivinhem quais são as princesas.

Depois de distribuídos todos os pares, o séquito nupcial estaciona, e cada príncipe tomando as mãos de sua princesa forma, pela elevação dos braços, uma espécie de arco. Todos os pares, assumindo a mesma posição, formam um verdadeiro túnel.

Começam a cantar:

> Siriri-sirirá,
> truá, truá,
> siriri-sirirá,
> truá, truá...

Durante o canto, o primeiro par atravessa o túnel e se põe adiante do último. A seguir, o segundo par faz a mesma coisa e se põe adiante do primeiro par que se movimentou, assim sucessivamente, até que todos os pares atravessem o túnel. Durante todo esse tempo das evoluções, todas as crianças, com exceção das duas que atravessam o túnel, permanecem cantando: "Siriri-sirirá..."

ACALANTO

Ao anoitecer, após a refeição, quer na casa do rico, onde a mãe se embala na macia rede, com o filho no regaço, ou na casa do pobre, onde sentada sobre a esteira, aconchegando a criança, sussurra um dorme-nenê – é a cantiga de ninar dolente, monótona, que faz cerrar as pálpebras.
Este "dorme-nenê" foi recolhido em Piaçabuçu, em Alagoas.

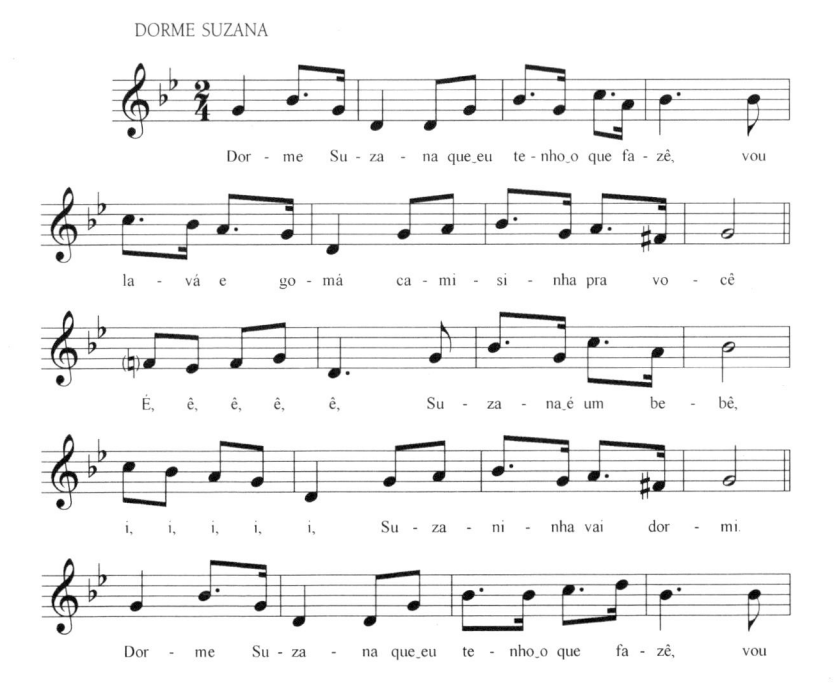

DORME SUZANA

Dor - me Su - za - na que eu te - nho o que fa - zê, vou
la - vá e go - má ca - mi - si - nha pra vo - cê
É, ê, ê, ê, ê, Su - za - na é um be - bê,
i, i, i, i, i, Su - za - ni - nha vai dor - mi.
Dor - me Su - za - na que eu te - nho o que fa - zê, vou

lyrics under music:
la - vá e go - má ca - mi - si - nha pra vo - cê.
A, a, a, a, Su - za - na quer a - pa - nhá,
i, i, i, i, i, Su - za - ni - nha vai dor - mi.

Dorme Suzana
que'eu tenho o que fazê,
vou lavá e gomá
camisinha pra você.

É, é, é, é, é,
Suzana é um bebê,
i, i, i, i, i,
Suzaninha vai dormi.

Dorme Suzana
que eu tenho o que fazê,
vou lavá e gomá
camisinha pra você.

A, a, a, a, Suzana
quer apanhá,
i, i, i, i, i,
Suzaninha vai dormi.

Esses acalantos são de uma suavidade sem par, embalam e não atemorizam a criança, embora haja uma promessa de apanhar, que não lhes infunde medo como os mitos da angústia infantil.

Dorme filhinho
qu'eu tenho o que fazê
vô lavá e gomá
camisinha pra você
a... a... a...

filhinho qué apanhá
i... i... i...
filhinho vá dormir.
Dorme filhinho
qu'eu tenho o que fazê
vô lavá e gomá
camisinha pra você
é... é... é...
filhinho é um bebê
i... i... i...
filhinho vá dormir.
Nossa Sinhora
na bera do rio
lavava os paninhos
do seu bento filio
ela lavava.
São José esprimia
chorava o menino
do frio que fazia.
Maria lavava
José estendia,
chorava Jesus
no colo de Maria.

Nestes quatro "dorme-nenê" estão presentes os animais, aves, que produzem o medo às crianças: pavão, boi e gato; atemorizam certamente porque há os mitos da angústia infantil, bichos que povoam esse universo mítico criado pela criança e de uma certa forma pelo adulto que visa a um estado de relaxamento que precede o sono.

Á... á... á...
Nenê qué apanhá
é... é... é...
o Nenê é um bebê
boi, boi,
boi do meu coração
pegue o Nenê
qu'ele não qué dormi não.
Á... á... á...

Nenê qué apanhá
é... é... é...
Nenê é um bebê
dorme, dorme Nenê
qu'eu tenho que fazê
Nenê que não dorme
gatinho vem comê
u... u... u...
Nenê vá dormir
Á... á... á...
Nenê qué apanhá
é... é... é...
o Nenê é um bebê
boi de cara preta
pegue o nenê,
quando chora faz careta.
Á... á... á...
Suzana qué apanhá
é... é... é...
A Suzana é um bebê
chô... chô, pavão,
de cima do telhado,
deixe a Suzana
dormi o sono sossegado.

RODA-PAGODE

Atividade lúdica dos adultos do Baixo São Francisco por ocasião das festas de plenitude ou principalmente na pequena vacância agrícola de inverno, por ocasião das festanças do ciclo junino. Em torno das fogueiras, grupos alegres de adultos de ambos os sexos, de mãos dadas, cantam, saltam-nas, deixam uma fogueira, passam para outra, misturam-se os grupos. Estes vão se avolumando até se reunirem todos ao redor de uma grande fogueira na praça pública – o quadro. Ali todos cantam e a roda-pagode alagoana, vivência na região açucareira que põe no corpo da gente uma vontade insopitável de dançar, de bailar, pois seu ritmo é convidativo. Ela congraça os membros adultos da comunidade, caem as barreiras sociais, pobres e ricos, moradores das casas de tijolos e das choupanas de palha, de mãos dadas, alegres cantam esquecendo-se das tricas políticas, das desditas, das mágoas, das rixas e intrigas familiares, do bate-boca de comadres, dos desníveis sociais: ali todos pertencem à grande família alagoana – una, alegre e feliz. As cantigas são tradicionais e traduzem em versos fatos e coisas do hábitat do ripícola são-franciscano, mas a roda-pagode dá-lhes uma vida nova – a comunicabilidade, alegria congraçadora que eclode pela passagem do ano cósmico na grande festa do solstício de inverno coincidindo principalmente com a festa joanina, à noite de 23 para 24 de junho de todos os anos, noite em que São João Batista está dormindo... segundo a crença popular.

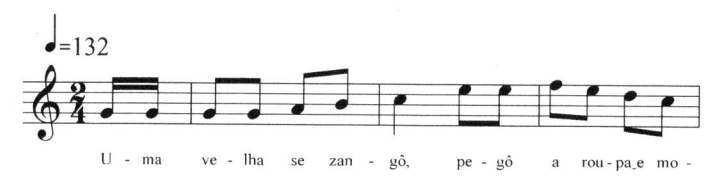

♩=132

U - ma ve - lha se zan - gô, pe - gô a rou - pa e mo -

lhô, botô debaixo da gamela (oi lá em casa).

Lá vai a garça voando (oi lá em casa), com a corrente na asa (oi lá em casa), não tem bom destino o homem (oi lá em casa) que namora e não se casa (oi lá em casa).

D.C.

Uma velha se zangô,
pegô a roupa e molhô,
botô debaixo da gamela (oi lá em casa).

Lá vai a garça voando (oi lá em casa),
com a corrente na asa (oi lá em casa),
não tem bom destino o homem (oi lá em casa)
que namora e não se casa (oi lá em casa).

Ei si-ei-ri-sei-co-re-a-rá, tava na bera da praia, só via a pena voá. Tava na bera da

Ei si-ei-ri-sei-co-re-a-rá,
tava na bera da praia,
só via pena voá.
Tava na bera da praia,
só via pena voá.

Ei si-ei-ri-sei-co-re-a-rá,
tava na bera da praia.

À meia-noite
brigando com o lobisome
o bicho quase me come
fiquei roco de gritá.

CANTIGAS DE TRABALHO

Embora a máquina tenha modificado em parte o uso do canto no trabalho ora substituído pela música do disco, rádio, ainda há regiões onde o homem, só ou em grupo, pratica as cantigas de trabalho, que o anima, ligando-o ao seu labor. O próprio ritmo da toada facilita muitas vezes o ritmo da operação manual. A música é dinamogênica, um estimulante do trabalho que faz render mais.

A música mecânica da atualidade substituiu em parte aquela nascida espontânea da alma do trabalhador individual ou do grupo de trabalhadores. Principalmente do grupo, porque o ruído da maquinaria a trabalhar abafa o canto dos operários. O trabalhador individual é mais comum, ainda persiste mesmo nas cidades industrializadas. Graças aos pregões, monótonos muitos, continua o mesmo ritmo e a mesma frase ou só uma ou duas palavras repetidas, emitidas em voz cantada, apregoando a boa qualidade da mercadoria a ser vendida a bom preço.

Há pregões que não vão além de um ou dois vocábulos, dois versos e a melodia não conclusiva, faz-se esperar que termine... Parece ser esse o motivo que se fixa mais nos que o ouvem.

Muitas vezes o autor do pregão aproveita inconscientemente pedaços de melodia conhecida e quem o ouve fica a esperar o resto da melodia, mais nisso é que está o valor "comercial" do pregão...

> Olha o quentão, tá quentinho patrão... tá quentinho...
> Banana patroa... pintadinha...
> Oi pam... oi pam... (olhe o pão)

As cantigas de trabalho em conjunto ainda são encontradas nos mais distantes rincões do país com uma vitalidade sem-par: é o aboio, o canto dos varejeiros dos barcos do São Francisco, dos tropeiros, dos comboieiros, dos trabalhadores das fainas agrícolas etc.

No Baixo São Francisco, nas plantações de arroz, recolhemos alguns cantos de trabalho: quer na plantação, quer no corte, há cantigas que são mais ou menos parecidas, cuja função é estimular. Nessas riziculturas há predominância das vozes femininas.

Setembro é a época da colheita. Em agosto o trabalho ainda não apresenta a azáfama da colheita. Cantam mais por ocasião do batimento do arroz. O canto ativa o trabalho. Quando os trabalhadores estão mais cansados, uma cantiga alegre, vivaz, reanima-os. As noites de lua, quando o tempo está mais fresco, é que preferem para o batimento de arroz, porque despendem muita energia física. São os mais fortes que executam a malhação. As mulheres cantam. Cantam não apenas na malhação do arroz, executada pelos homens suarentos, mas nos eitos de trabalho, quando "tiram" também versos. Há mulheres que são consideradas "mestras" para puxar o canto no trabalho. Por ocasião dos "batalhões" (mutirão), elas cantam muito.

Foi difícil perceber as palavras cantadas porque a presença do pesquisador as constrangia, porém o gravador conseguiu fixar:

♩=80

O ar - roiz é bo - a la - vra vô man - dá cu -
lê, na en - tra - da do ve - rão, vô man - dá ven -
dê. O ar - roiz é bo - a la - vra As - sim diz o la - vra -
dô. Eu não vô pran - tá ar - roiz pra cu - lê sem meu a - mô.

O arroiz é boa lavra ⎫
vô mandá culê,   ⎪
na entrada do verão, ⎬ bis
vô mandá vendê.   ⎭

Assim diz o lavradô,
Eu não vô prantá arroiz,
pra culê sem meu amô.

Meu pezinho de milho verde
me esconda na vossa sombra,
quando estô mais meu benzinho
eu não tenho onde m'esconda.

Minha urupemba de ouro,
meu alecrim penerado,
nunca chorei por amor,
mas por ti tenho chorado.

ABOIO DE ROÇA

O mutirão, ou melhor, a ajuda vicinal no Nordeste é também chamada "batalhão". É uma das atividades em que reinam a camaradagem e alegria. Durante o trabalho há cantos: são os *aboios de roça*. Já no final, há os cantos de roda-pagode, nos quais tomam parte adultos de ambos os sexos. É realmente uma atividade congraçadora de todos os elementos participantes do "batalhão".

O dono do serviço é o que "bota batalhão" e se torna responsável pelo café do meio-dia. Os trabalhadores vão cedo para o trabalho e logo lhe dão início. Quem comanda a ajuda vicinal é o que "bota o batalhão".

O trabalho se desenvolve normalmente, acrescido, porém, dos "aboios de roça". Quem "bota o batalhão" puxa os cantos. O "tirador" é o que canta primeiro, uma outra pessoa responde, é o respondente. Este, em geral, canta atenorado. Canta o tirador, responde o respondente, a seguir canta o tirador, responde o respondente e no final de dois versos cantados em dueto, os dois cantam "oi, oi, ai, olá, oi". Um em voz natural, outro falseando uma oitava acima. Há, parece-nos, remoto cantochão nesse aboio, dissolvido, quase imperceptível na tessitura do canto de trabalho.

Os *aboios de roça* são diferentes dos *aboios de gado*. O aboio de roça é em dueto e o de gado é homófono. O aboio de roça é uma forma de canto de trabalho, tem letra e é em dueto. O outro aboio é solo, é canto de uma só sílaba. Noutras regiões o aboio para orientar o gado na caatinga, na estrada, não tem letras; aqui, há, porém, o canto de uma quadra e a seguir o canto de uma sílaba, longo, triste. Já o aboio de roça é menos triste e dá-nos a impressão de um desafio por meio de versos entremeados de prolongados "oi, ai, olá", cuja finalidade é excitar para maior produção de trabalho.

– Oi, oi, camarada, vamo, vamo.
Repete o "respondente" as mesmas palavras e a mesma melodia uma oitava acima. Novamente o tirador: "Ante que ela venha nós." Repete o "respondente". Agora duetando:

oi, oi, ai, olá, oi:

Outro canto:

– oi, oi vamo embora pro serviço –
Nossas horas tão chegado,
oi, oi, ai, olá, oi:

♩ = 60

Té minhã eu vô mim-bo-ra, Já_ho-je
'stô me ar-ru-ma-no, ô boi ô
mato se cri-a-no, ô boi ô
boi tá, meu boi tá ô
O boi tá
O boi tá meu boi E_o ca-
va-lo da vi-a-ge tá no boi.

Ao meio-dia, mais ou menos, é a hora do "café do meio-dia" ou da "janta", como dizem, e os trabalhadores, servidos na casa do "botador de batalhão". É o "chefe" quem dá "o de comer e o de beber". Vêm para comer na casa, sentam-se em esteira e a refeição é alegre: um alguidar comum onde todos metem a mão; antes, porém, tomam um trago de cachaça num copo comum. Alguns preferem a "limpa", isto é, cachaça pura. Outros preferem a "misturada". Na mistura há raízes – folhas e cascas ou sementes de vegetais, cambuí, canela, eucalipto e catuaba.

MODA

A poética da nossa gente descantada pelos modinheiros, pelos violeiros, pelos "puetas do certam", constitui verdadeiro romanceiro, graças a essa forma popular que é a moda, moda paulista cuja presença se faz notar na região cafeicultora, do campeiro e do boiadeiro.

Graças a esses órgãos da opinião pública – os cantadores –, está sendo constituído o romanceiro brasílico com as modas de viola, muitas das quais assumem as características de romance.

Na cidade paulista de Cunha, um violeiro compondo a moda sobre Paulo Virgínio legou-nos o mais palpitante documento sobre esse herói civil da Revolução Constitucionalista de 1932.

Outras modas são como esta, exploram problemas banais:

> Moça pra se casá
> preste bem sentido,
> homem baixo e muié arta
> é má comprometido;
> ele compra fazenda
> que não dá vestido,
> ela pega no reio,
> traz ele suprimido.
> Ora preste atenção
> se não é o que eu digo.
>
> São coisas que acontece
> e tem acontecido,
> esta muié arta
> surrá seus marido,

depois que faiz tudo isso,
fica arrependido,
põe o hominho no colo
com a cara lambido;
ora preste atenção
si não é o que eu digo

O tempo de frio
que é um tempo doído,
o dia é curto
e a noite é comprido,
o cobertô é curto
ela dorme incoído,
a criança no meio,
gritano esprimido,
ora presta atenção
si não é o que eu digo.

No Nordeste brasileiro, o cantador de viola – "pueta do certam" – emprega outras formas para o seu canto, difere das modas paulistas. Cantam fazendo sextilhas, moirão, martelo, quadrão, galope e, para mostrar a capacidade improvisatória, rimam com os motes, geralmente dois versos sem rima, em redondilha maior (sete sílabas).

Sextilha – seis versos de sete sílabas; no 1º., 3º. e 5º. versos a rima é solta. O 2º. verso rima com o 4º. e o 6º..

Gemedeira – a mesma mecânica da sextilha. Entre o 5º. e o 6º. versos o cantador coloca o refrão: "ai, ai, ui, ui".

Moirão de sete versos – também derivado da sextilha, em redondilha maior. Cantam dois cantadores em conjunto: o primeiro canta dois versos, o segundo mais dois e o primeiro termina com três. A rima do 1º. verso é solta. A rima do 2º. com o 4º. e o 7º.. O 5º. e o 6º. rimam juntos. O último verso do primeiro cantador com o último verso do segundo cantador. O primeiro cantador volta a cantar dois versos rimando entre si e mais o último, como fecho rimando com a *deixa*, ou seja, o verso do segundo cantador.

Moirão doze versos – *Moirão do Ceará* – *Moirão do "você cai"* – também em redondilha e, ainda, cantado em dupla. O primeiro repentista canta dois versos e acrescenta: "lá vai um, dois, três". O outro improvisa mais dois e adverte: "Lá vai quatro, cinco e seis". O que iniciou junta mais dois usando, no 8º. verso a rima em "ai", a resposta vem logo: "Você cai." E vêm os três versos finais: uma parelha e o fecho: "Se for por dez pés lá vai."

Martelo – canto individual. É a modalidade preferida para uma boa disputa. Só os grandes cantadores são capazes de improvisar nessa modalidade. Sua forma típica é a *décima* em decassílabos. O 1º. verso rima com o 4º. e o 5º.. O 2º. verso rima com o 3º.. O 6º. rima com o 7º. e com o 10º.. O 8º. verso rima com o 9º..

Quadrão de oito pés – é cantado em versos de sete sílabas, oito versos. Os três primeiros versos rimam entre si. Vem em seguida uma parelha terminada em *ão*; mais dois versos rimados e o final: "oito linhas em quadrão", "oito pés a quadrão" ou outra variante mais ou menos com essas palavras.

Quadrão de dez pés – dez versos de sete sílabas, mas já composto intercaladamente. Cada cantador canta um verso, sendo o final repetido pelos dois. Sua forma, mudando o metro, é igual à do *martelo*.

Galope à beira-mar – dez versos de onze sílabas. A melodia é verdadeiramente encantadora. A rima é igual à do martelo: o 1º. com o 4º. e o 5º.. O 2º. com o 3º.. O 6º. com o 7º. e o 10º.. O 8º. verso com o 9º..

Os temas dessa modalidade são em geral paisagens e figuras ligadas ao mar.

Os tipos poéticos sertanejos acima descritos foram coligidos em uma cantoria promovida por Jacir Cavalheiro, editor do *Jornal de Folclore*, da qual participaram Januário Gonçalves, natural de São Bento do Una, Pernambuco, 44 anos de idade, e José Luís Júnior, natural de Serraria, Paraíba, de 45 anos de idade. Ambos cantam há mais de vinte e cinco anos.

SERENATA

Em maio de 1961 visitamos Canudos de Antônio Conselheiro. A noite clara de luar foi um convite para que descêssemos silenciosos ao Cruzeiro e dali até ao leito do Vaza-Barris. Queríamos naquela peregrinação sentir um pouco das cenas que ali se passaram descritas pela magistralidade de Euclides da Cunha. Vê-las com os olhos da alma. Despedir-se da cidade que ficará sob as águas do açude Cocorobó. De volta, já ia alta a madrugada quando ouvimos os bordões de um violão plangidos por um seresteiro. Era uma serenata. Dentre as várias músicas cantadas (e gravadas em fita magnética), destacamos esta modinha – "Devolve as cartinhas".

O seresteiro de cabeleira que nos fazia lembrar Castro Alves cantou:

> Devolve as cartinhas que le mandei.
> Quero rasgar todas enfim.
> Devolve as cartinhas que le mandei,
> devolve, quero qu'esqueças de mim.

> Quantos beijos dados com amor,
> quantas provas da minha paixão.
> Devolve as minhas cartinhas
> já não acredito, não tenho ilusão.

> As cartinhas que le mandei tremendo
> contavam de um amor sem fim.
> Você rasgou nosso compromisso,
> devolve, quero qu'esqueças de mim.

CORETO

Reunião congratulatória em que os presentes formam pequeno coro para cantar louvações à bebida servida no ágape ou reunião festiva. Os coretos são as *saúdes* cantadas que revivem os louvores a Baco.

Esses coretos foram recolhidos em agosto de 1960 em Socorro, São Paulo, e são tradicionais na família dos Lobo – que "se ufanam de empunhar aristocraticamente um copo e ter a ascendência dos Albertim Lanóia", segundo o informante José Lobo.

> Hoje mais cedo
> o Sol saiu,
> suciá mais bela
> que nunca se viu.

Outro coreto:

> Eu não quero, eu não quero, eu não quero,
> cerimônias e nem satisfações,
> eu só quero enxugar de repente
> mil garrafas e mil garrafões,
> fões, fões, fões, fões...

O coreto mais cantado:

> Viva a bebedeira,
> viva o brejão,
> viva a carraspana
> que tomamos em São Simão.

É bom, sublime,
soberbo, divino,
uma Antártica, uma Bavária } (bis)
uma pinga com limão

CANTIGAS DE RIXA

Cidades vizinhas sempre tiveram certa rivalidade, atualmente intensificada pelo futebol, no qual as rixas são resolvidas não só com a bola, mas com soco e pancadaria.

Antigamente eram os cantos, motes, quadrinhas inventados para menoscabar o seu vizinho. Não faltam cantos com pornografia de cambulhada; há, porém, outros inocentes aproveitando motivo religioso. O padre João Batista Siqueira, filho de Taubaté, repetiu esta cantiguinha de rixa que muitas vezes provocou as iras das gentes da terra de Jaques Félix:

De caboclo de Taubaté libera nos Dominé.

BENDITO

A reza cantada, que se inicia com a louvação "bendito", é conhecida entre os rurícolas, e mesmo nos agrupamentos urbanóides, por Bendito. É muito comum a existência dessa forma laudatória no meio rural brasileiro, praticada em devoções caseiras e mesmo nas procissões provincianas. Para facilitação do canto é comum ouvir-se "benditô lovado seje"; deslocam o acento.

Nas rezas de roça há sempre um capelão (no estado de São Paulo a esse leigo chamamos *capelão-caipira*) que as dirige; "puxam a reza", daí também chamarem-nos de puxadores de reza, o que não confunde com rezador, pois este é curador, benzilhão.

O bendito é cantado com toda reverência, todos os presentes em pé, somente o capelão-caipira e seu acólito ajoelhados:

> Este bendito é louvado,
> foi feito com fundamento.
> Recordai as nossa culpa,
> suspendei meus pensamentos.
>
> Minh'alma bem soubesse,
> a recordava em todas hora,
> que a morte e paixão de Cristo
> é a dor de Nossa Senhora.
>
> A dor de Nossa Senhora
> pus-me a considerá.
> Sempre trago na lembrança
> pra com ela me salvá.

Sete lançada que destes,
Longuinho por vossas mão,
transpassou a Jesus no peito
Maria, no coração, ãi.

O judeu já eram tanto,
que a Jesuis atromentavam.
No seu rosto lhe guspiam,
outros na barba puxavam.

O que reza tão bonito,
que oração tão singular!
Quem esta oração rezá
a sua alma não perderá.

Abris a porta do céu,
quero entrá no jardim.
Eu peço a Nossa Senhora
para abri a porta pra mim.

Eu peço a Nossa Senhora,
rogo a meu Jesuis tamém,
pra nos dar o céu e glória
para todo sempre. Amém.

Eu ofereço este Bendito,
com palavras de oração,
à sua rica donzela,
com sua bandera na mão.

 Uma vez findas as orações no local onde o capelão-caipira está dirigindo, levanta-se, pois estivera ajoelhado, canta então uns versos para que os fiéis presentes se aproximem do altar (improvisado numa residência ou na cruz, santa cruz ou capela do bairro rural) para beijá-lo. Feito o beijamento está a reza terminada:

Santo Antônio disse missa,
São João virô o missar,
São Pedro já tá dizeno
quem quisé venha bejá.

♩=112

Santo An - tô - nio dis - se mis - sa, São Jo - ão vi - rô o mis - sar. São Pe - dro já tá di - ze - no quem qui - sé ve - nha be - já.

CANTIGAS DE CEGO

Velho costume que ainda se conserva vivo nas feiras nordestinas é o dos cegos pedintes. Na Idade Média, quando os não-videntes, desprezados párias da sociedade, para mover a comiseração humana, iam para as feiras, agrupavam-se e procuravam imitar uma orquestra, um deles se fazia de regente e a atitude grotesca assumida por tão desventuradas criaturas humanas provocava risos e então atiravam algumas moedas para a "orquestra muda". Hoje, nas feiras nordestinas aparecem cegos. Alguns cantam, outros tocam instrumentos. Quando eles não têm a habilidade de tocar algum instrumento musical, "duetam" (ou "solam") um canto jeremiado, e com as mãos estendidas suplicemente, esperam que lhes caia nelas uma esmola.

Nas muitas feiras nordestinas o cego ao cantar pedindo esmola o faz de uma maneira plangente, com canto anasalado, quase a mesma melodia, e o "peditório" pouco varia. Quando a recebe, canta agradecendo. Desse costume surgiu o dito popular, quando a pessoa está sem dinheiro: "não tenho nem um vintém para fazer um cego cantar".

Quem não se condoerá ao ouvir a melodia que fica cantando na alma do que passa, meditando as palavras do pedinte:

> Meu irmão que vai passando,
> com saúde e alegria,
> ajudai um pobre cego
> que não vê a luz do dia.

Em Piaçabuçu, Alagoas, gravamos o canto do cego, do velho Liberato que nas "horas vagas" era o benzedor de crianças que tinham "bichas assustadas". (Ver *Medicina rústica*.)

Meu irmão me dê uma esmola
nas hora de Deus, amém.
Eu fui quem cheguei agora,
peço licença premero a Menina da Sinhora,
tô pedino e tô rogano,
meus sinhores e sinhora.
Filhos de Nossa Senhora,
abre tudo o coração,
de vê o cego pedino
na frente dos bom cristão,
eu salvo a Deus, eu peço esmola
pela sagrada paixão
e pela linda luz dos olho
me dê uma esmola irmão.

Me dê uma esmola irmão
daquela que Deus le dá
tem a santa paciência
cá sorte é Deus quem dá.
São três pobres penitentes
que não pode trabaiá,
por caridade eu le peço
tenha pena do meu pená.

ga - no, meus si - nho - res e si - nho - ra. Eu tô pe - di - no e tô ro -
ga - no, fi - lhos de Nos - sa Si - nho - ra. Fi - lhos de Nos - sa Si -
nho - ra, a - bre tu - do o co - ra - ção, de vê o ce - go pe - di - no na fren - te dos bom cris -
tão, eu sal - vo a Deus, eu pe - ço es - mo - la pe - la sa - gra - da pai -
xão e pe - la lin - da luz dos o - lho me dê u - ma es - mo - la ir - mão.

> Quem não vê pá trabaiá
> que alegria pode tê?
> perdeu o gosto da vida
> veve triste até morrê,
> meus sinhores e sinhora
> por Deus queira nos valê.

Agradecimento das esmolas recebidas:

> *a)* Deus le pague a sua esmola
> há de sê recompensada
> ai os anjos têm alegria
> Nossa Senhora le pague,
> Deus lhe dê a luz da vida
> saúde e felicidade,
> que se veja na gulória (glória)
> quem nos fez a caridade.
> Ai esta outra recebida
> quem me deu de coração,

neste mundo ganha um prêmio
no outro a salvação.
E há de sê bem ajudado
da Virge da Conceição.
Deus le dê a eterna gulória
Deus le dê a salvação.
Seja coberto de graça
da Virge da Conceição.

b) A Virge da Conceição
ela seja a sua guia
dos cristão que dão a esmola
com prazer e alegria
no reino do céu se veja
com toda sua família.
Ai e conserve a luz dos olhos
Senhora Santa Luzia
Nossa Senhora das Dores
ela seja a sua guia.
O cristão que deu a esmola
com prazer e alegria
Jesus Cristo na gulória
deve estar muito contente
de vê seu filho devoto
dando esmola aos penitentes,
tou pedino e tou rogano
no meio de tanta gente.

c) Deus le pague a sua esmola
Deus le leve num andor
acompanhado de anjo
cérculado de fulô,
ai no lado da mão direita
le pague Nosso Senhô.
Abençuada seje a mão
de quem a esmola butô
que se veja no eterno
nos pés de Nosso Sinhô,
Nossa Sinhora le pague

Deus do céu abençuou
com toda sua família
Deus o bote no andô
acompanhado de anjo
cérculado de fulô (flor).

d) Quem me deu esta esmola
quem me deu com alegria
no reino do céu se veja
com toda sua família,
Nossa Senhora das Dores
ela vai em sua guia,
do cristão que deu a esmola
com prazer e alegria.
Ô que mão abençuada
do cristão que deu a esmola
a bênção do céu lhe venha
da mão de Nossa Senhora
Jesus Cristo é quem lhe paga
Deus le dê a eterna gulória.

Pedido de cego na feira:

e) A esmola quem le pede,
meus sinhores e senhoras,
é quem perdeu a luz dos olhos
não tem mais o que enxergar,
perde o brio, perde a vergonha,
perde o jeito de andar,
meus irmãos me dê uma esmola
daquela que Deus le dá.

f) Quem nasceu cego da vista
que dela não se usou
não sente tanto sê cego
como a quem vendo, cegou.
Meus irmãos me dê uma esmola
Filho de Nosso Sinhô (bis)
ai eu le venho é visitá
venho le pedi uma esmola

daquela que Deus te dá
tenha a santa paciência
que a sorte é Deus quem dá.
Ai este pobre penitente
que não vê pra trabaiá,
meus irmãos me dê uma esmola
pela santa do artá.

g) Nossa Senhora pediu
com seu joeio no chão
que quem fizesse a caridade
ela dava a salvação.
Peça a um, eu peço a outro
peço a todo bom cristão.
Por caridade eu le peço
por caridade me dão,
cidadão que vai passano
me bote um sinal na mão,
que os cego são quem pede
e os de vista são quem dão,
valei-me Nossa Senhora,
Mártir São Sebastião,
que os cego são quem pedem
os de vista são quem dão.

h) Ó irmão me dê uma esmola
eu lhe peço é por amor,
tô pedino e tô rogano
filho de Nosso Sinhô
dê uma esmola a quem le pede
pelo Deus que nos criou.
Pelo um Deus que nos criou,
abrandando os bom coração
o nome de Jesus Cristo,
não deixe cair no chão
por caridade eu le peço
por caridade me dão.

i) Coitadinho de quem pede
com suas necessidade,

quem pede, pede chorando,
pra dá carece vontade
ai coitadinho de quem pede
com sua necessidade,
um pouco com Deus é muito
e o muito sem Deus é nada.
No mundo tanta beleza,
com a morte tudo se acaba
meus irmão me dê uma esmola
devoto da caridade.

CANTOS DE VELÓRIO

Em *Ritos de morte* estudaremos o velório. Essa instituição universal que é a da guarda de defunto, tem nomes diferentes nas várias regiões do Brasil. Na região da jangada e do vaqueiro é conhecida por "sentinela". Cantar as sentinelas. Na sala onde está o defunto, os presentes à cerimônia cantam rezas, dentre elas uma popularmente denominada "incelências" ou excelências. Para que a reza surta efeito e tenha valor cantam até doze, certamente porque doze eram os apóstolos de Jesus.

A "sentinela" só se processa à noite. Se quando estão cantando as rezas de guarda, alguma pessoa passa pela porta (rua, estrada), um daqueles que se encontra no velório grita: "Chegai irmão das alma!" Outras vezes cantam uma reza especial (como a que registramos a seguir) para ver aumentado o número de guardadores do defunto.

> Chegai pecadô que há de morrê,
> chama por Jesuis para te valê.
> Chame por Jesuis enquanto é tempo,
> quando a morte vem, mata de repente.
> Quando a morte vem, calada, sozinha
> dizendo consigo, esta hora é minha.
> Chama por Jesuis que ele mandará
> um anju da guarda para te ajudá.
> Torna a chamá, que Ele vem também
> cum seu anju da guarda, para sempre. Amém.

É costume, durante os trabalhos fúnebres, isto é, os de lavar e vestir o defunto, cantar rezas especiais para tais fins.

A "sentinela" é a missa laica de encomendação de defuntos que os pobres fazem na impossibilidade de pagar aquela da liturgia católica romana.

INCELÊNCIAS

♩=72

U - ma in - ce - lên - cia ô mãi a - mo - ro - sa,
seu fi - lho vai mor - to na vi - da sau - do - sa.

Uma incelência ⎫
ô mãi amorosa, ⎬ (bis)
seu filho vai morto ⎭
na vida saudosa.

Duas incelência etc.

REZA

♩=68

Nos do - min - go e di - a san - to que as
i - gre - ja tão cha - ma - no, que nós no nos - so ba -
tu - que e tu é que Je - sus cra - ma que

Nos domingo e dia santo
que as igreja tão chamano,
que nós no nosso batuque ⎱ (bis)
e tu é que Jesus crama. ⎰

E tu é que é deu a morte
tanta morte arrepentina ⎱ (bis)
tanto castigo que vorta. ⎰
Castigo havemo tê,
raio, curisco e trovão,
tudo isso é de se vê.

Essas arma que morreu,
não se salvaro nenhuma
selada este mistério
talvez que salvasse alguma.

Valei-me Santa Teresa,
Valei-me Santa Isabé,
Valei-me meu Anjo da Guarda,

Me acuda São Gabrié.
Quem reza este bendito

com toda sua famía
as portas do céu se abre
e o inferno treme de dia,
que nos livre do inferno
para sempre Amém, Jesus.

DESPEDIDA

Cantam como se fosse o defunto que estivesse despedindo-se:

♩=72

Su - a bên - ção mãi, nos quei - ra bu - tá,

os an - ju me cha - ma não pos - so es - pe - rá.

Sua bênção mãi,   (bis)
nos queira butá,   (bis)
os anju que chama
não posso esperá.

Não posso esperá
esta dispidida,
hoje é o dia
da minha partida.

Meus irmão não chore
que eu não posso,
peço que me reze
outro Padre-Nosso.

Si forim rezado
de bom coração,

peço que me ofereça
em minh'intenção.

Dê a ismola aos cego
e aos filho sem pai,
quem faz pra Jesuis Cristo
merecemo mais.

Adeus minha mãi,
meu povo também,
eu vou pra eternidade
para sempre. Amém.

* * *

Nos momentos mais tristes, de respeito ou solene, aparece, às vezes, um gaiato que vem destoar. Contou-nos o saudoso José Pedro Camões, organizador do Museu de Taubaté, que em sua terra natal, Redenção da Serra (São Paulo), um velho conhecido seu, muito pândego, por ocasião dos guardamentos de defunto, se não aparecia logo um cafezinho com mistura ali pelas 23 horas, cantava uns versos jocosos de permeio com as "incelências". Muitas vezes não cantava além das três "incelência" porque não faltava quem lhe fizesse uma dura corrigenda.

Parodiava a reza:

Uma in - ce - lên - cia do meu São Jo - sé.

Já são on - ze ho - ra, que ve - nha o ca - fé.

Uma incelência
do meu São José.
Já são onze hora,
que venha o café.

Duas incelência
do meu São João

si não tivé café
ao menos um poco de pão.

Treis incelência
do meu São Quelemente,
si não tiver café nem pão,
ao menos um poco d'aguardente.

CÂNTICO PARA AS ALMAS

Em Redenção da Serra (São Paulo) há um costume tradicional realizado por ocasião da Quaresma. Todas as sextas-feiras, um bando de homens, à meia-noite, aproxima-se das casas na roça, e canta sem acompanhamento de instrumentos a seguinte reza: "Rezo um Padre-Nosso, uma Ave-Maria, pras alma do cemitério".

♩ = 46

Re - zo um Pa - dre Nos - so, u - ma A - ve Ma - ri - a pra sal - ma do ce - mi - té - ri - o...

Ao aproximar-se da casa, um dos membros do grupo, que é o tocador de matraca, agita-se a fim de com o ruído acordar as pessoas que porventura estejam dormindo. A matraca é uma tábua com empunhadura, tendo no centro um pedaço de ferro, à guisa de alça, que, com o movimento brusco, bate produzindo ruído.

Se na casa, porventura, seus moradores estão com as luzes acesas, apagam-nas, e todos da família, dirigidos pelo seu chefe, rezam um Padre-Nosso e uma Ave-Maria, fazendo-o em oferecimento às almas do cemitério. Cá fora, os componentes mantêm-se em silêncio. Durante uma noite esse bando de rezadores percorre um bom número de casas, cujos ocupantes não abrem as portas, quando chega o rancho de rezadores, porque senão "enxergarão as almas dos mortos, e receiam vê-las". Com os *cantigos para as almas* realizam a "recomenda" ou "encomenda".

TERNO DE ZABUMBA

O terno de zabumba é conjunto musical típico do Nordeste, conhecido também pelos nomes de terno de música ou como particularmente em Alagoas é chamado: "esquenta mulher"; na Paraíba, cabaçal; no Ceará, banda de couro. O terno de música compõe-se de dois tocadores de pífano, um tocador de caixa e um de zabumba. O pífano, pífaro, "pile" ou "taboca" é um instrumento aerofônio, o mais rudimentar dos instrumentos de sopro: um canudo de taquara com sete furos, seis para os dedos e um para os lábios. É uma flauta primitiva. Zabumba e caixa são instrumentos membranofônios de percussão indireta por meio de baquetas (cambitos); aquela grande e esta pequena, construídas pelos próprios tocadores. O terno de música alegra sempre as festas, festanças e festarias nordestinas. No Baixo São Francisco está presente para acompanhar o bailado dos Quilombos, a dança das Baianas, para tocar "salvas" nas rezas e acompanhar as procissões do meio rural e para os bailes onde não faltam, pois um *baiano* ou uma polca tocada por ele todos os dançarão, daí seu apelido de "esquenta mulher".

Salva. É a música "de reza" tocada pelo terno de zabumba. Tocam para acompanhar rezas e novenas. Dizem que reza sem acompanhamento de música de zabumba é "reza de sentinela", de velório. Acompanham as procissões tocando as *salvas*. A esse conjunto se deve a grande animação das rezas de novena do meio rural nordestino.

A salva pode ser profana ou religiosa. É profana quando, numa festa familiar ou de bairro, um dos músicos diz uma quadra ou sextilha e a seguir tocam uma peça musical correspondente a esses versos proferidos. A salva *religiosa* consiste na recitação de uma oração e a seguir executam a música dessa reza.

As rezas declamadas pelos membros do terno de zabumba são as mesmas que se cantam nos ofícios religiosos católicos romanos.

Na salva, quer profana, quer religiosa, o dizer os versos sempre antecede a música do instrumental. Há uma etiqueta observada pelos tocadores de salva: não se retiram os músicos do local ("cercado", capela ou casa) onde estiveram sem a *salva da despedida*, que consiste no seguinte: os quatro membros do terno de zabumba, cada qual tem que proferir, geralmente improvisando, uma quadra elogiosa aos presentes, aos santos, aos donos da festa. Depois que todos os membros disseram seus versos, concluído tal ritual, retiram-se tocando alegre marchinha.

Outra função religiosa do terno de zabumba, além das *salvas*, é sair para pedir esmolas. O terno conduz respeitosamente um "Santo Antônio Caminhante". Caminhante pelo fato de ser um santo pequeno (de 5 cm de altura) conduzido numa caixinha para peditório. Santo Antônio ou outro santo; entretanto, esse é o mais popular, mais querido.

Nas festas religiosas, os ternos de música são pagos para tocar as "salvas", em geral Cr$ 100,00 para os acompanhamentos, dinheiro que logo se transforma em cachaça, pois os tocadores acham que, para tocar bem, precisam ingerir muita bebida alcoólica.

Os músicos são sempre muito considerados, dizem que o "tocador de pífano entra no inferno (outra versão é no céu) e ninguém o vê, pois ele entra de banda, de lado".

INSTRUMENTOS MUSICAIS

Os instrumentos musicais poderiam ser incluídos no capítulo do volume 3: *Ritos, sabença, linguagem, artes populares e técnicas tradicionais*, entretanto, preferimos inserir neste, de Música.

Ilustram este estudo os desenhos de Osny Tavares de Azevedo, professor, nosso colega na Universidade de São Paulo, que utilizou como modelo os instrumentos de nossa iconoteca e museu particular.

Com o auxílio dos desenhos descreveremos os elementos materiais em uso nas manifestações tradicionais das festas, festanças, festarias e cerimônias do povo paulista.

Pelo Brasil afora alguns desses instrumentos descritos terão outros nomes regionais. Fixamos esses do populário paulista considerando apenas como um ponto de partida, para se documentar com riqueza de detalhes que o desenho oferece a cultura material das regiões cafeicultora, da ubá, das novas culturas, do boiadeiro e do campeiro, no que se refere aos instrumentos musicais.

Não nos interessou perquirir a origem dos instrumentos, coisa muito discutida. Ao descrevê-los usamos a classificação de Victor Charles Mahillon (*Les éléments d'acoustique musicale et instrumentale*): idiofônios, membranofônios, aerofônios e cordofônios.

Adjá

É um idiofônio de percussão indireta. Compõe-se de duas campânulas de metal, percutidas por uma haste metálica. Seu toque tem o fim de reverenciar o santo nos terreiros de macumba paulista. Ultimamente vem sendo muito usado na capital, graças ao incremento e desenvolvimento dos candomblés, importados da Bahia, chegando Joãozinho da Goméa abrir uma sucursal de seu terreiro na Paulicéia. Em recente coleta constatou-se a existência de mil, duzentos e poucos "terreiros" ou "centros" nesta "Paulicéia Desvairada" do saudoso Mário de Andrade.

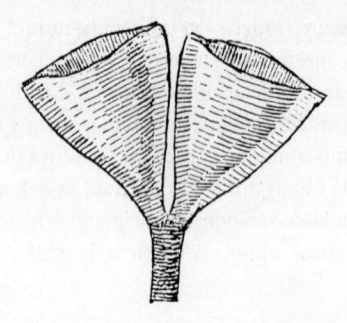

ADUFE

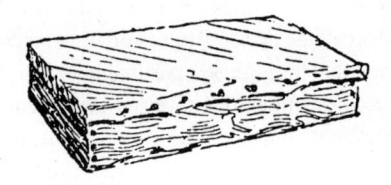

É um dos mais antigos instrumentos musicais do mundo. Na Bíblia, no Antigo Testamento, sempre aparece acompanhando as danças de regozijo. É um membranofônio de percussão direta.

Compõe-se de duas partes distintas: o corpo de madeira e a membrana. Em geral o corpo de madeira é quadrado, mais fácil de ser construído. Quando monóxilo toma a forma de aro. O aro tem de 5 a 6 cm de altura e um diâmetro de 20 a 30 cm. A membrana é couro de quati, gato, carneiro ou cabrito e, na falta destes, de bezerro. A membrana é mergulhada na água durante algum tempo antes de ser pregada, podendo assim ser estirada ao máximo. Uma vez enxuta, fica "tinindo de boa". Quando no decorrer das festas, danças, ou melhor, "função" o adufe vai ficando "rouco", esquentam-no ao fogo, voltando ao ponto desejado – "tinindo".

Não confundir o adufe com o pandeiro. O adufe é o irmão mais velho do pandeiro. Este em tudo é idêntico ao adufe, porém na madeira há pequenas escavações onde colocam "pratinhos" de metal (tampinhas de garrafa de cerveja) ou mesmo de madeira "sonora", como sejam o guatambu ou o jacarandá.

Parece-nos que o pandeiro padece de influência moura, chegando até nós através dos espanhóis e mesmo portugueses, pois em certas regiões de Portugal há predominância do uso do pandeiro em vez do adufe.

O adufe é usado nas folias de Reis, do Divino, cururu rural e urbano, fandango, xiba, congada, moçambique (único instrumento do moçambique antigo, quando na época da escravatura era dança de salão), samba rural, dança-da-santa-cruz e nas danças-de-são-gonçalo de algumas regiões de nosso estado. Em alguns lugares ouvimos "adufo", corruptela de adufe.

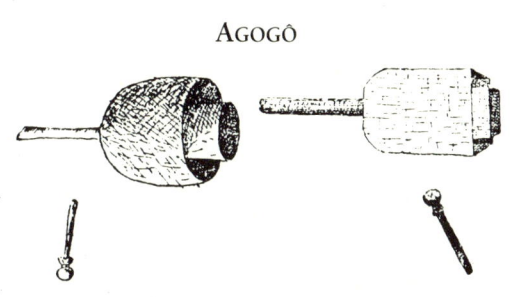

AGOGÔ

Idiofônio de percussão indireta. Provavelmente o agogô é de origem nagô. Difere do adjá porque as campânulas de metal são de tamanhos diferentes, a menor está soldada dentro da maior. É percutida por uma pequena haste de metal.

Assinalamos sua presença nos terreiros paulistanos de macumba.

ANGÓIA

As variações dessa palavra de origem africana são muitas. Temos ouvido angóia (que nos parece ser a mais próxima da original africana), anguóia, anguaiá, anguá, enguá e guaiá (guayá). É claro que a lei do mínimo esforço tenha atuado nesse substantivo de origem africana, tendo chegado a dar "guaiá". Os que adotam essa forma deslocaram o acento.

É um instrumento idiofônio ruidoso usado nas danças do jongo e batuque (guaiá). Primitivamente feito de uma cestinha de taquara com alguns pequenos seixos ou bagos de chumbo dentro e posteriormente feito de latão, um chocalho. A sua forma primitiva é encontrada no jongo e a outra no batuque. É claro que os instrumentos padeçam de certas modificações, até mesmo na sua estrutura. É a atuação dos novos contatos culturais, do progresso mesmo. É muito mais prático utilizar-se de uma latinha para fazer dela um chocalho do que tecer uma pequena cesta de taquara. A função e o nome continuam os mesmos, mas a estrutura variou.

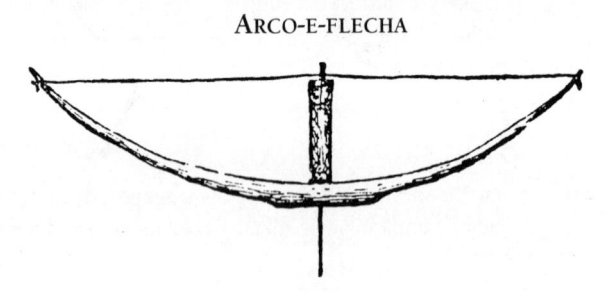

ARCO-E-FLECHA

É um idiofônio. Vimo-lo somente no bailado do caiapó. Serve como arma e ao mesmo tempo de instrumento musical. No arco há um pequeno furo onde passa a ponta da flecha que, por sua vez, está presa à corda. O dançador do caiapó puxa a corda e solta a flecha. Esta não sai porque, sendo feita de diâmetro diferente, não consegue atravessar o furo existente no arco. Então ouve-se um estalido. É um "taque" seco, "sonoro", que segue o ritmo ditado pela caixinha (tarol) da "pancadaria de caiapó".

Algumas flechas são ricamente enfeitadas com penas de aves de variegadas cores.

BASTÃO-DE-MOÇAMBIQUE

O bastão-de-moçambique é um idiofônio de percussão por entrechoque. Feito de madeira dura, em geral guatambu, medindo de 90 a 110 cm de comprimento e de 2 a 3 cm de diâmetro. Em alguns lugares os moçambiqueiros fazem um furo na madeira, na empunhadura, isto é, a um palmo de uma das extremidades, por onde passam uma fita, dando-lhe um laço para enfeitar. Vimos vários desses em Natividade da Serra. Noutros lugares, alguns moçambiqueiros fazem desenhos a canivete nos seus bastões. De ambos os tipos há exemplares na Seção Sertaneja do Museu Paulista do Ipiranga, colhidos pelo autor.

O bastão-de-moçambique tem dupla função: é instrumento musical e é implemento. No primeiro caso, quando se entrechoca com o de outro moçambiqueiro, e, no segundo, quando no solo, desenhando estrelas, quadrados, outras figuras em que executarão diversas "figurações" dessa coreografia multifária que existe no bailado do moçambique.

BIRITADOR OU GUZUNGA

Membranofônio de percussão direta. É o "filhote do casal tambu e candongueira". Nele é pregada uma alça de couro para ser passada sobre o ombro do tocador.

É feito de um pedaço de pau perfurado a fogo, tornando-se um tubo que não tem mais do que 20 cm de diâmetro e 30 cm de comprimento. Numa das bocas é pregada a membrana, em geral couro de boi. Difere do tamborim porque este é de percussão indireta.

Constatamos a presença do biritador só no jongo.

Pedimos a um jongueiro a explicação da palavra guzunga, respondeu-nos que era biritador. E quisemos saber o que era biritador, demorou um pouco mas ficamos sabendo que era "convidador". O toque do guzunga é um convite à dança. "Quem escuta o guzunga recebe o convite para dançar."

Buzina

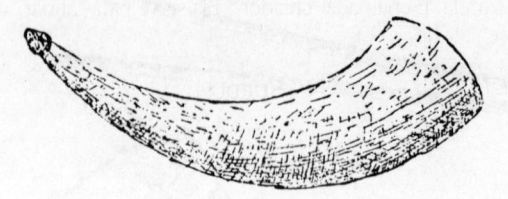

É um aerofônio feito do chifre de bovino. É de origem antiqüíssima. As buzinas que temos visto no bailado do caiapó são de boquilha. Idênticas às usadas pelos caçadores para chamar suas matilhas. No bailado do caiapó há a representação da luta entre o índio e o branco. Não serão tais buzinas reminiscências das ferozes caçadas que o branco fazia aos índios?

Vimo-la usada no bailado do caiapó e na dança do samba rural paulista, nome dado pelo mestre Mário de Andrade ao samba popular e difundido na região paulista do Médio Tietê e que tinha seu dia de glória nas festas de Bom Jesus de Pirapora, conforme o calendário religioso a 6 de agosto. No antigo samba de Tatuí, usavam a buzina.

Caixa

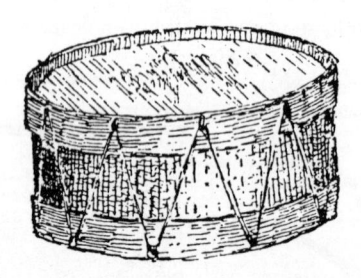

Membranofônio de percussão indireta. Dupla membrana. É um aro de madeira recoberto em suas bocas por membranas. Estas não são pregadas, como acontece no adufe, tambu, candongueiro, guzunga, sangavira etc., mas dois pequenos aros de madeira as apertam. Para que as membranas sejam esticadas, nos aros há furos para passagem de cordéis que, puxados, dão o necessário retesamento. Os cordéis (podem ser de embira ou tento de couro) cruzam de um aro a outro. No cruzamento dos cordéis, há presilhas de couro que regulam para afrouxar ou estirar.

Sobre a membrana que fica na parte de baixo da caixa passam uma corda de violão bem estirada. É chamada "chiador". Ela serve para "afinar" o instrumento.

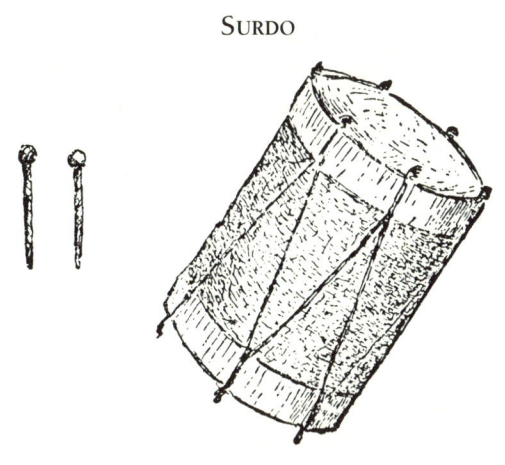

Surdo

No caso de caixinha ou tarol e mesmo no da zabumba ou bumbo, o aro em vez de ser de madeira é geralmente de metal amarelo. No caso do tarol, quando é de aro metálico, chamam-no de "caixa de guerra". Há tarrachas que ajudam a estirar as membranas. Nas tarrachas há as "borboletas" que, giradas num ou noutro sentido, apertam ou afrouxam as membranas.

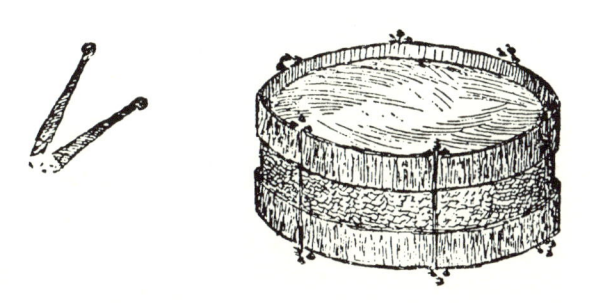

Tarol (caixinha)

A caixa é tocada por baquetas. Estas são pequenos cilindros de madeira de 30 a 40 cm de comprimento, tendo numa das extremidades uma cabeça; é a "bolota". Usam um par de baquetas. Outro nome da baqueta é "cambito".

Podemos distinguir três variações da caixa: caixa propriamente dita, caixa surda e caixinha (tarol). Da mesma família é a zabumba ou bumbo, não confundível com aquelas devido ao seu grande tamanho, mas de confecção idêntica. A caixa é usada no moçambique, congada, samba rural, folia de Reis, do Divino e na festa da Coroação do Rei Congo (festa de São Benedito de Guaratinguetá ou de Nossa Senhora do Rosário em Cunha). A caixa surda ou surdo é usada no moçambique e congada. É maior do que a caixa e menor do que a zabumba. A caixinha é usada no caiapó, moçambique, congada, samba rural. As boas companhias de moçambique e os bons ternos de congada possuem caixinha, caixa, caixa surda. A zabumba vimo-la na congada e também como acompanhamento do João Paulino e Maria Angu nas festas do Divino. Na "banda infernal" das cavalhadas quer sérias quer burlescas, a zabumba é realmente infernal.

CANDONGUEIRO

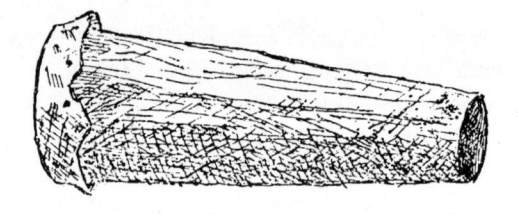

No jongo são usados os seguintes instrumentos: três ou quatro atabaques, uma puíta e guaiá ou angóia. Aos atabaques dão os nomes de tambu, angona, candongueiro, cadete, guzunga, biritador, sangavira, mixirico, pai-joão, pai-toco, joão, guanazamba, joana. Ao atabaque grande chamam: pai-toco, pai-joão, joão, guanazamba e o mais comum de todos os nomes é tambu. Ao atabaque pouco menor do que este, chamam-no de joana, angona, e mais comumente candongueira. Ao menor do que este, chamam-no cadete. Ao pequeno, o menor de todos, guzunga. O tambu é tocado com as mãos batendo em cheio, e o candongueiro e o cadete são tocados delicadamente, com as pontas dos dedos, "arranhando", como dizem.

O candongueiro ou candongueira, membranofônio de golpe direto, é um atabaque mais delicado e de menor dimensão, de 80 a 100 cm, 30 de diâmetro, e o seu som é mais agudo. Quando há somente dois tambus dizem o "casal de tambu". Pelo fato de um ser maior e de som mais grave, dão-lhe o nome de "joão", e o outro menor, som mais agudo, mais "mulher", dão-lhe o nome de "joana".

O cadete é bem menor do que o tambu e o candongueiro, seu som é mais agudo. O tocador senta-se sobre ele, não tendo mesmo mais do que 20 cm de diâmetro, e de 50 a 60 cm de comprimento.

Aos três primeiros, tambu, candongueiro e cadete, sentam-se sobre eles para tocar. O guzunga ou "biritador", que é pequeno, é carregado pelo tocador, por uma alça de couro que fica a tiracolo ou no ombro esquerdo. Tocam-no mais ou menos à altura do peito. Afirma Augusto Rita, da cidade de Cunha, que, "devido preguiça de fazer tambu e candongueiro, cuja voz alcança léguas de distância, estão agora só usando cadete e guzunga, pois são menores, mais fáceis de serem feitos e de serem carregados... e que trabalha alto o mesmo que seja uma buzina".

Tomamos por base de nossa descrição desse membranofônio o exemplar que recolhemos na cidade de Cunha e hoje se encontra no Museu Paulista, na Seção Sertaneja.

Recolhemos também alguns exemplares feitos de barril. De um barril "quinto" o tambu e de um pequeno "corote" a candongueira. Esses dois exemplares foram recolhidos em Areias.

Cavaquinho

Cordofônio tetracórdio. Semelhante à viola. Usado no moçambique (Cunha), congada (Atibaia). É um instrumento de maior uso no meio urbano do que no rural. Indispensável nos "chorinhos".

Chocalho (canzá ou ganzá)

É um idiofônio. De Oneyda Alvarenga em seu livro *Música popular brasileira*, transcrevemos: "Ganzá ou canzá (s. m.) – Chocalho consistindo num pequeno tubo, fechado, de folha-de-flandres".

Realmente o canzá que recoltamos, e hoje está no Museu Paulista do Ipiranga, é um tubo de folha-de-flandres. No interior desse tubo que em geral mede de 30 a 40 cm de comprimento, colocam sementes de rosário de capiá, sementes duras de olho-de-cabra ou mesmo bagos de chumbo. O bom tocador de canzá consegue tirar vários efeitos, quer do próprio entrechoque das partículas duras que estão soltas dentro do tubo, quer dessas nas paredes da lata.

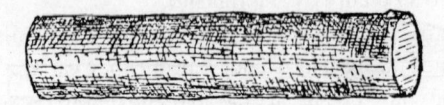

Vimo-lo com essa denominação (canzá e poucas vezes ganzá), estrutura e forma nas congadas de Atibaia, Piracaia, Santa Isabel e Nazaré Paulista.

Vários são os tipos encontrados desse idiofônio. De uma região para outra assumem nomes e formas diferentes, não variando apenas a estrutura metálica. Temos vários tipos de chocalho: guaiá de duas "cabeças" e de uma só, como a que recolhemos no batuque de Tietê.

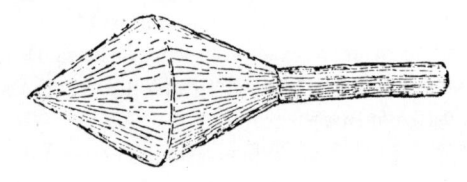

Já o de duas cabeças, em Piracaia chamavam de "canzá". É por isso que, ao estudarmos a angóia, procuramos dar as fases pelas quais passou o vocábulo de origem africana, dando finalmente "guaiá". Com isso não queremos afirmar que o vocábulo "canzá" (ou "ganzá") seja de origem africana, bem como o próprio instrumento da África tenha vindo, porque seus filhos, quando para cá vieram como escravos, usavam já o metal e nossos índios não. Não pretendemos afirmar que seja o canzá africano como afirmamos categoricamente que maracá é de origem sul-americana. Tanto em maracá como em canzá trata-se de chocalho. Mas esse mesmo canzá da região bragantina de São Paulo não é o mesmíssimo reco-reco dos capixabas, também chamado "casaca", como informou Guilherme Santos Neves? Não é o nosso reco-reco também o mesmo caracaxá que vimos em Mato Grosso e tão bem descrito e fotografado por Max Schmidt, tocado num cururu, como lemos em seu *Estudos de etnologia brasileira*, no capítulo V, quando esteve entre os índios guató? Aqui então poderíamos afirmar ser de origem indígena o reco-reco, pois quem sabe o "raspar com um pauzinho sobre a casca seca de um tatu lhes teria sugerido a idéia de fazer um "caracaxá" de taquara. A verdade é que de região para região um mesmo instrumento toma nome diferentes; e é por isso que há necessidade de pesquisar.

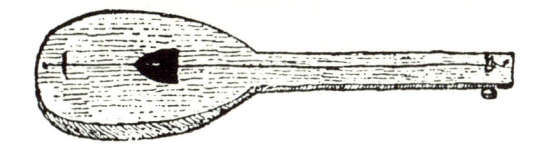

Cocho

É um cordofônio de madeira. A caixa de ressonância é escavada na madeira. Caixa e braço constituem uma só peça. Há uma pequena abertura na face anterior, feita a canivete. Na parte anterior da caixa de ressonância é pregada uma tampa de madeira. Na haste que é o braço não há divisões de metal ou osso, chamadas "trastos". Ela é lisa como na rabeca e violino. Na ponta da haste há uma só cravelha que serve para estirar a corda única. No cocho que estamos descrevendo havia uma corda "si" de violão. A corda é presa na borda posterior, e estendida sobre a parte anterior até a haste, na rachadura que há na cravelha. Próximo da pequena abertura colocam um "rastilho" de taquara. Conforme a toada é afinada a corda, e, depois, o tocador com o polegar da mão direita fá-la vibrar, e com a mão esquerda "acha" a nota que deve ser dada.

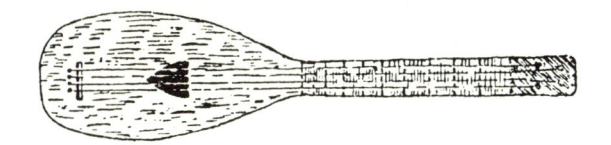

Antigamente acompanhavam o cururu tocando esse instrumento. Quando tocado, tivemos a impressão da semelhança do som do cocho com o do urucungo.

Conhecemos outro tipo de cocho, feito com o anterior, mas usa quatro cordas. As cordas são de tripa de mico. Pedro Chiquito, cururueiro, contou-nos que viu perto de Pereiras, na casa de um caboclo, velho "canturião", um cocho com cordas de tripa de mico e que afina "à moda de cavaquinho", ré-sol-si-ré. Não se confunde o mocho ou mochinho com o cocho. Na realidade, o mocho é um tipo de viola, bastante pequeno. No Centro de Folclore de Piracicaba há vários exemplares de mocho, recolhidos pelo folclorista João Chiarini. O mocho possui cinco cordas duplas, e o verdadeiro cocho é unicórdio. Acreditamos que o cocho tetracorde seja um tipo de viola. Ainda estamos estudando a "genealogia da viola", portanto não podemos emitir afirmações definitivas.

MARACÁ

O idiofônio maracá é um instrumento musical pré-colombiano. Sua origem ameríndia é comprovada pelo seu nome, que em guarani é *mbaracá*. Segundo Hornbostel e Sachs, é um idiofônio de golpe indireto de sacudimento. Seu corpo funciona como caixa de ressonância, daí ser tipo de recipiente ou vaso, conforme aqueles musicólogos.

Ao ser sacudido seu corpo, que é uma cabaça (porunga) seca, produz som ou ruído, provocado pelo entrechoque das próprias sementes (do catuto) ou partículas duras que foram colocadas no seu interior.

Alguns maracás são providos de cabos de madeira, outros não. O tocador segura numa das excrescências, na menor, que em geral é chamada "cabeça", pois o vaso maior é o "corpo". É costume enfeitar o maracá com penas de cores variegadas.

Hoje está em grande voga nos "jaz" e "regionais". Erradamente, por influência radiofônica e cubana, chamam-no de *maraca*.

O maracá é um instrumento para ritmo, tal qual o guaiá ou chocalho. É basicamente binário. Há tempo fraco e um forte. É feito de porunga e há de diversos tamanhos. Quando a cabaça está seca, no lugar da "cabeça" faz-se um pequeno furo e retiram-se as sementes. Tira-se também o restante da polpa, deixando apenas a parte seca e dura. Uma vez retiradas as sementes e o resto de polpa, colocam dentro pedrinhas ou chumbo ou contas de rosário de capiá. Obturam o orifício com cera ou resina.

Além da porunga usam coco-da-baía ou coité. No orifício por onde retiraram as partículas moles e água, após ter introduzido bagas de chumbo, colocam um pequeno cepo de madeira à guisa de cabo. Neste, amarram uma fita ou alça na qual introduzem o pulso. Quando se cansam de tocar, soltam-no, ficando preso, no braço.

Executam segurando com uma mão à altura mais ou menos do peito. Sacodem o instrumento em dois tempos distintos, levando-o para frente do corpo e depois aproximando deste. As pedras chocam-se nas paredes anterior e posterior, produzindo ruído. Como há contas (ou pedras) de tamanhos diferentes, nem todas batem ao mesmo tempo. Tocadores hábeis sabem dar com movimentos bem calculados repiques das contas umas contra as outras e contra a parede da cabaça.

Os tocadores de maracá feito de coco-da-baía ou coité não movem como fazem os de porunga, e sim dão um movimento circular produzindo ruído das contas roçando as paredes da cuia.

Com a dificuldade de obtenção de porunga, esta foi substituída pelo latão. São os guaiás, os chocalhos, os canzás de latão, de mais fácil construção: dois cones soldados pela base, um cabo num ápice para empunhadura. Na "cabeça do guaiá" colocam dentro chumbo e para que o "som" seja mais "declarado" fazem pequenos orifícios. O ruído produzido pelo guaiá de porunga (cabaça, catuto, cucurbitácea) é mais suave do que o produzido pelo guaiá de latão (chocalho).

Irmão de maracá é o afuxê ou afoxê. As contas do rosário de capiá, em vez de serem colocadas dentro, são dispostas em forma de rede, com a qual revestem a parte mais volumosa da cabaça, deixando livre apenas o cabo. No seu preparo, retiradas as sementes e resto de polpa obedecem ao mesmo processo usado para fazer o guaiá, porém o interior fica vazio. Obturam o orifício.

As contas de rosário de capiá são enfiadas num cordel ou arame bastante fino, de preferência o de cobre, sendo artisticamente dispostas. Para maior efeito ajuntam contas vermelhas de olho-de-cabra.

O afuxê é executado da seguinte maneira: o tocador segura-o pelo cabo com a mão direita e o instrumento é apoiado sobre a mão esquerda. Quando o tocador dá um impulso giratório com a destra, executando um semicírculo, da esquerda para a direita, dá um pequeno impulso com a mão sinistra no afuxê de baixo para cima.

O afuxê é usado nos "chorinhos" e dia a dia mais se urbaniza. Usado para acompanhamento de canto e dança.

Marimba

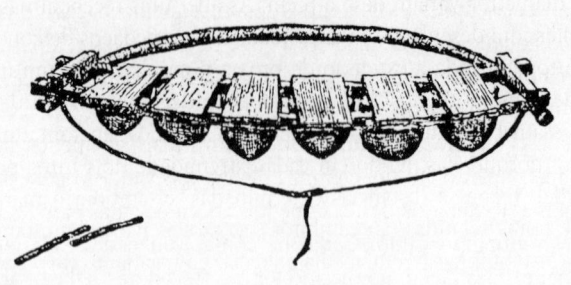

A marimba é um instrumento idiofônio que parece ser de origem africana. Conhecemos dois tipos de marimba. Um deles é construído da seguinte maneira: sobre dois sarrafos de madeira de 1 m cada, colocados paralelamente, são fixadas seis tabuinhas de madeira seca, preferivelmente de guatambu. São tabuinhas retangulares de 25 cm de comprimento e 10 cm de largura; sob cada uma delas colocam cabaças de tamanhos diferentes, cortadas ao meio e que funcionam como caixa de ressonância. Essas cabaças são atravessadas por um fio de arame grosso, preso aos sarrafos. Nas extremidades dos dois sarrafos, prende-se uma vara roliça que serve para apoiar no regaço do tocador. Essa vara arqueada, um hemiciclo, fica horizontal às tabuinhas. Nas extremidades da vara, junto da inserção dos sarrafos, amarram uma corda ou couro, que é regulável. Essa alça passa pelo pescoço do marimbeiro, dando apoio e melhor estabilidade a esse xilofônio.

O tocador usa dois "cambitos", dois pequenos bastões de madeira medindo mais ou menos 40 cm de comprimento, com os quais golpeia as tabuinhas. Ele geralmente senta-se num banco para tocar marimba.

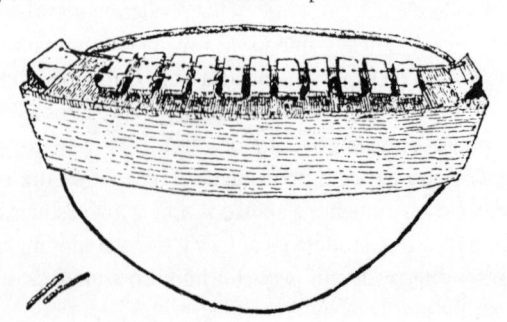

Outro tipo de marimba é assim construído: uma caixa de ressonância que tem a forma de uma barca, medindo 90 cm de comprimento e 30 cm de largura. A barquinha tem a boca tampada por uma tábua, e nesta há seis aberturas cujos diâmetros variam de 6 a 8 cm. As aberturas recebem nas bordas alguns enfeites, ora desenhos, ora encastoamento de pedaços de conchas. As seis "bocas" tomam toda a extensão de proa a popa, havendo um intervalo entre elas de mais ou menos 5 cm. Em dois cordéis que correm de proa a popa, atravessam 11 tabuinhas. Os cordéis com seus nós separam uma tabuinha da outra porque elas, tendo em cada extremidade dois furos por onde passa o cordel, fixa-as a distâncias determinadas, e, embora o marimbeiro bata horas e horas seguidas os "cambitos", as tábuas não se ajuntam. Horizontalmente às tabuinhas (tecra, técula ou tecla) é pregada no corpo da barca, na proa e na popa, uma vara arqueada que serve para manter a marimba afastada do corpo do tocador. Essa vara fica apoiada ao ventre do tocador, e desempenha duas funções: facilita os movimentos para tocar e melhorar o som, porque a caixa de ressonância não fica encostada. Externamente, na proa e na popa, prega-se uma correia ou cordinha de embira que serve para pendurar a marimba ao pescoço, ficando, mais ou menos, na altura da cintura do tocador, que pode, assim, movimentar-se com facilidade, acompanhando o grupo de congueiros nas suas evoluções nas ruas e praças da cidade.

Usam baquetas, "cambitos", para tocar. O som dessa marimba não é limpo e forte como o da acima descrita.

O primeiro tipo é usado na congada de Ilhabela, e o segundo, na de São Sebastião. É um instrumento que serve para acompanhamento de danças.

Não registramos nenhuma referência à marimba servindo para acompanhamento de canto ou para solo.

MARIMBAU

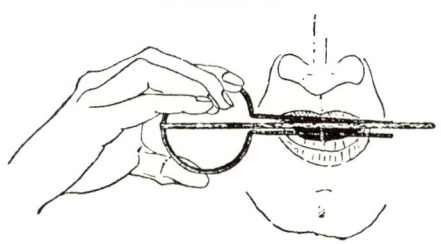

O marimbau ou berimbau (de beiço) é hoje uma peça de museu. Em nossa infância em Botucatu, ouvimo-lo muitas vezes tocado por João Filipe ou Vicente da Joana, antigos escravos de nosso bisavô materno, capitão José de Sousa Nogueira.

João Filipe, embora tendo sua mão direita torta, quando metia um marimbau entre os lábios grossos era digno de ser ouvido. A boca servia de "caixa de ressonância". Na peça de ferro, em forma de ferradura, havia uma haste pregada. Aquela presa entre os dentes, e esta vibrada com os dedos da mão esquerda. O idiofônio nas mãos de João Filipe era ponteado com mestria e virtuosidade. Tocava tudo. Em nossa insatisfação infantil, sempre queríamos que repetisse e repetisse; quando João Filipe se cansava, dizia: "Ché quá... vosmicê pensa que marimbau é gaita?"

MATRACA

Conhecemos dois tipos de matraca: um usado por ocasião da Semana Santa quando cessam as vozes dos sinos. Alguns meninos percorrem a cidade com a matraca, em geral seguindo o percurso por onde passará a procissão.

Na "recomenda das almas" também usam o mesmo tipo de matraca (Taubaté), que é um pedaço de madeira (tábua) com empunhadura, tendo no centro um pedaço de ferro, à guisa de alça, que, com o movimento brusco, bate produzindo estalos secos.

No batuque, usam dois pequenos bastões de madeira dura para bater na cauda do tambu, produzindo estalos parecidos com os que se obtêm com a matraca "sagrada". Daí ter ficado por sincretismo o nome de matracas aos dois bastões idiofônios que são "matracados" sobre a madeira do tambu.

PAIÁ

No moçambique atual encontramos um idiofônio denominado paiá. Existem dois tipos distintos, porém com as mesmas funções: correia com guizos metálicos e o de latinha (tipo chocalho) com passadeiras para o barbante ou embira que o prende à perna, à guisa de jarreteira. Usam os pares de paiás.

Os paiás atuais são descendentes das remotas axorcas de origem árabe e usadas aqui no Brasil, pelos escravos, e dos antigos paiás que eram feitos de pequenas cestas de taquara, tendo encerradas sementes de capiá. Esse tipo de paiá antigo e a axorca eram usados na antiga dança do moçambique, dançada dentro dos salões pela escravaria escolhida. No atual moçambique, que é um bailado ou dança dramática realizada nas praças e ruas, não usam mais axorcas nem paiás nos pulsos, pois quem sabe estes fazem lembrar as algemas. Moçambique antigo era dança de escravo, moçambique atual é bailado de gente livre, de negros e caboclos, e os paiás ficaram somente nas pernas, como dissemos, à guisa de jarreteiras, porque as axorcas ficavam sobre a região do tornozelo.

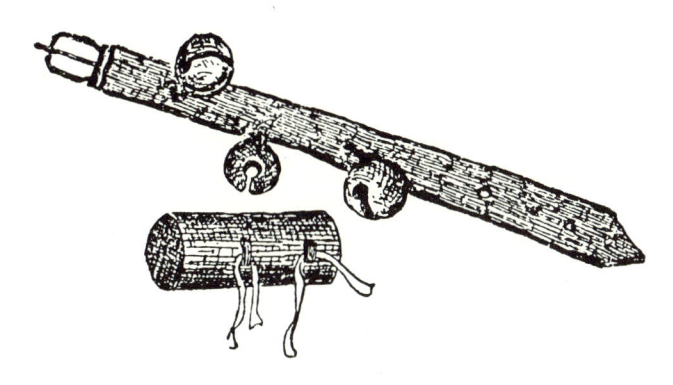

PANDEIRO

É o "irmão mais moço" do adufe. É mais enfeitado do que este, pois no aro de madeira há pequenas escavações, nas quais são colocados pratinhos de madeira ou de metal. Está, e é claro, muito mais em moda do que seu irmão mais velho. Grande sua aceitação mesmo onde existe a música folclórica, porque ele é a um tempo só membranofônio e idiofônio (os pratinhos metálicos). Acreditamos que sua aceitação e preferência tenham sido possíveis da avassaladora influência radiofônica e, por outro lado, a facilidade da aquisição desse instrumento, hoje industrializado em larga escala para as folias de carnaval.

Pistão

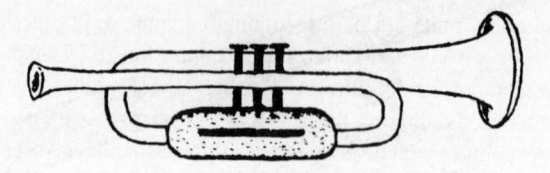

É um aerofônio, industrializado, feito de metal amarelo e presente na folia de Reis de Música da cidade de Cunha e de Itanhaém. Vimo-lo também na cavalhada, na "banda infernal", cidade de São Luís do Paraitinga. Em Atibaia, na cavalhada, que hoje é apenas um mero desfile de cavaleiros, pistões e clarins são usados.

Puíta

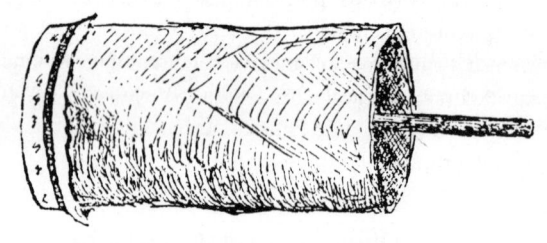

A puíta é um membranofônio. É um pau roliço, oco, de mais ou menos 30 cm de comprimento e de 15 a 20 cm de diâmetro. Uma das bocas é recoberta por um couro. No centro deste amarram uma haste de madeira, bem lisa, de 30 cm de comprimento. A haste fica dentro e no centro do tubo. Na extremidade da haste, que está em contato com o couro, há uma "cabeça" e uma pequena escavação chamada "pescoço", feita para melhor fixar o amarrio que aperta o couro. Este, de preferência, é de cabrito. Antes de ser fixado ao tubo de madeira é molhado; uma vez pregado, põe-se a enxugar para que fique bem esticado. Assim obter-se-á som mais "limpo", isto é, menos roufenho.

Em geral, o tocador apóia a puíta sob o braço esquerdo; quando não é assim, o puiteiro prende o instrumento entre os joelhos e, com um pano molhado ou a própria mão molhada, esfrega a haste tirando sons. De vez em quando, coloca uma das mãos sobre o couro, ou na "mamica" (aquela bolinha que forma o couro amarrado na "cabeça" da haste), o que faz tirar vários sons que mais parecem grunhidos. Há puiteiros que não usam pano, somente a mão molhada, e, desse modo, conseguem tirar do instrumento uma gama maior de sons.

Pensava-se que a puíta era de origem anglo-conguesa, porque foram os negros bantos que a trouxeram para o Brasil, porém Luís da Câmara Cascudo, em documentado estudo, afirmou que os árabes é que a levaram aos negros e estes a introduziram no Brasil.

Atualmente a puíta é feita de pequeno barril. Na Espanha, no século XVII, seu corpo era de barro. Hoje, já temos encontrado a carcaça feita de lata e até de alumínio, de antigo caldeirão sem fundo...

Cornélio Pires contou-nos que foi com o aparecimento do rádio que a puíta passou a chamar-se cuíca. Foi um dos "caipiras" do rádio que deliberou chamá-la de cuíca para evitar qualquer deturpação possível com o vocábulo original daquele membranofônio. Por aí pode-se aquilatar como é grande a influência radiofônica, chegando mesmo a confundir até os folcloristas. Cuíca, conforme afirma Cornélio Pires, é um ratão e jamais o nome do instrumento musical – *puíta*. No fundo quem tem razão é Max Müller com a sua famosa teoria da "moléstia verbal".

Encontramos a puíta em São Paulo nas seguintes danças: jongo de Cunha, Taubaté, São Pedro de Catuçaba, Lagoinha, São José do Barreiro, Bananal, Areias e Silveiras; na congada de Piracaia, Atibaia; no batuque de Porto Feliz e Tatuí; no samba rural de Porto Feliz, Tatuí, Laranjal.

QUINJENGUE OU MULEMBA

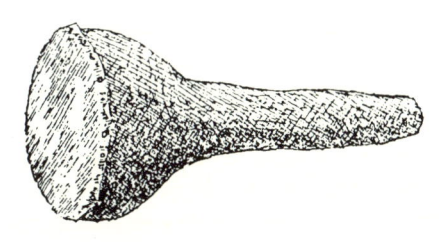

É um membranofônio de percussão direta, tal qual o tambu ou candongueira. Acontece, porém, que sua forma é afunilada para que a "voz seja mais fina", mais feminina. Tanto quinjengue ou mulemba são vocábulos de origem africana.

Ouvimos muitas vezes pronunciarem "mulema" em vez de mulemba; há então um metaplasmo de subtração que é a síncope que se dá com o vocábulo mulemba, e devido a essa figura dá sempre mulema.

Encontramo-lo no batuque. Em geral, o tocador apóia-o sobre o tambu para tocá-lo, ficando, portanto, entre o tocador de tambu, que nesse caso lhe dá as costas, e o tocador de matraca, que está na cauda do tambu.

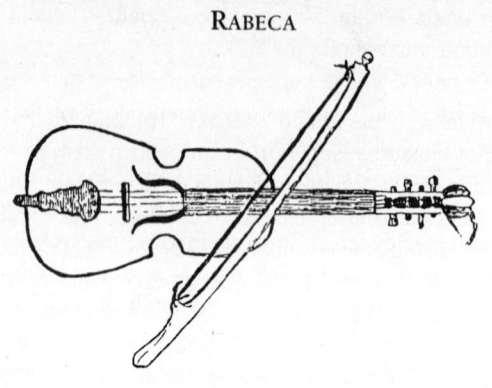

Rabeca

A rabeca é um cordofônio de cordas vibradas por fricção, um violino rústico de quatro cordas: lá, ré, sol, sendo uma dupla, afinada uma oitava acima. É tocada com um arco feito de crina animal. O corpo da rabeca é construído de cedro, sendo a caixa sonora escavada e o tampo pregado com pregos de uma madeira dura, preta, denominada brejaúva, e com cola vegetal.

O rabequista toca seu instrumento apoiando-o no peito mais ou menos na região mamilar, sendo a maneira de empunhá-la um traço que tem varado séculos, vindo da época medieval.

Embora de som fanhoso e tristonho, nas folias do Divino a que temos ouvido empresta uma nota característica de beleza e enternecimento no cantochão acaipirado das melodias cantadas pelos foliões pedintes.

É a irmã gêmea da viola para as funções e folganças. Companheira inseparável da viola nas folias do Divino mais tradicionais; usada também nas boas e ricas companhias de moçambique (Cunha), congada (Eldorado Paulista, ex-Xiririca), também presente n'alguns fandangos (Ubatuba, Itanhaém, Cananéia), danças-de-são-gonçalo (Ubatuba) e folia de Reis (Itanhaém). É encontrada mais comumente na zona do beira-mar do que no serra-acima.

Reco-reco

O reco-reco é um idiofônio. Geralmente feito de taquara. De um gomo de bambu, que mede mais ou menos 40 cm de comprimento e de 6 a 8 cm de diâmetro, aproveitam apenas um nó. Racham o bambu para o "som ficar mais declarado". Na face externa, superior, fazem pequenas escavações, não profundas, denteando apenas a parte mais dura da taquara.

O tocador coloca a parte do reco-reco onde está o nó, apoiando na junção do braço com o antebraço. Com a mão esquerda segura noutra extremidade do instrumento. Na mão direita o reco-requista segura um pedaço de pau, do tamanho de um lápis comum, e o esfrega sobre a parte denteada.

Usado no cururu rural, samba rural, congada, cana-verde.

Há reco-reco feito de mola de aço estirada numa tábua (Piracicaba) e de madeira dura, guatambu (Tatuí).

SANFONA

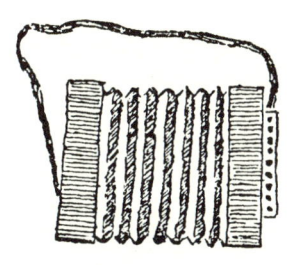

A sanfona é um aerofônio de origem européia. Atualmente bastante difundida nas "zonas pioneiras" de nosso estado de recente colonização européia, notadamente a italiana. Muito usada para tocar nos bailes nas "tulhas de café", nas festas da época da vacância do ciclo agrícola da rubiácea.

As "harmônicas" variam de tamanho e de número de "chaves", registros ou "baixos". São também conhecidas pelos nomes de "acordeona", "concertina", "fole", "meus 120 baixos", "limpa-banco" e, no sul do estado, por influência gaúcha dos antigos tropeiros, chamam-na "gaita de foles". Dizem que uma sanfona bem tocada, num salão de baile, tem o condão de não deixar ninguém sentado, todos querem dançar, daí "limpar o banco".

As célebres e saudosas "quadrilhas", hoje tão mal marcadas e desajustadas nas "supostas festas caipiras", eram realmente convidativas nas festas juninas; quando por ocasião do solstício de inverno havia sanfonas para "esquentar" e limpar os bancos nos arrasta-pés.

TAMBORIM

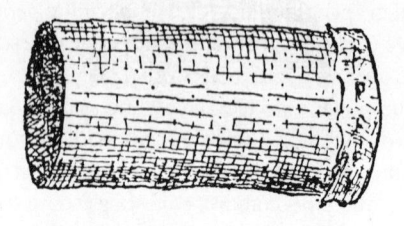

O tamborim é um membranofônio de percussão indireta. É um tubo de madeira de mais ou menos 30 cm de comprimento e 15 ou 18 cm de diâmetro. Numa das bocas é pregada a membrana, geralmente couro de boi ou cabrito. É percurtido por meio de uma baqueta ou "cambito". Alguns têm uma alça de couro pregada (como no guzunga) que a passam a tiracolo.

Usado na congada (Atibaia, Nazaré Paulista, Piracaia) e moçambique (Cunha, São Luís do Paraitinga, Natividade).

TAMBU

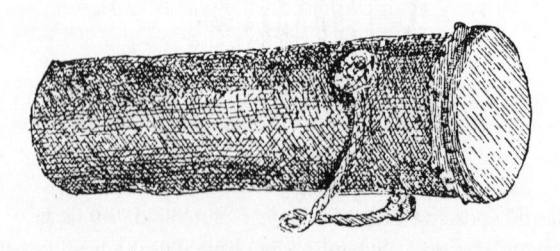

O membranofônio de percussão direta chamado tambu é um atabaque grande, construído com um pedaço de madeira perfurado por meio do fogo de ponta a ponta. Esse toco tem mais ou menos uns 100 a 120 cm de comprimento, às vezes 150, e um diâmetro aproximado de 40 cm. Numa das extremidades colocam um pedaço de couro de boi, e a outra fica livre. O tocador senta-se sobre o tambu, que é colocado horizontalmente no solo, acavala o instrumento e bate com as mãos no couro, tirando sons cavos que são ouvidos a longa distância. Para afinar o tambu, levam-no próximo ao fogo, o que lhe dá um som mais limpo e mais agudo. Quando o couro está frio, dizem que o tambu está rouco. Tiram a rouquidão do couro borrifando pinga, esfregando vivamente.

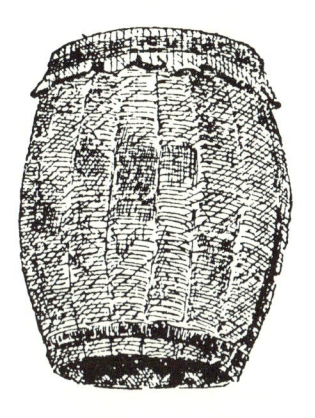

Tanto no jongo como no batuque, o membranofônio recebe o mesmo nome de tambu. É sabido que algumas danças acabam sendo chamadas pelo nome do seu instrumento fundamental. Isso é verdade, pois em alguns lugares o batuque é também chamado "dança do tambu". Em Cunha, o tambu recebe também o nome de angona, e ouvimos várias vezes na cidade o convite para dançar a "angona", isto é, o jongo.

A estrutura e forma do tambu apresentam algumas variações. Há os monóxilos cuja madeira fora escavada a fogo, tornando-se um tubo, e há os que são feitos de barril.

Triângulo

É um idiofônio de percussão indireta. Feito de uma haste de ferro recurvada tomando a forma de um triângulo. É percutido por um ferrinho, às vezes um prego de caibro.

Para que o som saia bem declarado, a mão do tocador não entra em contato com o instrumento. Ele é empunhado por um cordel que não somente serve para que o instrumento vibre livremente, como mantém o ferrinho preso, a fim de não perder facilmente.

Vimo-lo tão-somente nas folias do Divino. Dizem os foliões que o "triângulo tem três lados porque ele representa a Santíssima Trindade". É considerado um "instrumento sagrado".

URUCUNGO

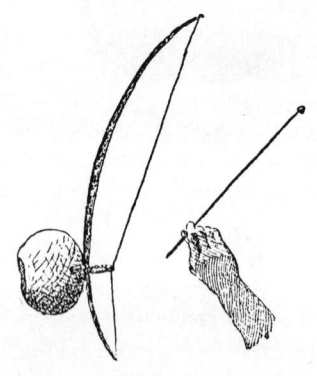

O urucungo é um cordofônio monoheterocórdio. Compõe-se de um arco de madeira de mais ou menos 150 cm de comprimento, uma corda de metal (arame) e uma caixa de ressonância que é uma pequena cabaça. Esta é amarrada com barbante especial de "cordoame de pita", na face anterior do arco, passando o laço por sobre a corda e o arco e atravessando o fundo da cabaça por dois pequenos orifícios ali abertos.

A corda é percutida indiretamente por uma pequena vara. O tocador segura o arco com a mão esquerda e, com a aproximação ou afastamento da caixa de ressonância do ventre nu, vai tirando vários sons. Alguns tocadores usavam tocá-lo tendo, entre a corda e os dedos da mão esquerda, uma moeda de vintém.

Vimo-lo tão-somente no jongo (de Bananal). Tivemos informações de que antigamente usavam-no no batuque de Tatuí.

O urucungo anda em grande voga na capoeira na Bahia, onde é conhecido por berimbau, porém aqui no Sul ele é um instrumento raro, uma espécie de Stradivarius do folclore musical paulista.

VIOLA

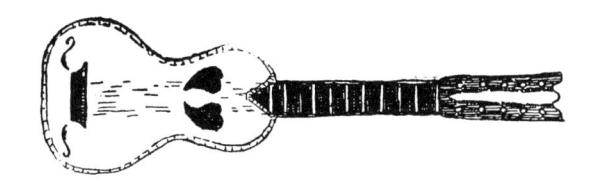

Eu não tenho pai nem mãi,
nem parente nem ermão,
eu sô fio de uma sodade
gerada de um coração.
Eu corri toda Província,
fui no Ciará e no Maranhão,
eu aprendi tocá viola
pra tocá viola sô campião,
no braço da minha viola
da prima inté no bordão.

*Moda de viola, Luís de Barros, branco,
76 anos de idade, Catanduva.*

A viola é por excelência um instrumento musical do meio rural, muito disseminada em nosso país, sendo encontrada nos mais remotos rincões do território brasileiro.

Sua origem é remota. No baixo-latim encontramos: *vidula, vitula, viella* ou *fiola*, mas nenhum desses vocábulos serviu para designar a nossa viola; tratava-se de um violino pequeno, um tetracórdio. Era a viola-de-arco, uma espécie de rabeca. A nossa viola é também bastante idosa, veio de Portugal e, ao aclimatar-se em terras brasileiras, sofreu alguma modificação, não só na sua anatomia, bem como no número de cordas. É a lei da evolução. Tanto tem evoluído que no Brasil são feitos pelo menos cinco tipos distintos de violas de cordas de aço: a *paulista*, a *cuiabana*, a *angrense*, a *goiana* e a *nordestina*. Dos tipos mencionados estudaremos apenas a paulista e a angrense pelo fato de serem as mais conhecidas e encontradas com maior freqüência em São Paulo.

A viola é o instrumento fundamental do "modinheiro", é cordofônio, pois suas cordas comunicam vibração ao ar. Serve para acompanhamento de canto e dança. Pode ser tocada só, executando solos, em duplas, o que é muito comum, ou para acompanhamento.

Ao lado da viola, porém com menor freqüência, encontramos a rabeca, também oriunda de Portugal. Parece que a rabeca foi no passado a companheira inseparável da viola, sendo atualmente olvidada, quase só encontrada no litoral. A rabeca não dispensa a companhia da viola, pois não costumam fazer solos de rabeca.

A urbanização da viola, isto é, a sua entrada nos palcos e hoje nos auditórios das estações de rádio e televisão, devemo-la ao folclorista paulista Cornélio Pires, já falecido, que, em 1910, organizou um programa de viola no palco da cidade de Tietê e, pouco mais tarde, num festival no Mackenzie College, na capital paulista.

O violão, que na urbanização da viola está ao seu lado, goza atualmente na cidade tão larga difusão que podemos dizer – é o instrumento do meio urbano. O violão já foi largamente desacreditado. Tocador de violão era sinônimo de capadócio, de vagabundo. Graças ao seresteiro Catulo da Paixão Cearense, o violão hoje anda nas mãos da "gente bem". Mas voltemos à nossa viola.

Quando os portugueses aqui chegaram, ao lado do desejo de trabalhar na rude lide de povoar e colonizar as terras cabralinas, trouxeram também algo que encheria os momentos de lazer. As danças e os cantos camponeses, a viola, a rabeca, o adufe, o triângulo, a tarola, o culto a São Gonçalo, as folias de Reis, do Divino Espírito Santo e os vodos de comer e beber na igreja, já codicilados e condenados nas Ordenações Filipinas. Na terra além-oceano eles iriam viver, e as danças, cantos, cerimônias religiosas contribuiriam para anular a nostalgia.

A viola de arame, de Braga (Portugal), ou viola braguesa, ao chegar ao Brasil, parece não ter evoluído como aconteceu com a sua irmã rabeca, que, tomando ares civilizados, com roupagem mais sólida, tornou-se o aristocrático violino, que subiu para os coros das igrejas católicas, deixando cá fora, nas soleiras das portas das choupanas, aquela que é mais rica em número de cordas, porém pobre nos atavios – feita até de tábuas de caixão.

Não possuímos elementos para comparar a antiga viola braguesa com a atual viola caipira. Neste trabalho não temos em mira apresentar os resultados de uma pesquisa histórica desse instrumento. Pesquisa sugerida por

Mário de Andrade, em 1943, mas deixada em andamento por falta de documentação. Apenas queremos afirmar que, se fora instrumento popular entre os campônios portugueses, qual a guitarra, aqui é também popular entre os nossos caipiras e caiçaras.

A viola veio da cultura ibérica, onde parece ter aparecido por influência dos mouros. Gustavo Pinheiro Machado (pai da aviadora Anésia Pinheiro Machado) era um virtuose da viola, afirmava em uma moda de sua autoria que a "viola tinha pais portugueses, o violão tinha pais espanhóis, ambos eram netos de mouros e bisnetos de hebreus".
Não há dúvida de que tenha sido introduzida pelos portugueses. Gabriel Soares de Sousa a ela se refere. Joaquim Ribeiro, no seu precioso *Folclore dos bandeirantes*, fala sobre a moda... e não há moda sem viola. Nos mais antigos documentos que temos manuseado, nos inventários no Arquivo do Estado, sobre a viola há apenas referência determinativa e jamais qualificativa. O mesmo se dá com a "rebeca com seo arco de crina do dito instromento de fulia". Cremos, entretanto, que a vida nômade dos sertanistas e bandeirantes não impedia o uso da viola. Trazemos para estas páginas o testemunho insuspeito de nosso avô materno, Virgílio Maynard, tropeiro, que dos 12 aos 60 anos de idade, isto é, desde 1870, palmilhou as ínvias estradas do Rio Grande do Sul a São Paulo. Contava que nunca viu seus peões e camaradas viajarem sem sua viola, quase sempre conduzida dentro de um saco, amarrada à garupa do seu animal vaqueano. Não havia pouso em que, após o trabalho azafamado do dia, não tocassem antes de dormir o sono reparador. Quando a zona era infestada por animais ferozes e havia necessidade de dormir com o fogo aceso noite adentro, o violeiro, no interregno de lançar achas ao braseiro, plangia sua viola dolentemente.
As violas mais antigas de que temos tido conhecimento são feitas à mão por algum "curioso". É recente a sua industrialização. As violas feitas em série e vendidas a baixo custo são inferiores em som às feitas à mão. Tiveram, porém, o privilégio de desbancar aquelas, sendo hoje raríssimo encontrar "fazedores

de viola". Embora o violeiro dê preferência à feita à mão, economicamente se vê obrigado a comprar a industrializada. E, digno de nota, estas são muito vendidas nas "mecas" do catolicismo romano no estado de São Paulo. Assim, pudemos ver em Pirapora do Bom Jesus, Aparecida do Norte, Bom Jesus de Iguape e Bom Jesus dos Perdões, onde os romeiros, na sua maioria gente da roça, aproveitam para cumprir suas promessas e fazer sua "comprinha". Nessas mecas, ao lado das belíssimas manifestações de fé ou histeria coletiva, da sinceridade, da promiscuidade que a falta de acomodações facilita, da jogatina "inocente", há manifestações riquíssimas do folclore: o linguajar característico, danças com indumentária garrida, trajes e costumes diferentes, oferenda de ex-votos que em geral são peças esculturadas ou pintadas, enfim, se põe em contato com um mundo de coisas que bem merecem um estudo acurado de um sociólogo. Nos quatro lugares acima mencionados, pudemos, em 1946-1947-1948, constatar a venda de violas industrializadas e as raras feitas à mão e ao mesmo tempo confirmar a diferença que havíamos notado entre a viola do *beira-mar* e a da *serra-acima*.

A linha divisória seria a serra do Mar, porque esse acidente geográfico também delimita em parte os costumes, nos dando marcantes diferenças entre o *caiçara* do litoral e *caipiras* do interior. Comprovamos a influência geográfica nos usos e costumes com o fato de em Xiririca (hoje Eldorado Paulista), Jacupiranga, Miracatu, Sete Barras, Registro e mesmo Iporanga, que ficam bem distantes do litoral, muitos de seus usos e costumes serem idênticos aos de Cananéia, Iguape. Há grande identidade na linguagem, nas danças como o fandango, congadas, folias de Reis e também no uso da viola ao lado da rabeca. Mesmo nos implementos das danças, como seja o tamanco para o fandango rufado, os feitos no litoral são idênticos, até na escolha da madeira e fixação da contra-alça, aos das cidades marginais do Ribeira de Iguape.

É claro que os acidentes geográficos, os meios de comunicação influenciem os usos e costumes. A facilidade de compra de um instrumento contribui para que se generalize a sua adoção. Assim é que, antigamente, os moradores de Cunha, que levavam dois dias para ir até Guaratinguetá ou Aparecida, e apenas um para ir até Parati, no litoral fluminense, adotaram a viola do tipo *angrense* ou do litoral. É largamente disseminado como o é no litoral o uso da rabeca, até mesmo na dança de moçambique. Com o estabelecimento da estrada de rodagem, a ligação diária por meio de ônibus entre Cunha e Guaratinguetá, até os moradores de Taboão, encostados na serra do Mar, preferem hoje adquirir suas violas em Aparecida do Norte. Aliás, fenômeno idêntico pudemos constatar em São Miguel Arcanjo no sul do estado. Devido ao fato de descerem anualmente, por ocasião das romarias de 6 de agosto, ao santuário de São Bom Jesus de Iguape, para o cumprimento de promessas, encontramos alguns traços da cultura material litorânea entre os caipiras dessa zona. Embora essa zona no passado estivesse circunjacente às estradas de tropeiros, anotamos a presença de panelas de barro do Peropava, bairro de Iguape, e até a viola do tipo do litoral, feita em Guaxixi, bairro de Cananéia, vendida em Iguape.

> Viola de São Gonçalo,
> viola de sete corda,
> tocada sete veiz,
> sete verso em cada roda.

Conhecemos estes tipos de viola: a *paulista*, a *cuiabana*, a do *nordeste* e a *angrense* ou do *litoral*. Desses tipos conhecidos estudaremos os dois encontrados com maior freqüência em São Paulo: a paulista e a angrense ou do litoral. A nossa pesquisa cingiu-se apenas ao estado de São Paulo. Quanto ao litoral paulista, tivemos a preocupação de estudar a zona litorânea mui ligada à nossa, assim sendo, Angra dos Reis e Parati (Rio de Janeiro) foram visitados e observados por causa de suas constantes ligações com Ubatuba e no sul até Paranaguá (Paraná) pelas suas relações com Cananéia, e com romeiros que vêm anualmente até Iguape.

Dos outros dois tipos, apenas nos referimos a eles pelo fato de os termos conhecido em mãos de migrantes de Goiás (um baiano que lá morou) e de um boiadeiro mato-grossense que nos facilitou um exame detido em sua viola cuiabana. Tipo idêntico que o historiador Sérgio Buarque de Holanda trouxe de Cuiabá, ficamos conhecendo no Museu Paulista. Sua caixa sonora é escavada na madeira, e a tampa de trás é colada com cola vegetal; tem dez cordas e mede mais ou menos 80 cm.

Em nosso estudo chamaremos de viola *paulista* àquela encontrada no interior de nosso estado nos sítios e fazenda estudados, e viola *angrense*, ou melhor, do *litoral*, àquela encontrada no litoral paulista e cidades do vale do Ribeira de Iguape. Será melhor chamarmos de viola do litoral porque, em novembro de 1947, quando estivemos em Angra dos Reis, constatamos que, com o falecimento do antigo fabricante das afamadas violas "angrenses", não há mais quem a fabrique naquela cidade sul-fluminense. Ficou, no entanto, o tipo. E no sul do estado, em Cananéia, no bairro do Guaxixi, encontramos um fabricante cujas violas são absolutamente do tipo angrense, já nosso conhecido. Os dois tipos de viola, paulista e do litoral, que pertenciam à

nossa coleção de instrumentos de música, hoje figuram na Seção de Folclore organizada no Museu Paulista pelo etnólogo Herbert Baldus.
Vamos tentar descrever esses dois tipos de viola. Nessa descrição ressaltaremos as diferenças marcantes entre elas, como sejam: construção, dimensões, número de cordas, cordas usadas (material destas).

VIOLA PAULISTA

A viola é um cordofônio, em que as cordas comunicam sua vibração ao ar. É feita de madeira, compõe-se de uma caixa sonora e uma haste que é popularmente chamada de braço.

Chamaremos de viola paulista àquela cuja espessura da caixa de ressonância não excede 7 cm, e que tem dez cordas, ou melhor, cinco cordas duplas, elementos característicos encontrados nos municípios estudados.

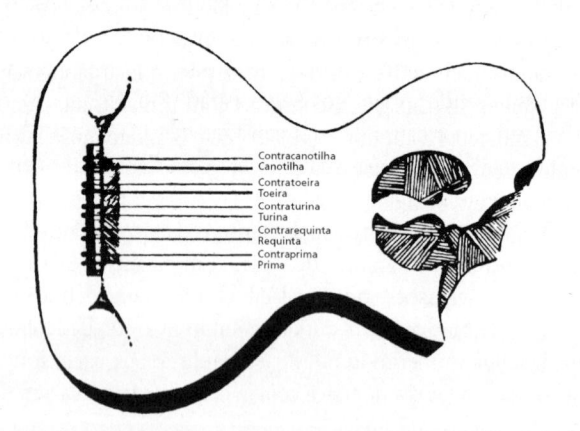

```
Contracanotilha
Canotilha
Contratoeira
Toeira
Contraturina
Turina
Contrarequinta
Requinta
Contraprima
Prima
```

Os informes sobre a construção da viola, nome das peças, madeiras empregadas e afinações foram dados por Brasiliano Zico Brandão. O informante é caboclo, natural de Tatuí, tem 37 anos de idade, sua profissão é fabricante de viola e consertador de máquinas de costura. Dentre os 818 violeiros entrevistados com suas violas, desde 1943 até a presente data, esse fabricante de tais cordofônios é o que maior número de afinações conhece, sendo um ótimo violeiro. Seu pai, que era fabricante de violas, um dos mais afamados violeiros e cururueiros do sul do estado, conhecia cerca de 25 afinações. Seu filho não apenas herdou a "veia artística", mas também é o seu continuador na fabricação de violas. Sua fabriqueta nada mais tem do que uma banca de carpinteiro, as fôrmas para colar os aros e as ferramentas, destacando-se um bom canivete. Fabrica violas de encomenda, conserta instrumentos de corda e, quando tem um bom número delas prontas, faz viagens para Apiaí, Itararé, Estrada de Ferro Mayrink–Santos, Botucatu, Avaré, Itapetininga, Sorocaba, Tietê, vendendo os seus instrumentos. Afirma ser bem recebido em todos os lugares onde vai, nunca tendo despesas porque as pessoas do sítio fazem questão de hospedá-lo a fim de que os alegre com suas músicas. Nas suas viagens, Zico Brandão sempre leva sua viola de 14 cordas, cuja caixa de ressonância é feita com carapaça de tatu, o que provoca admiração dos caipiras. Volta depois de ter vendido todos os seus instrumentos. No interior do Paraná, são muito conhecidas e afamadas as violas de Tatuí.

As grandes fábricas de instrumentos da capital paulista também fabricam violas, havendo o tipo *standard*, bem acabadas e bonitas, estreitas, mas não gozam da preferência de nosso caipira, embora sejam pequenas e de caixa estreita. A que serve para as exibições nos palcos e rádio são do tamanho de violões, geralmente de cedro ou jacarandá da Bahia.

A viola paulista tem tamanhos diferentes, porém guardando sempre uma espessura pequena de caixa, em contraste com a do litoral, que tem uma caixa muito larga, igual à largura do violão. Zico Brandão mostrou-nos as fôrmas dizendo serem oito tamanhos.

O fabricante de violas de Santa Isabel, Lourenço Marques, disse só fazer três tipos: pequeno, médio e grande, embora saiba que há intermediários entre esses tamanhos.

Em Piracicaba existiam alguns fabricantes de violas. Nessa capital do cururu o tipo de viola preferido foi o "mochinho". Juca Violeiro fabricou muitas violas. Os melhores "mochos" são de sua lavra. José Barbosa, "modinheiro" dos melhores, é um grande fabricante de violas. Recentemente, inventou fazer a caixa sonora de suas violas de latão. No Centro de Folclore de Piracicaba tivemos oportunidade de examinar um exemplar. Afina muito bem, porém o som é metálico. Alguns cururueiros afirmam que é muito alta sua afinação, o que os dificulta, e cansa cantar a noite toda com tal instrumento.

O tamanho número *um*, conhecido por *machete* ou *machetinho*, é o menor, quatro cordas e geralmente usado pelas crianças. Afirma Zico Brandão que antigamente fazia muitos "machetinhos"; hoje, porém, depois que apareceu o cavaquinho industrializado, não há mais encomendas.

Compramos para nossa coleção um machete no mercado municipal de Paraibuna. Guadêncio Lessa fabrica, usando canivete, barbante para enformar e cola vegetal. Os furos para cravelha são feitos a fogo. A madeira usada é "criuvinha".

A viola de tamanho número dois, pouco maior do que o "machetinho", também não tem saída, somente quando uma moça quer ser violeira é que há encomenda.

As de número três e quatro, rarissimamente feitas em Tatuí, são os "mochinhos". É muito procurada em Piracicaba pelos seus cururueiros. Alguns exemplares desses "mochinhos" figuram na rica coleção de violas do Centro de Folclore de Piracicaba, por iniciativa de João Chiarini.

A de número cinco ou média é a mais procurada, portanto é a mais comum, assim afirmou Zico Brandão de Tatuí, confirmado por Lourenço Marques, de Santa Isabel.

A viola de tamanho número seis é bastante procurada pelos violeiros negros. Afirma Zico Brandão: "Quando vejo um negro me procurá pra apissuí uma viola, já nem mostro as pequena, já sei, logo vô dando deste tamanho."

As de número sete geralmente são para 12 cordas. O entrevistado afirma: "só baiano é que gosta delas". Para os nossos caipiras, qualquer nortista ou nordestino que fale arrastado o "r" é baiano.

A de número oito é a maior de todas, tendo 1 m de comprimento. Raramente é fabricada.

Sendo a viola média, de número cinco, a mais comum, vamos dar as suas dimensões: 75 cm de comprimento; caixa de ressonância, 35 cm; braço, 20 cm; e palheta, 20 cm. A altura da caixa de ressonância, 5,5 cm próximo ao braço e 6,5 noutra extremidade. Boca de 5,5 cm de diâmetro.

Anatomia da viola

A viola compõe-se das seguintes partes: caixa de ressonância, braço e palheta.

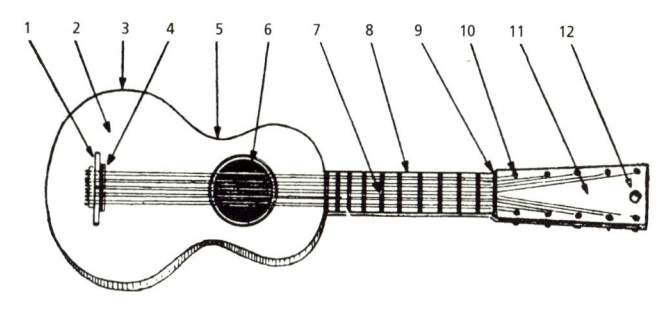

1) cavalete; 2) tampo; 3) filete; 4) rastilho; 5) cintura, curva ou volta; 6) boca; 7) trasto ou ponto; 8) braço; 9) pestana, trasto de osso; 10) orifício para a cravelha; 11) palheta; 12) furo para o barbante de pendurar.

Caixa de ressonância

A caixa de ressonância é conhecida pelas seguintes designações: caixa, bojo, corpo. Geralmente na zona onde os violeiros dizem *corpo*, chamam de *cintura* a volta. À curva menor chamam de peito; aos lados, *ilharga*; à parte traseira, *cacunda*.

A caixa é composta de um aro e duas tampas. O aro pode ser inteiriço, ou em dois pedaços, sendo coladas as suas extremidades quando na fôrma, ficando a emenda embutida no taco de segurança do cavalete. Usam cola vegetal de sumbaré. O aro é que tem as curvas. Para execução dessas curvas, uns fabricantes usam fôrmas, outros fazem a "olho". Aliás, o "olhômetro" é o grande aparelho de precisão com patente nacional brasileira.

Na tampa da frente, ou "peito da viola", ficam o cavalete e a boca, isto é, uma abertura, que põe em comunicação a caixa de ressonância com o exterior. Paralelamente ao cavalete fica o rastilho, peça não fixa de taquara. A tampa posterior ou "costa" é inteiriça, uma tábua só, sem emenda.

Na construção da caixa de ressonância entram as seguintes peças: três travessas para sustento da tampa posterior, duas travessas para sustento da tampa anterior, taco de segurança do cavalete, armação para o braço (ficando para o lado de fora o gastalho). O aro, onde internamente são grudadas as viras de filete, para resistência, ou contrafortes, onde serão coladas as tampas.

Empregam-se as seguintes madeiras no aro: guaiuvira (preferivelmente), jacarandá, canela, saçafrás. A espessura do aro é de 2 mm. Nunca é mais grosso porque a madeira tem que entrar na fôrma fazendo as curvas, e quanto mais fina, mais flexível. Os tampos são feitos preferivelmente de pinho, porque dá maior sonoridade. O tampo das costas às vezes pode ser feito de cedro ou canela, mas o da frente, sempre de pinho. Devem ser madeiras bem secas. Dizem que a madeira deve ser cortada na lua minguante de mês que não tem "r" para durar mais, ser flexível e também não carunchar. Os tampos que são de 2 a 3 mm de espessura, geralmente feitos de tábua de caixão de pinho. O fabricante entrevistado costuma comprar caixões, desmancha-os e guarda as tábuas num lugar seco durante dois ou mais anos, "pra ficá cum mais alma", isto é, melhor som. Primeiramente, antes da guerra, Zico Brandão, famoso fabricante, adquiria caixões de pinho de Riga, que davam as melhores violas que até hoje fabricou.

A largura do bojo é de 25 cm, onde se cola o cavalete, e a menor é de 18 cm, na parte inferior desta; no centro da cintura que dá um pequeno estrangulamento fica a abertura, a boca.

A caixa de ressonância às vezes é envernizada. No pequeno tamanho da caixa de ressonância da viola paulista, em contraste com o grande tamanho da caixa da viola do litoral, é que reside boa parte da diferença entre esses dois tipos de viola.

Boca

A abertura que põe em comunicação a caixa de ressonância com o exterior é a "boca". A boca da viola pode ter diversas formas, sendo a mais comum a de coração para as violas feitas à mão, e circulares, as estandartizadas pela máquina.

Outros tipos de "boca" encontrados entre as violas feitas à mão: dois corações, estrelas, coração e raramente o losangular.

Ao redor da "boca" é costume fazer alguns desenhos ou encastoar malacacheta. Os desenhos são pirogravados. No litoral encastoam pedaços de conchas, e na serra-acima, malacacheta.

Os desenhos, "enfeito", como dizem, em geral são pirogravados, mas também temos encontrado feitos a lápis, tinta de escrever, e em Piracicaba vimos uma riquíssima viola com uns desenhos a óleo e o apelido daquela cidade – "Noiva da Colina".

Há violeiros que mandam escrever seus nomes ou apenas as iniciais destes. Outros, algumas frases ou nome de mulher. Zico Brandão pirogravou em sua viola: "O reis da viola", ao lado do desenho de um "pinheiro".

Flores estilizadas em geral é o "enfeito" mais encontrado.

Braço

A haste ou "braço" compõe-se de duas partes distintas: braço e palheta. Muitos violeiros chamam aos dois tão-somente de *braço*. Aliás, na viola há muitos nomes das partes do corpo humano usados para denominações e isso revela que o nosso caipira empresta ao instrumento predileto um pouco da anatomia humana: boca, "cacunda" ou costa, braço, pestana, cintura, ilharga, cabeça da tarraxa, e o mais importante é que a viola tem alma. E o inverso também serve para comparação: moça bonita de corpo bem proporcionado é "corpo de viola", e com as nádegas um pouco avantajadas é "corpo de violão", ou "cintura de violão".

Mas voltemos ao braço da viola. Nele estão os trastos ou pontos, divisões de metal. Na parte superior do braço está a palheta e como já apontamos ela é enfeitada, lisa ou "trabalhada".

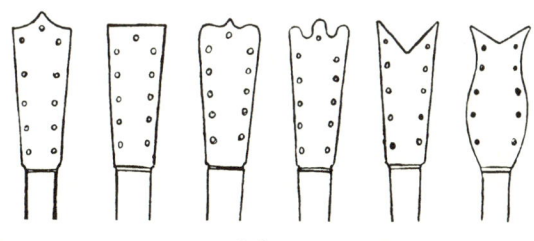

Palhetas

Na palheta estão os artifícios onde se ajustam as cravelhas para a afinação. Cravelha vem do latim *clave*, que deu chave, clavelha; chave pequena ficou cravelha. Nela distinguimos três partes: orelha ou chapinha, corpo e pique ou furo, onde a corda é enroscada ou enfiada.

Quando nos referimos ao número de cordas, convém lembrar que há uma diferença entre as violas do litoral (tipo angrense) nas quais os caiçaras usam apenas sete cordas. Nessas violas (Cananéia, Iguape etc.), é comum encontrar-se uma outra corda que não atinge o braço todo e a cravelha não se aloja na palheta; há, grudado por fora do gastalho, um pequeno dispositivo onde está a pequena cravelha. A esse conjunto chamam de "piriquito" ou benjamim. Nas violas do litoral há, portanto, uma pequena corda (a oitava), chamada *cantadeira*, fica acima do contracanotilho e afinada em uníssono com a contrabordão, ou melhor, contracanotilho. Na serra-acima paulista, principalmente nas zonas antigas, onde não há influência nordestina ou outras, o que se dá realmente nas zonas pioneiras, novas, os caipiras usam encordoar as suas violas com uma dezena de cordas. Dizem que a viola tem dez cordas, porque dez são os dedos da mão. No entanto, já vimos violas com 12 cordas e até 14, como aquela célebre feita por Zico Brandão de Tatuí – "o rei da viola", cuja caixa de ressonância era feita de casca de um tatu-etê. Viola que hoje figura no museu Paulo Setúbal em Tatuí.

Sobre as partes da viola, antes que falemos das cordas, da sua ordem e "tempero", isto é, afinações, transcrevemos uns trechos de uma toada cantada por Amaro de Oliveira Monteiro, poeta-violeiro de São Luís do Paraitinga, recolhidos no dia 19 de setembro de 1948:

> Viola, minha viola,
> vamo no campo chorá,
> você sabe e não me conta
> aonde meu amor está.

> Chora viola sentida
> nos peito de quem padece
> só minha viola sabe
> quem meu coração não esquece.

> Minha viola é testemunha
> do que eu tenho passado,
> muita mágoa delorida
> ela tem me consolado.

> A viola é abençoada
> por a folia acumpanhá,

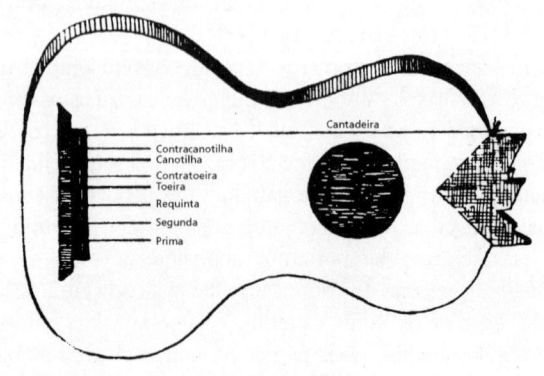

Viola tipo angrense.

inté, no braço de santo,
a viola já foi pará.
No braço de São Gonçalo
a viola já tocô
por ela sê abençoada
nos braço dele ficô.

Toda viola é interiça
é feito de doze pedaço,
as craveia e os ponto
e as corda são de aço.

Este pinho tem cacunda
tamém é feito com cola,
e pode somá a conta
que intera doze co'a viola.

A viola tem banda e braço
aonde toco meus pontiadão,
seguro ela pelas iarga
e faço chorá dois coração.

Viola, minha viola,
cavalete de canela,
no tampo e o buraco
que afirma os tempero dela.

Viola, minha viola,
rastilho de coquero,
eu faço as pedra rolá
quano pego neste pinhero.

Viola, minha viola,
foi feita de jacarandá,
quem toca esta viola
vai no céu e torna vortá.

Esta moda vai de lembrança
como prova de amizade,
pra quano tocá viola
pra de nóis tê saudade.

Cordas, ordem e "tempero"

Em geral as cordas são de metal, mas já houve tempo em que se fazia corda das tripas de mico, macaco, quati e até ouriço. E houve muitas violas cujas primas, segundas e terceiras e contracanotilho eram de origem animal. Antigos violeiros de Tietê afirmaram ser excelentes. Ouvimos também no litoral tal afirmação. Antigos violeiros, inquiridos nessa região, contaram-nos que eram muito mais duráveis, pois as metálicas, devido ao ar marítimo, enferrujam facilmente. Hoje as cordas são de seda e de nylon.

Quanto à ordem das cordas da viola, indicaremos a de uma encordoada por violeiro destro, e não canhoto. Por exemplo, numa viola piracicabana, um *mochinho* de Barbosão, do Centro de Folclore de Piracicaba, certa feita anotamos o material das cordas: canotilho de seda e a companheira do canotilho era de metal amarelo, n.º 10; toeira (ou tuera) era de aço, coberta, e a companheira era de metal branco n.º 9; a contraturina e a turina eram brancas (isto é, aço) de n.º 9; a contra-requinta, branca n.º 9 e a requinta, amarela n.º 10; finalmente, contraprima e prima eram de aço, branca n.º 10.

Alguns caipiras guardam ainda o termo folclórico para designar as cordas de aço n.º 9 e 10; chamam-nas de *verdegais*, o que nos faz lembrar o nome das cordas da guitarra portuguesa. Aliás, a origem dos nomes das cordas nos diz que o vocábulo *canotilho* vem do italiano "canatiglia". *Toeira* vem de toar, isto é, dar som forte, soar. É o mesmo nome usado na guitarra, são as imediatas aos bordões. A toeira é a corda que tem som forte. A *requinta* é, além de uma espécie de clarinete de som agudo, a denominação de viola ou guitarra, pequenas, muito menores do que essas comuns nossas conhecidas, assim do tamanho do *mochinho* piracicabano. João Chiarini pode orgulhar-se de ter uma das mais completas coleções de "requintas" no Centro de Folclore de Piracicaba. E a *turina*, donde virá? De Turim? Não. Analogicamente sua origem deve vir de *turi*, espécie de clarim usado na Índia durante o cerimonial da cremação. E dizem os violeiros que as turinas são as cordas mais chorosas da viola!

Tomam cuidados especiais para que a viola, quando guardada, não fique com as cordas encostadas à parede porque ela "constipa", isto é, se resfria. A umidade enrouquece a corda.

Duas coisas fazem a viola sofrer: calor ou frio intensos. No entanto, ela é muito mais sensível ao mau-olhado e à inveja que destemperam a viola, que jamais pegará afinação. Para evitar isso, usam dentro da caixa de ressonância um pequeno galho de arruda, lasca de guiné, dente de alho. E para dar eletricidade às cordas, maior sonoridade, só o guizo de cascavel. É, e não resta dúvida, magia simpática. E violeiro que se preza não se esquece de colocar um guizo de cascavel em sua viola.

Tempero é a afinação. Esta varia. Dizem alguns caipiras paulistas que há 25 afinações diferentes. Mas o número 25 para eles significa imensidade, o incontável, multidão. Conhecemos as seguintes afinações para violas da serra-acima paulista: cebolão, cebolinha, ré-abaixo, castelhana, quatro-pontos, oitavado, tempero-mineiro, tempero-pro-meio, guariano, guaianinho, guaianão, temperão, som-de-guitarra, cana-verde, do sossego, ponteado-do-paraná.

A preferência pelas afinações varia muito. Para cantar *moda*, a melhor afinação é a quatro-pontos, e para cururu, é afinação cana-verde. Cebolinha é boa também para moda. Cebolão é muito usada para dança do cateretê. Os violeiros mais jovens, e muitos os que hoje militam nos rádios, não conhecem tais afinações, suas violas são afinadas como violão. Para moda de viola, na região do Médio Tietê os violeiros usam estas afinações: cebolão, quatro-dedos, castelhana ou três-pontos-da-viola e ré-baixo. No cururu, nessa mesma região, anotamos a preferência por cebolão e ré-abaixo, principalmente nos pousos do Divino nas imediações da cidade de Tietê.

Em Taubaté, a afinação usada para dançar o cateretê é: fá sustenido, si, mi sustenido, sol sustenido, dó sustenido, segundo as cordas.

O *cebolão*, também boa afinação para sapateado, é: ré, sol, si, ré, sol. A *cebolinha simples*, boa afinação para cantar moda, e, pestaneando no segundo trasto, é ótima afinação para sapateado: mi, si, mi, sol sustenido e si. A *cebolinha-pelas-três cordas* ou ré-acima ou cebolinha-pelo-meio, muito usada para execução de solos musicais, é: ré, sol, ré, fá sustenido e lá. A *cana-verde* ou *cururu*: ré, sol, si, mi, lá. O *oitavado* ou *ponteado-do-paraná* ou *guitarra*, outros nomes de tal afinação, é ótima para fandango e muito usada para pontear uma moda: ré, sol, dó, fá, lá sustenido. Do *sossego*, também chamada *castelhano*, porque é mais comum usar somente ao tocar, as três primeiras cordas: ré, fá sustenido, lá, dó sustenido, fá. A *quatro-pontos*, generalizada nos rádios, é como a afinação do violão: lá, ré, sol, si, mi.

Luís da Câmara Cascudo – *o papa do folclore brasileiro* – assinala outras afinações em *Vaqueiros e cantadores*, isto lá no Nordeste: mi, si, sol, ré, lá e si, fá, ré, lá, mi.

Daremos a seguir as afinações bem como as respectivas primeira, segunda e terceira posições.

Afinações da viola

Em geral as afinações da viola são conhecidas por nomes regionais, populares, assim: cebolinha, cebolão, do sossego etc. Por exemplo, a afinação em mi é a cebolão. E como muitos violeiros só conhecem uma afinação, afirmam que na viola não há "tora menor". "A viola só dá posição maior." Ilustramos com clichês algumas afinações com seus respectivos nomes populares, regionais paulistas. Comecemos pela *cebolão*, uma das mais comuns. Boa afinação para sapateado, por isso mesmo a preferida pelos catireiros, xibeiros, catereteiros e fandangueiros. Em geral os violeiros genuínos dizem que é a mais positiva das afinações: "é a que São Gonçalo ensinou", dizem os seus devotos. Outros, "a melhor para se pisar nas cordas da viola", "não desaparece, por mais ferrado que seja o palmeado do cateretê". Cebolão: ré-sol-si-ré-sol.

A *cebolinha simples* é a afinação preferida pelos modinheiros. Fazendo uma pestana no segundo trasto é "quatro paus" para sapateado, "declara bem no bate-pé": mi-si-mi-sol sustenido-si.

Há outra *cebolinha* (*pelas-três-cordas*), também conhecida por "ré-acima" ou "cebolinha-pelo-meio", apropriada para solar músicas. Nessa afinação, o pai da aviadora Anésia Pinheiro Machado, o itapetiningano Gustavo Pinheiro Machado, virtuose da viola, tocava tudo: desde as modas de viola até Chopin, desde os cateretês mais barulhentos até Brahms. Hoje, ainda os poucos solistas conhecidos preferem-na às demais.

A afinação *cana-verde* ou para *cururu* é uma das mais simples (ré-sol-si-mi-lá), utilizada para a cantoria dessas duas modalidades.

A afinação preferida para o fandango, pelo menos foi o que anotamos no litoral sul paulista, é a *oitavado*, de guitarra, ou *ponteado-do-paraná*. Os paranaenses do litoral norte, de Paranaguá e adjacências, quando vão em romaria a Iguape, a 6 de agosto de todos os anos, costumam afinar suas violas dessa maneira (ré-sol-dó-fá-lá sustenido). Quem sabe vem daí chamarem-na de ponteado-do-paraná. Usada também para ponteio e moda, não apenas para a dança do fandango, modalidade de dança que está desaparecendo, tanto o fandango rufado ou batido como o fandango valsado ou bailado.

Sossego ou *castelhano* é uma das posições pouco usadas, embora seja uma das mais fáceis para execução.

Quatro-pontos – essa afinação é igual à do violão. Em geral, tocador de violão, quando passa a tocar viola, afina-a nesta: lá-ré-sol-si-mi.

Em Ubatuba, encontramos duas afinações que a princípio julgamos novidade: a de *reza* e a de *cantoria do Divino*. Após exame perfunctório, verificamos que as duas nada mais são do que a *quatro-pontos* do serra-acima que, no beira-mar, assumiu denominação diferente. Para a cantoria do Divino a colocação dos dedos é do primeiro ao terceiro trastos, já para a reza é do quinto trasto ao oitavo.

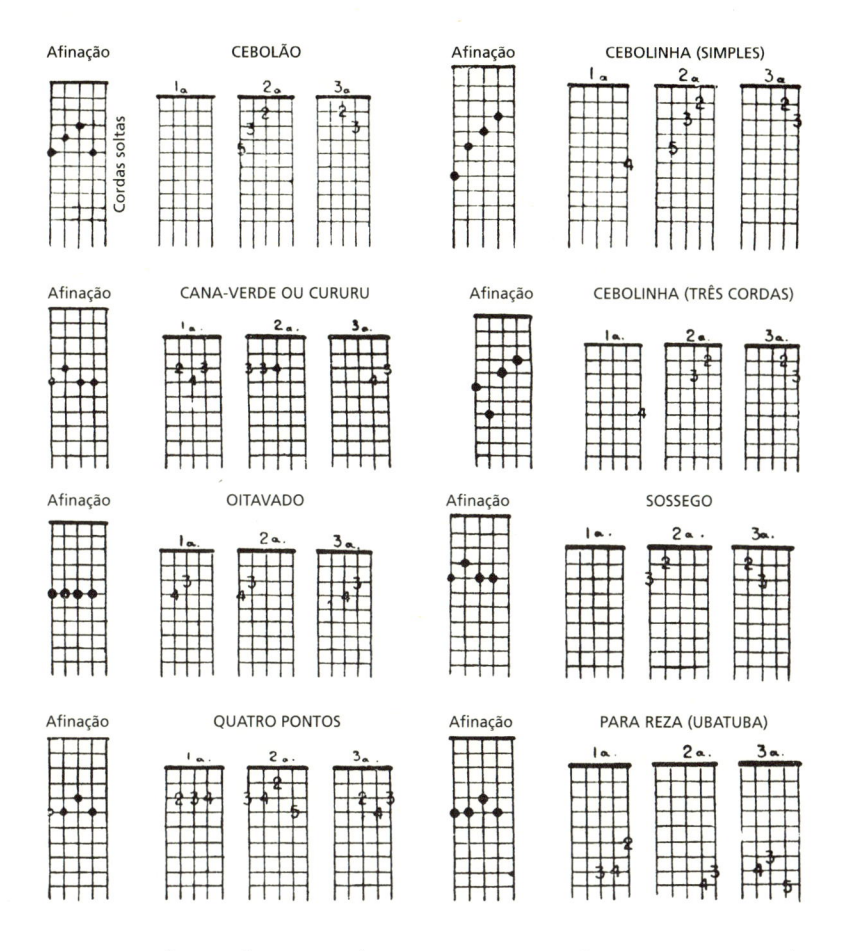

As afinações variam de região para região brasileira; assim é que existem as chamadas goiano, goianão, ponteado-do-paraná etc. Em São Paulo, onde os filhos de outros estados têm vindo para a obra de engrandecimento desta grande forja de trabalho, para os cafezais ou pastoreio, tem recebido a influência dos demais filhos desta grande nação na sua arte popular e no que concerne à música ou uso de um instrumento como a viola, o fato é verificável, está aí para ser pesquisado e estudado. Assim é que muitos nordestinos gostam de afinar suas violas em: mi-si-sol-ré-lá. É claro que a inter-relação favorece a influência e a adoção de novos padrões. No entanto, os paulistas continuam a dar preferência ao *cebolão*. É claro que as preferências também podem variar, por exemplo em Taubaté, para o cateretê, a afinação é fá sustenido, si-mi sustenido – sol sustenido – dó sustenido.

Diz o velho ditado: "em festa de jacu, inambu não pia". É bom que me cale por aqui, pois esse assunto é para os musicólogos e não para antropólogo que entrevistou 818 violeiros.

Empunhadura ou posição

Duas são as maneiras ou posições de segurar a viola: a posição *profana* e a *sagrada*. Naquela, a viola fica apoiada no ventre ou mesmo repousa sobre a perna (coxa) do tocador quando sentado. Na posição *sagrada* é tocada tãosomente em pé, ficando a viola apoiada no colo, sendo que o queixo (mento) do violeiro repousa sobre o instrumento. Em geral, quando na posição *religiosa*, o violeiro fecha os olhos ao dedilhar a viola.

Essas denominações de *profana* e *religiosa* que propusemos para as duas posições características de segurar a viola valem apenas para a região paulista, para a paulistânia. Em nossas andanças pelo Brasil, de 1951 a 1962, quando estivemos no centro, norte e nordeste, tivemos oportunidade de verificar que a viola é empunhada diferentemente da maneira dos nossos caipiras e caiçaras bandeirantes.

O geral, o comum é segurar o braço da viola com a mão esquerda e com a direita dedilhar as cordas. Das várias maneiras de planger as cordas da viola ou "pinicar", como genericamente se referem a tal ação, podemos destacar a mais delicada, maneirosa e suave delas, que é o *ponteio*, "jeito choroso" para acompanhar as modas de "causos" e "assucedidos" que provocam enternecimento e até lágrimas, bem como o *riscado* para acompanhar as músicas de cunho religioso como sejam as de folia de Divino ou de Reis, dança-de-são-gonçalo. Há as maneiras vigorosas usadas em geral para danças: *batidas* e *rasqueado* e o *maião* (malhão, vem de malhar, bater), toque característico do cururu.

Hoje, por causa do desconhecimento das maneiras de dedilhar a viola, tais denominações tornaram-se gêneros: rasqueado, batido, ponteio, maião. E tais males são recentes, oriundos da improvisação de nossos locutores que, por ignorância ou avidez de apresentar novidade, generalizam tudo.

As doenças da viola

Basta haver amor por determinada coisa, para que o homem lhe empreste imediatamente certos atributos humanos. A viola – instrumento que maior número de amantes tem tido entre o povo do meio rural brasileiro, por isso mesmo padece das muitas doenças que atormentam o ser humano. A viola se resfria, se "constipa", apanha "quebranto", fica rouca ou fanhosa, se "destempera" e chega até a ficar reumática...

As doenças da viola seriam provenientes desse antropomorfismo que lhe é atribuído, pois tem braço, costas, boca, ilharga, orelhas (cravelhas), "cacunda", pestana etc., ou da afeição que identifica instrumento e tocador?

De médico, poeta e louco todo mundo tem um pouco, e o violeiro cuida da saúde de sua viola: contra quebranto, galhinho de arruda no seu interior, jogado boca adentro em noite de sexta-feira, na primeira após a compra do instrumento; há um processo de magia simpática para dar melhor "voz" às cordas, colocando um guizo de cascavel. E contra todos fluidos prejudiciais, nada melhor do que uma fita vermelha para desviar o mau-olhado e a inveja. E bom violeiro é sempre invejado. Tocar viola é uma coisa tão almejada que chegam a fazer pacto com o diabo na Sexta-Feira Santa, conforme assinalamos em nosso livro *Alguns ritos mágicos*.

Quer ver violeiro contrariado é um estranho tocar em sua viola ou pedir licença para "arranhar as cordas". Lá com seus botões o violeiro fica mandando-o arranhar... Bem, não diz nada, mas pensa... A mão de estranho "destempera" porque transmite eflúvios maléficos ao seu instrumento... é pior do que se "botasse mau-olhado".

Além da fita, e esta não deve ser confundida com aquelas de promessa que os violeiros das folias de Divino carregam como ex-votos, raro é o violeiro que não tenha escondido um amuleto sanitário: uma figa, um signo de Salomão, intrometido na palheta.

Há violas que se "constipam", isto é, que se resfriam só pelo fato de serem guardadas com as cordas encostadas à parede, que lhe transmite umidade. Violeiro que se preza não a dependura assim, e sim a mete num saco para guardar num gancho ou prego. À noite, estando sozinha, sente frio, porque nos braços do violeiro ela sente calor. Mas há violas que precisam tomar sereno para ficar com boa voz, para "declarar bem". Outras, com o sol, se arruínam e chegam a se "destripar", descolam o tampo dos aros – é a insolação.

Antes de guardar a viola deve-se passar um pano sobre as cordas, num sentido só, "para não lhe tirar o sentido", endoidecê-la: do trasto para a palheta, assim ela não ficará fanhosa.

Até o enfeite das violas é amuleto sanitário: a pintura de flores em sua tampa ajuda a afastar o quebranto. E as flores escolhidas são aquelas em que predomina o vermelho, por exemplo, as flores da maravilha (*mirabilis jalapa*, Lin.), com as quais as crianças ainda hoje fazem colares que antigamente os violeiros, principalmente os negros, colocavam no pescoço nas romarias de São Gonçalo ou nos pousos de cururu. É por isso que Antônio Adão (Antônio Rodrigues de Lara) – o poeta das flores, negro enorme, de 2 m de altura, tem uma viola cheia de fitas e flores de maravilha pintadas, como assinalou o folclorista João Chiarini. É a constância de certos traços culturais que permanecem. É uma forma medicinal de evitar as doenças de sua viola que foi feita pelo saudoso piracicabano Juca Violeiro (José Antônio Maria), mulato quase centenário que no Bairro Alto, à rua Morais Barros, na minha cidade natal (Piracicaba), fazia violas, verdadeiros Stradivarius caipiras – mochinhos e violas –, guardados alguns exemplares no museus do Centro de Folclore de Piracicaba.

Não há viola lunática, mas todas sofrem influência da Lua. Na Lua nova e "na força da Lua" não se guarda viola afinada, ela pode ficar "corcunda", entortar, "estuporar", bem como rebentar a corda. Madeira para viola deve ser cortada nos meses que não têm "r" (maio, junho, julho, agosto) e na minguante para nunca apanhar caruncho. Viola com caruncho é leprosa...

Violeiro que se preza não carrega viola debaixo do braço e sim na mão, segurando-a pelo seu braço. "Viola é mulher, e quem sai com ela na rua, vai de braço dado. Violeirinho de meia pataca é que põe a viola debaixo do braço. O sovaco é lugar de encostar a muleta, e não a viola". Viola carregada debaixo do braço fica reumática, não afina mais, fica mancando das cordas.

Embora a viola tenha lá suas doenças, é inegável o poder que ela possui para curar as doenças quando tocada em romarias para São Gonçalo do Amarante. A viola nas danças do santo português – padroeiro dos violeiros –, além de arrumar casamento para as moças que vão ficando para "tias", cura também reumatismo. Quem num cateretê "pisar nas cordas da viola", isto é, seguir-lhe o ritmo, sem errar, jamais ficará doente dos pés, das pernas, nunca terá "veia quebrada" – varizes. É, portanto, um preventivo maravilhoso que só os catireiros têm o privilégio de possuir.

Se por um lado há doenças da viola, por outro ela tem grande função medicinal. Ela cura as doenças, mata a saudade, elimina a tristeza, realiza a psicoterapia profunda melomedicinal. Acontece que a função medicinal da música é coisa velhíssima. O grande salmista Davi, conforme registra a Bíblia, tocava a sua harpa para alegrar o hipocondríaco Saul, para curá-lo da misantropia que o assaltava "de vez em sempre".

Repete-se com o instrumento predileto do nosso caipira – a viola – o mesmo destino medicinal da harpa – ela cura as doenças dos homens tristes. Quem resiste à alegria contagiante de um cateretê riscado nas cordas de uma viola? Qual é o reumático que não entra e desenferruja os ossos sob o ritmo desencarangador de uma dança-de-são-gonçalo? Qual é o "descadeirado" que não participa de um fandango valsado ou toma o "suadouro" de um "recortado" de fim de pagodeira, quando os violeiros já entrevêem a "barra do dia" dealbando no horizonte e a função vai se *smorzando*?

A lei da compensação aí está: o bom violeiro cuida de sua viola para que ela não apanhe doenças, seja sempre sã, e ela o recompensa; uma boa viola, bem tocada, dá alegria para o homem e já dizia Salomão, nos seus Provérbios: "O coração alegre aformoseia o rosto, mas pela dor do coração o espírito se abate."

É por isso que "violeiro morre é de velho".

ZABUMBA

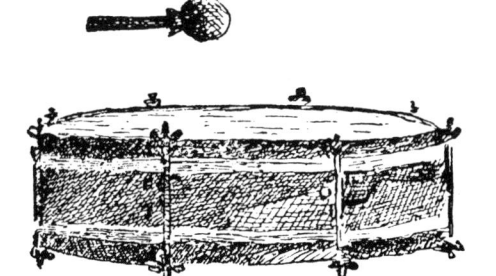

Membranofônio, de percussão indireta. Dupla membrana. Sua construção é idêntica à que descrevemos em "caixa". A zabumba é uma grande caixa. Por meio de uma correia que passa a tiracolo, pode o tocador carregá-la e tocar. Usam apenas uma baqueta, que é a "massa", um pequeno cilindro de madeira, tendo numa das extremidades uma bolota de couro.

Usada na congada e samba rural, no acompanhamento de João Paulino e Maria Angu, às vezes do Boi e Miota. Na "banda infernal" da cavalhada é o mais temido dos instrumentos "vaiadores".

ÍNDICE DE FOTOS

Ao pé do cruzeiro | Violeiros dirigem a dança-da-santa-cruz | Comes e bebes na ramada | Reza na Santa Cruz 47
Violeiros defronte ao altar de São Gonçalo do Amarante | Imagem de São Gonçalo do Amarante | Reza para São Gonçalo de Amarante 48
Viola e mochinho | Cururu urbano | O canturião e o tocador de adufe 69
Gesto típico do canturião de cururu | Violeiro em seu mochinho | Violeiros no cateretê | Esporas dos catireiros | Tamancos usados no fandango | Cateretê no palco 70
Vilão-de-lenço | Cantando a cana-verde 179
Cana-verde: dançar acompanhado pelo canto | Tocando pandeiro e reco-reco na cana-verde 180
A roda do jongo e o tocador de sangavira 199
A puíta e o candongueiro do jongo | A puíta está roncando | Batendo o candongueiro 200
Jongando | O "baianá" 219
Tocando o tambu no batuque 220
Guaiá, matraca, quinjengue e tambu | As batuqueiras 239
Dança com umbigadas | Fazendo o "grancheno" ou "canereno" no batuque 240
Rei cristão da cavalhada 259
Cristãos e mouros confraternizam-se | O "espia" mouro é morto pelos cristãos 260
Rei cristão e cavaleiros de sua grei 277
Rei mouro e rei cristão | Apanhando as cabeças de "turco" 278
"Espias" mouro e cristão | Os "espias" 295

Luta de espadas | Xis de espadas 296
Lança para tirar a argolinha | A largada 317
Os parelheiros 338
Carreira de cavalos 339
No rodeio paulista até vaca é cavalgada 340
Toureiro e palhaço com a burrinha | Palhaço e toureiros na arena 361
Toureiro brasileiro | Capeando | Pegando à unha 362
Sentado na cabeça do touro | O toureiro tira as "sortes" | Palhaço na sua burrinha 383
Examinando o "brigão" | Aposto no... | Rinhadeiro 384
Cordão dos bichos | Desfile do "zoológico" carnavalesco | Girafa e elefante 409
Roda pião... | Roleta de jogo do bicho | Jogo do buzo 410
Jogo de cartas em plena rua | Barrufo 429
Estilingue | Xipoca | Peteca de palha de milho | Empinando papagaio | Bodoque 430
Cegos pedintes | Terno de zabumba 457
Viola piracicabana | Urucungo | Guaiá 458

ÍNDICE ONOMÁSTICO E DE ASSUNTOS

A
A. Americano do Brasil, 87
A canoa virou, 460
A. St. Hilaire, 310
Aboio, 486
Aboio de gado, 489
Aboio de roça, 489
Acalanto, 479
Açorianos, 144, 216
Acuação, 19
Adivinha, 249
Adjá, 519
Adoro São Roque, 415
Adufe, 12, 14, 19, 97, 192, 520, 521
Aerofônios, 356, 517
Afonso E. Taunay, 310
Afonso Sardinha, 18, 20
Afoxé, 360, 363
África, 269
Agogô, 521
Aguaim, 300
Agulha, 466
Aigizein, 342, 343
Aluísio de Almeida, 133
Ameríndia, 8
Andai, meu amor, andai, 188
Angelus, 19
Anglesia, 152
Angola, 230, 246, 375
Angona, 248, 251
Angonapuíta, 232
Anguaiá, 233, 256, 521
Anhembi, 88
Anu-chorado, 168
Anu-corrido, 158
Anu-velho, 157, 158
Antropologia, 6
Apartação, 347

Aquilino Ribeiro, 29, 30
Arara, 218
Arauto, 332
Arco-e-flecha, 522
Areias, 231
Argumento, 275
Arqueocivilização, 120, 290, 297, 314, 353, 390, 449
Arribada, 131
Artesanato, 422
Artesanato estacional, 423
Aruenda, 359
Assimilação, 314
Assis Silva, 32
Atilho, 332
Aureliano Leite, 310

B
Babalotim, 360, 364
Baianá, 281
Baião, 212
Baile masquê, 320, 322
Baixão, 131, 272
Balão, 426
Baleia, 462, 463
Bambelô, 232, 233
Banda Infernal, 319
Banda de música, 442, 443
Bandeira, 265, 266
Bandor, 474
Barbalha, 419
Bastão-de-moçambique, 522, 523
Batalhão, 489
Bate-coxa, 382
Bate-pé, 192
Batuque, 233, 236, 267
Beijamento, 16
Bela pastora, 462

Belchior de Pontes, Pe., 18
Be-lim-be-que-lim, 475, 476
Bendito, 499
Berimbau, 375, 533
Berrante, 336, 337
Bimbarra, 405
Biritador, 523
Blocos, 355
Boca-de-forno, 405
Bodoque, 427, 428
Bofete, 88
Boi-na-vara, 342
Bolinha de cabra, 408
Botucatu, 418, 425
Briga de canários, 369
Briga de galos, 365, 366
Brincos, 399, 400
Brinquedos, 399, 400, 415
Bruxa, 415, 416
Bumba-meu-boi, 355
Bumerangue, 426
Buzina, 524

C
Cabra-cega, 414
Caboclo, 198, 201
Cabocolinhos, 355, 357
Café a duas mãos, 56, 177
Caiubi, 7
Caiumba, 267
Caixa, 524, 525
Calango, 287
Cambapé, 381, 419
Cananéia, 147, 168, 454
Canastra, 354
Cana-verde, 158, 159, 206, 207, 208, 209, 210, 211
Candomblé, 360, 363
Candongueiro, 248, 251, 252, 526, 527
Canoa, 194, 195, 198
Cantigas de cego, 502
Cântico para as almas, 515, 516
Cantigas de rixa, 498
Cantigas de trabalho, 486
Canto de demanda, 207
Cantos de velório, 509
Canto de visaria, 207
Canturião, 88, 89, 93, 94, 95, 99, 100
Canudos, 495
Canzá, 527, 528
Capelão-caipira, 9, 10, 47, 499, 500
Capoeira, 292, 375, 376, 377
Caranguejo, 176, 177
Carapicuíba, 7, 18, 20, 121
Carijó, 7
Carimbó, 289
Carl Engel, 5

Carlos Rizzini, 460
Carlos Borges Schimidt, 163
Carlos Galvão Krebs, 145, 212, 393, 394
Carlos Gomes, 267
Carlos Vega, 5
Carnaval folclórico, 357
Carreira, 129
Carreira de bois, 350, 351
Carreira de cavalos, 310, 315, 328, 329, 330
Casa da festa, 12
Cata-vento, 416, 417
Catarse coletiva, 305
Catecúmenos, 84, 115, 305
Catequese, 123, 305, 450
Cateretê, 214, 339
Catira, 339
Cavalaria, 309
Cavalhada, 309, 310
Cavaquinho, 178, 527
Cavaquinho de pau, 89, 104, 108, 117
Caxambu, 230
Centro de Folclore de Piracicaba, 298, 302, 529, 549, 556, 562
Cercado, 282
Ceroferários, 12, 15
Chama-de-puíta, 232
Chamarrita, 160, 181
Chico, 153
Chico Sonho, 125
Chilena, 213
Chimarrita, 160, 182
Chimbra, 406
Chula, 178, 185
Chulas, 30
Ciranda, 190, 193, 194
Cirandinha, 167, 190, 191, 192, 476
Circo de bolantins, 439
Cobra, 184
Cocho, 89, 529
Coco, 232, 275
Coco-de-mim, 411
Consulta coletiva, 270
Convidado, 187, 188
Coprolalia, 84
Coquinhos, 290
Cordofônio, 233, 267, 355
Coreologia, 6
Coreto, 496
Cornélio Pires, 84, 92, 120, 132, 208, 216, 537, 544
Correio-elegante, 403
Corriola, 202, 203, 216
Corta-jaca, 290
Cosme e Damião, 360
Cotejo-de-facão, 386, 387
Crato, 419
Cristãos e mouros, 323, 324

Cubatão, 134
Cunha, 45, 80, 81, 246
Currais Novos, 291
Curriola, 420
Curro, 344, 348
Curt Sachs, 5
Cururueiro, 126
Ciro Albuquerque, 329

D
Dama-do-paço, 353, 359
Dança da zagaia, 20
Dança de magia, 76
Dança de medicina, 75
Dança-dos-velhos, 290
Dança lúdica, 186
Danças segmentárias, 5
Dandão, 161, 189
Desafio, 84
Desfeiteira, 218
Diógenes Duarte Paes, 445
Disparate, 423
Doma festiva, 336, 337, 338, 339, 344

E
Eduardo Campos, 402
Embaixada, 311, 316
Embolada, 210
Enfiado, 183
Ênio Freitas e Castro, 145, 311
Enterçado, 386
Entrevero de facão, 386
Entrudo, 320, 321
Escoteiro, 306
Espia, 325
Espontão, 291
Estilingue, 426, 427
Etnia, 8
Etnocentrismo, 146
Eu sou pobre, 461

F
Fandango bailado ou valsado, 145
Fandango rufado ou batido, 145
Farmácia, 444
Fausto Teixeira, 281
Fertilidade, 74
Festa do Divino Espírito Santo, 12
Festanças, 134, 144, 312, 347, 395
Festeiro, 9, 12, 33, 55, 88, 92, 124, 157
Flamengos, 144
Floripes, 311, 326
Florival Seraine, 286
Fogueira, 14
Folclore alimentar, 9
Folgazões, 148, 167, 168, 192
Folguedo, 305, 306, 315, 316, 328, 399

Folia de Reis, 50, 168
Folia do Divino, 50, 93, 108
Folkway, 108
Francisco Marins, 401
Frevo, 291, 292, 354, 355, 358
Função, 54, 55, 168
Função de bate-pé, 148
Funda, 428
Furiosa, 9, 442

G
Gaita, 144
Galinha-morta, 213
Ganzá, 280
Gastão de Bettencourt, 22, 26
Gata-parida, 406
Gatinha parda, 411
Gênero de vida, 121
Gineteada gaúcha, 337, 339, 340
Ginga, 262, 375
Gonçalves Fernandes, 355
Graciana, 160, 171, 172, 218
Grancheno, 268
Guabiroba, 213
Guaiá, 247, 248, 249, 251, 252
Guaratinguetá, 81
Guaribeira, 292
Guilherme Santos Neves, 528
Guitarra, 213
Guzunga, 251, 252, 523

H
Hélio Galvão, 281
Herbert Baldus, 21, 548
Hercules Florence, 134, 310

I
Idiofônio, 97, 230, 232, 233, 267, 275, 300
Iguape, 215
Implementos, 5
Incelência, 52
Inezil Pena Marinho, 378
Ingoromenta, 256, 257, 263
Instituto Histórico e Geográfico de São Paulo, 222
Instituto de Tradições e Folclore, 212, 302, 340
Itanhaém, 166, 167, 168, 215
Itapecerica, 7, 20
Itapetininga, 330, 344, 425
Itaquaquecetuba, 7, 8, 9, 12, 17, 19, 84, 117, 121

J
Jacir Cavalheiro, 494
Jacundá, 292
Jeribatiba, 7

Jesuítas, 7, 8, 18, 20, 84, 85, 88, 114, 119, 123, 269, 305, 450
João Bobão, 411, 412
João Chiarini, 89, 117, 290, 298, 529, 550, 562
João Ramalho, 7
Joaquim Ribeiro, 86, 545
Jogos, 306, 399, 454, 455
Jongo, 230, 231
Jongo-de-praia, 232
José Pedro Leite Cordeiro, 222
José de Sousa Nogueira, 330, 533
Júlio Prestes de Albuquerque, 376
Justas, 309, 311, 322, 326

L
La Condamine, 32
Lá vem vindo um anjo, 470
Lenço, 319
Leo, olé do caranguejo, 467
Líder carismático, 263
Lima Campos, 419
Lira, 143
Louvação, 130, 131
Lua, luá, 407
Luís Carlos Barbosa Lessa, 145, 452
Luís da Câmara Cascudo, 232, 346, 537
Lundu, 211, 222, 225, 226, 227

M
M'Boi, 7, 121
Macacos, 214
Maçanico, 214
Machete, 549, 550
Mackenzie College, 544
Maculelê, 286, 293
Malhas, 403
Malmequer, 403
Mamulengo, 392, 393, 394
Mana-chica, 214
Mandadinho, 214
Mandado, 214
Maneiro-pau, 293
Manja, 404, 405
Manjeiro, 404
Manjericão, 160
Manoelito de Ornellas, 145
Mantenedores, 312
Mantiquira, 170
Manuê, 282
Manuel Antônio Franceschini, 192
Manuel Querino, 377
Mão direita, 464
Maracá, 530, 531
Maracatu, 305, 352, 353, 360
Margarida está no castelo, 464
Maria-Cachucha, 214

Maria Isaura Pereira de Queiroz, 32
Marimba, 532, 533
Marimbau, 533, 534
Marimbondo, 215
Mário de Andrade, 85, 114, 123, 128, 161, 162, 194, 196, 201, 209, 210, 237, 238, 242, 292, 297, 451, 520
Mário Araújo Júnior, 115
Mário Ipiranga Monteiro, 218
Mário Araújo, 330
Marrafa, 163, 165, 166, 196, 197
Martim Braunwieser, 128, 453, 460
Marujo, 189
Matraca, 267, 270, 274, 534
Max Schmidt, 87, 528
Maxixe, 293
Mazurca, 293
Meia-canha, 215
Membranofônios, 84, 97, 143, 230, 232, 233, 255, 267
Mestre, 163, 192, 207
Mesura, 42, 43, 72, 73, 74
Mico, 215
Milindô, 294
Mineiro-pau, 294
Minueto, 144, 155, 212
Miudinho, 223, 297
Mobilidade, 313, 314
Mochinho, 556
Mocho, 549
Mocororó, 300
Moda, 492
Modinheiro, 544, 549
Modista, 270, 271, 272
Monada, 183
Mono, 186
Monteiro Lobato, 231
Morra, 401
Moyses Velinho, 145
Mucica, 346, 348
Mugonguê, 232
Música folclórica, 451, 452
Museu Paulista do Ipiranga, 523
Música popular, 452
Mutirão, 148, 149, 168, 250, 346, 388, 489

N
Natal (capital do RN), 232
Nhá-Maruca, 216
Nhaninha, 215
Nicanor Teixeira de Miranda, 6, 146, 399, 455
Nina Rodrigues, 364
Nóbrega (Pe. Manuel), 7

O
Omofagia, 342

Oneyda Alvarenga, 452, 527
Ordenações Filipinas, 73, 88
Orela, 135
Orós, 419
Osny Tavares de Azevedo, 519
Othelo Rosa, 350

P
Pacajus (Ceará), 370, 371
Paga-filipe, 417, 418
Pagar roda, 165
Pagará, 165, 216
Pai Francisco, 470
Paiá, 534, 535
Palhaço, 439, 440
Palhaço de tourada, 345
Palitinho, 423, 424
Palmeio, 169, 170, 301
Palmeiro, 135
Pancadaria, 300
Pandeiro, 163, 535
Papagaio, 432
Parati, 32, 80, 193, 194
Partilha, 347, 348
Pasquim, 226
Passado, 163, 164
Passa-pachola, 216
Passista, 354
Passo, 291, 292
Pateio, 15, 27, 42, 51, 60, 135, 154, 156, 157, 164, 192, 294
Pau-de-fita, 297
Pau-de-sebo, 395, 396
Pau-de-semente, 232
Peabiru, 387, 401, 412, 414
Peão, 316, 318, 320, 321, 336
Peão de boiadeiro, 336
Pedreste, 83, 89, 93, 94, 95, 96, 98, 99, 100, 103, 124, 125, 126
Pedrinhas, 416
Pega-fogo, 216
Pentecostes, 73
Pereira da Costa, 32
Pericó, 183
Pernada carioca, 291, 380
Perna-de-pau, 417
Peteca, 434
Pezinho, 216
Pião, 419
Pica-pau, 158, 171, 216, 416
Pinga, 157, 158, 165, 236, 265
Piorra, 423
Pipoca, 157
Piracicaba, 124
Piraquaras, 390
Piratininga, 7
Pistão, 536

Polca-de-relação, 216
Ponteio, 216
Ponteiro do relógio, 157, 253
Ponto, 235, 236, 237, 238, 245, 248, 249, 250, 252, 253, 254, 256, 257, 271
Poranduba, 287
Pornéia, 84
Posição profana, 50
Posição profana de segurar a viola, 204, 560
Posição religiosa, 15, 34, 50, 560
Pottlatch, 349
Pregão, 486
Princesa Isabel, 258
Procissão a cavalo, 312
Procissão do encontro, 123
Protestantes, 114, 117
Puíta, 19, 234, 246, 247, 251, 252, 536
Pula machadinha, 468

Q
Quadrilha, 154, 222, 223, 225, 268
Quebra-chiquinha, 216
Que lindo boneco, 473
Quentão, 91, 330
Querumana, 153, 157
Quimboto, 364
Quinjengue, 270, 274, 537

R
Rabeca, 143, 152, 163, 192, 538
Rabo-de-égua, 330, 386
Raimundo Rocha, 32
Rainha do maracatu, 356
Ralph Steele Boggs, 6
Rancheira, 216, 293
Ratoeira, 216
Recife, 354
Reco-reco, 192, 538
Recortado, 162, 175, 221
Região cafeicultora, 230, 290
Região da jangada, 233
Região da ubá, 230, 233, 290
Renato Costa Pacheco, 433
Repartir reza, 35
Retorcida, 217
Ribada, 217
Rilo, 217
Ritual da reprodução, 269
Roda, 183
Roda-pagode, 276, 483
Rodeio, 336, 344
Rodnei Gallop, 29
Roger Bastide, 25, 83, 290, 396
Romaria, 149
Romeiros, 153
Ronda, 414, 454, 460

571

Ronqueira, 97
Rufar, 146, 156
Rurbana, 444
Ruth Gouvêa, 399

S
Saideira, 221
Sairé, 287
Salu, 217
Salva, 517, 518
Samba, 297
Samba-lenço, 297
Sanfona, 539
Santa Isabel, 12
São Bento, 29
São Luís do Curu, 422
São Luís do Paraitinga, 59, 62, 255, 322
Sapateado, 35
Sapo, 154
Saracura, 298
Sarandear, 215
Sarandi, 217
Sarrabalho, 156
Saul Martins, 33
Schottishe, 299
Secularização, 360, 392
O segunda, 124, 125, 126
Senhor Sampaio, 186
Senhora bela condessa, 471
Sentido lunar, 6, 14, 94, 183, 414
Sentido dos ponteiros do relógio, 158, 165, 194, 196, 206, 414
Sentido solar, 6, 19, 94, 133, 414
Serenata, 495
Sérgio Buarque de Holanda, 118, 547
Serrador, 188
Serrana, 217
Serrote, 217
Sinhô Lobo, 413
Sinsará, 158
Siriri, 299
Siriri-sirirá, 477, 478
Sociedade Bíblica, 115
Sociedade Brasileira de Folclore, 302
Solano Trindade, 291, 380
Solstício, 313
Sorocaba, 118, 121
Sorongo, 299
Sorte, 345
Surdo, 525
Suspendida, 137, 258, 273

T
Taba, 403
Taconeio, 35, 135
Talagada, 165
Tamborim, 540

Tambu, 251, 256, 540
Tangará, 217
Tapuia, 299
Tarol, 525
Tata, 406
Tatuí, 54, 90, 91, 123, 319, 330
Taubaté, 33, 34, 61, 192, 206
Teatro catequético, 20
Técnicas de subsistência, 121, 131
Tempo-será, 412
Teodoro Sampaio, 7
Terno de zabumba, 282, 517, 518
Terol, 217
Teseu, 342, 459
Theo Brandão, 281
Tibiriçá, 7
Ticão, 183
Tietê, 84, 89, 91, 93
Tipe, 164
Tira-chapéu, 217
Tirana, 157
Tirana-do-lenço, 217
Tirana grande, 170
Tirolito, 185
Tonta, 158
Tontinha, 158
Topo, 153, 154
Torém, 286, 300
Torneio, 309, 311, 324
Tourada, 342
Trançado, 163
Travessão, 301
Triângulo, 541
Troças, 355
Tropeiros, 387
Truco, 401
Tucuruva, 246
Tuxaus, 356, 357

U
Ubatuba, 42, 61, 62, 162
Umbigada, 269, 270, 294
Urucungo, 233, 267, 542

V
Vacância agrícola, 281, 381, 483
Vaquejada, 343, 346
Vassouras, 214
Veadinho, 406
Velho-fica-e-a-moça-vai, 174
Vênia, 74, 136, 270, 275
Veríssimo de Melo, 232, 399
Versário, 63
Vestais, 12
Vicente Aricó Jr., 453
Victor Charles Mahillon, 519
Vieira Fazenda, 31, 144, 212, 310

Vilão-de-lenço, 154, 204
Vilão-de-mala, 205
Vilões, 221
Vinte, 403
Viola, 12, 14, 15, 24, 25, 34, 35, 42, 45, 50, 51, 55, 60, 61, 84, 91, 93, 95, 96, 123, 124, 133, 143, 144, 161, 163, 167, 186, 192, 543, 550, 551
Virgílio Maynard, 545
Visaria, 256, 257, 258, 263, 272
Vispora, 402
Vital Brasil, 29
Vivaldo Coaracy, 32, 85
Vivório, 388
Volta-senhora, 169
Voltas, 60, 61

W
Waldemar de Oliveira, 291
Walter Spalding, 145, 311

X
Xiba, 51, 52, 53, 54, 134, 166, 301
Xipoca, 431
Xiringa, 330, 331, 334, 344

Z
Zabumba, 232, 517, 518, 563
Zambê, 232
Zambelô, 232
Zona pioneira, 120, 539
Zorra, 351

IMPRESSÃO E ACABAMENTO:
YANGRAF Fone/Fax: 6198.1788